의례 역주 儀禮譯註

빙례

【四】

역주자 김용천(金容天)
동국대학교 대학원 사학과에서 석사 및 박사학위를 받았으며, 현재 대진대학교 사학과 교수로 재직 중이다. 한대의 종묘제·상복례를 중심으로 예학을 연구하고 있다.
저서로 『전한후기 예제담론』(2007) 등이 있으며, 역서로 『중국 전근대 사상의 굴절과 전개』(1999), 『중국의 공과 사』(2004), 『후한 유교국가의 성립』(2011), 『중국 사상문화 사전』(2011) 등이 있다. "전한 원제기 위현성의 종묘제론"(2006), "『석거예론』의 분석과 전한시대 예치이념"(2007), "『순자』·『예기』「왕제」의 예치구상"(2009), "북위 효문제 '삼년상'의 실체와 그 성격"(2013), "양진시대 '위인후자'의 복제 담론"(2014) 등 다수의 논문이 있다.

의례 역주【四】 儀禮譯註 四
빙례

1판 1쇄 인쇄 2014년 12월 15일
1판 1쇄 발행 2014년 12월 20일

역주자 | 김용천
발행인 | 이방원

발행처 | 세창출판사
신고번호 · 제300-1990-63호 | 주소 · 서울 서대문구 경기대로 88 냉천빌딩 4층 | 전화 · (02)723-8660
팩스 · (02)720-4579 | http://www.sechangpub.co.kr | e-mail: sc1992empal.com

ISBN 978-89-8411-401-2 94380
978-89-8411-397-8 (세트)

· 이 책은 한국연구재단의 지원으로 세창출판사가 출판, 유통합니다.
· 잘못된 책은 구입하신 서점에서 바꾸어 드립니다.
· 책값은 뒤표지에 있습니다.

이 도서의 국립중앙도서관 출판시도서목록(CIP)은 e-CIP홈페이지(http://www.nl.go.kr/ecip)와 국가자료공동목록시스템(http://www.nl.go.kr/kolisnet)에서 이용하실 수 있습니다.(CIP제어번호: CIP2014035707)

의례 역주 儀禮譯註

빙례

The Translation and Annotation of **"Yili"**

【四】

김용천 역주

세창출판사

옮긴이 말

본서는『의례』17편의 경문과 이에 대한 최초의 완정한 주석이자 후대『의례』주석의 전범이 되었던 '정현鄭玄의 주注'를 함께 우리말로 번역하고 주해한 것이다. 또한 번역과 주해 속에『의례』의 명물도수名物度數에 관한 도상圖象, 정현의 주석을 둘러싸고 일어났던 예학사 상의 논쟁점, 새롭게 보완된 후대의 주요한 주석 등을 함께 정리함으로써 독자들로 하여금 본 번역을 통해『의례』와 그 주석사의 맥락을 이해할 수 있도록 하는 데에 주안점을 두었다.

『의례』는 한초漢初 고당생高堂生으로부터 전승된 것으로, 후에『예기』,『주례』와 더불어 '삼례三禮'로 칭해지게 되었다. 후한 말 정현이『삼례목록三禮目錄』을 작성할 당시『의례』의 전본傳本에는 '대대본大戴本', '소대본小戴本' 그리고 유향劉向의 '『별록別錄』본本' 등이 있었다. 정현은 '『별록』본'에 의거하여 주석 작업을 하였고, 이것이 오늘날 우리가 보는『의례』17편이다.

정현 '의례 주'의 특징으로는 '훈고訓詁'의 측면에서 ① 여러 이본異本들을 대조하여 글자에 대한 교감을 가하였고, ② 전 · 후한 시대 금문학파의 번쇄한 주석방식에서 벗어나 여러 학설을 망라하면서도 핵심적인 논점을 중심으로 종합하여 관통시키는 '회통會通'의 방식을 취하였으며, ③ 간략하면서도 심오한 기록 탓에 난해하였던 고례古禮의 행례 절차와 배경들을 구체적으로 이해할 수 있게 하였다는 점을 들 수 있다. 이와 함께 '의리義理'의 측면에서 보면, ① 외형적 행례 절차를 기록한 '경문'을 가시적으로 형상화시키면서 동시에 경문의 행례 과정이 담고 있는 예학적 의미를 밝혀냈고, ②『의례』 외에『주례』와『예기』 등 '삼례서三禮書' 전체에 대한 주석 작업을 통해 정현 자신이 도달한 성찰, 즉 고례의 원리와 체계에 대한 구조적 성찰을 반영시킴으로써 고대 예학의 세계상을 이해할 수 있게 하였다. 말하자면 정현의 주는 '삼례'의 원융한 예의 체계를 구축하고, 그 체계 속에 모든 경서를 정합적으로 포괄한다는 정현의 학문적 영위의 일환으로 저술되었던 것이다. 후대에 '예학禮學은 정학鄭學'이라고 칭해질 정도로 정현의 삼례주三禮注는 중국 고대 예학 연구의 토대가 된다. 정현의 주석에 의거함으로써 우리는 비로소 '난독지서難讀之書'·'망이생외望而生畏'로 알려진『의례』에의 접근이 가능하게 된 것이다.『의례』의 경문과 더불어 '정현의 주'를 함께 번역하게 된 이유가 여기에 있다.

최근 한·중·일 동아시아 3국에서 예학연구는 새로운 각도에서 조명받는 학문영역 가운데 하나이다. '근대의 망루'에서 '예'는 동아시아 근대화를 가로막는 사상적 근원이자 제도적 고착으로서 비판받았다. 그러나 근대 자체가 상대화된 이후 이제 오리엔탈리즘의 시각에서 벗어나 그 '예'의 실체가 무엇이었으며 그것으로 지탱되던 전통시대 사회시스템의 실체는 어떠했는지를 객관적으로 구명하고자 하는 것은 시대적 요구가 되고 있다. 학문적 차원에서도 조선시대의 예송논쟁뿐 아니라 국가전례의 구체적 실상, 조선과 중국의 종묘제론, 종법론, 상복제도 나아가 일반 생활사의 영역에서도 예학에 대한 관심이 고조되고 있고, 새로운 시야가 개척되고 있다. 이러한 연구는 당연히 의식의 구체적 행위절차를 규정한『의례』에 대한 접근을

선행 조건으로 해야 하며, 따라서 엄밀한 학문적 차원에서 『의례』 등 주요한 예서를 역주하는 작업이 바탕이 되어야 할 것이다.

본서는 리쉐친(李學勤) 주편 십삼경주소정리본十三經注疏整理本 『의례주소儀禮注疏』(北京, 北京大學出版社, 2000)를 저본으로 삼아 번역한 것이다. 이 저본은 가장 최근에 간행된 『의례』본으로 『의례』의 경문, 정현의 주, 가공언의 소를 단락별로 제시하였을 뿐 아니라, 다양한 판본에 대한 치밀한 교감이 이루어져 있기 때문이다. 우리말 번역에서도 표점은 기본적으로는 이 저본의 표점 원칙을 수용하였지만, 현재 우리나라에서 진행되는 각종 정본 사업의 표점 원칙을 반영하였고, 또 옮긴이들의 관점에서 필요한 표점 방식을 만들어내어 적용하였으며, 인용부호, 강조점 등은 우리말 어법에 맞추어 바꾸었다. 리쉐친 『의례주소』본의 표점에 오류가 있는 경우 역시 정정하였다.

옮긴이들은 정현의 주에 의거하여 경문을 번역하는 방식을 취하였는데, 정현의 해석은 매우 간오簡奧하기 때문에 한대의 언어학적 맥락을 짚어내지 못한다면 그 행간에 담긴 함의를 간취하기 어려운 측면도 있다. 따라서 경문과 정현의 주에 대한 후대 주석가들의 해석을 동원하지 않을 수 없는데, 이 점에서 청대 호배휘胡培翬의 『의례정의儀禮正義』는 매우 유용한 정보를 제공해 준다. '표준적 해석'이라는 뜻에 걸맞게 『의례정의』에는 송대의 오계공敖繼公 · 이여규李如圭를 비롯해서 명대의 장이기張爾岐, 청대의 오정화吳廷華 · 채덕진蔡德晉 · 저인량著寅亮 · 호광충胡匡衷 등 역대 주석가들의 논점을 정합적인 논거와 비판적인 안목으로 각각의 정현 주 아래에 덧붙여 소개하고 있다. 약간 번잡한 느낌이 없는 것도 아니지만, 이들 후대 주석가들의 논점을 주석에 상세히 정리함으로써, 『의례』 해석의 시대적 · 역사적 변화를 드러낼 수 있도록 함과 동시에, 해석의 정확성을 최대한 높이고자 하였다. 또한 매 편의 표제 아래에 정현의 『삼례목록』을 번역하여 넣음으로써『의례』 17편에 실린 각 의례의 역사적 연원을 이해할 수 있도록 하였다. 그리고 각각의 행례 절차가 시작되는 앞머리에 의례의 연원 빛 의미, 그리고 각 의례의 행례 장소와 전반적인 행례 과정에 대한 간략한 개요를 제시하여 '해제'로 붙임으로써, 복잡한 각각의 의례 절차와 의의를 일목요연하게 파악한 후 본문 이해에 들어갈 수 있도록 하였다.

『의례』는 상대적으로 예의 이론적 측면을 논하는 『예기』와 달리 구체적 의식 절차를 기록한 매뉴얼이다. 따라서 그 번역은 단순히 우리말로 옮기는 것뿐 아니라, 그것의 실체를 입체적이고 구조적으로 이해할 수 있도록 궁실, 의복, 기물, 건축물 등 명물도수名物度數들에 대한 도상圖象과 도해圖解를 제시할 필요가 있다. 따라서 본 번역에서는 송대 양복楊復의 『의례도儀禮圖』· 섭숭의聶崇義의 『삼례도三禮圖』, 명대 유적劉績의 『삼례도三禮圖』, 청대의 『흠정의례의소欽定儀禮義疏(禮器圖)』· 장혜언張惠言의 『의례도儀禮圖』· 황이주黃以周의 『예서통고禮書通考』 등에 수록된 도상과 도해뿐 아니라 양톈위(楊天宇), 이케다 스에토시(池田末利), 다니다 다카유키(谷田孝之) 등 현대 『의례』 연구자들의 성과물을 적극적으로 활용하였다.

'번역'이란 원문의 의미를 손상시키지 않고 타국의 언어로 이를 고스란히 되살려 내는 작업일 뿐 아니라 비전공자들도 쉽게 읽을 수 있도록 가독성을 높여야 한다는 상호 모순을 해소하는 과정이기도 하다. 『의례』와 같은 고문헌을 번역할 때에는 그러한 고심이 더욱 깊어질 수밖에 없는데, 특히 제기 등 기물의 명칭을 어떻게 우리말로 옮길 것인가를 두고 번역과정에서 여러 논란이 있었다. 가령 '변籩'과 '두豆'의 경우, '변'과 '두'로 옮기는 것이 가장 정확한 번역일 수 있지만, 『의례』 안에는 수많은 제기, 궁실, 건축물, 의복, 음식 등의 명칭이 등장하는데 이를 모두 원래의 명칭 그대로 표기하게 될 경우, 번역문은 거의 기호의 나열이나 다름없어 가독성에 심각한 문제가 발생할 것으로 판단하였다. 이에 따라 본 번역에서는 명물名物에 대한 정현의 해석과 각종 문헌의 기록에 의거하여 그 기물의 특징과 성격을 드러낼 수 있는 적절한 우리말로 표기하기로 하였다. 정현은 '변籩'에 대해 "변은 대나무로 만든 제기이다"(『周禮』, 「天官 · 籩人」, "籩,竹器"), "말린 고기를 올릴 때에는 변을 사용하는데, 변은 말린 음식을 담는 데에 적당하다"(『儀禮』, 「鄕射禮」, "脯用籩, 籩宜乾物")고 하였고, '두豆'에 대해서는 "고기 젓갈을 올릴 때에는 두를 사용하는데, 두는 젖은 음식을 담는 데에 적당하다"(『儀禮』, 「鄕射禮」, "醢以豆, 豆宜濡物也")고 하였다. 또 『이아爾雅』 「석기釋器」에서는 "나무로 만든 제기를 두라 하고, 대나무로 만든 제기를 변이라 한다"(木豆謂之豆, 竹豆謂之籩)고 하였다. 이에 따르면 '변'과 '두'는 그것을 만드는 재료의 측면에서는 '대나무'와 '나무'라는 차이가 있고, 기능적인 측면에서는 '말린 음식을 담는 제기'와 '젖은 음식을 담는 제기'라는 차이가 있다. 이러한 해석에 의거하여 본 번역에서는 '변'을 '대나무제기', '두'를 '나무제기'로 각각 표기하였다.

옮긴이들이 처음 『의례』 번역에 관심을 갖기 시작한 것은 1998년부터였다. 이봉규, 장동우, 이원택 그리고 김용천은 중국 고대철학, 다산 정약용, 조선시대 정치사상사, 중국 고대사 등 각자의 구체적 전공분야는 달리하였지만, 모두 '예학'을 학문의 밑바탕으로 하고 있어 자연스레 모임이 결성되었다. 당시에는 '상례'에 대한 관심이 고조되어 『의례』 「상복」의 번역으로 시작했지만, '삼례서'의 번역을 평생의 업으로 삼아보는 것이 어떻겠느냐는 이봉규 선생의 제안에 따라 청명문화재단의 지원 아래 『예기』 번역에 본격적으로 뛰어들었고, 모임의 이름도 '삼례사락三禮四樂'이라 하였다. 2005년에는 『예기』 전공자인 박례경 선생의 합류로 공부의 즐거움은 배가 되었고, '삼례사락'은 '삼례역락三禮亦樂'으로 바뀌었다. 그러고 보면 우리의 공부 모임도 벌써 15년이라는 짧지 않은 세월이 흐른 셈이 되며, 초창기에 비하면

내공의 깊이도 적지 아니 깊어진 느낌이다. 『예기』의 번역 초고가 마무리 될 즈음, 2008년도에 본서가 한국연구재단의 '명서번역과제'로 신정됨으로써, '삼례서'의 두 번째 작업 『의례』의 번역을 개시하였던 것이다.

예서의 번역은 매주 금요일마다 연세대학교에서 '삼례역락' 모임을 갖고 미리 번역된 초고를 상호 토론하고, 수정하는 과정을 거쳤다. 그러나 난해한 구절이 등장할 경우 한 문장에 대한 해석을 놓고 몇 시간에 걸쳐 논쟁을 벌이는 경우도 다반사였고, 게다가 『의례』의 경우 번역 분량이 워낙 방대한 탓도 있어 이러한 방식으로는 주어진 기간 내에 완역은 불가능하였다. 따라서 모임에서는 용어의 통일 및 문체의 일관성을 유지할 수 있도록 초고에 대한 전반적인 검토 수준에 멈추고, 각자의 전공과 관련된 편들을 배당하여 번역하는 방식을 택하였다. 작업의 분담은 김용천 : 「사관례」1 · 「연례」6, 「빙례」8 · 「상복」11 · 「유사철」17, 박례경 : 「사혼례」2 · 「사상견례」3 · 「향음주례」4 · 「공사대부례」9 · 「근례」10 · 「특생궤사례」15, 이원택 : 「향사례」5 · 「대사의」7, 장동우 : 「사상례」12 · 「기석례」13 · 「사우례」14이며, 후에 참여하여 번역에 활기를 불어넣어주신 이봉규 선생께서는 「소뢰궤사례」16의 번역과 더불어 '『의례』 해제'의 집필을 맡아주셨다.

이제 기나긴 번역의 고투 과정을 마치고 탈고를 앞두고 있다. 한국연구재단의 최종 보고 이후 번역문 전체의 체계와 통일성을 기하기 위해 거의 매일같이 연구실의 불빛을 밝히고 몰두하면서 나름대로 열심히 하였다고 자부하지만, 여전히 '망문생의望文生義'의 엉뚱한 오역이 없으리라 장담하지 못하는 불안감도 감출 수 없다. 사계의 질정을 기다리며, 예학 전공자들의 연구에 조그마한 보탬이라도 되었으면 하는 마음뿐이다. 본서를 명저번역과제로 선정해 주고 경제적 지원까지 아끼지 않았던 한국연구재단 관계자 분들께 감사의 말씀을 드린다. 번역과정에서 복식과 관련하여 교열과 많은 자문을 해 주신 최규순 교수님께 고마움의 마음을 표한다. 예정보다 원고의 완성이 늦어져 마음으로 무척 초조했을 텐데도 옮긴이들에게 아무런 압박(?)도 가하지 않고 묵묵히 기다려주신 세창출판사 김명희 실장님께도 미안함과 고마움의 마음을 전한다. 투박한 박석璞石의 문체를 꼼꼼한 교열과 윤문으로 깔끔하게 다듬어 옥조玉藻로 탈바꿈시켜준 송경아 신생에게 누구보다 고맙다는 말을 전하고 싶다.

2012년 11월 12일

늦가을의 향기 그윽한 왕방산 아랫자락 연구실에서

번역자를 대표하여 김용천 씀

차례

의례 역주【一】

의례 역주【二】

의례 역주【三】

의례 역주【四】

의례 역주【五】

공사대부례公食大夫禮 제9 · 박례경

―

근례覲禮 제10 · 박례경

의례 역주【六】

상복喪服 제11 · 김용천

의례 역주【七】

사상례士喪禮 제12 · 장동우

―

기석례旣夕禮 제13 · 장동우

―

사우례士虞禮 제14 · 장동우

의례 역주【八】

특생궤사례特牲饋食禮 제15 · 박례경

―

소뢰궤사례少牢饋食禮 제16 · 이봉규

―

유사철有司徹 제17 · 김용천

일러두기

○ 본 번역의 대본은 2000년 12월 북경대학출판사北京大學出版社에서 간행한 리쉐친李學勤 주편, 《십삼경주소정리본十三經注疏整理本》 가운데 『의례주소儀禮注疏』이다. 『의례儀禮』 경문과 함께 한漢 정현鄭玄 주注와 당唐 가공언賈公彦 소疏가 수록되어 있다. 청淸 완원阮元의 십삼경주소교감기十三經注疏校勘記를 저본으로 하고 손이양孫詒讓의 십삼경주소교기十三經注疏校記, 십삼경청인주소十三經淸人注疏의 성과들을 반영한 교감기가 부기되어 있다.

○ 번역에 가장 많이 참고한 서적은 1993년 7월 강소고적출판사江蘇古籍出版社에서 간행한 청淸 호배휘胡培翬 찬撰, 『의례정의儀禮正義』이다. 『의례』와 관련된 청대까지의 주요 연구 성과들을 망라하여 경문과 정현 주에 대한 이해를 돕고, 주소에 대한 논리적인 해명과 비판의 근거들을 제시한 저작이다. 번역본에서는 해당 경문의 번역에 직접적인 근거가 될 만한 학설이나 비판적인 이견 등이 있을 경우, 주석에서 직·간접의 형태로 번역하여 인용, 소개하였다.

○ 번역에서 경전이나 제자서諸子書 등을 인용할 경우에는, 인용문을 번역하고 괄호 안에 인용문의 한문 원문을 수록하였다.

○ 본 번역서에 수록된 도상圖象 자료는, 의례도儀禮圖의 경우 기본적으로 청淸 『흠정의례의소欽定儀禮義疏』 「예절도禮節圖」를 매 편마다 단락별 해제 앞에 수록하였고, 의례의 동선이나 위치 표현이 부족할 경우에는 송宋 양복楊復의 『의례도(의례방통도)儀禮圖(儀禮旁通圖)』, 청淸 장혜언張惠言의 『의례도儀禮圖』 등을 보완적으로 수록하였다. 경문과 정현 주, 각주에 서술된 각 명물도수名物度數에 관한 도상은 송宋 섭숭의聶崇義의 『삼례도三禮圖』와 2006년 청화대학출판사淸化大學出版社에서 간행한 정안丁晏 교점·해설의 『신정삼례도新定三禮圖』, 청淸 『흠정의례의소』 「예기도禮器圖」, 청淸 황이주黃以周의 『예서통고禮書通考』에서 해당 도상을 찾아서 수록하였다. 이 밖에도 1998년 강소고적출판사江蘇古籍出版社에서 간행한 첸쉬안(錢玄)의 『삼례사전三禮辭典』, 이케다 스에토시(池田末利)의 『의례儀禮』, 1994년 상해고적출판사上海古籍出版社에서 간행한 양톈위(楊天宇)의 『의례역주儀禮譯注』, 최규순崔圭順의 『중국역대제왕면복연구中國歷代帝王冕服硏究』, 쑨지孫機의 『중국고여복논총中國古輿服論

叢』과 『한대물질문화자료도설漢代物質文化資料圖說』, 가오밍첸高明乾의 『고식물한명도고古植物漢名圖考』 등 오늘날 예학 연구자들의 저작에서도 보완이 될 만한 도상들을 추출하여 수록하였다.

○ 용어의 번역은 가독성을 위해 가능한 한 우리말로 번역하고 괄호 안에 원문 용어를 병기하는 것을 원칙으로 하였다. 예) 대나무제기(籩), 고기국물(湆), 당 위 서쪽 벽(西序).

○ 문장의 번역은 통일성을 위해 반복적으로 등장하는 행례 과정 등은 일정한 문장으로 정형화하여 통일하는 것을 원칙으로 하였다. 예) 再拜稽首 : 머리를 바닥에 대면서 재배를 한다. 再拜送摯 : 예물을 보내준 후에 재배를 한다.

○ 본 번역에서 교감에 이용한 판본은 다음과 같이 표기한다.
송宋 엄주嚴州 단주본單注本은 '엄본嚴本', 번각翻刻 송宋 단주본은 '서본徐本', 명明 종인걸鐘人傑의 단주본은 '종본鐘本', 이원양李元陽의 주소본注疏本은 '민본閩本', 명明 국자감國子監 주소본은 '감본監本', 급고각汲古閣 주소본은 '모본毛本', 육덕명陸德明의 『경전석문經典釋文』은 『석문釋文』, 장순張淳의 『의례지오儀禮識誤』는 '장씨張氏', 이여규李如圭의 『의례집석儀禮集釋』은 『집석集釋』, 주희朱熹의 『의례경전통해儀禮經典通解』는 『통해通解』, 위료옹魏了翁의 초본抄本 『의례요의儀禮要義』는 『요의要義』, 양복楊復의 『의례도儀禮圖』는 '양씨楊氏', 오계공敖繼公의 『의례집설儀禮集說』은 '오씨敖氏'로 각각 표기한다.

○ 본 번역본은 『의례』 17편의 내용상 의례범주와 번역분량을 고려하여 모두 여덟 권으로 나누고, 색인편을 별도의 한 책으로 엮었다. 1권은 「사관례」(제1), 「사혼례」(제2), 「사상견례」(제3)이다. 2권은 「향음주례」(제4), 「향사례」(제5)이다. 3권은 「연례」(제6), 「대사의」(제7)이다. 4권은 「빙례」(제8)이다. 5권은 「공사대부례」(제9), 「근례」(제10)이다. 6권은 「상복」(제11)이다. 7권은 「사상례」(제12), 「기석례」(제13), 「사우례」(제14)이다. 8권은 「특생궤사례」(제15), 「소뢰궤사례」(제16), 「유사철」(제17)이다.

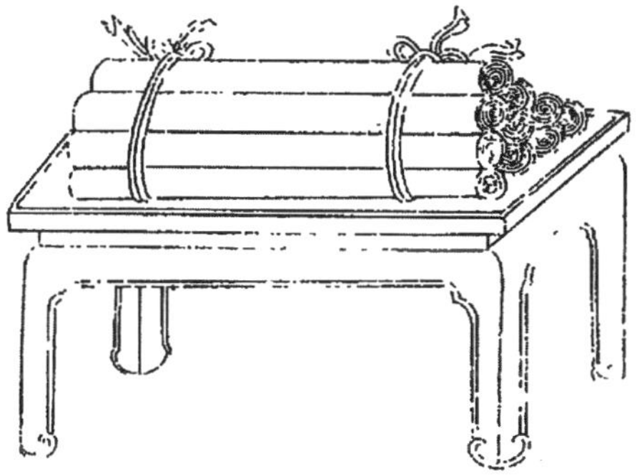

聘禮
第八

역주 김용천

聘禮 第八

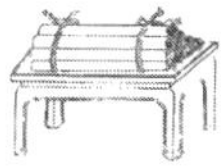

소 정현鄭玄의 『삼례목록三禮目錄』에서 말한다. “성대하게 예방하는 것을 ‘빙聘’이라고 한다. 제후들이 서로 돈독히 하는 의리로서, 오랫동안 회맹 등의 일이 없을 때 경을 보내어 서로 방문을 하는 예이다. 소빙小聘의 경우에는 대부를 보낸다. 『주례』「추관·대행인大行人」에서 ‘무릇 제후의 나라들은 서로 왕래하는데, 매년 서로 문問을 하고, 중간에 오래도록 일이 없을 때에 서로 빙聘을 하고, 새로운 군주가 즉위하면 서로 조朝를 한다’고 하였다. 빙례는 오례五禮 가운데 빈례賓禮에 속한다. 대대본의 『의례』에는 제14로 되어 있고, 소대본의 『의례』에는 제15로 되어 있으며, 유향劉向의 『별록別錄』에는 제8로 되어 있다.”

疏 鄭『目錄』云, “大問曰聘. 諸侯相於[1]久無事, 使卿相問之禮. 小聘使大夫. 『周禮』曰, ‘凡諸侯之邦交, 歲相問, 殷相聘也, 世相朝也.’於五禮屬賓禮. 『大戴』第十四, 『小戴』第十五, 『別錄』第八.”

주

1_ 諸侯相於 : 호배휘는 '於'는 '厚'의 뜻으로, 빙례는 제후들이 서로 친밀히 하고 돈독히 하는 도리라고 하였다.(『呂覽』注云, '於', 猶厚也. 言聘爲諸侯相親厚之道也) 『의례정의』, 942쪽 참조.

해제 經—01에서 經—06까지는 '명사命使' 즉 사자使者 및 상개上介·중개衆介를 명하는 절차이다.

[聘禮08 : 經 – 01]

빙례聘禮. 군주는 경卿[1]들과 더불어 빙례에 관한 일을 의논하고,

聘禮. 君與卿圖事,

정현주

'도圖'는 의논한다(謀)는 뜻이다. 빙문하는 일(聘故)[2] 및 사자로 보낼 만한 사람을 의논하는 것이다. 빙례에 관한 일을 의논하는 것은 반드시 조회 볼 때를 이용하는데,[3] 그 위치는 군주는 남쪽을 향하고, 경은 서쪽을 향하고, 대부는 북쪽을 향하고, 사는 동쪽을 향한다. '圖', 謀也. 謀聘故及可使者. 謀事者必因朝, 其位, 君南面, 卿西面, 大夫北面, 士東面.

[聘禮08 : 經 – 02]

이어서 사자使者를 임명한다.

遂命使者.

정현주

'수遂'는 잇다(因)는 뜻과 같다. 적합한 사람을 의논한 후 이어서 사자로 임명한다.[4] 빙례를 행하러 가는 사자는 경卿이다. '遂'猶因也. 既謀其人, 因命之也. 聘使卿.

[聘禮08 : 經 – 03]

사자는 머리를 바닥에 대면서 배례를 한 후 사양을 한다.

使者再拜稽首, 辭.

정현주

현명하지 못함을 이유로 사양하는 것이다. 辭以不敏.

[聘禮08 : 經 – 04]

군주가 사양을 허락하지 않으면, 이에 사자는 본래 위치로 돌아온다.

君不許, 乃退.

정현주

'퇴退'는 본래 위치로 돌아온다는 뜻이다. 명을 받을 때에는 반드시 군주 앞으로 나아간다.[5] '退', 反位也. 受命者必進.

[聘禮08 : 經 – 05]

빙례에 관한 일을 의논한 후에 군주는 다시 상개上介를 임명하는데, 또한 사자를 임명할 때와 동일한 절차로 한다.[6]

旣圖事, 戒上介, 亦如之.

정현주

'기旣'는 끝난다(已)는 뜻이다. '계戒'는 임명한다(命)는 뜻과 같다.[7] 빙례에 관한 일을 의논한 후에 비로소 상개를 임명하는 것은 사자의 임명은 어렵게 하고, 개介의 임명은 쉽게 하는 뜻이다. '旣', 已也. '戒'猶命也. 已謀事, 乃命上介, 難於使者易於介.

[聘禮08 : 經 – 06]

재宰는 사마司馬에게 명하여 중개衆介를 임명하도록 한다.[8] 중개들은 모두 명을 받아들이고 사양하지 않는다.

宰命司馬戒衆介. 衆介皆逆命, 不辭.

정현주

'재宰'는 상경上卿으로서 군주의 일을 보좌하는 사람이다. 제후의 경우에는 사도司徒를 '재宰'라고 한다.[9] '중개衆介'는 신분이 사士인데, 사는 사마에 속한다. 『주례』에 의하면 사마의 속관 가운데 사사司士는 사士를 선발하고 사방으로 보내어 개介로 삼게 하는 일을 관장한다.[10] '역逆'은 받는다(受)는 뜻과 같다. '宰', 上卿, 貳君事者也. 諸侯謂司徒爲'宰'. '衆介'者, 士也, 士屬司馬. 『周禮』司馬之屬, 司士掌作士, 適四方, 使爲介. '逆'猶受也.

주

1_ 경 : 이곳의 卿은 三卿으로서, 정사를 담당하는 나라의 대신이다.

2_ 빙문하는 일 : 옛날에는 반드시 도가 있는 나라를 택해서 聘禮를 행했는데, 이를 '常聘'이라고 한다. 또 告糴이나 乞師할 때에도 빙례를 행하였는데, 모두 이른바 '빙문하는 일'(聘故)이다. 『의례정의』, 945쪽 참조.

3_ 빙례에 관한 ~ 이용하는데 : 옛날에 제후는 매일 조회를 하여 군주와 신하가 相見하였기 때문에 조회를 이용하여 빙례에 관한 일을 의논하였다. 천자와 제후 모두 三朝가 있다. 첫째, 路門 안쪽에 있는 것을 '燕朝'라고 하는데, 곧 路寢이다. 둘째, 路門 밖에 있는 것을 '治朝'라고 하는데, 곧 正朝이다. 셋째, 皐門 안쪽 庫門 밖에 있는 것을 '外朝'라고 한다. 제후의 경우 皐門이 없기 때문에 外朝는 庫門 밖에 있다. 三朝 가운데 燕朝(路寢)에만 堂이 있고, 治朝와 外朝에는 堂이 없다. 燕朝는 內朝라고도 한다. 治朝는 庫門 밖의 朝와 대응해서 말할 때에는 '內朝'라고 하고, 路門 안쪽의 朝와 대응해서 말할 때에는 '外朝'라고 한다. 강영에 따르면 빙례를 행할 때에는 燕朝에서 일을 의논하고 사자를 명한다고 한다. 『의례정의』, 945쪽 참조.

4_ 적합한 ~ 임명한다 : 호배휘에 따르면 이 使者는 빙례의 일을 의논할 때 참여하였던 三卿 가운데 한 사람으로, 군주와 더불어 의논한 후에 사자로 임명된다. 『의례정의』, 947쪽 참조.

5_ '퇴'는 ~ 나아간다 : 사자가 군주의 명을 받을 때에는 반드시 자신의 위치에서 벗어나 군주 가까이 다가간다. 따라서 군주의 명을 받은 후에는 본래 위치로 돌아온다. 경문의 '退'는 사자 즉 卿이 서쪽을 향하던 본래의 위치로 되돌아온다는 뜻이지 조정 밖으로 물러난다는 의미는 아니다. 『의례정의』, 947쪽 참조.

6_ 빙례에 관한 ~ 한다 : 채덕진은 上介에는 大夫를 임명하여 사자의 보좌관으로 삼는데, 使者의 유고 시에는 上介가 그 일을 대행하여 그 임무가 중하므로 사자의 경우와 마찬가지로 머리를 바닥에 대면서 배례한 후에 사양을 한다고 하였다. 『의례정의』, 947쪽 참조.

7_ '계'는 임명한다는 뜻과 같다 : 『의례』에서 '戒'의 함의는 다양하여, '警'의 뜻으로 해석되는 경우도 있고 '告'의 뜻으로 해석되는 경우도 있다. 이 경문의 '戒上介'는 命하여 上介로 삼는다는 뜻으로, [經—02]의 '命使者'와 같은 의미이다. 오계공에 의하면 사자에 대해서는 '命'이라고 하고 상개에 대해서는 '戒'라고 한 것은 신분의 尊卑를 구별하기 위함이다. 『의례정의』, 947쪽 참조.

8_ 재는 ~ 한다 : 衆介는 신분이 낮기 때문에 군주가 직접 임명하지 않고, 군주의 명에 따라 宰가 司馬에게 임명하도록 한다. 왕사양은 제후에게는 三卿이 있는데 경문에서 '宰가 司馬에게 명하여 衆介를 임명하도록 한다'고 하였으므로, 二卿은 모두 국내에 머물면서 일을 처리하고 司徒·司馬·司空의 三卿 가운데 使者가 될 수 있는 자는 司空뿐이라고 하였다. 이에 대해 호배휘는 제후의 경우 司徒 아래에 小宰·小司徒가 있고 司馬 아래에 小司馬가 있어서, 宰나 司馬가 出使하더라도 小宰 등이 命과 戒의 일을 대행할 수 있기 때문에 반드시 司空만이 使者가 된다고 단정할 필요는 없다고

비판하였다. 『의례정의』, 949쪽 참조.

9_ 제후의 ~ 한다 : 제후의 경우에는 冢宰의 관직을 설치하지 않고 司徒가 그 직을 겸하기 때문에 司徒를 '宰'라고 한다.

10_ 『주례』에 의하면 ~ 관장한다: 『주례』「하관·사사」에 보인다.

「석폐도夕幣圖」

(淸),『흠정의례의소』

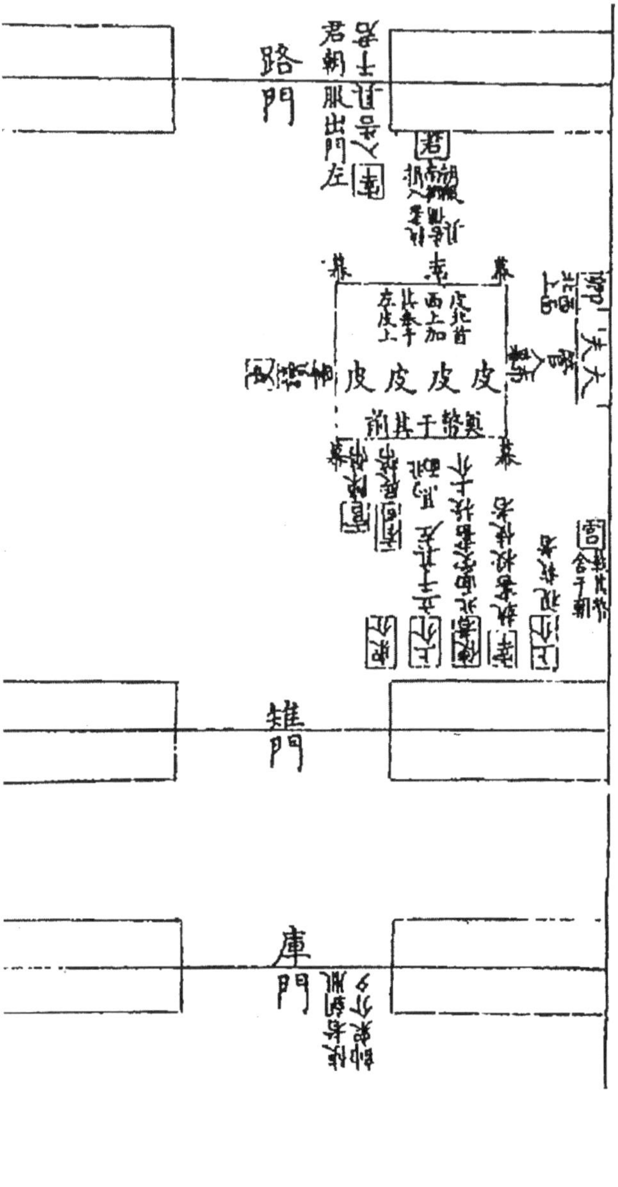

해제

經-07에서 經-21까지는 '수폐授幣', 즉 사행을 떠나기 전날 저녁에 재宰가 예물의 목록을 작성하고, 이에 재부宰夫가 그 예물을 마련하고, 재부의 속관들이 마련된 예물을 진설하면 사史 등이 그 예물이 목록의 내용과 일치하는가를 점검하는 절차이다.

[聘禮08 : 經-07]

재宰는 예물의 목록을 작성하고,[1]

宰書幣,

정현주

빙聘의 예를 행할 때 사용할 예물의 수를 문서로 작성하는 것이다. 재宰는 또 국가의 재용을 제정하는 일을 관장한다. 書聘所用幣多少也. 宰又掌制國之用.

[聘禮08 : 經-08]

재부宰夫에게 명하여 그의 휘하 속관들에게 예물을 갖추게 하도록 한다.

命宰夫官具.

정현주

'재부'는 재宰의 속관이다. 재부에게 명하여 그의 휘하 속관들로 하여금 예물 및 사행 길에 필요한 물품을 갖추게 하도록 한다. '宰夫', 宰之屬也. 命之使衆官具幣及所宜齎.

[聘禮08 : 經 – 09]

출행 전날 저녁에 갖추어진 예물을 진열해 놓고 점검하는데,[2]

及期夕幣,

정현주

'급及'은 이른다(至)는 뜻과 같다. '석폐夕幣'는 사행을 떠나기 전날 저녁 무렵에 예물을 진열해 놓고 점검하는 것으로, 빙례의 일을 중하게 여기는 것이다. '及'猶至也. '夕幣', 先行之日, 夕陳幣而視之, 重聘也.

[聘禮08 : 經 – 10]

사자는 조복을 착용하고 중개들을 이끌고서 저녁에 군주를 알현하는 석례夕禮를 행한다.[3]

使者朝服, 帥衆介夕.

정현주

빙례의 일을 살피는 것이다. 고문본에는 '帥'이 모두 '率'로 되어 있다. 視其事也. 古文'帥'皆作'率'.

[聘禮08 : 經 – 11]

관인管人은 침문寢門 밖에 멍석(幕)[4]을 펼쳐 놓는다.

管人布幕于寢門外.

정현주

'관管'은 관館의 뜻과 같다. '관인館人'은 차次·사舍·유帷·막幕을 관장하는 사람을 가리킨다.[5] 멍석을 펼쳐 놓고 예물을 떠받친다. 침문의 밖은 조정(朝: 治朝)이다.[6] 고문본에는 '管'이 '官'으로 되어 있고, 금문본에는 '布'가 '敷'로 되어 있다. '管'猶館也. '館人'謂掌次·舍·帷·幕者也. 布幕以承幣. 寢門外, 朝也. 古文'管'作'官', 今文'布'作'敷'.

[聘禮08 : 經 - 12]

재부의 속관들은 멍석 위에 예물을 진설한다.[7] 짐승가죽(皮)은 머리가 북쪽을 향하도록 하여 진설하는데 서쪽을 윗자리로 삼고,[8] 왼쪽(서쪽)의 짐승가죽 위에 속백束帛 및 현훈玄纁을 올려놓는다. 말(馬)의 경우에는 얼굴이 북쪽을 향하도록 하여 진설하고,[9] 그 앞에 예물을 내려놓는다.[10]

官陳幣. 皮, 北首西上, 加其奉於左皮上. 馬則北面, 奠幣于其前.

정현주

'봉奉'은 명을 전해 바칠 때 받들어서 올리는 예물로,[11] 속백束帛 및 현훈玄纁을 가리킨다.[12] 말의 경우, '이라면'(則)이라고 말했으므로 이는 예물을 바칠 때에는 주로 짐승 가죽을 사용하는데, 때때로 말을 사용하기도 한다는 뜻이다.[13] 말이 들어오면 멍석(幕)의 남쪽에 있게 된다. 짐승 가죽과 말은 모두 4장과 4마리이다.[14] 고문본에는 '奉'이 '卷'으로 되어 있고, 금문본에는 '則'이 없다. '奉', 所奉以致命, 謂束帛及玄纁也. 馬言'則'者, 此享主用皮, 或時用馬. 馬入則在幕南. 皮馬皆乘. 古文'奉'爲'卷', 今文無'則'.

[聘禮08 : 經 - 13]

사자는 북쪽을 향해 서고, 중개들은 그 왼쪽에 서는데, 동쪽을 윗자리로 삼는다.

使者北面, 衆介立于其左, 東上.

정현주

사행의 명을 받은 후에는 향하는 위치를 똑같이 한다.[15] 위치는 멍석(幕)의 남쪽에 있다. 既受行, 同位也. 位在幕南.

[聘禮08 : 經 – 14]

경과 대부는 멍석의 동쪽에서 서쪽을 향해 서는데, 북쪽을 윗자리로 삼는다.

卿·大夫在幕東西面, 北上.

정현주

대부가 서쪽을 향하는 것은 사자를 피하는 것이다.[16] 大夫西面, 辟使者.

[聘禮08 : 經 – 15]

재宰는 노문路門 안으로 들어가서 군주에게 예물이 모두 진설되었음을 보고한다. 군주는 조복을 착용하고 노문 밖으로 나와 왼쪽으로 나아가서 멍석의 북쪽에서 남쪽을 향해 선다.

宰入, 告具于君. 君朝服出門左, 南鄕.

정현주

'들어가서 보고한다'(入告)는 것은 노문 안으로 들어가서 보고한다는 뜻이다.[17] '入告', 入路門而告.

[聘禮08 : 經－16]

사史[18]가 예물목록을 읽으면, 고인賈人[19]은 목록과 대조하면서 예물을 점검한다.[20]

史讀書展幣.

정현주

'전展'은 대조하면서 점검한다(校錄)는 뜻과 같다. 사史는 멍석의 동쪽에서 서쪽을 향해 예물목록을 읽는다. 고인은 앉아서 그 예물을 어루만진다. 사가 예물목록을 읽을 때마다 "여기에 있습니다"라고 말한다.[21] 반드시 서쪽을 향하는 것은 군주와 사자가 함께 볼 수 있도록 하기 위함이다. '展'猶校錄也. 史幕東西面讀書. 賈人坐撫其幣. 每者曰"在." 必西面者, 欲君與使者俱見之也.

[聘禮08 : 經－17]

예물의 점검이 끝나면, 재宰는 예물목록을 들고 군주에게 나아가서 예물이 모두 갖추어졌음을 보고한 후 예물목록을 사자에게 건네준다. 사자는 이를 받아서 상개에게 건네준다.

宰執書, 告備具于君, 授使者. 使者受書, 授上介.

정현주

사史는 예물의 점검이 끝나면 예물목록을 재宰에게 돌려주고, 재는 군주에게 예물이 모두 갖추어졌음을 보고한 후 예물목록을 사자에게 건네준다. 예물목록을 받거나 건네줄 때에는 모두 북쪽을 향한다. 史展幣畢, 以書還授宰, 宰旣告備, 以授使者. 其受授皆北面.

[聘禮08 : 經 – 18]

군주(公)[22]는 신하들에게 읍을 한 후 노침 안으로 들어간다.

公揖入.

정현주

읍을 하는 것은 신하들을 예우하는 것이다. 揖, 禮群臣.

[聘禮08 : 經 – 19]

사자의 수행 관원들[23]은 그 예물을 수레에 실어서 침문 밖의 치조治朝에 놓아둔다.[24]

官載其幣, 舍于朝.

정현주

아침에 출행하기를 기다리는 것이다. 待旦行也.

[聘禮08 : 經 – 20]

상개上介는 수레에 실은 예물을 점검하고,

上介視載者,

정현주

수레에 실은 예물이 잘 보관되어 있는가를 살펴본 후 치조에서 물러나간다.[25] 監其安處之, 畢乃出.

[聘禮08 : 經 – 21]

사자에게 건네받은 예물목록을 수레 안에 넣어 두고 사행을 떠난다.

所受書以行.

정 현 주

다시 점검해야 하기 때문이다.[26] 爲當復展.

주

1_ 재는 ~ 작성하고 : 호배휘는 경문의 '幣'는 聘·享·問卿 등의 예를 행할 때 사용하는 玉·帛을 포함하여 말한 것인데, 정현이 단지 '聘의 예를 행할 때 사용되는 예물'로 한정시킨 것은 '聘'의 예를 들어 나머지 예를 포괄시킨 것이라고 하였다. 학경도 '幣'는 主國(빙문을 받는 나라)에 보내는 玉·帛·皮·馬 등을 가리킨다고 하였다. 『의례정의』, 949쪽 참조. 이처럼 '幣'는 글자 그 자체는 '비단'을 뜻하지만 의례상에 사용되는 '幣'의 용어는 '玉'·'帛'·'皮'·'馬' 등의 예물을 포함하므로 특별히 '비단'만을 가리키는 경우가 아니라면 '예물'로 번역하기로 하겠다.

2_ 출행 전날 ~ 점검하는데 : 오계공은 [經－09] 앞에 '請期' 즉 기일을 청하는 절차나 '告期' 즉 정해진 기일을 사람들에게 알리는 절차가 있어야 하는데 생략되었다고 하였다. 따라서 경문의 '及期夕幣'에서 '及期'는 '請期'와 '告期'를 가리키는데 그 절차의 내용이 생략되었으며, '夕幣'의 두 글자는 [經－10] 이하의 의절에 대한 제목이라고 하였다. 요범은 '命使'에서 '夕幣'에 이르는 사이에 사행에 필요한 예물을 갖추고 행장을 꾸리는 등의 일이 있기 때문에 사행을 떠날 때까지는 적어도 10일의 시간이 소요된다고 하였다. 호배휘는 요범의 설에 근거하여 출행의 기일은 정해진 것이 아니기 때문에 경문에서 단지 '及'이라 한 것이라고 하였다. 한편 왕인지는 '期'는 聘禮의 기일을 의미할 터인데, 이곳에서 '빙례의 기일에 미친다'라고 하면 앞뒤로 문장이 이루어지지 않으며 정현의 주에도 '期'에 대한 언급이 없으므로, 이곳의 '期'는 후인들의 첨입으로 보아야 한다고 하였다. 『의례정의』, 950쪽 참조.

3_ 사자는 ~ 행한다 : 경문의 '夕'은 저녁에 군주를 알현하여 예물을 살펴볼 것을 청하는 '夕禮'를 가리킨다. 성세좌에 의하면 일반적으로 夕禮를 행할 때에는 玄端服을 착용하는데 이곳에서 군주와 신하 모두 조복을 하는 것은 빙례의 일을 중하게 여기기 때문이다. 사자가 조복을 착용하므로 상개를 포함한 중개들 역시 조복을 착용해야 한다. 『의례정의』, 950쪽 참조.

4_ 멍석 : 장이기는 이곳의 '幕'은 땅바닥에 펼쳐서 깔판으로 삼는 것이라고 하였고, 호배휘도 예물을 진설할 때 반드시 幕을 먼저 설치하여 깔판으로 삼는 것은 감히 예물을 더럽히지 않도록 하기 위한 것이라고 하였다. 『의례정의』, 951쪽 참조.

5_ '관인'은 ~ 가리킨다 : 『주례』에 '管人'의 관직은 없지만, 『주례』「천관」에 '掌舍', '幕人', '掌次' 등의 관명이 보인다. 제후의 경우에는 관직을 겸하기 때문에 이들 관직을 '管人' 즉 '館人'으로 총괄한 것이다. 『주례』「천관·掌舍」에는 "掌舍는 帷宮을 만들고 旌門을 설치한다"(掌舍, 爲帷宮, 設旌門)라고 하였다. 즉 노상에서 중도에 휴식을 취할 때에는 사방에 막을 둘러쳐서 울타리를 만들고 깃발을 세워 문을 삼는다는 뜻이다. 『주례』「천관·幕人」에는 "幕人은 帷·幕·幄·帟·綬의 일을 관장한다"(幕人, 掌帷·幕·幄·帟·綬之事)라고 하였다. 정현에 따르면, '帷'와 '幕'은 모두 布로 만들며 주위에 둘러쳐 펼치는 것을 '帷'라 하고 '帷'의 위에 펼치는 것을 '幕'이라고 하는데, '幕'은 때로 땅에 깔아서 그 위에 물건을 진설하기도 한다고 하였다. 이 경문의 '幕'은 후자의 경우이다. 『의례주소』, 415쪽, 가공언의 소 참조.

6_ 침문의 밖은 조정이다 : 이곳의 寢門은 路寢門을 뜻하며, 路寢門의 밖은 治朝의 장소가 되기 때문에 '朝'라고 한 것이다.

7_ 재부의 ~ 진설한다 : 館人이 땅바닥에 멍석(幕)을 펼쳐 놓으면 재부의 속관들이 그 위에 예물을 진설한다는 뜻이다.

8_ 짐승가죽은 ~ 삼고 : 主君에게 바칠 짐승가죽은 서쪽에 놓고, 주군의 夫人에게 바칠 짐승가죽은 동쪽에 놓는다. 『의례정의』, 952쪽 참조.

9_ 말의 경우에는 ~ 진설하고 : 말(馬)에 대해서 '머리가 북쪽을 향하도록 하여 진설한다'(北首)라고 하지 않고 '얼굴이 북쪽을 향하도록 하여 진설한다'(北面)라고 한 것은 말은 살아 있는 동물이기 때문이다. 『의례정의』, 952쪽 참조.

10_ 짐승가죽은 머리가 ~ 내려놓는다 : '머리가 북쪽을 향하도록 진설한다'(北首), '얼굴이 북쪽을 향하도록 진설한다'(北面)라고 한 것에 대해 왕사양은 모두 군주를 향하도록 하여 놓는다는 뜻으로 해석하였다. 말을 진설할 때에 그 앞에 내려놓는 예물도 역시 束帛과 玄纁이다. 束帛 등은 짐승가죽 위에 올려놓을 수 있지만 말 위에는 올려놓을 수 없으므로 말의 북쪽 멍석 위에 내려놓는다. 말은 북쪽을 향하고 있으므로 북쪽이 앞이 된다. 그러므로 '그 앞에 예물을 내려놓는다'고 한 것이다. 『의례정의』, 953쪽 참조.

11_ '봉'은 ~ 예물로 : 이곳에서 '致命'은 主君(빙문을 받는 나라의 군주)과 그 夫人에게 聘君(빙문을 보내는 나라의 군주)과 그 夫人의 안부 인사를 전해 바친다는 뜻이다.

12_ '봉'은 명을 ~ 가리킨다 : 호배휘에 의하면 예물을 바칠 때에 짐승가죽(皮)과 말(馬)은 모두 당 아래에 내려놓는데 사자는 친히 璧玉을 올려놓은 束帛을 받들고 당 위로 올라가 명을 전해 바친다. '束帛'은 '비단 열 단'의 뜻인데 이것을 主君에게 바치고, '玄纁'은 '검은색과 옅은 진홍색의 비단'의 뜻인데 이것을 主君의 夫人에게 바친다. 그러나 '束帛'과 '玄纁'은 互文으로서, 사실은 '玄纁束帛' 즉 '검은색 3, 옅은 진홍색 2의 비율로 이루어진 비단 10단'을 가리킨다. 『의례정의』, 953쪽 및 아래 [經—24]의 정현 주 참조.

13_ 말의 경우 ~ 뜻이다 : 짐승가죽이 있는 나라에서는 짐승가죽을 사용하고, 짐승가죽이 없는 나라의 경우에 한해서 말을 사용한다는 뜻으로, 짐승가죽과 말을 동시에 사용하는 것은 아니라는 뜻이다.

14_ 짐승가죽과 ~ 4마리이다 : 물건 4개를 '乘'이라고 한다.

15_ 사행의 명을 ~ 한다 : 평소 조정에서 경·대부·사는 향하는 위치가 각각 다르지만 이곳에서는 이미 출사의 명을 받아서 모두 북쪽을 향하고 있으므로 향하는 위치가 동일하다. 앞의 『흠정의례의소』, 「夕幣圖」 참조.

16_ 대부가 ~ 것이다 : 이곳의 경과 대부는 사행을 떠나지 않고 국내에 머물러 있는 경과 대부를 가리킨다. 대부는 본래 북쪽을 향해야 하는데, 使者·上介·衆介 모두가 북쪽을 향하고 있어서 그들을 피해 경과 마찬가지로 서쪽을 향하고 있기 때문에 '使者를 피한다'고 한 것이다.

17_노문 안으로 ~ 뜻이다 : 朝(治朝)는 路寢 즉 路門 밖에 있으므로 노문 안으로 들어가서 보고한다. 노침 안으로 들어가서 군주에게 보고하는 것은 노침이 바로 정사를 보는 곳이기 때문이다. 『의례주소』, 416쪽, 가공언의 소 참조.

18_사 : 『주례』 「춘관 · 大史」에 "大會同이나 朝覲이 있을 때에 禮書의 규정에 따라 사전에 禮事를 점검한다. 예물을 바치는 날이 되면 문서를 들고 가서 행해야 할 儀禮를 왕에게 고한다"(大會同 · 朝覲, 以書協禮事. 及將幣之日, 執書以詔王)라고 하였다. 호배휘는 이에 근거해서 이 경문에서 宰가 작성한 예물의 문서를 읽는 '史'는 '大史'라고 하였다. 『의례정의』, 954쪽 참조.

19_고인 : 관직명으로 물가를 관장하는 사람이다. 『예기』 「소의」의 정현 주에 "고인은 물건의 좋고 나쁨을 관장한다"(賈人知物善惡也)라고 하였다.

20_고인은 목록과 ~ 점검한다 : 경문의 '展'은 예물을 하나하나 들어서 宰가 작성한 예물목록과 일치하는지 점검한다는 뜻이다. 점검하는 사람에 대해여 정현은 '賈人'으로 파악하였지만, 오계공은 有司가 북쪽을 향해 점검하는 것이라고 하였으며, 오정화도 경문에서는 의절의 순서에 따라 관명을 언급하고 있는데 옥함에서 圭를 꺼내어 宰에게 건네주는 의절([經-34])에서 '賈人'의 관명이 처음 등장하므로 이곳의 '夕幣'를 행하는 의절에서는 아직 賈人은 일에 참여하지 않음을 알 수 있다고 하였다. 호배휘 역시 오계공의 설이 타당하다고 하였다. 『의례정의』, 954쪽 참조.

21_사는 멍석의 ~ 말한다 : 史가 예물목록을 읽어나가면 賈人은 史가 읽을 때마다 "여기에 있습니다"라고 호응하여 그 물품과 목록이 서로 부합하는지 여부를 점검한다.

22_군주 : 경문의 '公'은 작위의 명칭으로서 제후를 가리키지만, 이곳에서는 '군주'로 번역하기로 한다.

23_사자의 수행관원들 : 이때의 관리들은 빙문을 수행하여 떠나는 사람들로, 앞의 예물을 진설하는 재부의 속관 등과는 다른 사람들이다. 『의례주소』, 417쪽, 가공언의 소 참조.

24_침문 밖의 치조에 놓아둔다 : 호배휘는 寢門 밖의 조정에 예물을 놓아두고 빙문에 수행하는 관원들이 그것을 지키고 있는 것이라고 해석한다. 채덕진은 조정에 예물을 놓아두는 것은 군주의 예물은 私家에 들일 수 없기 때문이라고 하였다. 『의례정의』, 954쪽 참조.

25_수레에 ~ 물러나간다 : 빙문에 수행하는 관리들이 예물을 수레에 실으면 상개가 그것을 감독하여 살핀다. 경문에는 '물러나간다'(出)라는 문장이 보이지 않는데 정현의 주에서 '물러나간다'라고 말한 것은, 上介는 침문 밖의 치조에 머물지 않음을 밝히기 위한 것이다. 『의례정의』, 955쪽 참조.

26_다시 점검해야 하기 때문이다 : 上介가 使者에게 받은 예물목록을 갖고 사행을 떠나는 것에 대해 장이기는 빙문하는 나라의 국경에 이르렀을 때 다시 점검해야 하기 때문이라고 하였고, 호배휘는 史가 예물목록을 점검할 때([經-16])上介도 함께

참여하여 점검했기 때문에 다시 점검할 필요는 없다고 반박하였다. 『의례정의』, 955쪽 참조.

해제 經－22에서 經－29까지는 사자使者와 상개上介가 사행을 떠날 때 녜묘禰廟와 항신行神에게 석폐釋幣의 예를 올려 출행을 고하는 절차이다.

[聘禮08 : 經－22]

예물을 점검한 이튿날, 빈(사자)은 조복을 착용하고 녜묘禰廟에서 석폐釋幣의 예를 올린다.[1]

厥明, 賓朝服釋幣于禰.

정현주 군주를 위해 사행을 떠남을 고하는 것이다. '빈'은 사자를 가리키는데, 이곳에서 빈이라고 한 것은 높여 주는 것이다. 천자와 제후가 사행을 떠날 때에는 여러 묘에 고하지만,[2] 대부의 경우에는 녜묘에만 고할 뿐이다.[3] 무릇 석폐의 예를 올릴 때에는 물받이 항아리(洗)를 진설하고 손을 씻어서 마치 제사를 지내는 듯이 한다.[4] 告爲君使也. '賓', 使者, 謂之賓, 尊之也. 天子·諸侯將出, 告群廟, 大夫告禰而已. 凡釋幣, 設洗盥如祭.

[聘禮08 : 經－23]

유사有司[5]는 실 안[6]에 자리(筵)와 안석(几)[7]을 진설해 놓는다. 축祝[8]이 먼저 실 안으로 들어가고, 주인主人(賓·使者)도 축의 뒤를 따라 실 안으로 들어간다.[9] 주인은 축의 오른쪽에서 신령에게 재배를 한다. 축이 신령에게 주인이 장차 사행을 떠날 것이라고 고하면, 주인은 다시 재배를 한다.[10]

有司筵几于室中. 祝先入, 主人從入. 主人在右, 再拜. 祝告, 又再拜.

정현주 빈을 '주인'이라고 바꾸어 말한 것은 묘 안에서의 칭호이기 때문이다. '축이 고한다'(祝告)는 것은 주인이 장차 사행을 떠날 것임을 고한다는 뜻이다. 更云'主人'者, 廟中之稱也. '祝告', 告以主人將行也.

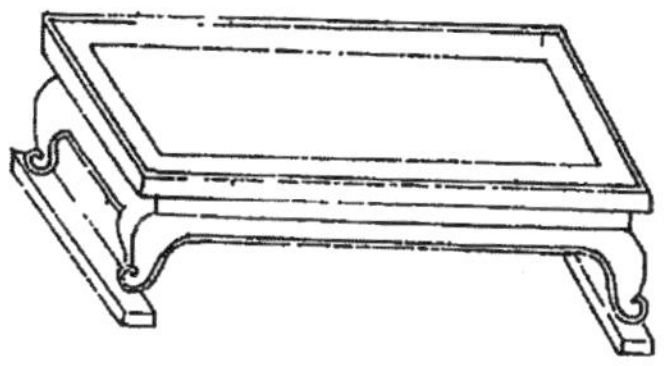

궤几

(淸), 『흠정의례의소』

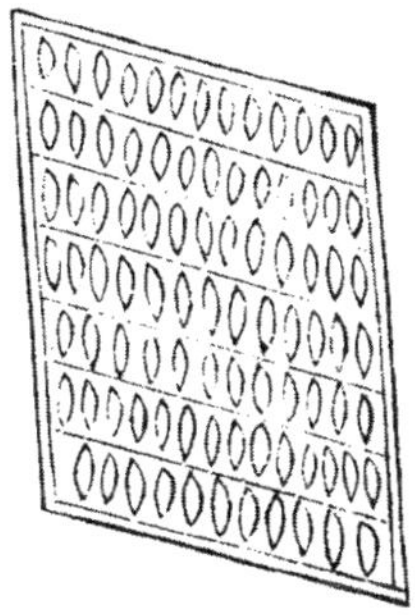

연筵

섭숭의(宋), 『삼례도』

[聘禮08 : 經 - 24]

석폐釋幣. 축은 길이 1장 8척 되는 검은색과 옅은 진홍색의 비단 열 단을 안석 위에 내려놓고, 주인과 함께 실에서 나간다.

釋幣. 制玄纁束, 奠于几下, 出.

정현주 축이 내려놓는 것이다.[11] 무릇 물건 10개를 '속束'이라고 한다. 검은색과 옅은 진홍색의 비율은 검은색이 3이고, 옅은 진홍색이 2이다. 『조공례』에서 "폭의 너비는 3척 2촌이고, 길이는 1장 8척이다"[12]라고 하였다. 祝釋之也. 凡物十曰'束'. 玄纁之率, 玄居三, 纁居二. 『朝貢禮』云, "純, 四只, 制, 丈八尺."

석폐釋幣

(淸),『흠정의례의소』

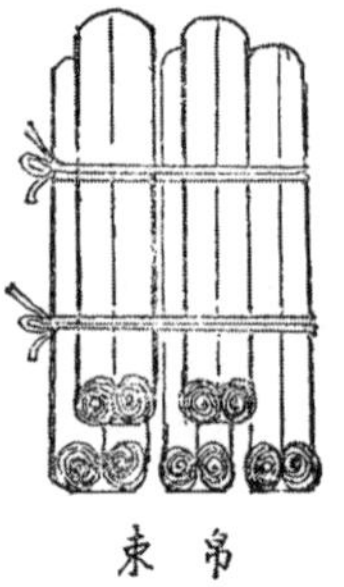

속백束帛

첸쉬안,『삼례사전』

[聘禮08 : 經－25]

주인은 실의 문(戶) 동쪽에 서고, 축은 실의 창(牖) 서쪽에 선다.

主人立于戶東, 祝立于牖西.

정현주 잠시 동안 함께 서서 신이 오시기를 기다리고 있음을 보여 주기 위한 것이다. 少頃之間, 示有俟於神.

[聘禮08 : 經－26]

축은 또 실 안으로 들어간다. 축은 비단을 집어 들고 당에서 내려와 비단을 말아 폐백 바구니(笲)에 담아서 서쪽 계단의 동쪽에 묻는다.[13]

又入. 取幣, 降, 卷幣, 實于笲, 埋于西階東.

정현주

또다시 실 안으로 들어가는 사람은 축祝이다.[14] 비단을 묻을 때 반드시 기물에 담는 것은 마치 그것을 보관하는 듯이 하는 것이다.[15] 又入者, 祝也. 埋幣必盛以器, 若藏之然.

[聘禮08 : 經-27]

또 길신(行)에게 석폐의 예를 올린다.

又釋幣于行.

정현주

장차 출행할 것임을 고하는 것이다. 길을 떠나는 자의 선조가 있는데, 그 옛사람의 이름은 들어 보지 못했다.[16] 천자와 제후는 정기적으로 겨울에 길신에게 제사를 올린다.[17] 대부는 삼사三祀에 제사를 올리는데, 문門·항行·려厲이다.[18] 상례의 경우 "종宗을 헐고 항行을 넘어 대문으로 나간다"[19]고 하였으므로 길신의 위치는 묘문 밖의 서쪽이다. '비단을 묻는다'고 말하지 않았지만 묻는 것임을 알 수 있다. 오늘날 민간에서 봄과 가을의 제사 대상에 길신(行神)이 있는 것은 옛날부터 내려오는 의례인 듯하다.[20] 告將行也. 行者之先, 其古人之名未聞. 天子·諸侯有常祀在冬. 大夫三祀, 曰門·曰行·曰厲. 喪禮有"毁宗躐行, 出于大門", 則行神之位在廟門外西方. 不言'埋幣', 可知也. 今時民春秋祭祀有行神, 古之遺禮乎?

[聘禮08 : 經-28]

드디어 출행의 명을 받는다.

遂受命.

정현주

빈(사자)은 개介가 오기를 기다렸다가 비로소 명을 받는다. '드디어'(遂)라고 말한 것은 이로부터 나가서 다시 들어오지 않음을 밝힌 것이다.[21] 賓須介來, 乃受命也. 言'遂'者, 明自是出, 不復入.

[聘禮08 : 經 – 29]

상개도 석폐의 예를 올리는데, 빈(사자)의 경우와 동일한 절차로 한다.[22]

上介釋幣亦如之.

정현주

상개도 빈(사자)과 마찬가지로 녜묘와 길신에게 석폐의 예를 올린다는 뜻이다. 如其於禰與行.

주

1_ 녜묘에서 석폐의 예를 올린다 : 오정화는 『의례장구』에서 "'釋'은 풀어놓는다는 뜻이니, 풀어놓아서 진설하는 것이다. 아버지의 신주를 모신 사당을 '禰'라고 한다. 천자와 제후는 출행할 때 조묘와 녜묘에 고하고, 대부는 녜묘에 고할 뿐이다. 아버지가 살아 계신 경우에는 아버지의 녜묘에 고한다"('釋', 舍也, 舍而奠之. 父廟曰'禰'. 天子·諸侯出, 告祖禰, 大夫告禰而已. 父在則告于父之禰也)라고 하였다. 이에 따르면 '釋幣의 예'는 대부의 경우 출행에 앞서 녜묘에 비단을 풀어놓고 장차 군주의 명을 받아 사행을 떠날 것임을 고하는 의식절차이다.

2_ 천자와 제후가 ~ 고하지만 : 『예기』「曾子問」에 "제후가 천자에게 조회하러 갈 때에는 반드시 祖廟에 고하고, 禰廟에 예물을 올린다"(諸侯適天子, 必告於祖, 奠於禰)라고 한 것에 대해 정현은 "(조묘와 녜묘에)모두 예물을 올려 고하는 것으로서 互文이다"(皆奠幣以告之, 互文也)라고 하였다. 즉 제후의 경우 여러 묘에 예물을 올려 고한다. 또「증자문」의 다음 문장에 "천자와 제후가 출정할 때에는 幣·帛·皮·圭를 가지고 祖廟와 禰廟에 고하고, 이어서 그것을 받들고 떠난다"(天子·諸侯將出, 必以幣·帛·皮·圭告于祖禰, 遂奉以出)라고 하였으니, 천자와 제후 모두 여러 묘에 고하는 것이다.

3_ 대부의 경우에는 ~ 뿐이다 : 대부는 천자나 제후보다 낮추어 3廟를 세우기 때문에 여러 묘에 고할 수 없고 단지 禰廟에만 고한다. 아버지가 살아 계실 경우에는 祖廟에 고한다. 『의례주소』, 417쪽, 가공언의 소 참조.

4_ 무릇 ~ 한다 : '무릇'(凡)이라고 한 것은 聘禮뿐 아니라 覲禮의 경우도 포함된다는 의미이다. 진상도의 『예서』에 "覲禮에서 제후가 천자를 조회하고자 할 때에는 禰廟에서 釋幣의 예를 행한다. 聘禮에서 사자가 명을 받을 때에는 녜묘에서 釋奠의 예를 행한다. 출행할 때에는 모두 비단(幣)을 올릴 뿐이다. 그렇다면 釋幣는 釋菜와 같은 것이다. 희생과 술은 준비하지 않는다"(覲禮, 侯氏將朝王, 釋幣于禰. 聘禮, 賓將受命, 釋奠于禰. 于行, 皆幣而已. 則釋幣猶釋菜耳. 牲牢酒齊不預也)라고 하였다. 이에 의거하여 호배휘는 釋幣의 禮는 비단만 올리고 희생이 없으며, 고하기만 하고 제사는 지내지 않는 것이라고 해석하였다. 『예기』「증자문」에 "고할 때에는 牲幣(희생과 비단)를 사용하고 돌아와서도 그와 같이 한다"(凡告用牲幣, 反亦如之)라고 하였지만, 정현은 "'牲'은 '制'가 되어야 한다. 글자의 잘못이다. '制幣'는 1장 8척의 비단이다"('牲'當爲'制'. 字之誤也. 制幣一丈八尺)라고 하였고, 공영달은 "제후 이하의 경우에는 희생을 사용하지 않지만 천자의 경우에는 희생을 사용해야 한다"(諸侯以下無牲, 天子則當用牲也)라고 하였다. 『의례정의』, 956쪽 참조.

5_ 유사 : 이 경문의 '有司'와 '祝'은 모두 大夫의 家臣이다.

6_ 실 안 : 오계공에 의하면 '室中'은 廟의 서남쪽 모퉁이 어두운 곳 즉 '奧'로서 신주를 모시는 자리이다. 『의례정의』, 956쪽 참조.

7_ 안석 : '几'는 앉을 때 그곳에 기대어 몸을 편안하도록 하는 기구인데, 귀신이 의지하는 것이기도 하다. 이곳에서는 후자의 경우이다.

8_ 축 : 관직명으로 제사를 지낼 때 귀신에게 고하는 말을 관장하는 祝官의 우두머리로 下大夫가 맡는다. 宗伯의 속관이다. 泰祝, 史祝이라고도 하고, 大祝이라고도 칭한다. 『주례』「춘관 · 大祝」에 자세한 내용이 보인다. 『삼례사전』, 101쪽, '大祝' 항목 참조.

9_ 축이 ~ 들어간다 : 오정화는 祝은 귀신과 친숙하기 때문에 먼저 들어가는 것이라고 하였다. 『의례정의』, 956쪽 참조.

10_ 주인은 축의 ~ 한다 : 축이 주인의 왼쪽에 있는 것에 대해 호배휘는, 친히 귀신에게 말을 고해야 하기 때문에 평소 군주의 명을 전하는 위치와 바꾸는 것이라고 하였다. 『예기』「소의」에 "군주를 도와 예물을 받을 때에는 군주의 왼쪽에서 하고, 군주를 도와 명을 고할 때에는 오른쪽에서 한다"(贊幣自左, 詔辭自右)라고 하였다. 주인은 제사를 지낼 때와는 달리 배례만 하고 머리를 바닥에 대지 않는다. 祝이 배례를 하지 않는 것은 군주의 예를 피하는 것이다. 『의례정의』, 956쪽 참조.

11_ 축이 내려놓는 것이다 : 『예기』「증자문」에 군주가 죽었는데 세자가 태어나면, 大祝이 裨冕을 하고 束帛을 들고 서쪽 계단에서 "모씨 부인의 아들이 태어나 삼가 고합니다"라고 한 후 당 위로 올라가 빈소의 동쪽 안석 위에에 비단을 내려놓고, 곡한 후에 내려온다고 하였다.(問曾子問曰, "君薨而世子生, 如之何?" 孔子曰, "卿 · 大夫 · 士從攝主, 北面於西階南. 大祝裨冕, 執束帛, 升自西階, 盡等, 不升堂, 命毋哭. 祝聲三, 告曰, '某之子生, 敢告.' 升, 奠幣於殯東几上, 哭降.") 따라서 비단을 올리는 것은 祝의 일임을 알 수 있다.

12_ 폭의 너비는 ~ 1장 8척이다 : 호배휘는 '只'는 '咫'와 통하며, '枳'로도 쓴다고 하였다. '咫'는 8寸이다. 따라서 4咫는 3척 2촌이 된다. '純四只'는 폭의 너비를 가리키고, '制丈八尺'은 그 1匹의 길이를 가리킨다. 『주례』「천관 · 內宰」에 "度量淳制를 규정한다"(出度量淳制)라고 한 것에 대해 정현은 "옛 책에서는 '淳'을 '敦'으로 썼는데, 두자춘은 '敦'을 '純'의 뜻으로 읽고 '純'은 폭의 너비를 가리키며 '制'는 1匹의 길이를 가리킨다고 하였다. 내가 생각건대, '純制'는 『천자순수례』에서 '制幣 1丈 8尺, 純 4枳'라고 한 것을 가리키는 듯하다"(故書'淳'爲'敦', 杜子春讀'敦'爲'純', 純謂幅廣也, 制謂匹長. 玄謂純制, 『天子巡守禮』所云'制幣丈八尺, 純四枳與')라고 하였다. 『의례정의』, 957쪽 참조.

13_ 서쪽 계단의 동쪽에 묻는다 : 『예기』「증자문」에 "(제후 · 천자는 출행에서) 돌아오면 반드시 고하는데, 奠을 진설하고, 마치면 폐옥을 거두어 두 계단 사이 묻고 나간다"(反必告, 設奠, 卒, 斂幣玉藏諸兩階之間, 乃出)라고 하였다. 이 경문에서 '서쪽 계단의 동쪽'이라고 한 것은 동쪽 계단과 서쪽 계단의 사이를 가리킨다.

14_ 또다시 ~ 축이다 : 그러나 오계공과 호배휘는 축뿐만 아니라 주인도 함께 실 안으로 들어가는 것으로 해석한다. 오계공은 축은 비단을 들고 실 안으로 들어간 후 주인과 함께 나가는 것이라고 하였고, 호배휘도 앞의 [經 - 25]에 "주인은 실의 문 동쪽에 서고, 축은 실의 창 서쪽에 선다"(主人立于戶東, 祝立于牖西)라는 문장을 직접 이어받는 것이므로 오계공의 설이 옳다고 보았다. 그러나 저인량은 축은 비단을

가져오기 위해 실 안으로 들어가지만 주인은 일이 없으면 들어가지 않기 때문에 정현의 설이 옳다고 하였다. 『의례정의』, 958쪽 참조.

15_ 비단을 ~ 것이다 : 비단을 묻는 이유에 대해 오계공은 神物을 사람이 오염시키지 않도록 하기 위한 것이라고 하였다. 『의례정의』, 958쪽 참조.

16_ 길을 ~ 못했다 : 옛날에 처음 출행을 가르친 사람이 있었는데, 후에 드디어 길신으로 제사지냈지만 그 이름은 들어 보지 못했다는 뜻이다.

17_ 천자와 ~ 올린다 : 『예기』「월령」에는 孟冬에 길신에게 제사지내는 것으로 되어 있다.

18_ 대부는 ~ 문·항·려이다 : 이는 『예기』「제법」의 문장으로, 대부도 길신에게 정기적으로 제사를 지낸다는 뜻이다.

19_ 종을 ~ 나간다 : 『예기』「단궁상」에 "매장할 때가 되면 宗을 헐고 行壇을 넘어 대문으로 나가는 것은 은나라의 도이다"(及葬, 毁宗躐行, 出于大門, 殷道也)라고 한 것에 대해 정현은 "'宗을 헌다'는 것은 묘문의 서쪽을 헐고 나간다는 뜻이다. 行神의 위치가 묘문 밖에 있기 때문이다"(毁宗, 毁廟門之西而出. 行神之位在廟門之外)라고 하였다. 그러나 오정화는 「檀弓上」의 규정은 喪禮이기 때문이며 일반적인 行神의 위치는 大門 밖의 서쪽이라고 하였고, 호배휘도 같은 입장이다. 『의례정의』, 958쪽 참조.

20_ 오늘날 ~ 듯하다 : 『예기』「제법」의 정현 주에 "오늘날 민가에서 봄과 가을에 司命·行神·山神에게 제사를 지내고 門(대문)·戶(출입문)·竈(부엌)를 그 옆에서 제사지낸다"(今時民家, 或春秋祠司命·行神·山神, 門·戶·竈在旁)라고 하였다. 이는 漢의 예법을 들어 비유한 것이다.

21_ 이로부터 나가서 ~ 것이다 : 이때 行神에게 釋幣의 예를 올린 후 이미 묘문 밖으로 나가 있기 때문에 곧바로 조정으로 가서 다시는 묘문 안으로 들어오지 않는다는 뜻이다.

22_ 상개도 ~ 한다 : 성세좌는 衆介들도 마땅히 禰廟에 고하는 절차가 있는데 경문에서 언급하지 않은 것은 생략한 것이라고 하였다. 『의례정의』, 959쪽 참조.

「사자수명使者受命」

(清), 『흠정의례의소』

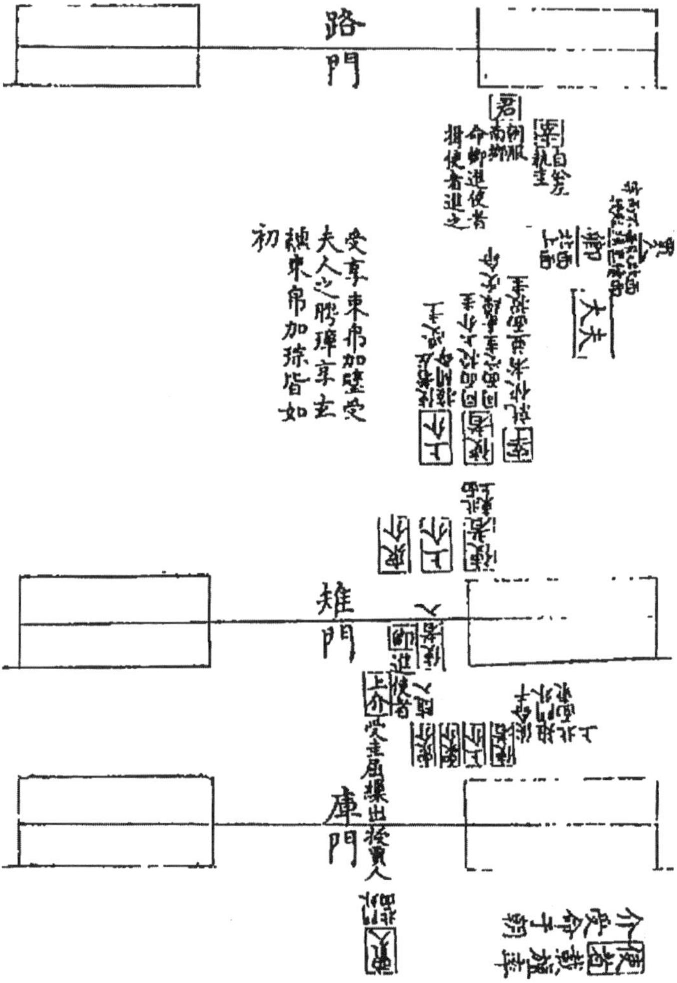

해제 經—30에서 經—41까지는 출행의 명을 받고 드디어 사행使行을 떠나는 절차이다.

[聘禮08 : 經—30]

상개 및 중개들은 사자의 집 대문 밖에서 사자를 기다린다.

上介及衆介俟于使者之門外.

정현주

'사俟'는 기다린다(待)는 뜻이다. 문 밖에서 기다릴 때에는 동쪽을 향하는데, 북쪽을 윗자리로 삼는다. '俟', 待也. 待於門外東面, 北上.

[聘禮08 : 經—31]

사자는 수레 위에 전旜(한 가지 색의 비단 깃발)을 꽂고, 상개와 중개들을 인솔하여 조정(朝)[1]으로 가서 군주의 명을 받는다.

使者載旜, 帥以受命于朝.

정현주

'전旜'은 기의 일종이다. 그것을 수레 위에 꽂는 것은 사행의 일을 표시하기 위함이다. 『주례』「춘관·사상司常」에 "한 가지 색깔의 비단으로 만든 기를 '전旜'이라 한다"[2]고 하였고, 또 "고경孤卿은 전旜을 세운다"고 하였다. 조문朝門[3]에 이르면 사자 일행은 북쪽을 향하는데 동쪽을 윗자리로 삼는다. 고문본에는 '旜'이 모두 '膳'으로 되어 있다. '旜', 旌旗屬也. 載之者, 所以表識其事也. 『周禮』曰"通帛爲旜", 又曰"孤卿建旜." 至於朝門, 使者北面東上. 古文

'旜'皆爲'膳'.

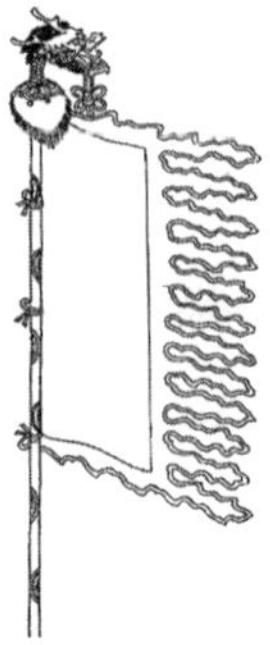

전旜

(淸), 『흠정의례의소』

[聘禮08 : 經 - 32]

군주는 조복을 착용하고 남쪽을 향해 선다. 경·대부들은 서쪽을 향해 서는데,[4] 북쪽을 윗자리로 삼는다. 군주는 경을 시켜 사자를 고문庫門 안으로 들어오게 한다.[5]

君朝服, 南鄕. 卿大夫西面, 北上. 君使卿進使者.

정현주

들어오게 하는 것은 사자가 겸손하여 군주가 끝내 자기를 사자로 삼을 것인지를 감히 기필하지 못하고 있기 때문이다. 進之者, 使者謙, 不敢必君之終使己.

[聘禮08 : 經 - 33]

사자는 고문 안으로 들어오고,[6] 중개들도 사자의 뒤를 따라 들어온다. 문 안으로 들어온 후 모두 북쪽을 향해 서는데, 동쪽을 윗자리로 삼는다. 군주는 사자에게 읍을 하고 가까이 나아오도록 한다. 상개는 사자의 왼쪽(서쪽)에 서서 뒤이어서 군주의 명을 듣는다.

使者入, 及衆介隨入. 北面, 東上. 君揖使者進之. 上介立于其左, 接聞命.

정현주 나아오도록 하는 것은 명을 내릴 때에는 서로 가까이 해야 하기 때문이다. '접接'은 뒤를 잇는다(續)는 뜻과 같다. 進之者, 有命, 宜相近也. '接'猶續也.

[聘禮08 : 經－34]

고인賈人은 서쪽을 향해 앉아서 옥함(櫝)[7]을 열어 규圭[8]를 꺼내어서 옥 받침대(繅)[9] 위에 올려놓고 그 끈을 아래쪽으로 늘어뜨려 받쳐 잡은 후, 일어나지 않은 채로 재宰에게 건네준다.

賈人西面坐啓櫝, 取圭, 垂繅, 不起而授宰.

정현주 고인은 관官에서 물가를 담당하는 사람이다. '조繅'는 규圭를 올려놓는 도구이다. 혹 배례를 할 경우에는 그 위에 규를 올려놓는다. 금문본에는 '繅'가 '璪'로 되어 있다. 賈人, 在官知物賈者. '繅', 所以藉圭也. 其或拜, 則奠于其上. 今文'繅'作'璪'.

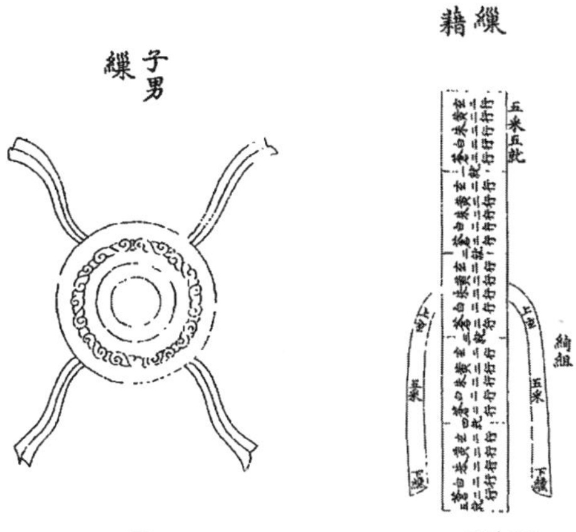

조繅　조자繅藉

(淸),『흠정의례의소』

[聘禮08 : 經 – 35]

재宰는 규를 받아들고 옥 받침대의 끈을 거두어 올려서 합쳐 잡고, 군주의 왼쪽을 거쳐 지나가서 사자에게 건네준다.[10]

宰執圭, 屈繅, 自公左授使者.

정현주

'굴조屈繅'는 끈을 거둔다(斂之)는 뜻이다.[11] 예禮는 서로 변화시키는 것을 공경함으로 삼는다. 군주의 왼쪽을 거쳐 지나가서 건네주는 것은 군주를 도와 예물을 올리는 의리이다.[12] '屈繅'者, 斂之. 禮以相變爲敬也. 自公左, 贊幣之義.

[聘禮08 : 經 – 36]

사자는 재宰와 같은 방향을 하고서 재에게 규圭를 받고, 받은 후에는 옥 받침대의 끈을 아래쪽으로 늘어뜨려 받쳐 잡고서 군주의 명을 받는다.

使者受圭, 同面, 垂繅以受命.

정현주

'같은 방향을 한다'(同面)는 것은 재가 사자에게 나아가 북쪽을 향해 나란히 하여 건네준다는 뜻이다. 건네준 후에 군주가 노문 밖으로 나와서 명을 내린다. 무릇 주고받을 때에는 상대의 오른쪽에서 주고, 상대의 왼쪽에서 받는다. '同面'者, 宰就使者北面並授之. 旣授之, 而君出命矣. 凡授受者, 授由其右, 受由其左.

[聘禮08 : 經 – 37]

사자는 군주에게 받은 명을 다시 한 번 진술한 후에 자신과 같은 방향으로 서 있는 상개에게 규를 건네준다.

旣述命, 同面授上介.

정현주 '술명述命'은 군주의 말을 좇아서 다시 한 번 진술하는 것으로, 실수나 잘못되는 것을 중하게 여기기 때문이다. '述命'者, 循君之言, 重失誤.

[聘禮08 : 經 – 38]

상개는 사자에게 규를 받은 후 옥 받침대의 끈을 거두어 올려서 합쳐 잡고 고문庫門 밖으로 나가서 고인賈人에게 규를 건네주는데, 중개들은 상개의 뒤를 따라 나가지 않는다.

上介受圭, 屈繅, 出授賈人, 衆介不從.

정현주 고인은 장차 출행할 사람이기 때문에 고문 밖에서 북쪽을 향해 선다. 賈人, 將行者, 在門外北面.

[聘禮08 : 經 – 39]

사자는 향享의 예를 행할 때 검은색과 엷은 진홍색의 속백束帛[13] 위에 올려서 주군主君에게 바칠 벽璧[14]을 받고, 아울러 빙聘의 예를 행할 때 부인夫人에게 바칠 장璋[15] 및 향享의 예를 행할 때 검은색과 엷은 진홍색의 속백 위에 올려서 부인에게 바칠 종琮[16]을 받는데, 모두 규를 받을 때와 동일한 절차로 한다.[17]

受享束帛加璧, 受夫人之聘璋, 享玄纁束帛加琮, 皆如初.

정현주 '향享'은 바친다(獻)는 뜻이다.[18] 이미 빙聘의 예를 행하였는데 또 예물을 바치는 것은 은혜를 두터이 하는 까닭이다.[19] '백帛'은 오늘날의 벽색璧色의 비단이다.[20] 부인에게도 빙聘과 향享의 예를 행하는 것은 그녀가 군주와 한 몸으로서 나라의 소군小君(제후의 처)이 되기 때문이다. 부인에게 빙의 예를 행할 때에는 장璋을 사용하는데, 그것이 규圭의 절반임을 취하는 것이다. 군주에게 향의 예를 행할 때에는 벽璧을 사용하고, 부인에게는 종琮을 사용하는 것은 천지가 배합하는 상象이다.[21] 규圭와 장璋은 단독으로 바치는데 신표(瑞)임을 보여 주는 것이며,[22] 벽璧과 종琮은 올려서 바치는데 덕 있는 사람에게 보내는 것임을 표현하는 것이다.[23] 『주례』「춘관·전서典瑞」에 "장식을 새겨 넣은 규圭·장璋·벽璧·종琮을 가지고 조빙覜聘을 한다"고 하였다.

'享', 獻也. 旣聘又獻, 所以厚恩惠也. '帛', 今之璧色繒也. 夫人亦有聘享者, 以其與己同體, 爲國小君也. 其聘用璋, 取其半圭也. 君享用璧, 夫人用琮, 天地配合之象也. 圭璋特達, 瑞也, 璧琮有加, 往德也. 『周禮』曰, "瑑圭·璋·璧·琮, 以覜聘."

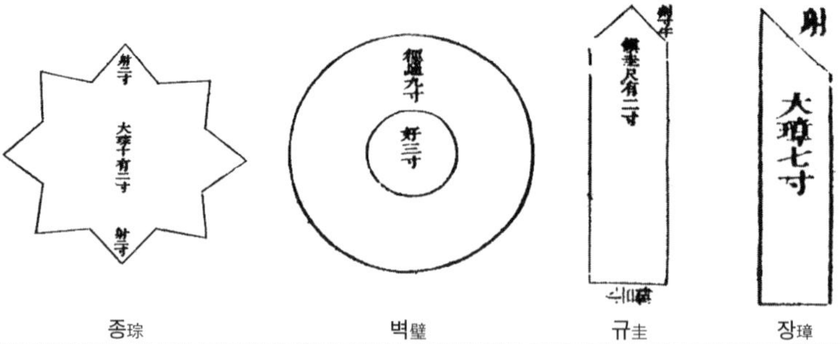

종琮 벽璧 규圭 장璋

대진(淸), 『고공기도』

[聘禮08 : 經 – 40]

사자 일행은 드디어 사행 길에 오르는데, 근교에서 옷을 갈아입고 하루를 묵는다.

遂行, 舍于郊.

정현주

이곳에서 의복을 갈아입고 묵는 것이 바로 도리이다.[24] 『예기』「곡례」에 "무릇 군주의 사자가 되어 이미 명을 받았다면, 군주의 말이 자신의 집에서 하루라도 머물게 해서는 안 된다"고 하였다. 於此脫舍衣服, 乃卽道也. 「曲禮」曰, "凡爲君使, 已受命, 君言不宿於家."

[聘禮08 : 經 – 41]

사행을 가는 도중에 수레 위에 꽂았던 전旜을 거두어 수레 안에 넣어둔다.

斂旜.

정현주

이는 길을 떠나는 것일 뿐으로 아직 사신의 일을 수행하는 것은 아니기 때문이다. '염斂'은 넣어둔다(藏)는 뜻이다.[25] 此行道耳, 未有事也. '斂', 藏也.

주

1_ 조정 : '朝'에 대해서 호배휘는 '治朝'라고 하였고, 오계공도 명을 받는 곳을 가리키는 것으로 路門 밖이라고 하였다. 노문 밖이 곧 治朝이므로 두 해석은 결국 동일한 것이다. 『의례정의』, 960~961쪽 참조.

2_ 한 가지 ~ 한다 : 『주례』「춘관 · 司常」에 "해와 달을 그려 넣은 것이 '常'이고, 交龍을 그려 넣은 것이 '旂'이고, 通帛으로 만든 것이 '旜'이고, 雜帛으로 만든 것이 '物'이고, 곰과 호랑이를 그려 넣은 것이 '旗'이고, 거북과 뱀을 그려 넣은 것이 '旐'이고, 다섯 색깔의 깃털을 장식한 것이 '旞'이고, 다른 색깔의 깃털을 장식한 것이 '旌'이다"(日月爲常, 交龍爲旂, 通帛爲旜, 雜帛爲物, 熊虎爲旗, 鳥隼爲旟, 龜蛇爲旐, 全羽爲旞, 析羽爲旌)라고 하였다. 기의 直幅의 장대에 붙인 것을 '정폭'(縿)이라고 하고, 정폭의 옆에 횡폭을 꿰매어 정폭에 붙여서 휘날리게 하는 것을 '깃발 가장자리 장식'(斿)이라고 한다. '정폭'(縿)과 '깃발 가장자리 장식'(斿)의 색깔이 동일한 기는 모두 '旜'이라고 하고, 각각 색깔을 달리하는 기는 모두 '物'이라고 한다. 즉 '旜'은 정폭(縿)과 깃발(斿)모두 통틀어 붉은색의 비단으로 만들고 다른 색깔의 장식이 없는 기이다. 이른바 周의 '大赤'이다. 『의례정의』, 960쪽 참조.

3_ 조문 : 가공언은 '朝門'을 皐門이라고 하였다. 그러나 호배휘는 庫門을 가리키는 것으로 보고, 정현이 庫門을 '朝門'이라 한 것은 경문의 '朝'를 이어받았기 때문으로 庫門은 朝의 外門이라고 하였다. 또 호배휘는 정현의 설(『예기』「월령」의 주)에 따라 天子는 五門으로 皐門 · 庫門 · 雉門 · 應門 · 路門이며 諸侯는 三門으로 庫門 · 雉門 · 路門이라고 해석하였다. 『의례정의』, 960쪽 참조.

4_ 경 · 대부들은 ~ 서는데 : 가공언은 이는 예물을 목록과 대조하면서 점검할 때(展幣)의 위치에 의거하여 말한 것으로, 대부와 경이 똑같이 서쪽을 향하는 것은 사자를 피하는 것이라고 하였다. 『의례주소』, 420쪽 참조.

5_ 군주는 ~ 한다 : 호배휘에 의하면 使者는 이전에 庫門 밖에 있었는데, 경이 들어오도록 하면 이때 비로소 고문 안으로 들어온다. 『의례정의』, 961쪽 참조.

6_ 사자는 ~ 들어오고 : 호배휘는 庫門과 雉門 안으로 들어온 후 治朝에 이르러 북쪽을 향한다고 하였다. 『의례정의』, 961쪽 참조.

7_ 옥함 : '櫝'은 옥을 넣는 함을 말한다.

8_ 규 : '圭'는 瑑圭 즉 문식을 새겨 넣은 圭로서, 빙례에서 빈이 주군에게 聘과 享의 예를 행할 때에 사용된다. 『주례』「춘관 · 典瑞」에 "문식을 새겨 넣은 瑑圭 · 瑑璋 · 瑑璧 · 瑑琮은 모두 2가지 채색의 비단실로 빙 돌려서 한 줄의 동그란 문양을 장식하여 만든 옥 받침대(繅)위에 올려놓고 頫 · 聘을 행할 때 사용한다"(瑑圭 · 璋 · 璧 · 琮, 繅皆二采一就, 以頫聘)라고 하였다. 『삼례사전』, 921~922쪽, '瑑圭' 항목 참조.

9_ 옥 받침대 : 玉을 올려놓는 받침대로서 가운데는 나무로 만들고 그 겉은 가죽으로 씌우는데, 오채색의 비단실로 장식한다. 또 끈이 연결되어 있는데, 옥을 맬 때에 사용하기도 하고 장식으로 삼기도 한다. 채색의 장식에 근거하여 말할 때에는 '繅'(藻)라고 하고, 옥을 떠받치는 기능을 가지고 말할 때에는 '藉'라고 하며, '繅藉'로 연칭되

기도 한다. 『삼례사전』, 1175~1176쪽, '繅藉' 항목 참조.

10_ 군주의 왼쪽을 ~ 건네준다 : 먼저 군주의 왼쪽으로 갔다가 다시 군주의 왼쪽을 거쳐 사자의 오른쪽으로 가서 북쪽을 향해 사자에게 규를 건네준다.

11_ '굴조'는 ~ 뜻이다 : 앞에서 賈人은 옥 받침대(繅)의 끈을 아래쪽으로 늘어뜨려 받쳐 잡고 있었는데([經一34]), 이때 그 늘어뜨렸던 옥 받침대의 끈을 거두어 올려서 합쳐 잡는다는 뜻이다. 고자초는 "옥 받침대의 끈을 아래로 늘어뜨려서 문식함(文)을 보여 주고, 옥 받침대의 끈을 감아올려서 공경함(敬)을 보여 준다"(垂繅以示文, 屈繅以示敬)라고 하였다. 『의례정의』, 963쪽 참조.

12_ 군주의 ~ 의리이다 : 『예기』「소의」에 "군주를 도와 예물을 받을 때에는 군주의 왼쪽에서 하고, 군주를 도와 명을 고할 때에는 오른쪽에서 한다"(贊幣自左, 詔辭自右)라고 하였다.

13_ 검은색과 옅은 진홍색의 속백 : 오계공은 享의 예를 행할 때에 바치는 束帛에 대해 경문에서 '玄纁'이라고 말하지 않은 것은 생략된 것이며, 따라서 군주에게 享의 예를 행할 때의 束帛 역시 '玄纁'(검은색과 옅은 진홍색)의 색깔을 사용한다고 하였다. 호배휘는 古禮에서 비단을 올릴 때에는 대부분 玄纁의 색깔을 사용하는데, 이곳의 經文에서 君主의 享에 대해서는 '玄纁'이라 하지 않고 夫人의 享에서 '玄纁'이라 한 것은 후자(夫人의 享)를 들어 전자(君主의 享)를 포괄한 것이라고 하였다. 『의례정의』, 966쪽 참조.

14_ 벽 : '璧'은 둥근 모양의 玉器로서 직경이 9촌이며, 가운데에 직경 3촌의 둥근 구멍이 뚫려 있는데 이를 '好'라고 한다. '好'의 바깥 몸체를 '肉'이라고 한다. 제후가 천자에게 享의 예를 행할 때에 이 '璧'을 사용하며, 聘禮에서도 '璧'을 사용한다. 『이아』「석기」에 "바깥 몸체(肉)가 가운데 구멍(好)보다 두 배가 되는 것을 '璧'이라 한다"(肉倍好謂之璧)라고 하였는데, 이에 대해 형병은 "'璧' 또한 玉器인데 子와 男이 잡는 것이다. … 肉은 바깥 변이며, 好는 가운데의 구멍이다. 변의 크기가 구멍의 두 배가 되는 것을 '璧'이라 하고, 구멍이 크고 변이 작은 것을 '瑗'이라 하며, 변과 구멍이 똑같아서 하나 같은 것을 '環'이라고 한다"(璧亦玉器, 子·男所執者也. … 肉, 邊也, 好, 孔也. 邊大倍於孔者名璧, 孔大而邊小者名瑗, 邊孔適等若一者名環)라고 하였다. 『의례정의』, 966쪽 참조.

15_ 장 : '璋'은 圭를 절반으로 잘라낸 듯한 모양의 玉器를 말한다.

16_ 종 : '琮'은 '瑑琮'이라고도 하는데, 장식을 그려 넣은 玉器로서 향례에서 聘과 享의 예를 행할 때에 사용된다. 길이는 8촌이다. 『주례』「考工記·玉人」에 "瑑琮은 8촌이다. 제후의 나라에서 그 부인에게 향의 예를 행할 때 사용된다"(瑑琮八寸, 諸侯以享夫人)라고 한 것에 대해 정현은 "조빙하러 간 나라의 군주의 부인에게 바치는 것이다"(獻於所朝聘君之夫人也)라고 하였다.

17_ 모두 규를 ~ 한다 : 璧·璋·琮 세 가지를 받을 때에도 모두 圭를 받을 때와 동일한 절차로 한다는 뜻이다.

18_ '향'은 ~ 뜻이다 : 『이아』「釋詁下」에 "'珍'·'享'은 바친다(獻)는 뜻이다"(珍·享, 獻也)라고 하였다.

19_ 이미 ~ 까닭이다 : 『예기』「聘義」에 "圭와 璋을 가지고 聘의 예를 행하는 것은 예를 중시하는 것이다. 빙의 예를 마치면 규와 장은 돌려준다. 이것은 재물을 가볍게 여기고 예를 중시하는 뜻이다"(以圭璋聘, 重禮也. 已聘而還圭璋. 此輕財而重禮之義也)라고 하였다. 이는 圭와 璋은 빙의 예를 마치면 되돌려주고, 享의 예를 행할 때 바친 璧과 琮만을 받아들인다는 뜻이 된다. 따라서 聘의 예에 이어서 享의 예를 행하는 것은 은혜를 두터이 하는 까닭이다. 「覲禮」에는 覲禮를 행한 후에 세 번의 享을 행한다고 하였으니, 빙례에 비해 더욱 성대한 것이다. 『의례정의』, 966쪽 참조.

20_ '백'은 ~ 비단이다 : '繒'은 비단(帛)의 총명이다. 『주례』「춘관·大宗伯」에 "孤는 皮帛을 잡는다"(孤執皮帛)라고 한 것에 대해 정현은 "'帛'은 오늘날의 璧色의 비단과 같은 것이다"('帛'如今璧色繒也)라고 하였다. 진혜전은 군주에게 바치는 束帛의 색에 대해서는 經文에 명문규정이 없는데 정현이 璧色과 같다고 한 것은 그 근거가 분명하지 않다고 하였고, 성세좌는 素色이라 하였지만 이 역시 명확한 근거는 없다. 『의례정의』, 966쪽 참조.

21_ 부인에게 빙의 예를 ~ 상이다 : 『백호통』에 "圭를 절반으로 한 것이 璋이다. 가운데를 네모지게 하고 밖을 둥글게 한 것이 璧이다. 가운데를 둥글게 하고 밖을 톱니 모양으로 한 것이 琮이다"(半圭爲璋, 方中圓外曰璧. 圓中牙外曰琮)라고 하였다. 정현은 『주례』「춘관·大宗伯」의 주에서 "璧은 둥그니 하늘을 상징하며, 琮은 팔각으로 네모지니 땅을 상징하고, 圭는 날카로우니 봄에 만물이 처음 자라나는 것을 상징한다. 圭를 절반으로 한 것이 璋이니, 여름에 만물이 절반은 죽는 것을 상징한다"(璧圜象天, 琮八方象地, 圭銳象春物初生. 半圭曰璋, 象夏物半死)라고 하였다. 호배휘는 主君에게 聘의 예를 행할 때에 圭를 사용하고 夫人에게 聘의 예를 행할 때에 璋을 사용하는 것은 陽은 온전하고 陰은 절반이 되는 의리를 취한 것이며, 둥근 璧으로 군주에게 享의 예를 행하고 네모진 琮으로 夫人에게 享의 예를 행하는 것은 천지가 배합하는 象을 취한 것이라고 하였다. 『의례정의』, 966쪽 참조.

22_ 규와 장은 ~ 것이며 : 경문의 '特達' 즉 '단독으로 바친다'는 것은 束帛을 사용하지 않고 圭나 璋만을 단독으로 바친다는 뜻이다. 『예기』「聘義」에 "圭와 璋을 가지고 빙의 예를 행하는 것은 예를 중시하는 것이다"(以圭璋聘, 重禮也)라고 한 것에 대해 정현은 "'圭'는 瑞이다"('圭', 瑞也)라고 하였고, 공영달은 "기구를 가지고 말하면 '圭'라고 하고, 그것을 들고서 예를 행할 때에는 '瑞'라고 하니, '瑞'는 신표(信)이다. 다른 사람과 존비의 신표로 삼는 것을 말한다"(以器言之謂之圭, 執以行禮謂之瑞, 瑞, 信也, 謂與人爲尊卑之信驗也)라고 하였다.

23_ 벽과 종은 ~ 것이다 : 경문의 '有加' 즉 '올려서 바친다'는 것은 束帛으로 깔판을 삼아서 그 위에 璧이나 琮을 올려서 바친다는 뜻이다. 『예기』「교특생」에 "束帛에 올려놓은 璧은 덕이 있는 이에게 바치는 것이다"(束帛加璧, 往德)라고 한 것에 대해

공영달은 "玉은 그것으로 德을 표현한다. 이제 玉을 束帛 위에 올려놓는 것은 덕이 있는 사람에게 돌아갈 것임을 표현하기 위한 것이다"(玉以表德. 今將玉加於束帛, …是以表往歸於德故也)라고 하였다.

24_ 이곳에서 ~ 도리이다 : 가공언은 정현의 설을 보충하여, 賓(使者)이 자신의 禰廟에 석폐의 예를 올려 고할 때([經－22]) 朝服 차림이었는데, 이어서 상개와 중개들을 인솔하여 治朝에서 명을 받고([經－31]) 군주에게서 主君과 그의 夫人에게 바칠 玉器를 받아 떠날 때까지 여전히 朝服 차림이었기 때문에 이때에 이르러 深衣로 갈아입고 사행을 떠나는 것이라고 해석하였다. 『의례주소』, 423쪽 및 『의례정의』, 967쪽 참조.

25_ '염'은 ~ 뜻이다 : 수레 안에 넣어 저장해 둔다는 뜻이다.

> **해제** 經—42에서 經—46까지는 사행 도중 다른 나라를 경유하게 되었을 때 길을 빌리는 절차이다.

[聘禮08 : 經－42]

만약 사행 도중에 다른 나라를 경유하게 되었을 경우에는 그 나라의 국경에 이르렀을 때 차개次介[1]를 보내어 길을 빌리게 한다. 차개는 속백束帛을 들고 그 나라의 외조外朝로 가서 군주의 명을 받들어 "길을 인도해 줄 것을 청합니다"라고 말하고, 속백을 땅에 내려놓는다.[2]

若過邦, 至于竟, 使次介假道. 束帛將命于朝, 曰, "請帥", 奠幣.

정현주 국경에 이르렀을 때 길을 빌리는 것은 제후는 나라를 자신의 집으로 여기기 때문에 감히 곧바로 가로질러 갈 수 없기 때문이다. '장將'은 받든다(奉)는 뜻과 같다.[3] '솔帥'은 인도한다(道)는 뜻과 같으니, 자신들이 마땅히 경유해야 할 길을 인도해 줄 것을 청하는 것이다. 至竟而假道, 諸侯以國爲家, 不敢直徑也. '將'猶奉也. '帥'猶道也, 請道己道路所當由.

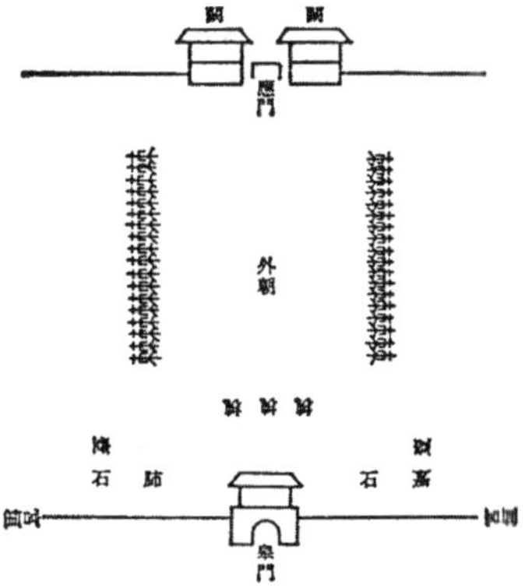

「외조도外朝圖」

초순(淸), 『군경궁실도』

[聘禮08 : 經 – 43]

경유하게 된 나라의 하대부는 속백을 들고 내조內朝(路寢) 안으로 들어가서 주군에게 보고하고, 나와서 차개에게 주군이 청을 허락하였음을 알려 주고, 드디어 속백을 받는다.

下大夫取以入告, 出許, 遂受幣.

정현주

'드디어'(遂)라고 말한 것은 속백을 받는 것이 허락을 해 주었기 때문이 아님을 밝히기 위함이다. 주군이 사양을 하여 허락의 명을 받지 못할 수도 있기 때문이다.[4] 言'遂'者, 明受其幣, 非爲許故也. 容其辭讓不得命也.

[聘禮08 : 經 – 44]

경유하게 된 나라에서는 그 예의 규정에 따라 사자 일행에게 살아 있는 희생 등을 보내준다. 상빈(사자)에게는 태뢰(쇠고기 · 양고기 · 돼지고기)를 보내주고, 길을 가는 데 필요한 꼴과 볏짚 등 물품을 공급해 주며,[5] 중개들에게도 모두 살아 있는 희생을 보내준다.

餼之以其禮. 上賓大牢, 積唯芻禾, 介皆有餼.

정현주

무릇 사람에게 희생을 보내줄 때 살아 있는 것을 '희餼'라고 한다.[6] '희餼'는 준다(稟), 공급한다(給)는 뜻과 같다. '그 예의 규정에 따라서 한다'(以其禮)는 것은 신분의 존비에 따라 일정한 차등을 둔다는 뜻이다. 일정한 차등이란 상빈과 상개에게는 희생으로 태뢰(쇠고기 · 양고기 · 돼지고기)를 보내주고, 여러 개介들에게는 소뢰(양고기 · 돼지고기)를 보내준다는 뜻이다. 곡물(米)은 모두 100개의 둥근 대광주리(筥)[7]에 담으며, 희생(牲)은 묘문 안의 서쪽에 진설하는데 머리가 북쪽을 향하도록 한다. 곡물을 담은 둥근 대광주리는 뜰 중앙(中庭)에 진설한다. 상빈과 상개에게는 속백을 주고, 여러 개들에게는 살아 있는 양을 준다. 상빈에게는 볏짚(禾)을 실은 10대의 수레와 꼴(芻)을 실은 20대의 수레를 공급해 주는데, 볏짚은 말에게 꼴로 먹인다. 凡賜人以牲, 生曰'餼'. '餼'猶稟也, 給也. '以其禮'者, 尊卑有常差也. 常差者, 上賓·上介牲用大牢, 群介用少牢. 米皆百筥, 牲陳于門內之西, 北面. 米設于中庭. 上賓·上介致之以束帛, 群介則牽羊焉. 上賓有禾十車·芻二十車, 禾以秣馬.

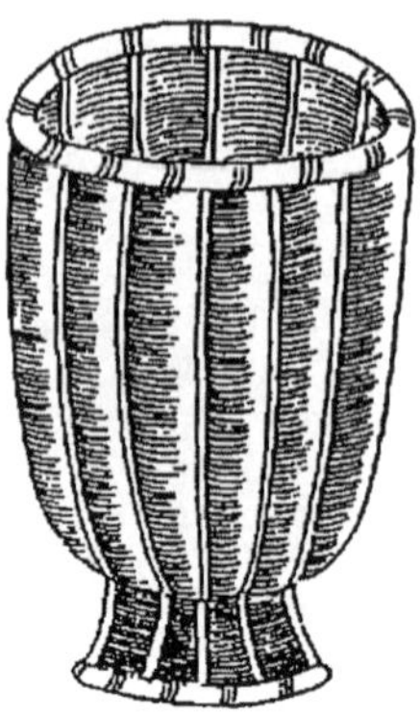

거筥

(淸), 『흠정의례의소』

[聘禮08 : 經-45]

경유하게 된 나라에서는 사士를 보내어 사자 일행을 국경까지 인도하게 한다.

士帥, 沒其竟.

정현주 '몰沒'은 다한다(盡)는 뜻이다. '沒', 盡.

[聘禮08 : 經-46]

차개를 보내어 길을 빌리게 할 때, 빈(사자)은 경유하게 된 나라의 국경에서 일행들에게 예를 어기지 말도록 경계시킨다. 빈은 남쪽을 향해 선다. 상개는 빈의 동쪽에서 서쪽을 향해 선다. 중개들은 빈의 남쪽에서 북쪽을 향해 서는데, 동쪽을 윗자리로 삼는다. 사史는 경계시키는 글을 읽고, 사마司馬는 채찍을 들고 사의 뒤쪽에 선다.
誓于其竟. 賓南面. 上介西面. 衆介北面, 東上. 史讀書, 司馬執策立于其後.

정현주

이는 차개를 보내어 길을 빌리게 할 때, 국경에 멈추어서 예를 어기지 말도록 경계시키는 것이다. 빈이 남쪽을 향해 서는 것은 위엄과 신의를 전일하게 하려는 것이다. 사史가 중개들의 앞에서 북쪽을 향해 맹서의 글을 읽으면서 사士의 무리들에게 경계하여 고하는 것은 그들이 예를 어기고 포악하게 노략질을 할까 염려해서이다. 예禮의 규정에서 군주가 출행할 때에는 사師가 따르고, 경이 출행할 때에는 여旅가 따른다.[8] 사마는 군법을 주관하는 사람이므로, 채찍을 들고 경계를 어기면 징벌할 것임을 보여 준다. 此使次介假道, 止而誓也. 賓南面, 專威信也. 史於衆介之前, 北面讀書, 以勑告士衆, 爲其犯禮暴掠也. 禮, 君行師從, 卿行旅從. 司馬, 主軍法者, 執策示罰.

주

1_ 차개 : 次介는 士로서, 길을 빌리는 일은 그 禮가 가벼운 것이므로 次介를 보낸다.

2_ 속백을 땅에 내려놓는다 : 경문의 '奠幣'는 '비단을 땅에 내려놓는다'는 뜻인데, 이곳에서의 '비단'은 束帛을 가리킨다. 채덕진은 '奠幣'는 束帛을 감히 직접 건네주지 않고 땅에 내려놓음으로써 공경함을 보여 주는 것이라고 하였다. 『의례정의』, 968쪽 참조.

3_ '장'은 ~ 같다 : 학경은 "'將命'은 군주의 명을 받들어 청한다는 뜻이다"('將命', 奉君主之命以請也)라고 하였다. 『의례정의』, 968쪽 참조.

4_ '드디어'라고 ~ 때문이다 : 이 경문은 앞에서 '속백을 들고 내조 안으로 들어간다'고 하였고 또 뒤에서 '속백을 받는다'고 하였으므로 문장 중간에 사양하는 과정이 생략된 것이다. 下大夫가 束帛을 들고 내조 안으로 들어갔는데 군주가 이를 사양하고 받지 않으면 하대부는 그 속백을 들고 나온다. 次介가 다시 거듭 받아 줄 것을 청하면 하대부는 또다시 속백을 들고 내조 안으로 들어가서 군주에게 고하고 드디어 그것을 받아들인다. '드디어'(遂)라고 말한 것은 중간에 사양하는 절차가 있을 수 있기 때문으로, 허락하였기 때문에 그 속백을 받는다는 것은 아니다. 『의례정의』, 968쪽 이여규의 설 참조.

5_ 길을 가는 데 ~ 공급해 주며 : '積'은 사행 길을 떠날 수 있도록 공급하는 물품으로서, 곡물(米)·볏짚(禾)·섶(薪)·꼴(芻)을 모두 '積'이라고 한다. 이곳의 경문에서는 '積唯芻禾'라고 하였으므로 곡물과 섶은 없다. 호배휘에 따르면 꼴과 볏짚은 上賓에게만 지급되고 衆介들에게는 지급되지 않는다고 한다. 『의례정의』, 969쪽 참조.

6_ 무릇 ~ 한다 : 경문의 '餼'는 '饋'(보내준다)의 뜻인데, '饋'라고 하지 않고 '餼'라고 한 것은 살아 있는 희생이 포함되어 있기 때문이다. 아래 [經-228]의 정현 주에서 "희생 가운데 죽은 것을 '饔'이라고 하고, 살아 있는 것을 '餼'라고 한다"(牲, 殺曰'饔', 生曰'餼')라고 하였다.

7_ 둥근 대광주리 : '筥'는 곡물을 담는 광주리로, 대나무로 만든다. 네모진 것을 '筐'이라 하고, 둥근 것을 '筥'라고 한다. '筥'의 용량은 1/2斛 즉 5말이다.

8_ 군주가 출행할 ~ 따른다 : 『좌전』 定公 4년 조의 문장으로, '師'는 2,500명이고 '旅'는 500명이다.

해제 經－47에서 經－52까지는 빙문을 받는 나라의 국경 안으로 들어가기 전에 한 차례 빙례의 위의威儀를 미리 연습하는 절차이다.

[聘禮08 : 經－47]

사자 일행은 빙문을 받는 나라의 국경 안으로 들어가기 전에 한 차례 빙례의 위의를 연습한다.

未入竟, 壹肄.

정현주

빙문을 받는 나라의 국경에서 한다는 뜻이다. '이肄'는 연습한다(習)는 뜻이다. 빙례의 위의를 연습하는 것은 실수나 잘못되는 것을 중하게 여기기 때문이다. 謂於所聘之國竟也. '肄', 習也. 習聘之威儀, 重失誤.

[聘禮08 : 經－48]

흙을 쌓아 올려서 단壇을 상징하고 그 위에 계단을 그려 넣으며, 그 단의 북쪽에 휘장을 쳐 놓는데, 궁의 담장은 만들지 않는다.

爲壝壇, 畫階, 帷其北, 無宮.

정현주

흙을 쌓아 올려서 단壇을 상징하는 것이다.[1] 그 단의 북쪽에 휘장을 쳐 놓는 것은 마땅히 향하여 의거할 바가 있어야 하기 때문이다.[2] '궁은 없다'(無宮)는 것은 흙을 쌓아 올려 담장을 만들지도 않고 땅에 선을 그어서 바깥 담장을 만들지도 않는다는 뜻이다.[3] 壝土象壇也. 帷其北, 宜有所鄉依

也. '無宮', 不壝土畫外垣也.

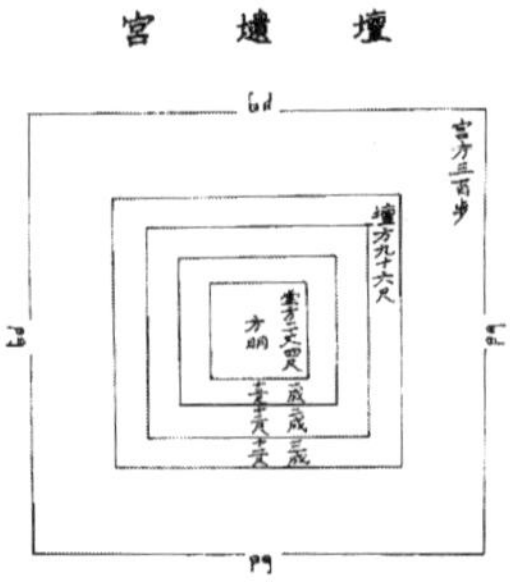

궁유단宮壝壇

황이주(清), 『예서통고』

[聘禮08 : 經－49]

연습할 때에 빈은 조복을 착용하지만, 주인을 세우지 않으며 옥玉을 잡는 일도 없다.

朝服無主, 無執也.

정현주

주인을 세우지 않는 것은 주인은 존귀하기 때문이다.[4] 옥을 잡지 않는 것은 감히 더럽혀서는 안 되기 때문이다. 단지 그 위의를 익힐 뿐이다. 不立主人, 主人尊也. 不執玉, 不敢褻也. 徒習其威儀而已.

[聘禮08 : 經－50]

개들도 모두 연습에 참여하여 북쪽을 향해 서는데, 서쪽을 윗자리로 삼는다.

介皆與北面, 西上.

정현주

문 왼쪽의 위치로 들어간다. 고문본에는 '與'가 '豫'로 되어 있다. 入門左之位也. 古文'與'作'豫'.

[聘禮08 : 經 – 51]

향享의 예를 연습할 때에 사士는 정실庭實을 들고 선다.

習享, 士執庭實.

정현주

'사士'는 사개士介(사 신분의 개)를 가리킨다. 정실을 반드시 들고 있는 것은 정실이 짐승 가죽일 경우 접거나 펼치거나 하는 절차[5]가 있기 때문이다.[6] '士', 士介也. 庭實必執之者, 皮則有攝張之節.

[聘禮08 : 經 – 52]

주군의 부인에 대한 빙聘과 향享의 예를 연습할 때에도 이와 마찬가지로 한다. 공적인 의례만 연습하고, 사적인 의례는 연습하지 않는다.[7]

習夫人之聘享, 亦如之. 習公事, 不習私事.

정현주

'공적인 의례'(公事)란 빙군聘君(빙문을 보낸 나라의 군주)의 명을 전해 바치는 것을 말한다. '公事', 致命者也.

주

1_흙을 ~ 것이다 : 정현 주의 '壝土'에 대해서 오계공은 "壇을 쌓는데 낮은 것을 '壝壇'이라 한다. 단이 낮기 때문에 계단을 그리는 것이다. 반드시 계단을 그리는 것은 오르고 내리는 위의를 익히기 위한 것이다"(築壇而卑曰'壝壇'. 壇卑故畵階. 必畵階者, 習乘降之儀也)라고 하여 '壝'를 명사로 해석하였고, 장이기 역시 '壝壇'을 壇의 명칭으로 보았다. 그러나 호배휘는 『주례』「춘관·鬯人」의 "凡祭祀社壝用大罍"(무릇 제사와 단을 만들어 사직을 제사할 때에는 질그릇의 술동이를 사용한다)에 대해 정현이 "'壝'는 흙을 쌓아 올려서 墠壇을 만드는 것을 가리키니, 제사를 지내기 위한 것이다"('壝'謂委土爲墠壇, 所以祭也)라고 한 것에 의거하여, '壝土'를 '委土' 즉 '흙을 쌓아 올린다'의 뜻으로 해석하였다. 『의례정의』, 972쪽 참조.

2_그 단의 북쪽에 ~ 때문이다 : 禮를 익힐 때에는 남향, 북향 등 향하는 방향을 분명히 해야 하는데, 단의 북쪽에 휘장을 그려 넣는다면 향하는 바가 자명해져서 그에 의거하여 예를 익힐 수 있다.

3_'궁은 없다'는 ~ 뜻이다 : [근례10 : 經－41]의 정현 주에서 "'宮'은 흙을 쌓아 올려(壝) 낮은 담장(埒)을 만들어서, 墻壁을 형상한 것이다"('宮', 謂壝土爲埒, 以象墻壁也)라고 하였는데, 이 경문에서는 흙을 쌓아 올려서 담장을 만들지도 않고 또한 땅에 선을 그어서 바깥담장을 만들지도 않는다는 뜻이다. 『의례정의』, 972쪽 참조.

4_주인을 ~ 때문이다 : '주인'은 빙문을 받는 나라의 군주로서 그 신분이 존귀하기 때문에 예행연습을 할 때에 세우지 못한다.

5_정실이 ~ 하는 절차 : 정실을 접고 펼치는 절차에 대해서는 [經－134]~[經－135] 참조.

6_정실을 ~ 때문이다 : 뜰 중앙에 진설한 예물을 '庭實'이라고 한다. 비단 즉 束帛을 당 위에 진설하는 것에 반해 말이나 짐승가죽 등은 뜰 중앙에 진설하기 때문에 '庭實'이라고 한다. 정실에는 말(馬), 짐승가죽(皮), 희생(牲) 등이 있는데, 경문에서 '들고 있다'고 하였으므로 '짐승가죽'을 들고 있음을 알 수 있다.

7_공적인 의례만 ~ 않는다 : 공적인 의례는 主君(빙문을 받는 나라의 군주)에 대한 聘과 享의 예, 主君의 夫人에 대한 聘과 享의 예 및 大夫를 예방하는 것을 가리키는데, 이때에는 모두 聘君(빙문을 보낸 나라의 군주)의 명을 전해 바친다. 사적인 의례는 私覿과 私面을 가리킨다. 빙례에서 공식적인 聘과 享의 예를 마치고 개인의 자격으로 主國(빙문을 받는 나라)의 군주나 관리들을 예방하고 찾아뵙는 것을 '私覿'혹은 '私面'이라고 한다.

해제 經－53에서 經－57까지는 사자 일행이 주국主國(빙문을 받는 나라)의 관인關人과 사士의 검문을 받고 국경 안으로 들어가는 절차이다.

[聘禮08 : 經－53]

사자 일행이 주국主國(빙문을 받는 나라)의 국경에 이르면, 전旜을 펼치게 하고, 예를 어기지 말도록 경계시킨다.

及竟, 張旜, 誓.

정현주 '급及'은 이른다(至)는 뜻이다. 전旜을 펼치게 하는 것은 이 나라에서 일이 있음을 밝히는 것이다. '전을 펼친다'(張旜)는 것은 사람을 시켜 그 깃발을 매달게 하는 것을 말한다. '及', 至也. 張旜, 明事在此國也. '張旜'謂使人維之.

[聘禮08 : 經－54]

이어서 국경의 관문을 지키는 관인關人에게 찾아온 뜻을 고한다.[1]

乃謁關人.

정현주 '알謁'은 고한다(告)는 뜻이다. 옛날에 국경에 관문을 만들어 수상한 복장을 한 사람을 검문하고 수상한 말을 하는 사람을 식별하였다. '謁', 告也. 古者竟上爲關, 以譏異服, 識異言.

[聘禮08 : 經 – 55]

관인은 사자를 수종하는 종자從者(士介)의 인원수를 묻는다.[2]

關人問從者幾人.

정현주

빙聘을 하는 것인지 문問을 하는 것인지를 확인하고자 하는 것이며,[3] 또 유사들이 위적委積[4]의 물품을 공급해야 하기 때문이다. 欲知聘問, 且爲有司當共委積之具.

[聘禮08 : 經 – 56]

사자는 개介의 인원수로 대답한다.

以介對.

정현주

함께 명을 받았던 사람들의 숫자로 대답하는 것은 겸손히 하는 것이다.[5] 「빙례」에 "상공上公의 사자는 7명의 개介가 수행하고, 후侯·백伯의 사자는 5명의 개介가 수행하고, 자子·남男의 사자는 3명의 개介가 동행한다"[6]라고 하였다. 그 개介가 군주를 대신하여 여러 나라에서 외교활동을 하기 때문에 그를 귀하게 여겨주는 것이다. 『주례』「추관·대행인大行人」에 "무릇 제후의 경은 그 예를 자기 군주보다 각각 2등급을 낮춘다"고 하였다. 以所與受命者對, 謙也. 「聘禮」, "上公之使者七介, 侯伯之使者五介, 子男之使者三介." 以其代君交於列國, 是以貴之. 『周禮』曰, "凡諸侯之卿, 其禮各下其君二等."

[聘禮08 : 經 – 57]

주군主君(빙문을 받는 나라의 군주)은 사士를 보내어 무슨 일로 왔는지 묻게 하고, 이어서 사자 일행을 인도하여 맞아들이게 한다.

君使士請事, 遂以入竟.[7]

정현주

'청請'은 묻는다(問)는 뜻과 같으니, 찾아온 이유를 묻는 것이다.[8] '수이입遂以入'은 이어서 인도한다는 뜻이다. '請'猶問也, 問所爲來之故也. '遂以入', 因道之.

주

1_ 관인에게 찾아온 뜻을 고한다 : 『주례』「지관 · 司關」에 "사방의 빈객이 와서 관문을 두드리면 왕에게 고한다"(凡四方之賓客, 敂關則爲之告)라고 한 것에 대해 정현은 "조빙하는 경우를 말한 것이다. '관문을 두드린다'(敂關)는 것은 '關人에게 찾아온 뜻을 고한다'는 뜻과 같다"(謂朝聘者也. '敂關'猶謁關人也)라고 하였다. '關人'은 司關의 속관이다. 司關은 關人의 우두머리로서 12관문을 주관하는데, 國都에 거주하며 下士 2인의 關人이 각각 하나의 관문을 지킨다. 조빙의 빈객이 찾아올 경우 關人은 司關에게 보고하고, 사관은 다시 왕에게 보고한다.

2_ 사자를 수종하는 ~ 묻는다 : 가공언은 使人들의 숫자를 묻지 않고 사자를 수종하는 從者의 인원수를 묻는 것은 關人은 신분이 낮은 까닭에 감히 존귀한 자의 수를 물을 수 없기 때문이라고 하였다. 『의례주소』, 428쪽 참조.

3_ 빙을 ~ 것이며 : 卿을 파견하여 聘을 할 경우에는 수종하는 사람이 많고, 大夫를 파견하여 問을 할 경우에는 수종하는 사람이 적다. 따라서 수종하는 사람의 숫자를 알면 그것이 聘인지 問인지 알 수 있다.

4_ 위적 : 빈객들이 사행 길을 떠날 수 있도록 공급하는 식량 등의 물품을 말한다. 『주례』「천관 · 宰夫」에 "무릇 조근 · 회동 · 빈객의 접대에 희생으로 예우하는 규정에 따라 牢禮 · 委積 · 膳獻 · 飮食 등을 관장한다"(凡朝覲 · 會同 · 賓客, 以牢禮之法, 掌其牢禮 · 委積 · 膳獻 · 飮食)라고 한 것에 대해 정현은 "委積은 희생(牢) · 곡물(米) · 섶(薪) · 꼴(芻)로서, 빈객이 길을 갈 때 필요한 물품으로 공급된다"(委積謂牢米薪芻, 給賓客道用也)라고 하였다. 또 『주례』「지관 · 大司徒」의 정현 주에서는 "적은 것을 '委'라고 하고 많은 것을 '積'이라고 하는데, 모두 빈객에게 공급되는 것이다"(少曰'委', 多曰'積', 皆所以給賓客也)라고 하였다.

5_ 함께 ~ 것이다 : 사자를 수종하는 從者의 숫자가 아니라 介의 인원수만으로 대답하는 이유에 대해 채덕진은 주인을 번거롭게 하지 않으려는 것이라고 하였고, 장이기는 介의 인원수를 알면 聘인지 問인지 알 수 있으며 게다가 사자를 수종하는 從者의 인원수까지도 알 수 있기 때문이라고 하였다. 『의례정의』, 975쪽 참조.

6_ 상공의 사자는 ~ 동행한다 : 이는 『예기』「빙의」의 문장이다. "빙례를 행할 때 上公의 나라는 7명의 介를 보내고, 侯 · 伯의 나라는 5명의 개를 보내고, 子 · 男의 나라는 3명의 개를 보내는데, 이로써 제후국의 귀하고 천한 등급을 밝히는 것이다"(聘禮, 上公七介, 侯伯五介, 子男三介, 所以明貴賤也)라고 하였고, 이에 대해 정현은 "이는 모두 사신으로 명을 받은 卿이 빙례를 행하러 갈 때 수행하는 介의 인원수이다"(此皆使卿出聘之介數也)라고 하였다.

7_ 遂以入竟 : 왕인지는 『경의술문』에서 '遂以入竟'에서의 '竟'은 다음의 [經-58]의 '入竟'으로 인해서 잘못 들어간 것이며, 이 때문에 정현의 주에서도 '遂以入'이라고 하여 '入'아래에 '竟'이 없다고 하였다. 호배휘도 '竟'이 있어서는 안 된다고 하였다. 이에 따라 번역한다. 『의례정의』, 975쪽 참조.

8_ 찾아온 이유를 묻는 것이다 : [經-55]에서 關人은 사자를 수종하는 從者들의 인원수

만을 묻고 찾아온 연유를 묻지 않았기 때문에 여기서 다시 士를 보내어 묻게 하는 것이다.

해제 經－58에서 經－68까지는 주국의 국경, 원교遠郊, 관사館舍에서 세 차례 예물을 점검하는 절차이다.

[聘禮08 : 經－58]

사자 일행이 주국의 국경 안으로 들어가면 전旜을 거두어 수레 안에 넣어두고, 이어서 가지고 간 예물을 다시 점검한다.

入竟, 斂旜, 乃展.

정현주 다시 목록과 대조하면서 예물을 점검하는 것은 그 일을 중히 여기기 때문이다. 전旜을 거두어 수레 안에 넣어두는 것은 처음 들어왔을 때와 변화시키는 것이다.[1] 復校錄幣, 重其事. 斂旜, 變於始入.

[聘禮08 : 經－59]

사자를 수종하는 종자들은 땅바닥에 멍석(幕)을 펼쳐 놓는다. 빈(사자)은 조복 차림으로 멍석의 멍석의 동쪽에서 서쪽을 향해 서고, 개들은 모두 멍석의 남쪽에서 북쪽을 향해 서는데 동쪽을 윗자리로 삼는다. 고인賈人은 멍석의 남쪽에서 북쪽을 향해 앉아서 규圭에 묻은 먼지를 털어 내어 깨끗이 한다.

布幕. 賓朝服立于幕東, 西面, 介皆北面, 東上. 賈人北面, 坐拭圭.

정현주 '식拭'은 깨끗이 한다(淸)는 뜻이다. 멍석 옆에 앉고, 이어서 옥함(櫝)을 열어 규圭를 꺼낸다. '拭', 淸也. 側幕而坐, 乃開櫝.

[聘禮08 : 經-60]
고인은 드디어 규를 집어 들고 목록과 대조하면서 점검한다.
遂執展之.

정현주 규를 집어 들고 서서 빈에게 '있습니다'라고 고한다. 持之而立, 告'在'.

[聘禮08 : 經-61]
상개는 조금 앞으로 나아가 북쪽을 향해 서서 규의 점검을 감독하고, 점검이 끝나면 물러나 본래 위치로 돌아온다.
上介北面視之, 退復位.

정현주 '물러나 본래 위치로 돌아온다'(退復位)고 하였으므로 규圭의 점검을 감독할 때에는 앞으로 나아가 본래의 위치에서 벗어난다. 言'退復位', 則視圭進違位.

[聘禮08 : 經-62]
규圭는 진설하지 않고 거두어 옥함에 넣어 둔다.
退圭.

정현주

규圭와 장璋은 존귀하므로 진설하지 않는다. 圭·璋尊, 不陳之.

[聘禮08 : 經－63]

짐승 가죽들을 진설할 때에는 머리가 북쪽을 향하도록 하여 놓는데, 서쪽을 윗자리로 삼는다. 또 벽璧은 묻은 먼지를 털어 내어 깨끗이 하고, 예물목록과 대조하면서 점검한 후 속백束帛에 합해서 왼쪽의 짐승가죽 위에 함께 올려놓는다. 상개는 그 점검을 감독한 후 물러나 본래 위치로 돌아온다.

陳皮, 北首, 西上. 又拭璧, 展之, 會諸其幣, 加于左皮上. 上介視之, 退.

정현주

'회會'는 합한다(合)는 뜻이다. '諸'는 '於'의 뜻이다. 고문본에는 '陳幣北首'(속백을 진설하는데 머리가 북쪽을 향하도록 하여 놓는다)라고 하였다.[2] '會', 合也. '諸', 於也. 古文曰'陳幣北首'.

[聘禮08 : 經－64]

말의 경우에는 멍석의 남쪽에 진설하는데 얼굴이 북쪽을 향하도록 하고, 그 앞쪽에 예물들을 내려놓는다.

馬則幕南, 北面, 奠幣于其前.

정현주

'앞'(前)은 말 앞쪽의 멍석 위에 해당한다.[3] '前', 當前幕上.

[聘禮08 : 經 – 65]

주군의 부인에게 빙聘과 향享의 예를 행할 때 바칠 예물을 검점할 때에도 이와 동일한 절차로 한다. 점검이 끝나면 고인賈人은 상개에게 보고하고, 상개는 빈에게 보고한다.

展夫人之聘享, 亦如之. 賈人告于上介, 上介告于賓.

정현주

주군의 부인에게 빙과 향의 예를 행할 때 바칠 예물을 검점할 때에 상개가 감독하지 않는 것은 군주보다 낮추는 것이다. 고인은 장璋과 종琮을 깨끗이 한 후 남쪽을 향해 상개에게 보고하고, 이에 상개는 동쪽을 향해 빈에게 보고하니, 또한 이른바 '본받아서 문식을 하는' 경우이다.[4] 展夫人聘享, 上介不視, 貶於君也. 賈人既拭璋·琮, 南面告於上介, 上介於是乃東面以告賓, 亦所謂'放而文'之類.

[聘禮08 : 經 – 66]

유사有司들은 개인의 자격으로 예방을 할 때 쓰일 여러 예물들을 스스로 점검한 후 그것을 빈에게 보고한다.

有司展群幣, 以告.

정현주

'여러 예물들'(群幣)은 사적私覿에 사용할 예물로서 대부에게까지 바치는 것이다.[5] '유사有司'는 예물을 수레에 싣는 사람들로서 스스로 점검하고 스스로 보고한다. '群幣', 私覿及大夫者. '有司', 載幣者, 自展自告.

[聘禮08 : 經－67]

주국의 원교遠郊에 이르면 또다시 예물들을 점검하는데, 처음 국경에 들어왔을 때와 동일한 절차로 한다.[6]

及郊, 又展, 如初.

정현주 '교郊'는 원교遠郊를 가리킨다. 주나라 제도에서 천자의 경우 기내畿內는 천리이고, 원교는 백리이다. 이러한 비율로 계산해 본다면, 원교는 상공上公의 경우 50리이고, 후侯·백伯의 경우는 30리이고, 자子·남男의 경우는 10리이다. 근교近郊는 각각 이에 절반이다. '郊', 遠郊也. 周制, 天子畿內千里, 遠郊百里. 以此差之, 遠郊上公五十里, 侯·伯三十里, 子·男十里也. 近郊各半之.

[聘禮08 : 經－68]

원교에 설치한 관사館舍에 이르면 고인賈人이 머무는 관사에서 예물들을 목록과 대조하면서 점검하는데, 처음 국경에 들어왔을 때와 동일한 절차로 한다.

及館, 展幣於賈人之館, 如初.

정현주 '관館'은 객사客舍이다. 원교 안에 후관候館[7]이 있어서 잠시 휴식을 취하거나 목욕을 할 수 있다. 예물들을 목록과 대조하면서 점검

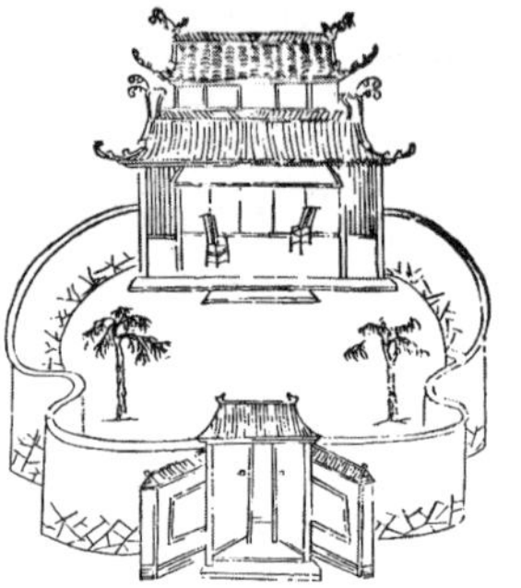

관館

(明), 『삼재도회』

하는데 빈이 머무는 관사에서 하지 않는 것은 주국의 사람이 자기들을 위문하러 왔을 때 빠르게 대응하기 위함이다. '館', 舍也. 遠郊之內有候館, 可以小休止沐浴. 展幣不于賓館者, 爲主國之人有勞問己者就焉, 便疾也.

주

1_ 전을 ~ 것이다 : 처음 국경에 이르렀을 때 旜 깃발을 펼쳐서 이 나라에서 일이 있음을 보여 주었는데([經－53]), 이제 국경 안으로 들어왔으므로 일상적인 禮에 따라 깃발을 거두어 수레 안에 넣어 두는 것이다.

2_ 고문본에는 ~ 하였다 : 고문본에는 '皮'가 '幣'로 되어 있는데 정현이 이에 따르지 않은 것은, 짐승가죽에 대해서는 '머리'를 말할 수 있지만 비단(속백)에 대해서는 머리를 말할 수 없기 때문이다.

3_ '앞'은 ~ 해당한다 : 호배휘는 '그 앞'은 말의 앞을 가리키는 것으로, 말은 멍석의 남쪽에서 북쪽을 향하고 있기 때문에 '그 앞'은 앞쪽 멍석의 위에 해당한다고 하였다. 『의례정의』, 977쪽 참조.

4_ 또한 이른바 ~ 경우이다 : 『예기』「禮器」에 "군자는 禮에 대하여 그대로 나타내어 행하는 경우(直而行)가 있고, 굽혀서 줄여 행하는 경우(曲而殺)가 있고, 정상적인 예로서 똑같이 행하는 경우(經而等)가 있고, 서열에 따라 줄여서 행하는 경우(順而討)가 있고, 위에 있는 것을 베어 내어 취해서 아래에 베푸는 경우(摲而播)가 있고, 신분이 낮은 사람을 높여서 신분이 높은 사람의 예를 행하게 하는 경우(推而進)가 있고, 본받아서 문식하는 경우(放而文)가 있고, 본받아서 문식하지만 끝까지 다하지 않는 경우(放而不致)가 있고, 순응하여 취해서 행하는 경우(順而摭)가 있다"라고 하였는데, '본받아서 문식하는 경우'(放而文)에 대해 정현은 "천자의 의복에는 해와 달로부터 黼黻에 이르기까지 문양을 새길 수 있는 것 등을 가리킨다"라고 하였다.

5_ 사적에 사용할 ~ 것이다 : 빙례에서 聘과 享의 예를 마친 후 빈이 개인의 자격으로 主國의 군주 및 卿을 만나는 것을 '私覿'혹은 '私面'이라고 한다. 『의례』「聘禮」와 『예기』「聘義」에서는 빈이 주국의 군주를 만나는 것을 '私覿'이라 하고 주국의 경을 만나는 것을 '私面'이라 한다고 하였지만, 『주례』「추관 · 司儀」에서는 군주를 만나는 것도 '私面'이라고 칭하였다. 정현의 주에서 '及'이라고 한 것은 여러 예물(群幣)들이 미치는 범위를 말한 것으로, 호배휘는 '경을 예방할 때'(問卿), '경을 사적으로 찾아뵐 때'(面卿), '대부를 예방할 때'(問大夫), '대부를 사적으로 찾아뵐 때'(面大夫)에 이 예물들을 바친다고 하였다. 가공언은 私覿이나 私面에 사용하는 예물들은 모두 賓과 介가 스스로 마련하는 물건으로 公家에서 지급되는 것은 아니라고 하였다. 그러나 방포는 賓과 上介가 개인적으로 자신의 예물과 말을 가지고 가는 것은 의리상 옳지 않으나 능력이 있다면 갖출 수도 있지만, 士介가 무슨 수로 이러한 것들을 갖출 수 있겠는가라고 하여 원칙적으로 公家에서 지급되는 것으로 보았다. 호배휘도 방포의 설에 동의한다. 『의례주소』, 430쪽 및 『의례정의』, 978쪽 참조.

6_ 처음 국경에 ~ 한다 : [經－58] 참조.

7_ 후관 : 오가는 使者들에게 공급되는 커다란 客舍를 말한다. 『주례』「지관 · 遺人」에 "무릇 國野의 도로에는 10리마다 '廬'(비를 피하거나 휴식을 취할 수 있는 정자로서 숙박할 수는 없다)가 있는데, 廬에는 음식이 갖추어져 있다. 30리마다 '宿'(숙박할 수 있는 숙소)이 있는데, 宿에는 路室이 있으며 노실에는 약간의 곡물 · 섶 · 꼴(委)

등이 있다. 50리마다 '市'가 있는데, 市에는 候館이 있으며 후관에는 다량의 곡물·섶·꼴(積) 등이 있다"(凡國野之道, 十里有廬, 廬有飮食. 三十里有宿, 宿有路室, 路室有委. 五十里有市, 市有候館, 候館有積)라고 하였다. 정현은 "'廬'는 오늘날의 野候와 같은 것으로 단지 덮개만 있을 뿐이다. 宿은 머물고 숙박을 할 수 있으니, 오늘날 亭에 방이 있는 것과 같다. 候館은 樓臺로서 경치를 관망할 수 있는 곳이다. 1市 사이에 3개의 廬와 1개의 宿이 있다"(廬若今野候, 徒有房也. 宿可止宿, 若今亭有室矣. 候館樓可以觀望者也. 一市之間有三廬一宿)라고 하였다. 候館은 路室에 비해 높고 큰 것이다.

「수로受勞」

장혜언(淸), 『의례도』

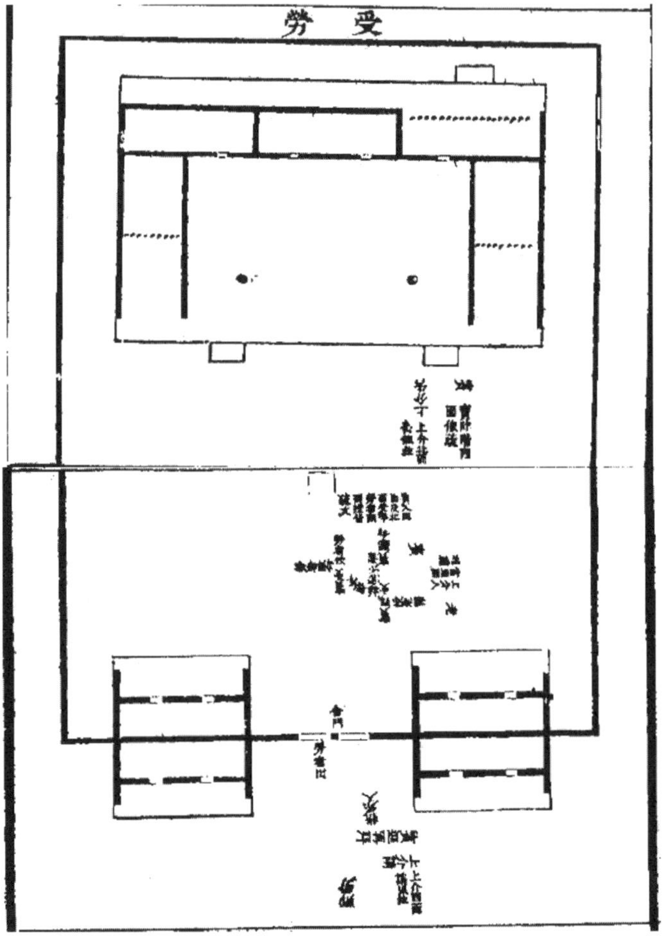

「빈로자儐勞者」

장혜언(清), 『의례도』

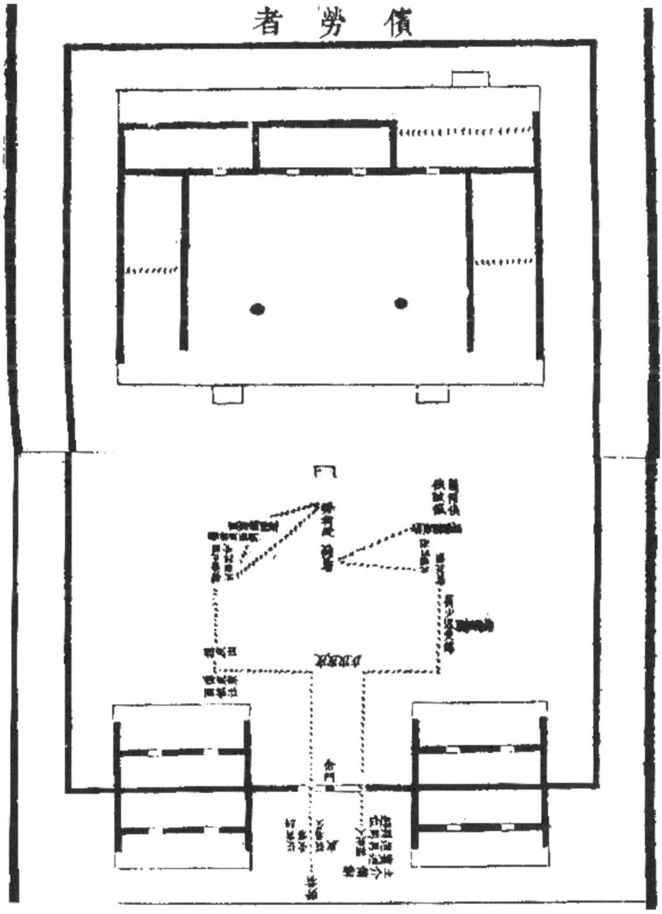

해제

經-69에서 經-86까지는 '교로郊勞'의 절차이다. 즉 주국의 군주와 부인이 경과 하대부를 보내어 근교에서 빈의 노고를 위로하고 이에 빈이 그들에게 빈례儐禮를 행하여 대접하는 절차이다.

[聘禮08 : 經-69]

빈은 근교에 이르면 전旜을 펼치게 한다. 주군은 하대부를 보내어 어디로 갈 것인지 묻게 한다. 하대부는 돌아와 군주에게 보고한다. 주군은 경으로 하여금 조복을 착용하고 속백을 들고 가서 빈을 위로하게 한다.

賓至于近郊, 張旜. 君使下大夫請行. 反. 君使卿朝服, 用束帛勞.

정현주

'청행請行'은 가는 곳을 묻는다는 뜻이다. 비록 알고 있지만 겸손히 하여 기필하지 않는 것이다. 사士는 무슨 일로 왔는지를 묻고, 대부大夫는 어디로 가는지를 묻고, 경卿은 위로를 하는 것이니 빈을 더욱 높이는 것이다. 이들의 복장은 모두 조복朝服이다. '請行', 問所之也. 雖知之, 謙不必也. 士請事, 大夫請行, 卿勞, 彌尊賓也. 其服皆朝服.

[聘禮08 : 經-70]

상개는 관사의 문 밖으로 나아가서 주국의 경卿에게 무슨 일로 왔는지 묻고, 다시 문 안으로 들어와 빈에게 보고한다. 빈은 한 번 사양을 하고,[1] 그런 후에 관사의 문 밖에서 위로하러 온 경을 맞이하는데 재배를 한다.

上介出請, 入告. 賓禮辭, 迎于舍門之外, 再拜.

정 현 주

'출청出請'은 관사의 문 밖으로 나아가서 서쪽을 향해 무슨 일로 왔는지 묻는다는 뜻이다. '입고入告'는 문 안으로 들어와서 북쪽을 향해 빈에게 보고하는 것이다. 이르는 곳마다 모두 관사가 있다. 찾아오는 사람이 있을 때마다 모두 나가서 묻고 들어와서 보고하는데, 이곳에서 그것을 말한 것은 빈이 존귀해질수록 일도 더욱 자세하게 기록하는 것이기 때문이다.[2] '出請', 出門西面, 請所以來事也. '入告', 入北面告賓也. 每所及至, 皆有舍. 其有來者者, 皆出請入告, 于此言之者, 賓彌尊, 事彌錄.

[聘禮08 : 經-71]

위로하러 온 경은 답배를 하지 않는다.

勞者不答拜.

정 현 주

무릇 다른 사람을 위해 사신으로 와서 그 예를 감당하지 못하기 때문이다. 凡爲人使, 不當其禮.

[聘禮08 : 經-72]

빈은 위로하러 온 경에게 읍을 한 후 먼저 들어가서 관사의 문 안에서 위로받을 준비를 한다.

賓揖, 先入, 受于舍門內.

정현주 당堂 위에서 위로를 받지 않는 것은 이곳은 후侯·백伯의 신하를 위주로 말한 것이기 때문이다. 공公의 신하라면 당 위로 올라가 위로를 받는다. 不受于堂, 此主於侯·伯之臣也. 公之臣, 受勞於堂.

[聘禮08 : 經 – 73]

위로하러 경은 속백束帛을 받들고 문 안으로 들어가 동쪽을 향해 주군의 위로하는 명을 전해 바친다.

勞者奉幣入, 東面致命.

정현주 '동쪽을 향한다'(東面)는 것은 빈을 향한다는 뜻이다. '東面', 鄕賓.

[聘禮08 : 經 – 74]

빈은 북쪽을 향해 주군의 위로하는 명을 들은 후 몸을 돌려 남쪽을 향해 조금 물러났다가 다시 북쪽을 향해 머리를 바닥에 대면서 재배를 한 후 속백을 받는다. 위로하러 온 경은 관사의 문 밖으로 나간다.

賓北面聽命, 還, 少退, 再拜稽首, 受幣. 勞者出.

정현주 북쪽을 향해 주군의 명을 듣는 것은 마치 군주가 앞에서 남면南面하고 있는 듯이 하는 것이다.[3] 조금 물러나는 것은 계단을 내려와 배례할 때를 본뜬 것이다.[4] 北面聽命, 若君南面然. 少退, 象降拜.

[聘禮08 : 經 – 75]

빈은 자신의 신하인 노老에게 속백을 건네준다.

授老幣.

정현주

노老는 빈의 신하이다.[5] '老', 賓之臣.

[聘禮08 : 經 – 76]

빈은 관사의 문 밖으로 나가서 위로하러 온 경을 맞이하여 들어온다.

出迎勞者.

정현주

위로하러 온 경에게 빈례儐禮[6]를 행하여 대접하고자 하는 것이다. 欲儐之.

[聘禮08 : 經 – 77]

위로하러 온 경은 한 번 사양을 한다. 빈은 읍을 하고 먼저 관사 안으로 들어간다. 위로하러 온 경도 빈의 뒤를 따라 들어간다. 크고 작은 사슴 가죽 네 장을 관사의 문 안에 펼쳐서 진설한다.

勞者禮辭. 賓揖, 先入. 勞者從之. 乘皮設.

정현주

관사의 문 안에 진설하는 것이다. 물건 4개를 '승乘'이라고 한다. '가죽'(皮)은 사슴의 가죽이다.[7] 設於門內也. 物四曰'乘'. '皮', 麋鹿皮也.

[聘禮08 : 經 – 78]

빈은 속금束錦으로 위로하러 온 경에게 빈례儐禮를 행하여 대접한다.[8]

賓用束錦儐勞者.

정현주 '빈儐'이라고 말한 것은 빈은 공관公館에서는 자기 집과 같이 여기는 의리가 있으니, 또한 찾아오는 사람을 빈賓으로 여기기 때문이다.[9] 言'儐'者, 賓在公館如家之義, 亦以來者爲賓.

[聘禮08 : 經 – 79]

위로하러 온 경은 머리를 바닥에 대면서 재배를 한 후 속금을 받는다.

勞者再拜稽首受.

정현주 머리를 바닥에 대는 것은 국빈으로 높여 주는 것이다.[10] 稽首, 尊國賓也.

[聘禮08 : 經 – 80]

빈은 속금을 보내준 후 머리를 바닥에 대면서 재배를 한다.

賓再拜稽首, 送幣.

정현주 받는 사람과 보내주는 사람이 배례할 때에 모두 북쪽을 향하는 것은 계단 위쪽에서 배례할 때를 본뜬 것이다.[11] 受·送, 拜皆北面, 象階上.

[聘禮08 : 經－81]

위로하러 온 경은 사슴 가죽을 들고 있는 사람에게 읍을 한 후[12] 관사의 문 밖으로 나가고, 이어서 물러나 조정으로 돌아간다. 빈은 전송을 하는데 재배를 한다.

勞者揖皮出, 乃退. 賓送再拜.

정현주

'읍피출揖皮出'은 동쪽을 향해 사슴 가죽을 들고 있는 사람에게 읍을 하고 나간다는 뜻이다. '揖皮出', 東面揖執皮者而出.

[聘禮08 : 經－82]

부인은 하대부로 하여금 2개의 죽궤방을 들고 가서 빈을 위로하게 한다. 죽궤방은 겉은 검은색 비단을 입혔고 안쪽은 옅은 진홍색을 입혀서 만들었는데, 덮개가 있다.

夫人使下大夫勞以二竹簋[13]方, 玄被纁裏, 有蓋.

정현주

'죽궤방竹簋方'은 그릇의 명칭이다. 대나무로 만들며, 형상은 궤簋(둥근 밥그릇)와 같지만 네모졌다. 오늘날의 한구거寒具筥와 같다. 한구거는 둥근데, 이것은 네모졌을 뿐이다. '竹簋方'者, 器名也. 以竹爲之, 狀如簋而方. 如今寒具筥. 筥者圜, 此方耳.

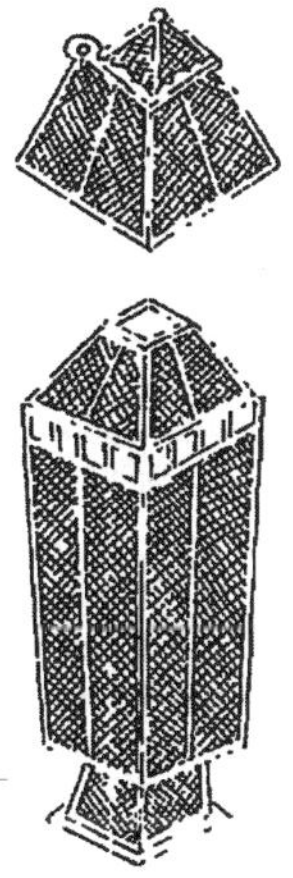

죽궤방竹簋方

(淸),『흠정의례의소』

[聘禮08 : 經 – 83]

그 죽궤방에는 각각 껍질을 벗겨서 찐 대추와 밤이 담겨 있는데, 2개 모두 함께 집어서 올린다.

其實棗蒸栗擇, 兼執之以進.

정현주

'겸兼'은 둘(兩)이라는 뜻과 같다. 오른손으로 대추를 넣은 죽궤방을 잡고, 왼손으로 밤을 넣은 죽궤방을 잡는다. '兼'猶兩也. 右手執棗, 左手執栗.

[聘禮08 : 經 – 84]

빈은 양손으로 위로하러 온 하대부의 오른손에서 대추를 담은 죽궤방을 받아들고, 이어서 위로하러 온 하대부는 양손으로 밤을 담은 죽궤방을 빈에게 건네준다.

賓受棗, 大夫二手授栗.

정현주

받는 사람과 주는 사람이 양손을 사용하여 한 손이라도 놀리지 않는 것은 신중히 하는 것이다. 受授不游手, 愼之也.

[聘禮08 : 經 – 85]

빈이 위로하러 온 하대부에게 예물을 받을 때에는 위로하러 온 경에게 예물을 받을 때와 동일한 절차로 한다.

賓之受, 如初禮.

정현주

경이 위로하러 왔을 때와 동일한 절차로 한다는 뜻이다.[14] 如卿勞之儀.

[聘禮08 : 經-86]

빈이 위로하러 온 하대부에게 빈례儐禮를 행하여 대접할 때에도 경에게 빈례를 행할 때와 동일한 절차로 한다.[15] 위로하러 온 하대부는 드디어 빈을 인도하여 국문國門 안으로 들어간다.

儐之如初. 下大夫勞者遂以賓入.

정현주

위로하러 온 하대부는 관사 밖으로 나가서 빈을 수종하는 종자從者에게 속금束錦을 건네주고, 이어서 동쪽을 향해 부인의 말을 전하고 인도하여 들어갈 것을 청한다. 그렇다면 빈은 전송할 때 배례를 하지 않는 것이다. 出以束錦授從者, 因東面釋辭, 請道之以入. 然則賓送不拜.

주

1_ 빈은 한 번 사양을 하고 : 主國의 卿이 束帛을 가지고 위로하러 왔기 때문에 禮辭 즉 한 번 사양을 하는 것이다.

2_ 이곳에서 그것을 ~ 때문이다 : 호배휘는 이 경문 앞에서는 '出請入告'라고 말하지 않았는데 이곳에서만 이를 말한 것은, 賓이 더욱 가까이 올수록 그를 더욱 높이게 되므로 그 위의와 절차에 대한 기록도 더욱 상세해지기 때문이라고 하였다. 『의례정의』, 982쪽 참조.

3_ 북쪽을 ~ 것이다 : 진혜전은 빈이 처음 館舍의 문 안으로 들어와 서쪽을 향하는 것은 관사에서는 빈이 곧 주인이 되기 때문이고, 주군의 명을 전해들을 때에 비로소 북쪽을 향하는 것은 신하의 禮에 따르는 것이라고 하였다. 『의례정의』, 983쪽 참조.

4_ 조금 ~ 것이다 : 당 위에서 위로를 받을 경우 마땅히 계단을 내려와 배례를 하고 예물을 받지만, 여기서는 당에 오르지 않기 때문에 조금 물러난 후 머리를 바닥에 대면서 재배를 함으로써 그것을 본뜨는 것이다.

5_ 노는 빈의 신하이다 : [사혼례02 : 經一09]의 정현 주에 "'老'는 군리 가운데 존귀한 자이다"('老', 群吏之尊者)라고 하였다. 오정화는 '老'를 가신의 우두머리(家臣之長)라고 하였다.

6_ 빈례 : 빈과 주인의 行禮가 끝난 후에 주인이 束帛 등의 예물로 빈을 대접하는 것을 '儐'이라고 한다. 능정감의 『예경석례』에는 "무릇 빈과 주인의 행례가 끝나면 주인은 예주(醴)를 가지고 빈을 대접하는데 이를 '禮'라고 하고, 예주를 사용하지 않으면 '儐'이라고 한다"(凡賓主人行禮畢, 主人待賓用醴則謂之'禮', 不用醴則謂之'儐')라고 하였다. 예주를 사용하지 않을 경우 束錦이나 乘馬 등을 사용하는데, 이를 '儐'이라고 한다. 『삼례사전』, 1098쪽, '儐' 항목 참조.

7_ '가죽'은 사슴의 가죽이다 : 『예기』「郊特牲」에서는 "호랑이와 표범의 가죽은 사나운 이들을 복속시킴을 보여 주는 것이다"(虎豹之皮示服猛也)라고 하였다. 이 호랑이와 표범의 가죽은 제후가 천자에게 朝享할 때에 사용한다. 이곳은 신하가 군주에게 빙례를 행하는 것이므로 천자에게 享禮를 행할 때보다 낮추어 사슴의 가죽을 사용하는 것이다. 『의례주소』, 433쪽, 가공언의 소 참조.

8_ 속금으로 위로하러 ~ 대접한다 : '束錦'은 錦 열 단으로, '錦'은 무늬를 넣어 짠 비단이다. '束帛'보다 한 등급 낮다. 오계공은 빙례에서 大夫와 士는 비단으로 모두 '錦'을 사용하는데, 이는 감히 존귀한 사람의 비단과 동일하게 할 수 없기 때문이라고 하였다. 『의례정의』, 984쪽 참조.

9_ '빈'이라고 ~ 때문이다 : 경문의 '儐勞者'는 위로하러 온 경(勞者)에게 儐禮를 행하는 것으로, 위로하러 온 경을 賓으로 삼아서 그를 대접하는 것이다. 가공언은 "무릇 '儐'이라고 말한 것은 빈에게 보답한다는 뜻이다. 이제 빈의 관사에서 대접하기 때문에 빈은 마치 주인과 같다. 그러므로 '위로하러 온 경에게 儐禮를 행하여 대접한다'라고 한 것이니, 곧 위로하러 온 경을 賓으로 삼기 때문이다"(凡言'儐'者, 謂報於賓. 今以賓館, 故賓若主人. 故云'儐勞者', 卽以勞者爲賓故也)라고 하였다. 『의례주소』,

434쪽 참조.

10_ 머리를 ~ 것이다 : 稽首는 신하가 군주에게 배례하는 예법이고, 頓首는 대등한 사람 사이에 배례하는 예법이다. 이곳에서 위로하러 온 경은 빈과 신분이 동일한데도 頓首를 하지 않고 稽首를 하는 것은 賓을 나라의 빈객으로 높여서 예우하는 것이기 때문이다. 『주례』「춘관·大祝」에서는 '九拜'를 다음과 같이 구분하고 있다. ① 稽首 : 무릎을 꿇어 바닥에 붙이고 왼손과 오른손을 포개어 맞잡은 뒤 머리를 천천히 바닥에 붙이는데, 손은 무릎 앞에 있고 머리는 손의 앞에 있게 된다. 이는 신하가 군주에게 배례하는 예법이다. ② 頓首 : 稽首와 대체로 비슷한데, 다만 머리를 빠르게 바닥에 대어서 그 이마를 붙인다. 이는 대등한 사람들 사이의 배례하는 예법이다. ③ 空手 : 남자의 일반적인 절로서, 무릎을 구부려 바닥에 꿇어앉고 손을 모아서 가슴 앞으로 심장과 나란하게 한 뒤 머리를 구부려 손에 이른다. ④ 振動 : 자세하지 않다. ⑤ 吉拜 : 먼저 일단 절을 하고, 다시 또 頓首를 하는 것을 말한다. ⑥ 凶拜 : 먼저 頓首를 한 후에 다시 空手를 하는 것을 말한다. ⑦ 奇拜 : 홀수로 절을 한다는 뜻으로, 一拜하는 것은 모두 奇拜라고 한다. ⑧ 褒拜 : 再拜 이상, 즉 再拜·三拜는 모두 褒拜이다. ⑨ 肅拜 : 婦人의 拜禮로서, 무릎을 굽혀 바닥에 꿇어앉고 손을 내리지만 바닥에 붙이지지 않으며, 머리를 약간 내린다.

11_ 받는 사람과 ~ 것이다 : 이곳의 儐禮는 비록 뜰(庭)에서 행하는 것이지만, 빈과 주인이 모두 북쪽을 향해 배례한다는 점에서 당 위에서 할 때와 유사한 점이 있다. 계단 위쪽에서 배례를 할 경우, 주인은 조계 위쪽에서 북쪽을 향해 배례를 하고 빈은 西階 위쪽에서 북쪽을 향해 배례를 한다. 이 때문에 '계단 위쪽에서 할 때를 본뜬 것이다'라고 한 것이다. 『의례정의』, 985쪽, 호배휘의 설 참조.

12_ 사슴 가죽을 ~ 한 후 : 사슴 가죽을 들고 있는 사람에게 읍을 하는 것은 마치 직접 받듯이 한다는 뜻이다. 위로하러 온 경이 나가면 사슴 가죽을 들고 있는 사람도 따라서 나가고, 위로하러 온 주국의 從者가 이를 맞이하여 받는다.

13_ 簋 : 唐石經, 徐本, 聶氏, 『集釋』, 敖氏 및 정현의 주에는 모두 '簋'로 되어 있다. 그런데 『釋文』에는 '簠'로 적은 뒤, "어떤 판본에는 '簋'로 되어 있는데, 바깥쪽은 둥글고 안쪽은 네모진 것이 '簠'이고 안쪽은 둥글고 바깥쪽은 네모진 것이 '簋'이다"라고 하였다. 장순도 "정현의 주에서 '대나무로 만드는데, 형상은 簋와 같지만 네모져 있다'라고 하였으므로, 정현의 설을 취하여 '簋'를 '簠'로 바꾸어 읽으면 '簠'의 뜻이 매우 분명해진다. 『釋文』에 따라야 한다"라고 하였다. 이에 대해 완원은, "『주례』「사인」의 정현 주에 방형은 '簠', 원형은 '簋'라고 하였는데 이에 대한 가공언의 소에서 이는 모두 外形을 가지고 말한 것이라고 하였다"라고 하면서 『釋文』과 장순의 설을 비판하였다. 한편 호배휘의 『의례정의』에는 '簠'로 교감을 하였으며, 李學勤 主編의 『의례주소』에는 '簋'로 되어 있다. 일단 李學勤의 교감에 따라 번역한다. 『의례주소』, 435쪽 참조.

14_ 경이 ~ 뜻이다 : 主君의 명으로 卿이 束帛을 들고서 빈을 위로하러 왔을 때, 빈은

머리를 바닥에 대면서 배례를 한 후에 속백을 받았다. 이와 동일한 절차로 한다는 뜻이다. [經－74] 참조.

15_ 빈이 ~ 한다 : 빈이 위로하러 온 卿에게 儐禮를 행하는 절차는 [經－78]~[經－81] 참조.

「치관설손도致館設飧圖」

(淸),『흠정의례의소』

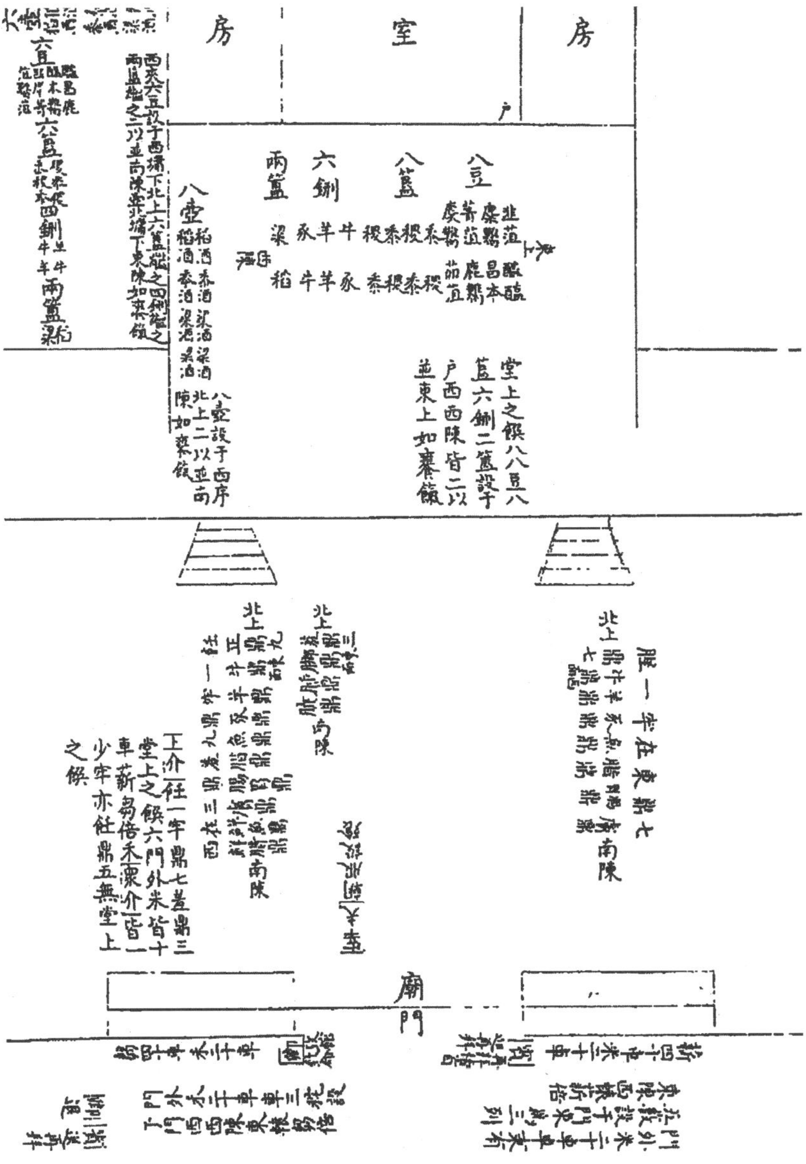

해제

經-87에서 經-97까지는 '치관설손致館設飧', 즉 빙례를 행하기 전에 주군이 경을 보내어 예를 갖추는 '치관致館'과 재부를 보내어 빈과 개에게 간단한 음식을 진설하게 하는 '설손設飧'의 절차이다.

[聘禮08 : 經-87]

빈 일행이 외조外朝[1]에 이르면, 주인(주군)은 "변변치 못한 선군先君의 조묘祧廟[2]입니다만, 이미 깨끗이 치우고 기다리고 있었습니다"라고 말한다.

至于朝, 主人曰, "不腆先君之祧, 旣拚以俟矣."

정현주

빈이 외문外門[3]에 이르면, 하대부[4]는 들어가 군주에게 빈이 도착했음을 보고하고, 나와서 주인(주군)의 이 말을 전하는 것이다. '주인'은 공公(主君)을 가리킨다. '공公'이라 하지 않고 '주인主人'이라고 한 것은 주인은 빈을 맞을 때의 용어이기 때문이니, 도착하였다면 맞아들여서 감히 지체하지 않고자 함을 밝히는 것이다. '전腆'은 좋다(善)는 뜻과 같다. 체천한 신주를 모셔 둔 곳을 '조祧'라고 한다. 주례周禮에서 천자는 7묘로서 문왕과 무왕이 조祧가 되고, 제후는 5묘이다. 그렇다면 제후의 조祧는 시조가 되니, 이 또한 묘廟이다. '조祧'라고 말한 것은 조祧는 존귀하고, 묘廟는 친하니, 빈객을 대접하는 자는 존귀한 것을 위로 삼는다. 賓至外門, 下大夫入告, 出釋此辭. '主人'者, 公也. 不言公而言主人, 主人, 接賓之辭, 明至欲受之, 不敢稽賓也. '腆'猶善也. 遷主所在曰'祧'. 周禮, 天子七廟, 文武爲祧, 諸侯五廟. 則祧, 始祖也, 是亦廟也. 言'祧'者, 祧尊而廟親, 待賓客者, 上尊者.

[聘禮08 : 經－88]

빈은 "잠시만 기다려 주십시오"라고 말한다.

賓曰, "俟間."

정현주 빈의 뜻은 주인을 갑작스럽고 다급하게 만들지 않으려는 것이다. 또 먼 길을 왔기 때문에 목욕재계를 하고자 잠시 기다려 달라고 하면서 감히 명을 받들지 못하는 것이다. 賓之意不欲奄卒主人也. 且以道路悠遠, 欲沐浴齊戒, 俟間, 未敢聞命.

[聘禮08 : 經－89]

대부가 빈을 인도하여 관사館舍[5]에 도착한 후, 주인(주군)은 다시 경을 보내어 관사에 이르게 한다.

大夫帥至于館, 卿致館.

정현주 '치致'는 이른다(至)는 뜻이다. 빈이 이 관사에 이르면, 주인은 상경上卿의 예禮로 관사에 이르게 하는데[6] 편안하게 해 주려는 것이다.[7] '致', 至也. 賓至此館, 主人以上卿禮致之, 所以安之也.

[聘禮08 : 經－90]

빈은 경을 맞이하는데, 재배를 한다. 경은 주군의 명을 전해 바친다. 빈은 머리를 바닥에 대면서 재배를 한다. 경은 물러간다. 빈은 전송을 하는데, 재배를 한다.

賓迎, 再拜. 卿致命. 賓再拜稽首. 卿退. 賓送再拜.

정현주 경이 음식의 진설이 끝나기를 기다리지 않고 물러가는 것은 속백束帛을 바치지 않았기 때문이다.[8] 속백을 바치지 않는 것은 빈이 금방 새로 도착했기 때문에 대례大禮가 아님을 밝히는 것이다. 卿不俟設飧之畢, 以不用束帛致故也. 不用束帛致之者, 明爲新至, 非大禮也.

[聘禮08 : 經-91]

재부宰夫는 조복을 착용하고 빈을 위해 간단한 음식을 진설한다.

宰夫朝服設飧.

정현주 음식을 차릴 때 예를 다 갖추지 않는 것을 '손飧'이라고 한다.[9] 『시경』에 "소손素飧을 먹지 않는구나"[10]라고 하였고, 『춘추전』에 "막 어손魚飧을 먹고 있었다"[11]고 한 것이 모두 이를 가리킨다. 食不備禮曰'飧'. 『詩』云"不素飧兮", 『春秋傳』曰"方食魚飧", 皆謂是.

[聘禮08 : 經-92]

빈의 관사에는 익힌 고기 1태뢰(쇠고기·양고기·돼지고기)[12]를 담은 세발솥을 뜰 중앙의 서쪽에 놓는데, 그 밖의 익힌 고기를 담은 세발솥과 함께 모두 9개의 세발솥을 진설하고,[13] 별도로 그 옆(동쪽)에 3개의 수정羞鼎을 진설한다.[14] 익히지 않은 고기 1태뢰(쇠고기·양고기·돼지고기)를 담은 세발솥을 뜰 중앙의 동쪽에 놓는데, 그 밖의 익히지 않은 고기를 담은 세발솥과 함께 모두 7개의 세발솥을 진설한다.[15]

飪一牢, 在西, 鼎九, 羞鼎三. 腥一牢, 在東, 鼎七.

정현주 뜰 중앙(中庭)에 진설하는 음식이다.[16] '임飪'은 익힌다(孰)는 뜻이다. 익힌 고기는 서쪽에 두고, 익히지 않은 고기는 동쪽에 두는 것은 봄과 가을을 상징한다.[17] 정찬을 담은 세발솥은 서쪽에 9개, 동쪽에 7개를 진설한다. 무릇 세발솥에 담는 음식물과 그것을 진설하는 위치는 죽은 희생(饔)·살아 있는 희생(餼)을 진설할 때와 같은 방식으로 한다. 수정羞鼎은 곧 배정陪鼎이니, 그 안에 담긴 음식물을 가지고 말하면 '수羞'(고깃국)라고 하고, 그 진설하는 위치를 가지고 말하면 '배陪'(옆)라고 한다. 中庭之饌也. '飪', 孰也. 孰在西, 腥在東, 象春秋也. 鼎西九東七. 凡其鼎實與其陳, 如陳饔·餼. 羞鼎則陪鼎也, 以其實言之, 則曰'羞', 以其陳言之, 則曰'陪'.

[聘禮08 : 經－93]

당 위에는 8개의 나무제기(豆)[18]에 음식을 담아 진설하고, 서협西夾에는 6개의 나무제기에 음식을 담아 진설한다.[19]

堂上之饌八, 西夾六.

정현주 '8개'·'6개'는 나무제기(豆)의 숫자이다. 무릇 음식을 차릴 때에는 나무제기를 근본으로 삼는다. 당 위에는 8개의 나무제기(豆)·8개의 둥근 밥그릇(簋)[20]·6개의 국그릇(鉶)[21]·2개의 네모진 밥그릇(簠)[22]·8통의 술동이(壺)[23]를 진설한다.[24] 서협에는 6개의 나무제기·6개의 둥근 밥그릇·4개의 국그릇·2개의 네모진 밥그릇·6통의 술동이를 진설한다.[25] 그 담는 내용물과 그 진설하는 위치는 또한 죽은 희생(饔)·살아 있는 희생(餼)을 진설할 때와 동일한 방식으로 한다. '八'·'六'者, 豆數也. 凡饌以豆爲本. 堂上八豆·八簋·六鉶·兩簠·八壺. 西夾六豆·六簋·四鉶·兩簠·六壺. 其實與其陳, 亦如饔·餼.

두豆 궤簋 형鉶 보簠 호壺

(淸), 『흠정의례의소』

[聘禮08 : 經－94]

관사의 문 밖에는 곡물과 볏짚[26]을 실은 수레 각각 20대를 진설한다.

門外米·禾皆二十車.

정현주

'화禾'는 볏짚과 이삭을 함께 베어 낸 것이다.[27] 제후의 예에서는 곡물을 실은 수레는 살아 있는 희생(生牢)에 준해서 진설하고, 볏짚을 실은 수레는 죽은 희생(死牢)에 준해서 진설하는데, 1태뢰(소·양·돼지)마다 10대의 수레이다.[28] 대부의 예에서는 모두 죽은 희생에 준해서 진설할 뿐이다. 비록 살아 있는 희생이 있더라도 계산에 넣지 않는다. 곡물을 실은 수레는 문의 동쪽에 진설하고, 볏짚을 실은 수레는 문의 서쪽에 진설한다. '禾', 稾實幷刈者也. 諸侯之禮, 車米視生牢, 禾視死牢, 牢十車. 大夫之禮, 皆視死牢而已. 雖有生牢, 不取數焉. 米陳門東, 禾陳門西.

[聘禮08 : 經 – 95]

섶과 꼴을 실은 수레는 볏짚을 실은 수레의 두 배를 진설한다.

薪芻倍禾.

정현주

각각 40대의 수레를 진설한다. 이러한 것들을 진설하는 것은 또한 죽은 희생(饔)·살아 있는 희생(餼)을 진설할 때와 동일한 방식으로 한다.[29] 各四十車. 凡此之陳, 亦如饔·餼.

[聘禮08 : 經 – 96]

상개의 관사에는 익힌 고기 1태뢰(쇠고기·양고기·돼지고기)를 담은 세발솥을 뜰 중앙의 서쪽에 놓는데, 그 밖의 익힌 고기를 담은 세발솥과 함께 모두 7개의 세발솥을 진설하고, 별도로 그 옆(동쪽)에 3개의 수정羞鼎을 진설한다. 당 위에는 6개의 나무제기(豆)에 음식을 담아 진설하고, 관사의 문 밖에는 곡물과 볏짚을 실은 수레 각각 10대를 진설하고, 섶과 꼴을 실은 수레는 볏짚을 실은 수레의 두 배를 진설한다.

上介, 飪一牢, 在西, 鼎七, 羞鼎三. 堂上之饌六, 門外米禾皆十車, 薪芻倍禾.

정현주

뜰 중앙의 서쪽에 진설하는 세발솥은 7개인데, 활어(鮮魚)와 저민 생선(鮮腊)을 담은 세발솥은 없다. 西鼎七, 無鮮魚·鮮腊.

[聘禮08 : 經 – 97]

중개들의 관사에는 모두 익힌 쇠고기·양고기의 1소뢰를 담은 세발솥을 진설한다.

衆介皆少牢.

정현주

또한 익히 쇠고기·양고기를 담은 세발솥을 뜰 중앙의 서쪽에 진설한다. 5개의 세발솥을 진설하는데, 각각 양고기(羊)·돼지고기(豕)·창자와 위(腸胃)·건어(魚)·말린 고기(腊)를 담는다. 새로 막 도착했기 때문에 익힌 고기를 숭상하는 것이다. 당 위에는 4개의 나무제기(豆)·4개의 둥근 밥그릇(簋)·2개의 국그릇(鉶)·4통의 술동이(壺)에 음식을 담아 진설하는데, 네모진 밥그릇(簠)은 없다. 亦飪在西. 鼎五, 羊·豕·腸胃·魚·腊. 新至尙孰. 堂上之饌四豆·四簋·兩鉶·四壺, 無簠.

주

1_ 외조 : 外朝는 庫門 밖에 있는 조정을 말한다. 앞의 [經—01] 주석 3 참조.

2_ 조묘 : 廟制에 관해서는 『주례』의 「춘관·大宗伯」·「춘관·守祧」, 『예기』의 「王制」·「禮器」·「喪服小記」·「祭法」·「明堂位」·「曾子問」 등에 다양한 형태로 기술되어 있으며, 이후 이를 둘러싼 치열한 논쟁이 전개되었다. 그 주요 논점은 天子의 廟數, 昭穆에 대한 해석, 祧와 廟의 관계, 각 廟의 배치방식 등이었다. 정현은 『주례』 「춘관·大宗伯」에서 "守祧. 이 관직은 奄 8인으로 구성된다"(守祧. 奄八人)라고 한 것에 대해 "먼 조상의 묘(遠廟)를 '祧'라고 하는데, 주나라의 경우는 文王과 武王의 廟로서, 체천한 신주를 이곳에 보관한다"(遠廟曰'祧', 周爲文王·武王廟, 遷主藏焉)라고 하였고, 또 「춘관·守祧」에서 "守祧는 先王과 先公의 廟祧를 관장한다"(守祧, 掌守先王·先公之廟祧)라고 한 것에 대해 "체천한 신주가 보관되어 있는 곳을 '祧'라고 한다. 先公의 체천한 신주는 后稷의 묘에 보관하고, 先王의 체천한 신주는 문왕·무왕의 묘에 보관한다"(遷主所藏曰祧. 先公之遷主, 藏于后稷之廟, 先王之遷主, 藏于文武之廟)라고 하였다. 정현은 또 『예기』 「祭法」에서 "먼 조상의 묘(遠廟)는 '祧'가 되는데, 2개의 祧를 두고 사계절에 제사지내고 그친다"(遠廟爲'祧', 有二祧, 享嘗乃止)라고 한 것에 대해 "'祧'는 초연함을 말하는 것으로, 초연히 위로 올라간다는 뜻이다. … 천자의 체천해야 하는 묘(遷廟)의 신주는 소목으로 구분하여 2廟 안에 함께 보관한다. 제후는 祧가 없으므로 祖考의 廟 안에 보관한다. 『의례』 「빙례」에서 '누추한 先君의 祧입니다만'이라고 하였는데, 이것은 始祖의 廟를 말하는 것이다"('祧'之言超也, 超上去意也. … 天子遷廟之主, 以昭穆合藏於二廟之中. 諸侯無祧, 藏於祖考之廟中. 「聘禮」曰, "不腆先君之祧", 是謂始祖廟也)라고 하였다. 이처럼 정현은 '祧'를 일종의 廟로 파악하여, 천자의 경우에는 먼 조상의 廟 2개를 가리키고 제후의 경우에는 始祖의 廟를 가리킨다고 해석하였다. 그러나 왕숙은 高祖의 父 및 高祖의 祖를 2祧로 해석하면서, 문왕·무왕은 受命의 王으로서 그 묘는 체천하지 않으며 7廟에 포함되지 않는다고 논박하였다. 위료옹도 '祧'를 '廟'로 해석하였고, 호배휘 역시 廟와 祧는 對文으로 쓰일 경우에는 다르지만 散文인 경우에는 서로 통한다고 보았다. 또 호배휘는 賓을 廟가 아니라 祧에서 접대하는 것은, 祧는 始祖의 廟로서 3昭 3穆의 廟에 비해 존귀하기 때문에 빈객을 존귀한 곳에 모시는 것이라고 하였다. 즉 호배휘 역시 경문의 '先君의 祧'를 정현과 마찬가지로 '始祖의 廟'를 가리키는 것으로 해석하였다. 『의례정의』, 990쪽 참조.

3_ 외문 : 가공언은 '朝'는 諸侯의 外朝이며 그 外朝는 大門 밖이라고 하였고, 이여규도 이에 따라 '朝'를 '大門 밖의 朝'라고 하고 그 '大門'은 '皐門'을 가리킨다고 하였다. 그러나 호배휘는 '外朝'는 '庫門'밖에 있다고 반박하며, 제후의 三門 가운데 庫門이 바깥에 있기 때문에 '外門'이라고 한 것이라고 하였다. 『의례주소』, 436쪽, 가공언의 소 및 『의례정의』, 988쪽 참소.

4_ 하대부 : 이 하대부는 앞에서 主君(主國의 君主)의 夫人이 빈을 위로하기 위해 보냈던 자로서, 위로의 절차를 마치고 빈을 인도하여 國門 안으로 들어가서 군주에게

빈이 도착했음을 보고한 후 다시 나와서 군주의 말을 빈에게 전하는 것이다. [經-86] 참조.

5_관사 : 이곳의 관사(館)는 주국 대부의 廟로서 그 구조는 士의 禰廟와 동일하다.

6_주인은 ~ 하는데 : 정현이 '致館'을 '관사에 이른다'는 뜻으로 해석한 반면, 오계공은 군주의 명으로 빈에게 '館舍를 바친다'는 뜻으로 해석하였고(致館, 謂以君命致此館於賓也), 楊天宇도 오계공의 설을 인용하면서 군주의 명으로 미리 와서 賓이 머물 곳을 마련해 주는 의미로 해석하였다. 한편 학경은 致館을 할 때에 반드시 경을 보내는 것은 그 예를 중하게 여기기 때문이라고 하였다. 또 '上卿의 禮'에 대해서 장이기는 '上卿을 보내어 束帛의 禮로 관사에 이르게 하는 뜻'이라고 하였다. 『의례정의』, 990쪽 및 楊天宇, 『의례역주』, 352쪽 주7 참조.

7_빈이 ~ 것이다 : 호배휘는 대부가 빈을 인도하여 관사에 이른 후에 다시 경을 보내어 이르게 하는 것은 빈이 처음 도착했기 때문에 그 예를 중하게 하여 편안하게 하는 것이라고 해석하였다. 『의례정의』, 991쪽 참조.

8_경이 ~ 때문이다 : 이에 대해 호배휘는 다음과 같이 설명한다. 致館의 의절에는 卿을 보내고, 設飧의 의절에는 宰夫를 보내는데, 두 가지는 병행해도 무방하다. 정현의 주에서 '設飧의 일이 끝나기를 기다리지 않는다'고 한 것은 경문의 '退'(물러난다)를 해석한 것으로, 卿은 군주의 명을 전해 바치면 곧바로 물러난다는 뜻이다. '束帛을 바치지 않았다'고 말한 것은 致館에도 束帛을 가지고 가기 때문에 束帛을 겸하여 말한 것으로, 실제로는 그 속백을 바치지 않는다는 의미이고, 속백을 들고 가지 않고 단지 음식만을 바친다는 뜻은 아니다. 능정감은 『근례』의 문장을 인용하여 郊勞(교외에서 빈의 노고를 위로하는 예)가 끝나면 모두 致館을 행했음을 논하고, 宰夫의 設飧은 致館 이후에 행하는 의절로 보았다. 『의례정의』, 992쪽 참조.

9_음식을 ~ 한다 : '飧'은 빙례에서 行禮 이전에 주인이 빈객에게 공급하는 음식으로, 宰夫가 관장한다. '飧'은 '饔·餼'에 대응되는 것으로, '饔·餼'가 살아 있는 희생(生)과 죽은 희생의 익히지 않은 고기(腥)·익힌 고기(飪)를 모두 갖추고 반찬도 많은 데 반하여 '飧'은 죽은 희생의 익히지 않은 고기(腥)와 익힌 고기(飪)만 있고 살아 있는 희생(生)은 없으며 반찬도 적기 때문에 "예를 다 갖추지 못하였다"라고 한 것이다. 정현은 『주례』「천관·宰夫」의 "빈객에게 하사하는 飧·牽"(賓賜之飧牽)에 대해 "飧은 빈객이 처음 도착했을 때 보내주는 음식이다"(飧, 客始之所致禮)라고 하였고, 「추관·司儀」의 주에서는 "간단한 음식을 '飧'이라고 한다"(小禮曰飧)라고 하였다.

10_소손을 먹지 않는구나 : 『시경』「魏風·伐檀」의 문장이다. 毛傳에서는 "익힌 음식을 '飧'이라 한다"(熟食曰'飧')라고 하였고, 정현은 "'飧'은 '魚飧'이라고 할 때의 '飧'과 같은 뜻으로 읽는다"라고 하였다. 정현은 '素飧'의 뜻이 '魚飧'과 동일하다고 해석한 것이다. 『모시정의』(北京大出版社, 2000), 435쪽 참조.

11_막 어손을 먹고 있었다 : 『춘추공양전』 宣公 6년 조의 문장이다. 晉 靈公이 용사를 시켜서 趙盾을 죽이도록 하였다. 용사가 그 당에 올라갔으나 사람이 보이지 않자

몸을 구부려 그 문틈으로 엿보았는데, 막 魚飧을 먹고 있었다. 용사는 "그대는 晉나라의 重卿인데 魚飧을 먹고 있으니, 그대는 검소하구나"라고 하였다. 魚飧을 먹는 것을 검소하다고 생각했으므로 조촐한 음식임을 알 수 있다. '魚飧'은 생선만 차려놓고 별다른 음식이 없는 것을 말한다.

12_ 익힌 고기 1태뢰 : 『주례』「천관 · 宰夫」의 정현 주에서 "소 · 양 · 돼지 세 희생이 갖추어진 것이 一牢이다"(三牲牛羊豚具爲一牢)라고 하였고, 『춘추공양전』 桓公 8년 조의 하휴 주에서는 "소 · 양 · 돼지 세 희생이 갖추어진 것을 '太牢'라 하고, 양과 돼지가 갖추어진 것을 '少牢'라 한다"(牛羊豕凡三牲曰'太牢', 羊豕曰'少牢')라고 하였다. 오계공은 경문의 '牢'는 太牢를 가리키는 것으로, 9가지의 익힌 고기를 9개의 세발솥에 나누어 담고 7가지의 익히지 않은 고기를 7개의 세발솥에 나누어 담는데 모두 '牢'라고 한 것은 牛 · 羊 · 豕 3가지의 太牢를 위주로 표현했기 때문이라고 하였다. 『의례정의』, 993쪽 참조.

13_ 익힌 고기를 ~ 진설하고: 쇠고기(牛) · 양고기(羊) · 돼지고기(豕) · 건어(魚) · 말린 고기(腊) · 창자와 위(腸胃) · 돼지고기의 껍질부위(膚) · 활어(鮮魚) · 저민 생선(鮮腊) 등 9가지 익힌 고기를 각각의 세발솥에 담아서 뜰 중앙의 서쪽에 북쪽부터 남쪽으로 차례대로 진설한다. 앞의 『흠정의례의소』, 「致館設飧圖」 참조.

14_ 별도로 ~ 진설한다 : '羞鼎'은 각각 쇠고기 국(臐) · 양고기 국(臐) · 돼지고기 국(膮) 등 3가지 고깃국을 담은 세발솥으로서, 정찬을 담은 9개의 세발솥 동쪽에 북쪽에서 남쪽으로 순서대로 진설한다. 이들 고깃국은 正饌이 아니라 加饌 즉 庶羞이다. 정찬을 담은 9개의 세발솥은 '正鼎'이라 한다. 앞의 『흠정의례의소』, 「致館設飧圖」 참조.

15_ 익히지 않은 고기 1태뢰를 ~ 진설한다 : 쇠고기(牛) · 양고기(羊) · 돼지고기(豕) · 건어(魚) · 말린 고기(腊) · 창자와 위(腸胃) · 돼지고기의 껍질부위(膚) 등 7가지 익히지 않은 고기를 각각의 세발솥에 담아서 뜰 중앙의 동쪽에 북쪽부터 남쪽으로 차례대로 진설한다. 앞의 『흠정의례의소』, 「致館設飧圖」 참조.

16_ 뜰 중앙에 진설하는 음식이다 : 이 음식들은 모두 中庭 즉 뜰 중앙에 진설하기 때문에 '中庭의 음식'이라고 한 것으로, 아래 경문의 '堂上의 음식'및 '門外의 음식'과 대응하여 말한 것이다.

17_ 익힌 고기는 ~ 상징한다 : '飪'은 '익힌다'(熟)는 뜻으로, 가을에 사물이 익는 것을 상징하기 때문에 서쪽에 둔다. '腥'은 '生'의 뜻으로 봄에 사물이 생겨나는 것을 상징하기 때문에 동쪽에 둔다.

18_ 나무제기 : '豆'는 채소절임이나 젓갈 등 젖은 음식을 담는 그릇으로, 나무나 흙 혹은 청동으로 만든다. 높이와 직경이 1척이다. 용량은 4升. '豆'는 豆, 籩, 登의 총명이기도 하다. 豆의 중앙 부분을 '校'라고 하고 그 바닥 부분을 '鐙'이라고 한다. '籩'은 마른 음식을 담는 그릇으로 대나무로 만든다. 그 용량은 4升이다. 학의행의 『이아의소』에 따르면 籩과 豆는 같은 종류의 그릇으로 단독으로 사용되지 않기 때문

에 '豆'라고만 말했을 경우 '籩'을 포함한다고 한다. 『삼례사전』, 1289쪽의 '籩' 항목과 427쪽의 '豆' 항목 참조.

19_ 당 위에는 ~ 진설한다 : 오정화는 '西夾'에 음식을 진설하는 이유는 廟 안에서는 서쪽이 존귀하기 때문이라고 하였다. 호배휘에 의하면 이곳의 '堂上'은 館舍의 당상을 가리키며, 館舍는 廟에 있기 때문에 '西夾'이라고 한 것이다. 또한 호배휘는 廟寢의 제도에 대해 다음과 같이 설명한다. "廟寢의 제도에는 모두 '東夾'과 '西夾'이 있다. 東夾은 堂의 東序의 동쪽에 있고, 西夾은 堂의 西序의 서쪽에 있으며, 東夾의 북쪽이 '東房'이고, 西夾의 북쪽이 '西房'이다. 東房과 西房 사이에 墉(벽)이 있어 두 방을 가로막아 서로 통하지 못하게 한다. 東夾과 西夾은 각각 '東箱'과 '西箱'이라고도 칭하며, 또 '左个'·'右个'혹은 '左達'·'右達'이라고도 한다. 즉 '夾'·'箱'·'个'·'達'은 명칭은 다르지만 실질은 같은 것이다. 총괄해서 말하면 '東夾'·'西夾'이 되고, 나누어 말하면 夾에서 북쪽으로 가까운 곳이 '室'이고, 남쪽으로 가까운 곳이 '堂'이다. 이 때문에 '夾室'과 '東堂'·'西堂'이라는 칭호가 생겨났다. '夾'의 동쪽·서쪽·북쪽 삼면이 모두 '牆'으로 둘러쳐 있기 때문에 '室'이라는 명칭을 얻게 되었다. 다만 東夾의 동쪽, 西夾의 서쪽에는 북쪽으로 가까운 곳에는 '牆'이 있지만, 남쪽으로 가까운 곳에는 '牆'이 없기 때문에, 그 동서의 '坫'에 가까운 곳을 또한 '東堂의 아래'·'西堂의 아래'라고 칭한다. 반드시 東堂이 동쪽을 향하고, 西堂이 서쪽을 향하는 것은 아니다.(圖1 참조)만사대는 東序와 西序의 바깥의 방은 나누어 말하면 '前堂'·'後堂'이고, 총괄해서 말하면 모두 '夾'이라고 하였다. '夾'이라고 칭하는 것은 中堂을 끼고 있기 때문이다. 양복의 『儀禮圖』에서는 '夾室'은 東房의 동쪽과 西房의 서쪽에 그려놓아서 房과 室이 나란하게 병렬되어 있는데, 잘못된 것이다.(圖2 참조)초순의 『群經宮室圖』에서는 東堂을 東夾의 동쪽, 西堂을 西夾의 서쪽에 그려놓아 東堂이 동쪽을 향하게 하고, 西堂이 서쪽을 향하게 하였는데(圖4 참조), 이 堂은 또한 夾의 堂임을 알지 못한 것이다. 어떻게 '夾'과 '堂'을 둘로 눌 수 있겠는가!"한편, 정현은 [공사대부례09 : 經-97]의 주에서 "'箱'은 東夾의 앞이다. 일을 기다리는 곳이다"('箱', 東夾之前. 俟事之處)라고 하였고, [근례10 : 記-01]의 주에서도 "'東箱'은 東夾의 앞으로, 배회하며 일을 기다리는 곳이다"('東箱', 東夾之前, 相翔待事之處)라고 하였다. 『의례정의』, 994~995쪽 참조.

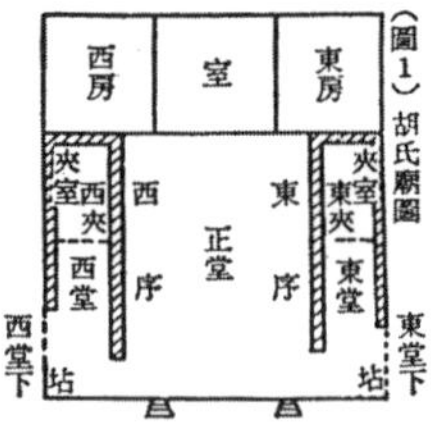

호배휘의 廟寢圖

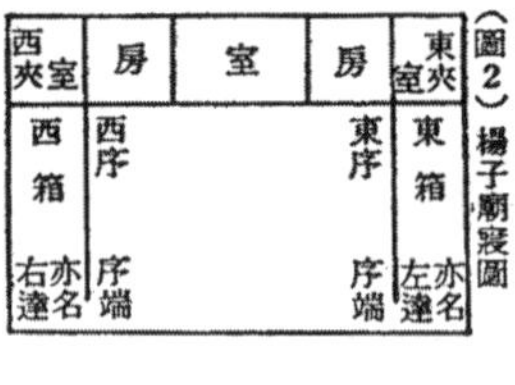

양복의 廟寢圖

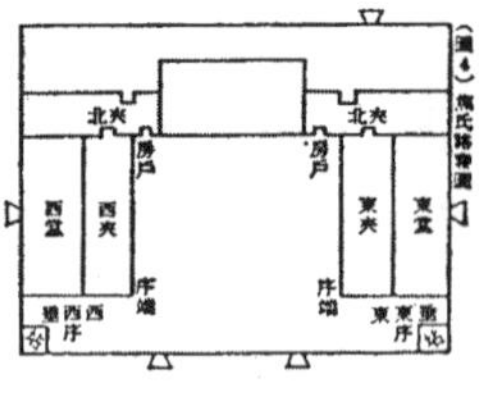

초순의 廟寢圖

20_ 둥근 밥그릇 : 바깥쪽은 둥글고 안쪽은 네모진 밥그릇을 '簋'라고 하는데, 다리의 높이는 2촌이고, 중앙 부분이 붉은 색으로 칠해져 있다. 『주례』의 「지관·舍人」, 「추관·掌客」 등의 정현 주에는 둥근 것을 '簋'라고 하는데, 기장(黍稷) 등의 밥을 담아 두는 그릇으로, 뚜껑이 있으며 거북의 형상을 하고 있다고 하였다.

21_ 국그릇 : '鉶'은 '鈃'으로도 쓰는데, 국을 담는 국그릇이다. 용량은 1升, 입구의 직경은 6寸, 세 개의 다리가 달려 있는데 그 높이는 1寸이며, 두 개의 귀가 있고, 덮개가 있다.

22_ 네모진 밥그릇 : 바깥쪽은 네모지고 안쪽은 둥근 밥그릇을 '簠'라고 하는데, 다리의 높이는 2촌이고, 중앙 부분에 붉은 색으로 칠해져 있다. 『주례』 「추관·掌客」의 정현 주에는 簠는 쌀밥이나 수수밥을 담아 두는 그릇이라고 하였다.

23_ 술동이 : '壺'는 술을 담는 동이를 말한다. '方壺'는 경·대부·사를 위해 진설하고, 圜壺는 서인으로서 관직에 있는 사람을 위해 진설한다. 황이주의 『예서통고』에 의하면, 입구와 다리가 모두 방형이기 때문에 '方壺'이라는 이름이 붙여졌다고 한다. 섭숭의의 『삼례도』에 인용된 『舊圖』에 의하면 '方壺'는 용량이 1斛(10말)이며, 배 부위는 둥글고 다리와 입구는 모두 방형이다.

24_ 당 위에는 ~ 진설한다 : 8개의 나무제기(豆)에는 부추절임(韭菹), 고기젓갈(醓醢), 창포뿌리 절임(昌本), 큰 사슴고기 젓갈(麋臡), 순무절임(菁菹), 뼈 붙은 사슴고기 젓갈(鹿臡), 순채절임(茆菹), 뼈 붙은 노루고기 젓갈(麇臡)을 각각 나누어 담는다. 8개의 둥근 밥그릇(簋)에는 찰기장 밥(黍)과 메기장 밥(稷)을 각각 4개의 둥근 밥그릇에 나누어 담는다. 6개의 국그릇(鉶)에는 쇠고기 국, 양고기 국, 돼지고기 국을 각각 3개의 국그릇에 나누어 담는다. 2개의 네모진 밥그릇(簠)에는 수수밥(粱)과 쌀밥(稻)을 담는다. 8통의 술동이(壺)에는 쌀로 빚은 술(稻酒)과 수수로 빚은 술(粱酒)을 각각 4통의 술동이에 나누어 담는다. 앞의 『흠정의례의소』, 「致館設飧圖」 참조.

25_ 서협에는 ~ 진설한다 : 앞의 『흠정의례의소』, 「致館設飧圖」 참조.

26_ 볏짚 : '禾'는 '이삭이 붙어 있는 볏짚'이지만 편의상 '볏짚'으로 번역한다. 아래 주의 '禾'에 대한 설명 참조.

27_ '화'는 ~ 것이다 : 정현 주의 원문 "稾實幷刈者也"에서 '稾'는 '볏짚'이고, '實'은 '벼과에 속하는 곡식'이다. '幷刈'는 볏짚과 이삭을 한꺼번에 베어서 그 이삭을 제거하지 않은 것이다. 허신의 『설문』에서는 "禾는 嘉穀이다"라고 하였고, 이에 대한 단옥재의 주에서는 "이삭이 볏짚에 붙어 있는 것이 '禾'이다"(嘉穀之連稾者曰'禾')라고 하였다. 또 『설문』의 '稼'아래의 주에서는 "전체를 禾라고 하니, 『의례』 「聘禮」에서 '禾三十車'라고 한 것이 이것이며, 「禹貢」에서는 말한 '總'이다"라고 하였다. 호배휘는 '禾'는 말의 사료용으로 쓰이기 때문에 '致積', '設飧', '歸饔餼'의 예를 행할 때 모두 준비한다고 하였다. 『의례정의』, 995쪽 참조.

28_ 제후의 예에서는 ~ 수레이다 : 『주례』 「추관·掌客」의 문장이다.

29_ 죽은 희생·살아 있는 희생을 ~ 한다 : 호배휘에 의하면 섶(薪)을 진설할 경우에는 곡물(米)을 진설하고, 꼴(芻)을 진설할 경우에는 볏짚(禾)을 진설한다는 뜻이다. 학경은 섶은 밥을 지을 때 아궁이에 넣는 것이고, 꼴은 말에게 먹일 때 사용된다고 하였는데, 호배휘는 꼴도 밥을 지을 때 사용된다고 하였다. 『의례정의』, 996쪽 참조.

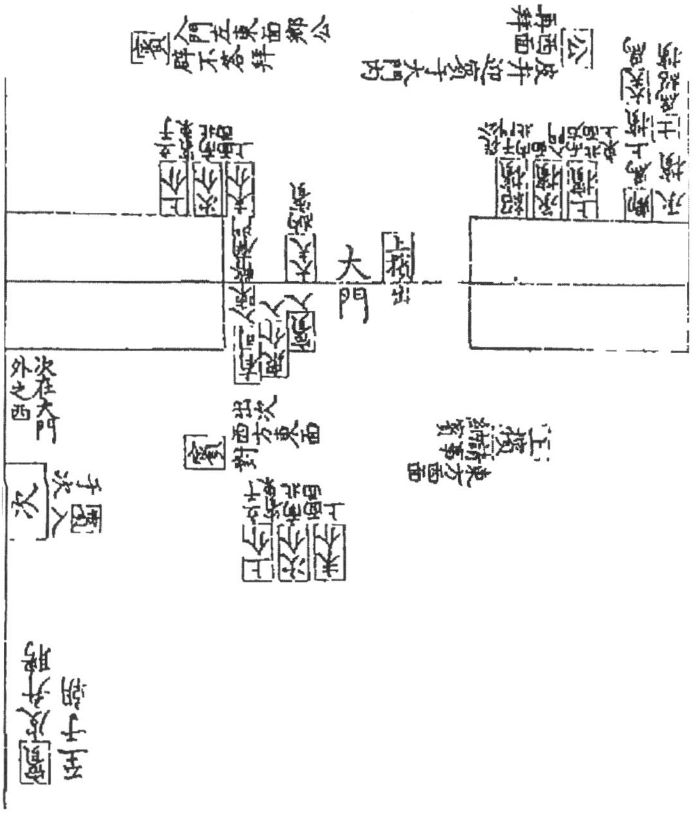

「청사영빈도請事迎賓圖」

(淸),『흠정의례의소』

「영빈입묘도迎賓入廟圖」

(淸),『흠정의례의소』

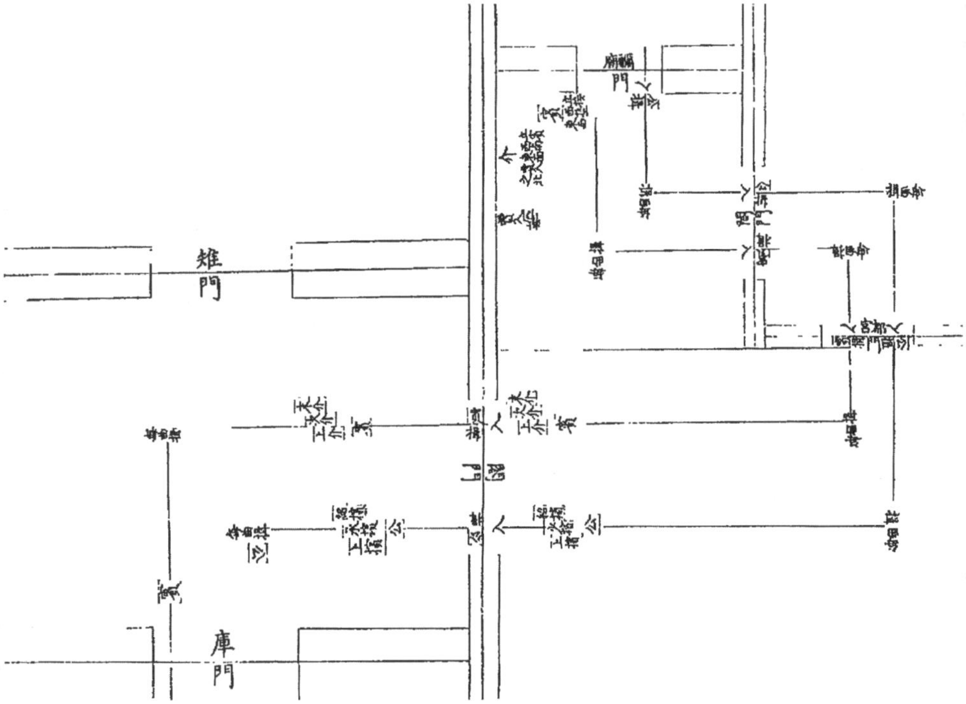

「묘제도廟制圖」

황이주(淸), 『예서통고』

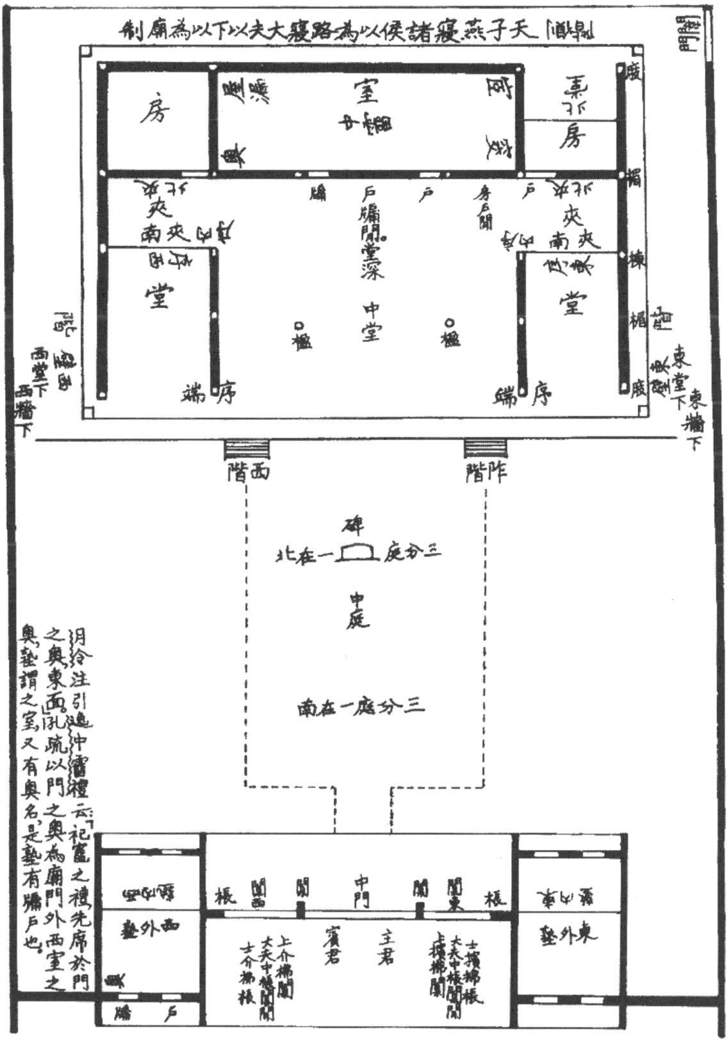

「수옥도受玉圖」

(清), 『흠정의례의소』

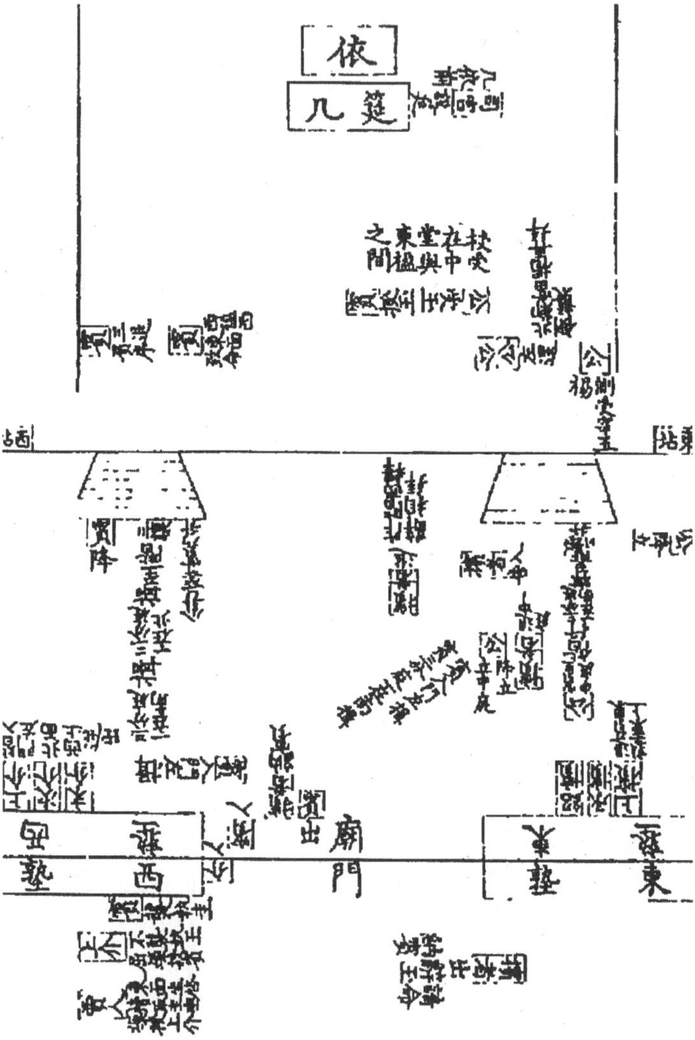

해제 經－98에서 經－131까지는 빙례에서 빈이 주군과 주군의 부인에게 빙聘의 예를 행하는 절차이다.[1]

[聘禮08 : 經－98]

빈이 관사에 도착한 이튿날, 주군(빙문을 받는 나라의 군주)은 접빈관(訝)을 관사로 보내어 빈을 맞이하게 한다.

厥明, 訝賓于館.

정현주

이곳의 접빈관(訝)은 하대부이다. 군주의 명으로 빈을 맞이하는 사람을 '아訝'[2]라고 한다. '아訝'는 맞이한다(迎)는 뜻이다. 또한 피변복皮弁服을 착용한다.[3] 此訝下大夫也. 以君命迎賓謂之訝. '訝', 迎也. 亦皮弁.

[聘禮08 : 經－99]

빈은 피변복을 착용하고 빙聘의 예를 행하기 위해 외조外朝로 나아가는데, 빈은 먼저 대문(庫門) 밖의 서쪽에 설치한 임시 장막(次: 잠시 휴식을 취하면서 일을 기다리는 곳) 안으로 들어간다.

賓皮弁聘, 至于朝, 賓入于次.

정현주

피변복을 착용하는 것은 조빙朝聘은 서로 존경하는 것을 위주로 하기 때문이다.[4] 제후는 매달 초하루에 정사를 들을 때 피변복을 착용한다. 임시 장막(次) 안으로 들어가는 것은 일이 갖추어지기를 기다리는 것이다. 임시 장막은 대문 밖의 서쪽에 설치하는데, 휘장으로 만든다.[5] 服皮弁者, 朝聘主相尊敬也. 諸侯視朔皮弁服. '入于次'者, 俟辨也. 次在大門外之西, 以帷爲之.

차次

황이주(淸), 『예서통고』

[聘禮08 : 經－100]

이어서 빈의 유사들은 가지고 온 예물을 묘문 밖에 진설한다.

乃陳幣.

정현주

유사들이 주국의 묘문 밖으로 들어가 멍석을 펼치고 예물을 진설하는데, 예물을 목록과 대조하면서 점검할 때와 동일한 절차로 한다. 규圭와 장璋은 고인賈人이 옥함에 넣어서 들고 기다린다.[6] 有司入于主國廟門外, 以布幕陳幣, 如展幣焉. 圭·璋, 賈人執櫝而俟.

[聘禮08 : 經－101]

주국에서는 경을 상빈上擯으로 삼고, 대부를 승빈承擯으로 삼고, 사를 소빈紹擯으로 삼는다. 빈자擯者(上擯)[7]는 대문 밖으로 나가서 빈에게 무슨 일로 왔는지 묻는다.

卿爲上擯, 大夫爲承擯, 士爲紹擯. 擯者出請事.

정현주

'빈擯'은 주국의 군주가 나가서 빈賓을 영접하도록 시킨 사람이다.[8] '소紹'는 잇는다(繼)는 뜻이니, 그 지위가 차례대로 서로 이어져서 나가는 것이다.[9] 주군이 공公이라면 빈자擯者 5인을 두고, 후侯·백伯이라면 빈자 4인을 두고, 자子·남男이라면 빈자 3인을 둔다. 『예기』「빙의」에 "개介가 연이어서 본국 군주의 명命을 전해 바치는 것은 군자는 존귀한 이에 대해 감히 직접 상대하지 않기 때문이니, 공경함이 지극한 것이다"[10]라고 하였다. 이미 빈이 무슨 일로 왔는지 알고 있으면서 다시 무슨 일로 왔는지 묻는 것은 빈은 와서 마땅히 주군과 예를 행해야 하는데 그가 겸손하여 감히 존귀한 사람(주군)과 예를 행하겠다고 드러내 놓고 말하지 못하기 때문에 상빈上擯을 보내어 그를 계발시키고 진작시키려는 것이다. 이때 빈은 임시 장막(次)에서 나와 문 말뚝(闑)[11]의 서쪽에 이르러서 북쪽을 향해 선다. 상빈上擯은 문 말뚝(闑)의 동쪽 문지방(閾)의 밖에서 서쪽을 향해 선다. 그 서로 간의 거리는 공公의 사자使者인 경우에는 70보이고, 후侯·백伯의 사자인 경우에는 50보이고, 자子·남男의 사자인 경우에는 30보이다.[12] 이는 여빈旅擯[13]일 뿐 군주의 명을 전하는 것은 아니다. 상개는 빈의 서북쪽에서 동쪽을 향해 선다. 승빈承擯은 상빈上擯의 동남쪽에서 서쪽을 향해 서는데 각각 순서에 따라서 나란히 선다. 말개末介와 말빈末擯은 그 옆에 서는데 서로 간의 거리는 3장 6척이다.[14] 상빈이 무슨 일로 왔는지 물을 때에는 앞으로 나아가서 남쪽을 향해 빈에게 읍을 한 후 함께 나아가는데, 빈은 말개가 있는 곳으로 가고, 상빈은 말빈이 있는 곳으로 가니 또한 서로 간의 거리는 3장 6척이다. 읍을 마친 후 무슨 일로 왔는지 묻고, 돌아서 대문 안으로 들어가 주군(公)에게 보고한다.[15] 천자와 제후의 조근朝覲에서 비로소 개介에게 명하고 계속해서 명을 전하게 할 뿐이다.[16] 그 명을 전하는 절차는 각각 근본을 향해 명을 받고, 얼굴을 돌려 차례대로 아래로 명을 전하고, 마지막에 미쳐서는 마주하여 받고 얼굴을 돌려 차례대로 위로 명을 전한다.[17] 또 명을 받고 차례대로 아래로 명을 전할 때에도 이와 같이 한다.[18] 3장 6척이 되는 것은 문門은 2대의 수레 폭의 세 배와 문의 양옆으로 각각 1보씩을 더한 길이를 용납하기 때문이다.[19] 금문본에는 '擯'이 없다. '擯'謂主國之君所使出接賓者也. '紹', 繼也, 其位相承繼而出也. 主君, 公也, 則擯者五人, 侯·伯也, 則擯者四人, 子·男也, 則擯者三人. 「聘義」曰, "介紹而傳命, 君子於其所尊不敢質, 敬之至也." 旣知其所爲來之事, 復請之者, 賓來當與主君爲禮, 爲其謙不敢斥尊者, 啓發以進之. 於是時, 賓出次, 直闑西, 北面. 上擯在闑東閾外, 西面. 其相去也, 公之使者七十步, 侯·伯之使者五十步, 子·男之使者三十步. 此旅擯耳, 不傳命. 上介在賓西北, 東面. 承擯在上擯東南, 西面, 各自次序而下. 末介·末擯, 旁相去三丈六尺. 上擯之請事, 進南面, 揖賓俱前, 賓至末介, 上擯至末擯, 亦相去三丈六尺. 止揖而請事, 還入告于公. 天子·諸侯朝覲, 乃命介紹傳命耳. 其儀, 各鄉本受命, 反面傳而下, 及末, 則鄉受之, 反面傳而上. 又受命傳而下, 亦如之. 此三丈六尺者, 門容二徹參个, 旁加各一步也. 今文無'擯'.

[聘禮08 : 經 - 102]

주군은 피변복을 착용하고 대문(庫門) 안에서 빈을 맞이한다. 이때 상빈上擯이 빈을 인도하여 대문 안으로 들어간다.

公皮弁, 迎賓于大門內. 大夫納賓.

정현주

주군(公)이 대문 밖으로 나가지 않는 것은 군주를 접대할 때보다 낮추는 것이다.[20] '대부大夫'는 상빈上擯을 가리키는데, '대부'라고 말한 것은 앞의 서술을 통해서 알 수 있기 때문이다. 대부로 총괄한다면 구별되는 바가 없다.[21] 이때 빈과 주인은 모두 석裼[22]을 한다. 公不出大門, 降于待其君也. '大夫', 上擯也, 謂之'大夫'者, 上序可知. 從大夫總, 無所別也. 於是賓主人皆裼.

[聘禮08 : 經 – 103]

빈은 대문(庫門) 안으로 들어가 왼쪽으로 나아간다.

賓入門左.

정현주

대문 안 빈의 위치로 나아가는 것이다. 중개衆介(上介·次介·末介)들도 빈의 뒤를 따라 대문 안으로 들어가서 북쪽을 향해 빈보다 조금 뒤로 물러나 서는데, 서쪽을 윗자리로 삼는다. 빈자擯者들은 또한 대문 안으로 들어가 오른쪽으로 나아가서 북쪽을 향해 서는데, 동쪽을 윗자리로 삼는다.[23] 상빈은 나아가서 주군을 돕는다. 內賓位也. 衆介隨入, 北面西上少退. 擯者亦入門而右, 北面東上. 上擯進相君.

[聘禮08 : 經 – 104]

주군은 빈에게 재배를 한다.

公再拜.

정현주

남쪽을 향해 배례를 하면서 맞이한다. 南面拜迎.

[聘禮08 : 經 – 105]

빈은 뒷걸음질을 하면서 물러나 자리를 피하고 답배를 하지 않는다.

賓辟, 不答拜.

정현주 자리를 피하여 뒷걸음질하면서 물러나는 것은 감히 그 예를 감당할 수 없기 때문이다. 辟位逡遁, 不敢當其禮.

[聘禮08 : 經－106]

주군은 빈에게 읍을 한 후 치문雉門 안으로 들어가는데, 문 안으로 들어갈 때마다 빈과 서로 읍을 하고, 꺾어지는 곳에 이를 때마다 빈과 서로 읍을 한다.[24]

公揖入, 每門·每曲揖.

정현주 문 안으로 들어갈 때마다 읍을 하는 것은 서로 다른 사람과 짝이 되는 것으로 공경함을 삼기 때문이다.[25] 무릇 군주와 빈이 문 안으로 들어갈 경우 빈은 반드시 군주의 뒤를 따르고, 개介 및 빈자擯者는 이들의 뒤를 따르는데, 나란히 하여 안행雁行을 한다. 문 안으로 들어간 후에는 왼쪽에 있기도 하고 오른쪽에 있기도 하는데 서로 간의 거리는 처음과 마찬가지로 한다.[26] 『예기』「옥조」에 "군주는 대문으로 들어가고, 개介는 문 말뚝(闑)을 스치고 들어가고, 대부는 문설주(棖)와 문 말뚝 사이로 들어가고, 사士 신분의 개介는 문설주를 스치고 들어간다. 빈賓은 문 중앙으로 들어가지 않고 문지방(閾)을 밟지 않는다"고 하였다. 이곳의 '빈'은 빙문하러 온 경과 대부를 가리킨다. '문 중앙'(門中)은 문의 정중앙이다. 감히 군주와 나란히 하여 나아가지 않는 것은 공경하는 것이다. 개介와 빈擯이 안행을 하는 것은 신분이 낮은 사람은 존귀한 사람의 발자국을 밟지 못하기 때문이니, 또한 공경하는 것이다. 빈의 개介는 주인의 빈擯과 같다. 每門輒揖者, 以相人偶爲敬也. 凡君與賓入門, 賓必後君, 介及擯者隨之, 並而雁行. 既入則或左或右, 相去如初. 「玉藻」曰, "君入門, 介

拂闑, 大夫中棖與闑之間, 士介拂棖. 賓入不中門, 不履閾." 此'賓'謂聘卿·大夫也. '門中', 門之正也. 不敢與君並由之, 敬也. 介與擯者雁行, 卑不踰尊者之迹, 亦敬也. 賓之介, 猶主人之擯.

[聘禮08 : 經 – 107]

묘문에 이르면, 주군은 빈에게 읍을 하고 먼저 묘문 안으로 들어가 뜰 중앙(中庭)[27]에 선다.

及廟門, 公揖入, 立于中庭.

정현주

주군이 읍을 하고 먼저 묘문 안으로 들어가는 것은 내사內事를 살피기 위한 것이다.[28] 묘문 안으로 들어간 후에는 뜰 중앙(中庭)에서서 빈이 들어오기를 기다리고 다시 밖으로 나가지 않는다. 이와 같이 하면 군주는 한 걸음을 걷고 신하는 두 걸음을 걸을 수 있으니,[29] 예에 있어서 옳은 것이다. 주군이 대문 안에서 빈을 맞이할 때, 경·대부 이하는 묘문 안으로 들어가 위치로 나아가서 기다린다. 公揖先入, 省內事也. 旣則立於中庭以俟賓, 不復出. 如此, 得君行一臣行二, 於禮可矣. 公迎賓于大門內, 卿·大夫以下入廟門卽位而俟之.

[聘禮08 : 經 – 108]

빈은 묘문 밖의 서쪽 당(西塾) 가까이에 선다.[30]

賓立接西塾.

정현주

'접接'은 가깝다(近)는 뜻과 같다. 문 옆의 당堂을 '숙塾'이라고 한다. 문 옆의 당 가까이에 서는 것은 이미 주군과 예를 교환하여서 장차 명이 내려질 것이기 때문에 이곳에서 기다리는 것이다. 개介들은 예물의 남쪽에서 북쪽을 향해 서는데 서쪽을 윗자리로 삼고, 상빈上擯들도 주군의 뒤를 따라 묘문 안으로 들어가 동쪽(오른쪽)으로 나아가 사士(紹擯)보다 조금 앞쪽으로 나아가서 서는데, 동쪽을 윗자리로 삼는다. '接'猶近也. 門側之堂謂之'塾'. 立近塾者, 已與主君交禮, 將有出命, 俟之於此. 介在幣南, 北面西上, 上擯亦隨公入門東, 東上, 少進於士.

[聘禮08 : 經 - 109]
사궁司宮이 안석(几)과 자리(筵)를 진설한 후, 빈자擯者는 묘문 밖으로 나가서 빈에게 빙군聘君(빙문을 보낸 나라의 군주)의 명을 전하여 바치도록 청한다.[31]
几·筵既設, 擯者出請命.

정현주

안석과 자리를 진설하는 것은 묘庿(廟) 안에서 빙聘의 예를 받으므로 신을 의지하게 해야 하기 때문이다.[32] 빈이 묘문에 이르렀을 때 비로소 사궁司宮[33]이 병풍자리(依)[34] 앞에 진설한다.[35] 신은 존귀하므로 일에 앞서 미리 기물을 진설하지 않는다. 자리는 머리 부분이 서쪽을 향하도록 하여 펼쳐 놓는다.[36] 상빈上擯이 안석과 자리가 진설되기를 기다렸다가 묘문 밖으로 나와서 빈에게 빙문을 보내온 빙군의 명을 받고자 한다고 청하는 것은 빈을 머물게 하는 일을 중하게 여기는 것이다. 이때에 이르러 명命에 관해서 말한 것은 일이 더욱 가까워질수록 말이 더욱 신실해지는 것이다.[37]『주례』

「춘관·사궤연司几筵」에 "제후의 제사에서 자리는 가선에 수를 놓은 부들자리를 깔고, 오른쪽에는 조각을 새겨 넣은 안석을 놓는다"고 하였다. 有几·筵者, 以其廟[38]受, 宜依神也. 賓至廟門, 司宮乃于依[39]前設之. 神尊, 不豫事也. 席西上. 上擯待而出請受賓所以來之命, 重停賓也. 至此言命, 事彌至, 言彌信也. 『周禮』, "諸侯祭祀, 席蒲筵, 繢純, 右彫几."

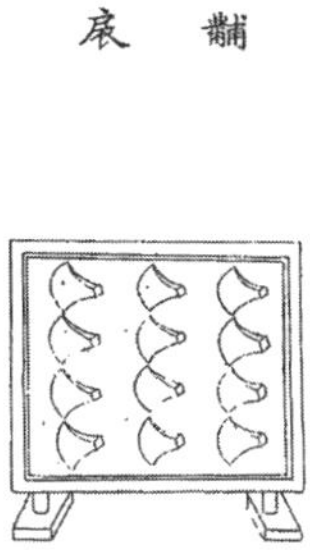

의依

(淸), 『흠정의례의소』

[聘禮08 : 經-110]

고인賈人은 진설된 예물의 서쪽에서 동쪽을 향해 앉아 옥함(櫝)을 열어 규圭를 꺼내고, 옥 받침대의 끈을 아래로 늘어뜨려 받쳐 잡고서 일어나지 않은 채로 상개에게 규를 건네준다.

賈人東面坐啓櫝, 取圭, 垂繅, 不起而授上介.

정현주

고인은 지난번에 임시 장막(次) 안으로 들어가서 예물을 진설하고 동쪽을 향해 기다리고 있었는데,[40] 이곳에서 규를 꺼낸다고 말한 것은 곧 일이 있을 것이기 때문이다. 규를 건네줄 때 일어나지 않는 것은 신분이 천해서 개介와 더불어 예를 행할 수 없기 때문이다. '석裼'이나 '습襲'을 말하지 않는 것은 신분이 천하여 석裼을 하지 않기 때문이다.[41] 이곳의 '옥 받침대'(繅)는 실끈이 달려 있다. 賈人鄕入陳幣, 東面俟, 於此言之, 就有事也. 授圭不起, 賤不與爲禮也. 不言'裼'·'襲'者, 賤不裼也. '繅', 有組繫也.

[聘禮08 : 經 – 111]

상개는 습襲을 하지 않은 채로 규를 받아서 잡고, 옥 받침대의 끈을 거두어 올려 합쳐 잡고서 빈에게 건네준다.

上介不襲, 執圭, 屈繅, 授賓.

정현주

상개는 북쪽을 향해 규를 받고, 나아가 서쪽을 향해 빈에게 건네준다. 습襲을 하지 않는 것은 성대한 예가 자기와 관계없기 때문이다.[42] '굴조屈繅'는 옥 받침대의 끈을 나란히 하여 합쳐서 잡는 것이다. 『예기』「곡례상」에 "옥을 잡을 때 받침대가 있을 경우에는 석裼을 하고, 받침대가 없을 경우에는 습襲을 한다"[43]고 하였다. 上介北面受圭, 進西面授賓. 不襲者, 以盛禮不在於已也. '屈繅', 幷持之也. 「曲禮」曰, "執玉, 其有藉者則裼, 無藉者則襲."

[聘禮08 : 經 – 112]

빈은 습襲을 하고 규圭를 잡고서 빙례를 행한다.

賓襲, 執圭.

정현주

규를 잡는 것은 성대한 예인데 또 문식을 극진히 다한다면 그것은 서로 공경히 함을 가리는 것이다.[44] 『예기』「옥조」에 "의복에서 습襲을 하는 것은 아름다움을 가리기 위한 것이다. 이 때문에 시동은 습을 하고, 옥을 잡거나 거북을 잡을 때에 습을 한다"고 하였다. 執圭盛禮, 而又盡飾, 爲其相蔽敬也. 「玉藻」曰, "服之襲也, 充美也. 是故尸襲, 執玉龜襲也."

[聘禮08 : 經 – 113]

빈자擯者는 묘문 안으로 들어가서 주군에게 보고하고, 다시 묘문 밖으로 나와서 빈에게 옥玉[45]을 잡고 있을 필요가 없다고 사양한다.

擯者入告, 出辭玉.

정현주

'빈자擯者'는 상빈上擯을 가리킨다. 묘문 안으로 들어가서 군주에게 빈이 규를 잡고서 빙군의 명을 전해 바치고자 한다고 보고한다. 규는 예물 가운데 중요한 것이니, 그것을 사양하는 것은 또한 존경과 겸양함을 바치는 것이다.[46] '擯者', 上擯也. 入告公以賓執圭, 將致其聘命. 圭, 贄之重者, 辭之, 亦所以致尊讓也.

[聘禮08 : 經 – 114]

빈자는 빈을 인도하여 묘문 안으로 들어간다. 빈도 묘문 안으로 들어가 왼쪽으로 나아간다.

納賓. 賓入門左.

정현주

공적인 일에는 문 말뚝(闑)의 서쪽(왼쪽)으로 들어간다. 公事自闑西.

[聘禮08 : 經 – 115]

개介들도 모두 빈의 뒤를 따라 묘문 안으로 들이가 왼쪽으로 니아가서 북쪽을 향해 서는데, 서쪽을 윗자리로 삼는다.

介皆入門左, 北面, 西上.

정현주 빈의 뒤를 따라 들어가는 것이다. 개는 일이 없으므로 이곳에서 멈춘다. 금문본에는 '門'이 없다. 隨賓入也. 介無事, 止於此. 今文無'門'.

[聘禮08 : 經-116]
주군은 빈과 서로 세 차례 읍을 하고,
三揖,

정현주 주군과 빈이 읍을 하는 것이다. 묘문 안으로 들어가 방향을 꺾으려는 곳에서 읍을 하고, 방향을 꺾은 후에 북쪽을 향해 또 읍을 하고, 비碑[47]에 이르렀을 때 읍을 한다. 君與賓也. 入門將曲, 揖, 旣曲北面, 又揖, 當碑揖.

[聘禮08 : 經-117]
계단 앞에 이르렀을 때 세 차례 양보를 한다.
至于階, 三讓.

정현주 양보한다는 것은 먼저 계단을 오르도록 한다는 뜻이다. 讓, 升.

[聘禮08 : 經-118]
주군이 먼저 두 계단을 오르면,
公升二等,

정현주

빈보다 먼저 두 계단을 오르는 것은 또한 군주는 한 걸음을 걷고 신하는 두 걸음을 걷고자 하는 뜻이다. 先賓升二等, 亦欲君行一, 臣行二.

[聘禮08 : 經－119]

이어서 빈은 계단을 올라가 당 위 서쪽 기둥(西楹)의 서쪽에서 동쪽을 향해 선다.

賓升, 西楹西, 東面.

정현주

주군과 서로 마주하는 것이다. 與主君相鄕.

[聘禮08 : 經－120]

빈자擯者는 뜰 중앙으로 물러난다.

擯者退中庭.

정현주

뜰 중앙은 지난번에 주군이 서 있던 곳인데, 상빈이 이곳으로 물러나는 것은 주군이 빈이 바치는 빙군의 명을 직접 받게 되어서 빈자의 도움을 받을 필요가 없기 때문이다.

鄕公所立處, 退者以公宜親受賓命, 不用擯相也.

[聘禮08 : 經－121]

빈은 빙군의 명을 전해 바친다.

賓致命.

정 현 주 빙군의 명을 전해 바치는 것이다. 致其君之命也.

[聘禮08 : 經 - 122]

주군은 왼쪽으로 몸을 돌려서 북쪽을 향해 선다.

公左還, 北鄕.

정 현 주 배례를 해야 하기 때문이다. 當拜.

[聘禮08 : 經 - 123]

빈자擯者는 조계의 서쪽으로 나아간다.

擯者進.

정 현 주 조계의 서쪽으로 나아가 빈에게 사령辭令을 전해 주고 주군이 배례하는 것을 돕고자 하는 것이다. 進阼階西, 釋辭於賓, 相公拜也.

[聘禮08 : 經 - 124]

주군은 당의 앞쪽 들보(楣)[48]와 마주하는 곳에서 재배를 한다.

公當楣再拜.

정 현 주 황貺에 배례를 하는 것이다.[49] '황貺'은 보내준 선물을 뜻한다. '미楣'는 들보를 가리킨다. 拜貺也. '貺', 惠賜也. '楣'謂之梁.

[聘禮08 : 經 – 125]

빈은 세 차례 뒷걸음질을 하면서 물러나 당 위 서쪽 벽(西序)[50]을 등지고 선다.

賓三退, 負序.

정현주

'세 차례 물러난다'(三退)는 것은 세 차례 뒷걸음질을 하면서 물러난다는 뜻이다. '피한다'(辟)라고 말하지 않은 것은 규圭를 잡고 장차 나아가 건네주어야 하기 때문이다. '三退', 三逡遁也. 不言'辟'者, 以執圭將進授之.

[聘禮08 : 經 – 126]

주군은 빈자擯者의 도움 없이 혼자서 직접 습襲을 하고, 당의 중앙(中堂)과 당 위 동쪽 기둥(東楹) 사이에서 빈에게 옥을 받는다.

公側襲, 受玉于中堂與東楹之間.

정현주

'측側'은 혼자(獨)라는 뜻과 같다. '혼자'라고 말한 것은 빈을 높이는 뜻을 보이는 것이다. 다른 날에는 군주에게 일이 있을 경우 반드시 도와서 습襲을 하게 하는 자가 있다. 무릇 은밀한 곳에서 습을 하는 것이니, 주군은 당 위 동쪽 벽(東序)과 당 위 동쪽 모서리에 있는 흙 받침대(東坫) 사이에서 혼자서 직접 습을 한다는 것을 알 수 있다. '중당中堂'은 남과 북의 중앙이다. 당의 깊은 곳에 들어가는 것은 빈의 일을 높이는 것이다. 당의 중앙과 당 위 동쪽 기둥의 사이에서 하는 것은 또한 군주가 한 걸음을 걸으면 신하는 두 걸음을 걸어야 하기 때문이다. '側'猶獨也. 言'獨', 見其尊賓也. 他日公有事, 必

有贊爲之者. 凡襲于隱者, 公序坫之間可知也. '中堂', 南北之中也. 入堂深, 尊賓事也. 東楹之間, 亦以君行一, 臣行二.

[聘禮08 : 經－127]

빈자擯者는 조계의 서쪽에서 물러나 묘문 안의 동쪽 당(東塾)[51]을 등지고 선다.

擯者退, 負東塾而立.

정현주

대기하는 위치로 되돌아오는 것은 일이 없기 때문이다. 反其等位, 無事.

[聘禮08 : 經－128]

빈이 당에서 내려오면, 개介들은 들어갈 때와 반대의 순서로 묘문 밖으로 나간다.

賓降, 介逆出.

정현주

반대의 순서로 나오는 것은 편리함을 따르는 것이다.[52] 逆出, 由便.

[聘禮08 : 經－129]

이어서 빈도 묘문 밖으로 나간다.

賓出.

정현주

빙聘의 예가 끝났기 때문이다. 聘事畢.

[聘禮08 : 經－130]

주군은 빈자擯者의 도움 없이 혼자서 직접 재宰에게 옥을 건네준다.
公側授宰玉.

정현주

옥을 보관하도록 하는 것으로, 당 위 동쪽 벽의 남쪽 끝(序端)[53]에서 건네준다. 使藏之, 授於序端.

[聘禮08 : 經－131]

주군은 석裼을 하고 당에서 내려와 뜰 중앙에 선다.
裼, 降立.

정현주

'석裼'은 겉옷(上衣)을 벗어서 석의裼衣(中衣)를 밖으로 드러내는 것이다. 무릇 성대한 예를 행할 때에는 아름다움을 가리는 것으로 공경함을 삼는다. 성대한 예가 아닌 경우에는 아름다움을 드러내는 것으로 공경함을 삼는다. 예는 서로 변화하는 것을 숭상한다. 『예기』「옥조」에 "갖옷에서 석을 하는 것은 아름다움을 밖으로 드러내는 것이다"라고 하였다. 또 "새끼사슴의 모피로 만든 갖옷에 푸른 들개의 모피로 만든 소매를 하고, 그 위에 창황색의 옷을 덧입어 석의로 삼는다"고 하였다. 『논어』「향당鄕黨」에서는 "흰 비단옷(素衣)을 새끼사슴의 모피로 만든 갖옷에 덧입는다"고 하였다. 피변복을 할 때에는 혹 흰옷을 입기도 하지만 그 갖옷은 같은 것임을 알 수 있다. 갖옷을 입는 것은 따뜻하기 때문이고, 그 위에 겉으로 덧입는 것은 갖옷은 속옷이기 때문이다. 추운 계절과 더운 계절의 복장은 겨울에는 갖옷을 입고 여름에는 갈옷을 입는다. 무릇 단袒을 하거나 석裼을 할 때에는 왼쪽 소매를 벗는다. 당에서 내려와 서는 것은 향享의 예를 기다리는 것이다. 향의 예 또한 뜰 중앙에서 한다. 고문본에는 '裼'이 모두 '賜'로 되어 있다. '裼'者, 免上衣, 見裼衣. 凡當盛禮者, 以充美爲敬. 非盛禮者, 以見美爲敬. 禮尙相變也. 「玉藻」曰, "裘之裼也, 見美也." 又曰, "麛裘靑豻褎, 絞衣以裼之."『論語』曰, "素衣, 麛裘." 皮弁時或素衣, 其裘同可知也. 裘者爲溫, 表之, 爲其褻也. 寒暑之服, 冬則裘, 夏則葛. 凡襢裼者左. 降立, 俟享也. 亦於中庭. 古文'裼'皆作'賜'.

주

1_經一98에서 ~ 절차이다 : 장이기는 이곳 [經一98]에서 [經一131]까지는 모두 主國의 廟에서 행하는 禮인데 그 가운데 公禮가 5가지이며, 私禮가 2가지라고 하였다. 公禮는 ① 主君에게 올리는 聘의 예, ② 주군에게 올리는 享의 예, ③ 夫人에게 올리는 聘의 예, ④ 부인에게 올리는 享의 예, ⑤ '若有言'(聘의 예를 마친 후 빙국의 시급한 일을 상의하고자 청하는 것)의 경우이며, 私禮는 ① 賓의 私覿, ② 介의 私覿이다. 또 '問君'과 '問大夫'의 예가 있다. 이는 모두 聘의 正禮인데, 4개의 절차로 구성된다고 하였다. 호배휘는 그 4개의 절차에 대해, ① 聘·享에서 '若有言'까지의 단계, ② 主國이 禮賓하는 단계, ③ 私覿의 단계, ④ 主君이 卿 등을 보내어 빈을 전송하는 단계라고 하였다. 『의례정의』, 997쪽 참조.

2_아 : '訝'는 主國에서 임시로 파견하여 빈을 맞이하고 아울러 빈의 필요한 일을 돕게 하는 관직이다. 빈이 경이라면 주국에서는 대부를 訝로 삼고, 빈이 대부라면 士를 訝로 삼으며, 빈이 사인 경우에도 모두 訝를 둔다. 만일 빈이 제후인 경우에는 卿을 訝로 삼는다.

3_피변복을 착용한다 : 아래에서 聘의 예를 행할 때 주군과 빈이 모두 皮弁服이었기 때문에 이곳에서 빈을 맞이하는 사람도 皮弁服을 착용한다. '皮弁服'은 禮服의 명칭이다. '皮弁'은 흰색 사슴가죽으로 만든 관이다. 이 '皮弁'을 쓰고, 15승의 흰색 베로 만든 웃옷을 입고, 아래에 흰색 주름치마(素積)·검은색 비단으로 가선 장식을 한 허리띠(緇帶)·흰색 무릎가리개(素韠)를 착용하는 복장을 '皮弁服'이라고 한다. 천자가 조회를 볼 때, 제후가 조회를 볼 때, 제후들이 서로 빙문을 할 때, 사관례에서 두 번째 관을 씌울 때, 모두 이 피변복을 입는다. 『삼례사전』, 317쪽, '皮弁服' 항목 및 [사관례01 : 經一29] 참조.

4_피변복을 ~ 때문이다 : 『주례』「춘관·司服」에 제후가 서로 朝聘을 할 때에는 모두 피변복을 한다고 하였다. 제후가 매일 조회를 볼 때에는 신하와 마찬가지로 朝服을 한다. 朝聘을 할 때 피변복을 하는 것은 朝服보다 한 등급 높이는 것으로, 이는 서로 존경하는 뜻이다. 또 제후가 천자에게 覲禮를 행할 때에는 冕服을 하고, 제후가 천자에게 朝禮를 행하거나 신하를 보내어 천자에게 빙례를 행할 때에는 모두 피변복을 한다. 정현은 皮弁服이 朝服보다 존귀하다고 본 것이다. 『의례정의』, 998쪽 참조.

5_임시 장막은 ~ 만든다 : 본래 '次'는 대문 밖의 옷을 갈아입거나 잠시 휴식을 취하면서 일을 기다리는 곳으로, 베로 만든 휘장과 갈대로 엮은 자리(簟席)로 만든다. 호배휘는 정현 주의 '大門'을 '庫門' 즉 '外門'으로 해석하고, 주인은 동쪽에 빈은 서쪽에 있는데, '次'는 빈을 위해 설치하는 것이므로 서쪽에 있음을 알 수 있다고 하였다. 『의례정의』, 998쪽 참조.

6_규와 장은 ~ 기다린다 : 圭와 璋은 重器이므로 진설하지 않고 들고 기다리고 있다가 일이 시작되면 옥함에서 꺼낸다.

7_빈자 : 擯者는 곧 上擯을 가리킨다.

8_'빈'은 ~ 사람이다 : [사관례01 : 經一22]의 정현 주에서 "주인 쪽의 사람을 '擯'이라

고 하고, 빈객 쪽의 사람을 '介'라고 한다"(在主人曰'擯', 在客曰'介')고 하였고, 『주례』「추관·司儀」의 정현 주에서는 "나가서 빈객을 영접할 때에는 '擯'이라 하고, 들어와서 예를 도울 때에는 '相'이라 한다"(出接賓曰'擯', 入詔禮曰'相')고 하였다. 이곳의 주에서는 이 둘을 겸하여 '擯'을 해석한 것이다.

9_ 그 지위가 ~ 것이다 : 이는 '承擯'과 '紹擯'의 명칭을 뜻풀이한 것이다.

10_ 개가 ~ 것이다 : 「聘義」의 문장을 인용한 것은 主人과 賓이 각각 擯과 介를 세운다는 뜻을 입증하기 위한 것이다.

11_ 문 말뚝 : 두 문짝이 맞닿는 곳에 세운 두 말뚝으로 문짝이 문지방 안으로 들어오는 것을 막아 준다. 말뚝과 말뚝 사이를 '中門'이라고 하며, 君과 賓이 드나든다. 말뚝 동쪽은 闑東, 서쪽은 闑西라고 하며, 大夫·士·擯·介가 드나든다.

12_ 상빈은 문 말뚝의 ~ 30보이다 : 이는 문 밖에서 上擯과 賓이 남북으로 서로 떨어져 있는 거리를 말한 것이다. 이때 主君은 문 안에 선다.

13_ 여빈 : 朝聘을 행할 때에 賓의 介 및 使者가 모두 擯位에 진열하여 問對하고, 辭令은 전하지 않는 것을 말한다. 賓과 主國의 擯이 군주의 명을 전하지 않고 직접 서로 묻고 대답하는 것이다. 이에 반하여 擯과 介가 차례대로 군주의 辭令을 전하는 것을 '交擯'이라고 한다. 覲禮에서 제후가 천자를 조회할 때에는 交擯의 禮를 행하는데, 交擯은 旅擯에 비해 더욱 존경을 표하는 禮이다. 『주례』「추관·司儀」 참조.

14_ 상개는 빈의 ~ 3장 6척이다 : 次介는 上介의 북쪽에 있고, 末介는 次介의 북쪽에 서면서 모두 동쪽을 향한다. 末擯은 承擯의 남쪽에 서면서 또한 서쪽을 향하니, 이것이 각자 순서에 따라서 나란히 선다는 뜻이다. 末介와 末擯은 문의 동쪽과 서쪽 양옆에 서는데 그 서로 간의 거리가 3장 6척이다.

15_ 상빈이 무슨 일로 ~ 보고한다 : '交擯'의 경우에는 군주의 辭令을 賓에게 전할 때 上擯이 承擯에게 전하고 이어서 末擯에게 전하고 末擯은 다시 賓에게 전한다. 그러나 이 경문은 '旅擯'의 경우로서 군주의 辭令을 전하지 않기 때문에 上擯이 賓과 직접 묻고 대답한다. 그러므로 반드시 賓에게 읍을 하고 앞으로 나아가도록 하는 것이다. 이여규는 이를 다음과 같이 설명한다. "上擯은 대문 안으로 들어가 북쪽을 향해 군주의 명을 받고, 문을 나와서 남쪽을 향해 멀리 賓에게 읍을 하고 앞으로 나아가도록 한다. 上擯은 남쪽으로 가서 末擯의 남쪽에 이르러 서쪽을 향한다. 賓은 북쪽으로 가서 末介의 북쪽에 이르러 동쪽을 향한다. 두 사람 사이의 거리는 3장 6척으로, 이때 비로소 무슨 일로 왔는지를 묻는다. 賓이 대답한 후 上擯은 드디어 문 안으로 들어가 주군에게 보고한다." 『의례정의』, 1001쪽 참조.

16_ 천자와 ~ 뿐이다 : 이 이하는 '交擯傳辭'의 법을 말한 것이다. '뿐'이라고 한 것은 천자가 제후에 대해서만 그렇게 한다는 뜻이다. 朝覲과 會同에서는 傳命(傳辭)을 한다. 능정감은 『예경석례』에서 "천자는 제후가 來朝해 오면 傳擯을 하고, 제후는 臣이 來聘해 오면 旅賓을 한다. 傳擯은 곧 交擯이다. 『주례』「추관·司儀」의 정현 주에서 '交擯의 경우에는 각각 9명의 介를 진열시켜 辭令을 전하게 한다'고 한 것이 이것이

다"라고 하였다. 『의례정의』, 1001쪽 참조.

17_그 명을 전하는 ~ 전한다 : 賓에게 명을 전하러 나갈 때에는 主君에게 명을 받고, 주군의 명을 전하고 들어올 때에는 賓에게 명을 받는다. 이것이 이른바 '각각 근본을 향해 명을 받는다'(各鄕本受命)는 것이다. 上擯은 주군에게 명을 받고, 얼굴을 돌려 承擯에게 전하고, 承擯은 末擯에게 전한다. 이것이 이른바 '얼굴을 돌려 차례대로 아래로 명을 전한다'(反面傳而下)는 것이다. 이때 賓의 末介는 末擯에게 명을 받고, 얼굴을 돌려 次介에게 전하고, 次介는 上介에게 전하고, 上介는 이를 賓에게 보고한다. 이것이 이른바 '마주하여 받고 얼굴을 돌려 차례대로 위로 명을 전한다'(鄕受之, 反面傳而上)는 것이다. 『의례정의』, 1001쪽 참조.

18_또 명을 ~ 한다 : 上介는 賓에게 명을 받고, 얼굴을 돌려 次介에게 전하고, 次介는 末介에게 전하는데, 末擯은 末介에게 명을 받고, 얼굴을 돌려 承擯에게 전하고, 承擯은 上擯에게 전하고, 上擯은 主君에게 보고한다는 뜻이다. 『의례정의』, 1001쪽 참조.

19_3장 6척이 ~ 때문이다 : 『주례』「동관·匠人」에 "應門의 너비는 2대의 수레 폭의 세 배이다"(應門, 二徹參个)라고 한 것에 대해 정현은 "正門을 應門이라 하는데, 朝門을 가리킨다. 2대의 수레 폭의 안은 8척이다. 그 3배는 2장 4척이다"(正門謂之應門, 謂朝門也. 二徹之內八尺. 三個二丈四尺)라고 하였다. 호배휘는 제후의 庫門 너비에 대해서는 명문규정이 없기 때문에 정현이 천자의 應門을 취하여 해설한 것이며, 천자의 庫門은 應門의 밖에 있기 때문에 應門보다 더 넓을 것이라고 추론하였다. 또 정현 주의 '旁'은 '문의 양옆'(門之兩旁)을 뜻하며, 문의 양 옆으로 1보씩을 더한 길이 2장 6척(1보=6척)에 2장 4척을 합하면 3장 6척이 된다고 하였다. 또 문의 양 옆으로 1보씩을 더하는 것은 擯과 介가 서 있을 때 문의 중앙에 위치하지 않아야 출입에 편리하기 때문이라고 하였다. 『의례정의』, 1002쪽 참조.

20_주군이 ~ 것이다 : 『주례』「추관·司儀」에는 제후가 來朝해 오면 주군은 그를 대문 밖에서 영접하는 것으로 되어 있다. 그러나 빙례에서는 상대국의 신하가 來聘해 오는 것이므로 대문 안에서 영접한다. 이것이 군주를 접대할 때보다 낮춘다는 것이다.

21_대부로 ~ 없다 : 호광충은 『의례석관』에서 "상대해서 말하면 上大夫는 卿이고, 나누어서 말하면 上大夫와 下大夫는 모두 '大夫'로 통칭할 수 있는데, 『춘추』에서 '卿을 또한 大夫라고 한다'고 한 것은 그러한 사례이다"라고 하였다. 『의례정의』, 1003쪽 참조.

22_석 : 겨울철에는 갖옷(裘)을 입고, 갖옷 위에 裼衣(中衣)를 입고, 裼衣 위에 또 겉옷(上衣)을 입는데, 禮를 행할 때에는 겉옷(上衣)의 왼쪽 소매를 벗어서 비단으로 만든 裼衣(中衣)의 아름다움을 밖으로 드러낸다. 이를 '裼'이라고 한다.

23_대문 안 빈의 ~ 삼는다 : 빈은 대문의 왼쪽을 통해 문 안으로 들어가고 이어서 왼쪽으로 나아가 위치하여 선다. 중개들은 빈의 뒤를 따라서 대문의 왼쪽을 통해 문

안으로 들어가고 이어서 왼쪽으로 나아가 빈보다 조금 남쪽에서 서쪽에서 동쪽으로 上介, 次介, 末介의 순으로 선다. 즉 上介가 서쪽의 윗자리에 서는 것이다. 擯者들은 대문의 오른쪽을 통해 문 안으로 들어가고 이어서 오른쪽으로 나아가 동쪽에서 서쪽으로 上擯, 承擯, 紹擯의 순으로 선다. 즉 上擯이 동쪽의 윗자리에 서는 것이다. 禮書에서 말하는 '入門左'혹은 '入門右'에는 문 안으로 들어갈 때의 위치와 문 안으로 들어간 후 나아가는 방향의 중의적 의미가 담겨 있다. '入門左'를 예로 들면, 문의 왼쪽 즉 문 말뚝(闑)의 왼쪽을 통해서 문 안으로 들어가고, 들어간 후에는 왼쪽으로 나아간다는 의미이다. 일반적으로 의례에서 주인은 문 말뚝의 오른쪽을 통해서 문 안으로 들어가고 들어간 후 오른쪽으로 나아가며, 빈은 문 말뚝의 왼쪽을 통해서 문 안으로 들어가고 들어간 후에는 왼쪽으로 나아간다. 주인이 오른쪽으로 나아가는 것은 동쪽 계단(阼階)으로 가야 하기 때문이고, 빈이 왼쪽으로 나아가는 것은 서쪽 계단(西階)으로 가야 하기 때문이다. 즉 빈객의 위치는 문 안의 왼쪽에 있는 것이고, 주인의 위치는 문 안의 오른쪽에 있는 것이다. 『예기』「曲禮上」에 "주인은 문 안으로 들어가서 오른쪽으로 나아가고, 빈객은 문 안으로 들어가서 왼쪽으로 나아간다. 주인은 동쪽 계단(오른쪽)으로 나아가고, 빈객은 서쪽 계단(왼쪽)으로 나아간다"(主人入門而右, 客入門而左. 主人就東階, 客就西階)고 하였고, 정현은 '右'와 '左'에 대하여 "'右'는 오른쪽으로 나아간다는 뜻이고, '左'는 왼쪽으로 나아간다는 뜻이다"(右就其右, 左就其左)라고 해석하였다. 군주의 문을 출입할 때 신하들도 빈객이 아니므로 문의 왼쪽으로 출입하지 못한다. 『예기』「曲禮上」에 "대부와 사가 군주의 문을 출입할 때 문 말뚝의 오른쪽을 통해서 출입하고, 문지방을 밟지 않는다"(大夫·士出入君門, 由闑右, 不踐閾)고 하였다. 이에 대해 공영달은 "문은 堂과 정방향으로 바라보는 것이므로 오른쪽은 동쪽에 있다. 주인의 위치는 문의 동쪽에 있고, 빈객의 위치는 문의 서쪽에 있다. 대부와 사는 신하이다. 신하는 군주에게 통섭되기 때문에 감히 빈객이 다니는 곳으로 다니지 못한다. 그러므로 군주의 문을 출입할 때 항상 문 말뚝의 오른쪽을 통해서 출입한다"(門以向堂爲正, 右在東. 主人位在門東, 客位在門西. 大夫士是臣. 臣統於君, 不敢自由賓. 故出入君門, 恒從闑東也)고 하였고, 손희단도 『예기집해』에서 堂이 남향임을 전제로 주인의 위치가 동쪽에 있고 빈객의 위치가 서쪽에 있는 것은 모든 예법에서 공통된다고 하였다. 앞의 『흠정의례의소』「請事迎賓圖」 참조.

24_ 주군은 ~ 한다 : 가공언은 다음과 같이 설명한다. 諸侯는 皐門·應門·路門의 三門이 있는데, 應門이 中門이 되고, 그 왼쪽에 宗廟가 있으며, 오른쪽에 社稷이 있다. 大門(皐門)안으로 들어가서 동쪽으로 나아가면 廟門까지 이르는데, 그 사이에 문들이 있을 수 있다. 제후의 五廟 가운데 太祖廟가 중앙에 위치하고, 2昭가 동쪽에 있으며, 2穆이 서쪽에 있다. 廟는 모두 문을 달리하는데, 문 밖 양쪽에는 모두 남북으로 隔墻이 있고, 隔墻 사이에는 통하는 문을 끼고 있다. 만약 그렇다면 祖廟 서쪽에 隔墻이 3개 있으므로 閤門도 3개 있게 된다. 동쪽으로 가서 3개의 문을 거치면,

곧바로 太祖廟에 이르는데, 문 사이는 매우 좁고, 문 안으로 들어가면 서로 멀어진다. 이 때문에 문마다 모두 꺾어지는 곳이 있는데, 꺾어지는 곳에 이를 때마다 서로 읍을 한다. 이 때문에 '꺾어지는 곳에 이를 때마다 읍을 한다'고 한 것이다. 이처럼 가공언은 경문의 '門'을 '閤門'으로 보았다. 그러나 김악은 앞의 [經-103]에서 "빈은 대문의 왼쪽으로 들어간다"(賓入門左)고 하였고, 뒤에 [經-107]에서 "묘문에 이른다"(及廟門)고 하였으므로, 이곳 [經-106]의 '公揖入'은 대문의 안, 묘문의 밖 즉 '雉門'안으로 들어가는 것으로 보아야 한다고 해석하였다. 또 가공언이 제후의 三門을 皐門·應門·路門으로 파악하였지만, 김악은 三門은 庫門·雉門·路門이며, 庫門이 大門이 되고, 雉門이 中門이 되며, 廟는 中門 안에 있는 것으로 해석하였다. 또 廟制 상에서는 손육·주희 등의 설을 받아들여, 太祖廟는 백세불천으로 기타 群廟보다 특별히 존귀하기 때문에 禘祫의 大祭를 지낼 때에 太祖廟에서 合食을 한다. 이때 太祖는 東向을 하고 群昭와 群穆은 남북으로 배열되므로 태조묘는 기타 群廟들과 병렬로 배열될 수 없다. 太祖는 북쪽에 있고, 左昭右穆이 차례대로 남쪽에 배열된다고 하였다. 또 경문의 '每門'과 '每曲'은 두 가지 일로서 '문 안으로 들어갈 때마다 읍을 하고, 꺾어지는 곳에 이를 때마다 읍을 한다'고 해석하여, '문마다 모두 꺾어지는 곳이 있다'는 가공언의 설을 논박하였다. 또 김악은 '每門'(문마다)에 대해서는 廟는 雉門 안에 있는데 경문에서 '每門'을 먼저 기술하였고,([經-106])'及廟'를 나중에 기술하였으므로,([經-107])'每門'(문마다)은 廟에 이르기 전의 문 즉 庫門과 雉門의 두 문을 가리키며, 이 두 개의 문 안으로 들어갈 때마다 읍을 한다는 뜻으로 해석하였다. '每曲'(꺾어지는 곳에 이를 때마다)에 대해서는 雉門 안으로 들어간 후 방향을 꺾어서 동쪽으로 가는데 이곳이 첫 번째 꺾어지는 곳이며, 廟門에 이르러 방향을 꺾어서 북쪽으로 가는데 이곳이 두 번째 꺾어지는 곳이라고 하였다. 호배휘도 대체로 김악의 설을 그대로 받아들이면서 경문의 해석을 다음과 같이 한다. 主君(빙문을 받는 나라의 군주)이 庫門 안에서 賓을 맞이하면, 賓은 庫門으로 들어간다. 주군이 배례를 하면, 빈은 자리를 피하여 뒷걸음질하며 물러난다. 이에 주군이 빈과 서로 읍을 하고서 함께 북쪽으로 나아가 雉門 안으로 들어가고, 雉門으로 들어간 후에 주군은 또 빈과 서로 읍을 하고서 나아가는데, 이때 방향을 꺾어서 동쪽으로 가면 '東曲의 揖'이 있고, 방향을 꺾어서 북쪽으로 가면 '北曲의 揖'이 있다. 따라서 '每門'을 '每曲'보다 먼저 언급한 것이다. 이에 비로소 廟門에 이른다.『의례정의』, 1006~1007쪽 참조.

25_ 문 안으로 ~ 때문이다 : 정현 주의 '人偶'는 가의의『新書』「匈奴」에 보이는 말이다. 사람이 짝이 되어 서로 보존해 주고 사랑해 준다는 뜻이다. 사람은 혼자 있으면 짝이 없게 되고, 짝이 되면 서로 친애한다.

26_ 무릇 군주와 ~ 한다 : 주군이 皮弁服을 착용하고 大門(庫門)안에서 빈을 맞이하는데, 이때 上擯이 빈을 대문 안으로 안내하여 들어가도록 한다. 賓은 문 말뚝(闑)의 서쪽을 통해서 大門(庫門)안으로 들어가고, 대문 안에서 북쪽을 향해 선다. 衆介들

도 賓의 뒤를 따라 대문 안으로 들어가서 북쪽을 향해 서는데, 서쪽을 윗자리로 삼는다. 이들은 빈과 나란히 하지 못하고 뒤로 조금 물러나서 선다. 擯들도 대문 안으로 들어간 후 오른쪽으로 나아가서 북쪽을 향해 서는데, 동쪽을 윗자리로 삼는다. 賓이 大門의 왼쪽으로 들어가면, 주군은 남쪽을 향해 國賓으로 높이는 의미에서 배례를 한다. 賓은 군주의 예를 감당할 수 없다는 표현으로 자리를 피하여 뒷걸음질하면서 물러나고, 답배를 하지 않는다. 이후 주군은 빈에게 읍을 하고 북쪽으로 나아가서 雉門 안으로 들어가는데, 빈은 주군의 뒤를 따른다. 上介는 上擯과, 次介는 次擯과, 末介는 末擯과 나란히 하여 각각 빈과 주군의 뒤를 따라가는데, 존귀한 자를 앞서지 않도록 雁行을 한다. 大門(庫門)안으로 들어왔을 때 介는 왼쪽에 있고, 擯은 오른쪽에 있는데 양자의 거리는 대문 밖에 있을 때와 마찬가지로 3장 6척이다. 이렇게 하여 大門(庫門)과 雉門 안으로 들어갈 때마다 읍을 한다. 雉門 안으로 들어간 후 방향을 꺾어서 동쪽으로 향해 나아가고, 다시 廟門과 마주하면서 방향을 꺾어서 북쪽을 향해 나아간다. 그리고 꺾어지는 곳에 이를 때마다 읍을 한다. 앞의 『흠정의례의소』「請事迎賓」 참조.

27_ 뜰 중앙 : 뜰(庭)을 3등분 했을 때 중앙의 뜰을 말한다. 오계공은 '中庭'을 남북의 중앙으로 '阼階의 앞'이라고 하였고, 성세좌는 阼階와 西階 두 계단의 사이로 '뜰의 중앙'이라고 하였다. 앞의 황이주「廟制圖」 참조.

28_ 주군이 ~ 것이다 : 『예기』「曲禮上」에 "빈객이 寢門에 이르면, 주인은 들어가서 자리를 펼치겠다고 청한다"(客至於寢門, 則主人請入爲席)고 하였다. 이는 본래 경·대부가 하는 일이지만 정현은 군주의 경우도 그렇게 하는 것이라고 하였다.(爲猶敷也. 雖君亦然)가공언은 경문의 '內事를 살핀다'는 것은 묘문 안으로 들어가서 자리를 펼칠 것을 청하는 등의 일이라고 하였다. 『의례주소』, 448쪽 참조.

29_ 군주는 한 걸음을 ~ 있으니 : 이 말은 『韓詩外傳』에 보인다. "晏子가 魯나로 빙문을 가서 堂에 오를 때에는 종종 걸음을 하였고, 玉을 바칠 때에는 무릎을 꿇었다. 공자가 물었다. 안자는 '무릇 당에 오르는 예에서는 군주가 한 걸음을 걸으면, 신하는 두 걸음을 걷는 것이다. 이제 군주가 빠른 걸음을 하니, 신하가 감히 종종 걸음을 하지 않을 수 있겠는가? 이제 군주가 예물을 받는 곳이 낮으니, 신하가 감히 무릎을 꿇지 않을 수 있겠는가?'라고 하였다." 장혜언은 "군주가 지금 서 있는 곳은 中庭으로, 庭의 남북 중앙에 위치해 있어서 內霤(묘문 안쪽의 낙수물받이)와 가깝지 않다. 빈이 문의 왼쪽으로 들어와 방향을 꺾을 때 군주는 남쪽을 향해 빈과 읍을 하고, 빈이 북쪽으로 방향을 꺾을 때 군주는 서쪽을 향해 빈과 읍을 한다. 읍이 끝나면 군주는 동쪽으로 걸어가서 堂塗(庭에서 堂에 이르는 동서 양쪽의 길)로 향하고, 북쪽으로 걸어가서 碑에 이르는데, 賓과 불어 읍을 한다. 이것이 군주는 한 걸음을 걷고, 신하는 두 걸음을 걷는다는 것이다"라고 하였다. 주희는 "군주는 걸을 때 보폭이 넓어서 더디고, 신하는 걸을 때 보폭이 좁아서 빠르다. 그러므로 군주가 한 걸음을 걸으면 신하는 두 걸음을 걷는다. 감히 군주의 걸음과 같이하여 그

발자취를 밟지 못하는 것이다"라고 하였다. 『의례정의』, 1008쪽 참조.

30_ 빈은 ~ 선다 : 이여규는 "문을 끼고 있는 당을 '塾'이라고 한다.(夾門之堂謂之'塾') 『이아』「釋宮」에서 '문 옆의 당을 塾이라고 한다'(門側之堂謂之塾)고 하였는데, 이에 대해 곽박은 '문을 끼고 있는 당이다'(夾門堂也)라고 해석하였다. 문의 안쪽과 바깥쪽에는 그 동쪽과 서쪽으로 모두 '塾'이 있다. 문 하나에 4개의 塾이 있는데, 그 外塾은 남향이다"라고 하였다. 즉 '塾'은 문 안의 東塾과 西塾 및 문 밖의 東塾과 西塾이 있는데, 호배휘는 이 경문에서의 '塾'은 묘문 밖의 西塾이라고 하였고, 채덕진도 이때에 빈은 아직 묘문 밖 西塾의 남쪽에서 동쪽을 향해 서는 것이라고 하였다. 『의례석궁』 및 『의례정의』, 1009쪽과 앞의 황이주「廟制圖」 참조.

31_ 빙군의 명을 ~ 청한다 : 오계공은 '請命'은 聘君의 명을 전하여 바치도록 청하는 뜻이라고 하였다.(請命, 請致其君命也) 『의례정의』, 1010쪽 참조.

32_ 안석과 ~ 때문이다 : '几'(안석)는 앉을 때 그곳에 기대어 몸을 편안하도록 하는 기구인데, 귀신을 의지하게 할 때에도 사용한다. '筵'(자리)역시 사람을 위해 설치하기도 하고, 신을 위해 설치하기도 한다. 이곳에서는 廟 안에서 聘의 예를 받는 것이므로 신을 위한 것이다. [사혼례02 : 經-02] 참조.

33_ 사궁 : 가공언은 『주례』「천관·小宰」에 小宰는 宮事를 관장하는 것으로 되어 있는데, 제후에게는 小宰는 없고 司宮이 있으므로 이 司宮이 天子의 小宰와 마찬가지로 제후국의 宮事를 관장한다고 하였다. 그러나 이후 대부분의 주석자들은 정현과 가공언의 설을 비판하고, 司宮을 天子의 宮人에 비정시켰다. 한편 성세좌는 제후의 司宮은 천자의 宮人에 해당한다고 보았다. 宮人은 寢中의 일 즉 掃除, 執燭, 爐炭 등의 일을 그 직장으로 한다. 天子의 小宰는 제후의 小卿에 상당하는데, 높은 관직의 사람이 천한 일을 주관할 리가 없다는 것이다. 호광충 역시 「공사대부례」에서 정현이 '司宮'을 大宰의 속관으로서 宮廟를 관장하는 자라고 하였고, 가공언의 소에서는 『주례』의 '宮人'을 이에 해당시켰으므로, 정현이 天子의 小宰에 상응한다고 한 것은 잘못이라고 지적하였다. 『의례주소』, 289쪽 및 『의례정의』, 1010쪽 참조.

34_ 병풍자리 : '依'는 형상이 병풍과 같으며, 진홍빛 비단으로 바탕을 삼고, 높이가 8척이다. 室戶(室의 문)와 牖(室의 창)사이에 진설한다. 도끼 문양(斧)의 수를 놓는데, 이 때문에 '斧依', '斧依', '黼依'라고도 하며, '依'는 '扆'로 쓰기도 한다. 천자가 제후를 접견할 때 그것에 의지하여 등지고 서서, 남쪽을 향하여 제후를 대한다. 그러나 천자 이하 사에 이르기까지 모두 '依'를 사용할 수 있는데, 다만 도끼 문양의 수를 놓은 것은 천자만 사용한다. 錢玄의 『삼례사전』, 1247~1248쪽, '黼依' 항목 참조.

35_ 빈이 ~ 진설한다 : 그러나 호광충은 아래 [經-145]에서 "宰夫는 안석을 거두고 자리를 다시 바꾸어 펼쳐 놓는다"(宰夫徹几改筵)고 한 것을 근거로 이곳에서도 안석과 자리를 신설하는 것은 宰夫의 일이라고 추론하였다. 『의례정의』, 1009쪽 참조.

36_ 자리는 ~ 놓는다 : 아래 [經-145]의 정현 주에서 "빈의 자리는 머리 부분이 동쪽을 향하도록 하여 놓는다"(賓席東上)고 하였는데, 이곳의 자리는 신을 위한 것이므

로 머리 부분이 서쪽을 향하도록 펼쳐 놓는 것이다. [사혼례02 : 經－02]에서 "주인(신부의 아버지)은 실문의 서쪽(戶西)에 자리를 펼쳐 놓는데, 자리의 머리 부분이 서쪽을 향하도록 하여 놓으며, 안석은 자리의 오른쪽에 놓는다"(主人筵于戶西, 西上, 右几)고 한 것에 대해 정현은 "'자리를 펼쳐 놓는다'(筵)는 것은 神을 위해서 자리를 펼쳐 놓는다는 뜻이다. … 자리의 머리 부분이 서쪽을 향하도록 펼쳐 놓고 오른쪽에 안석을 놓는 것은 神의 기물은 주인에게 통섭되지 않기 때문이다"(筵, 爲神布席也. … 席西上, 右設几, 神不統於人)라고 하였고, [사혼례02 : 經－14]에서는 "주인은 贊者를 시켜서 안석을 거두고 자리를 바꿔서 다시 펼쳐 놓게 하는데, 자리의 머리 부분이 동쪽을 향하도록 하여 놓는다"(主人徹几改筵, 東上)라고 한 것에 대해 정현은 "'안석을 거두고 자리를 바꿔서 다시 펼쳐 놓게 한다'는 것은 지난번에는 신을 위해서 마련한 것이었으므로 이제 사람을 위해서 다시 마련한다는 뜻이다"('徹几改筵'者, 鄕爲神, 今爲人)라고 하였다. 「鄕射禮」와 「燕禮」 등에서 사람의 자리는 모두 머리 부분이 동쪽을 향하도록 하여 펼쳐 놓는 것으로 되어 있다. 머리 부분이 서쪽을 향하도록 하여 펼쳐 놓는 것은 서쪽은 신의 자리이기 때문이다.

37_ 이때에 ~ 것이다 : 앞에서는 단지 '請事'(무슨 일로 왔는지 묻는다 : [經－57]), '請行'(어디로 가는지 묻는다 : [經－69])이라고만 하여 이미 자기의 나라로 빙문하러 오는 것을 알면서도 겸손히 하여 기필하지 않았는데, 이때에 처음으로 '請命'(명을 전하여 바치도록 청한다)이라고 하였으므로 말이 더욱 신실하다는 뜻이다.

38_ 庿 : '庿'는 '廟'와 같은 글자이다. 조상의 신위를 모신 사당을 가리킨다.

39_ 依 : 육덕명은 '依'는 본래 '扆'로 되어 있다고 하였고, 완원의 교감기에는 "宋本『釋文』에는 '扆'가 '依'로 되어 있다"고 하였다. 『의례주소』, 449쪽 교감 참조.

40_ 고인은 ~ 있었는데 : [經－99] 정현의 주 참조.

41_ '석'이나 ~ 때문이다 : '裼'(겉옷의 왼쪽 소매를 벗어서 中衣의 아름다움을 드러내게 하는 것)과 '襲'(中衣의 아름다움을 드러나지 않게 가리는 것)은 文과 質을 구별하는 것으로, 質의 일에는 襲을 하고, 文의 일에는 裼을 한다. 강영에 따르면 質에는 3가지가 있는데, 첫째 禮가 성대할 경우에 質을 하고, 둘째 禮가 가볍고 간략할 경우에 質을 하고, 셋째 父黨無容(아버지 쪽의 친족에 대해서는 禮容을 갖추지 않는 것)의 경우에 質을 한다. 경문에서 '신분이 천하여 裼을 하지 않는다'고 한 것은 두 번째의 경우이다. 『의례정의』, 1011쪽 참조.

42_ 습을 ~ 때문이다 : 圭를 집어 들고 聘의 예를 행하는 것은 賓의 일이지 上介와는 관계없기 때문에 '襲'을 하지 않는다는 뜻이다. 오계공은 "襲을 하고 圭를 집어 드는 것은 오직 빈과 주인뿐으로, 行禮者는 이 두 사람뿐이다. 그러므로 上介는 襲을 하지 않은 채 圭를 잡는 것이다"라고 하였다. 『의례정의』, 1011쪽 참조.

43_ 옥을 ~ 한다 : 이여규는 다음과 같이 설명한다. "圭와 璋은 단독으로 바치기 때문에 받침대가 없고, 璧과 琮은 束帛에 올려서 바치기 때문에 받침대가 있다. 襲을 하는 것은 禮가 지극히 공경스러울 때 하는 것으로 質을 숭상하는 것이고, 裼을 하는

것은 禮가 조금 가벼울 때 하는 것으로 文을 숭상하는 것이다. 빈이 옥을 잡거나 주군이 옥을 받을 때에는 모두 襲을 하니, 이른바 '받침대가 없을 경우는 襲을 한다'는 것이다. 빈이 문을 나가면 주군이 裼을 하고 堂에서 내려와 서는 것([經-129]~[經-131]), 빈이 裼을 하고 璧을 올려놓은 束帛을 받들어 享을 하는 것([經-133])은 이른바 '옥 받침대가 있을 경우에는 裼을 한다'는 것이다." 정현은 『예기』「曲禮下」의 주에서 "裼을 하고 襲을 하는 것은 文과 質이 서로 변하는 것이다. 옥 받침대(藻)를 사용하면 文이 된다. 裼을 하는 것은 아름다움을 드러내는 것이니, 이 또한 文이다. 옥 받침대를 사용하지 않으면 質이 된다. 襲을 하는 것은 아름다움을 감추는 것이니, 이 또한 質이다. 圭와 璋은 그것만 단독으로 바치는데 襲을 하고, 璧과 琮은 束帛에 올려서 바치는데 裼을 하는 것은 또한 이러한 의미이다"(裼·襲, 文質相變耳. 有藻爲文. 裼見美亦文. 無藻爲質. 襲充美亦質. 圭璋特而襲, 璧琮加束帛而裼, 亦是也)라고 하였다. 호배휘는 정현이 「曲禮下」의 문장을 인용한 것은 圭를 잡고서 聘의 예를 행하는 것은 성대한 예이므로 마땅히 '襲'을 해야 하는데 '襲'을 하지 않는 것은 이 성대한 예가 上介 자신과는 무관한 것이기 때문임을 증명하기 위한 것이라고 하였다. 『의례정의』, 1011쪽 참조.

44_ 규를 ~ 것이다 : 『예기』「表記」에 "裼과 襲을 처음부터 끝까지 그대로 하지 않는 것은 백성들에게 모독하지 말도록 하려는 것이다"(裼·襲之不相因也, 欲民之毋相瀆也)라고 하였고, 이에 대해 정현은 "'처음부터 끝까지 그대로 하지 않는다'는 것은 '裼'을 하는 것을 공경함으로 여기기도 하고 '襲'을 하는 것을 공경함으로 여기기도 한다는 뜻이다. 禮가 성대할 때는 '襲'을 하는 것을 공경함으로 여기는데 옥을 잡거나 거북을 잡는 등을 말한다. 禮가 성대하지 않을 때는 '裼'을 하는 것을 공경함으로 여기는데 享을 받을 때가 그것이다"('不相因'者, 以其或以裼爲敬, 或以襲爲敬. 禮盛者以襲爲敬, 執玉龜之屬也. 禮不盛者以裼爲敬, 受享是)고 하였고, 공영달은 "賓과 介가 서로 옥을 주고받을 때에 介의 禮는 가볍기 때문에 裼을 하고서 圭를 잡고서 賓에게 건네주며, 賓의 禮는 무겁기 때문에 襲을 한 이후에 圭를 받는다"(又賓介自相授玉之時, 介禮輕, 裼而執圭以受賓, 賓禮重, 則襲而後受圭)고 하였다.

45_ 옥 : 이 경문의 '玉'은 圭를 뜻한다. 圭는 瑑圭로서 예물 가운데 중한 것이다.

46_ 그것을 사양하는 ~ 것이다 : 오계공에 의하면, 이 사양은 禮辭 즉 예의상 한 번 사양하는 것으로, 賓이 대답하면 擯者는 다시 묘문 안으로 들어가서 군주에게 고하고, 다시 나와서 빈을 맞이한다. 『의례정의』 1013쪽 참조.

47_ 비 : 堂下에서 廟門에 이르는 곳을 '뜰'(庭)이라고 하는데, 이 뜰을 3등분하여 북쪽에 돌로 만든 '碑'를 세운다. 이것으로 해그림자를 관측해서 시간을 계산하거나 희생을 매다는 데에 이용한다. 앞의 황이주「廟制圖」 참조.

48_ 들보 :집을 측면에서 볼 때 5부분으로 나뉜 집을 '五架屋'이라고 하는데, 중앙의 서까래가 가장 높을 곳을 '棟'(마룻대)이라고 하고, 棟의 양쪽 부분을 '楣'(들보)라고 하고, 그 아래 가장자리 양쪽 부분을 '庪'(상인방)라고 한다.

49_ 황에 ~ 것이다 : 『예기』 「聘義」에서 "북쪽을 향해 보내준 선물(貺)에 배례하는 것은 聘君(빙문을 보낸 나라의 군주)의 명으로 찾아온 수고로움에 배례를 하는 것이니, 공경함을 다하기 위한 것이다"(北面拜貺, 拜君命之辱, 所以致敬也)라고 하였다.

50_ 당 위 서쪽 벽 : 경문의 '序'는 '西序'를 가리킨다. 堂上에서 東堂과 西堂을 가로막는 벽을 '序'라고 한다. 동쪽에 있는 것이 '東序', 서쪽에 있는 것이 '西序'이다.

51_ 묘문 안의 동쪽 당 : 호배휘는 경문에서 '退'라고 하고 '出'이라고 하지 않았으므로 擯者는 묘문 안에 있는 것이 분명하니, 경문의 '東塾'은 '묘문 안의 동쪽 당'으로 보아야 한다고 하였다. 『의례정의』, 1017쪽 참조.

52_ 반대의 ~ 것이다 : 뒤에 있던 사람이 먼저 나오는 것이다. 介는 묘문의 왼쪽에 서서 북쪽을 향하여 서쪽을 윗자리로 삼는데, 동쪽에 가까이 있던 자들이 먼저 나오면 나오기에 편리하다.

53_ 당 위 동쪽 벽의 남쪽 끝 : 강영은 "당 위 벽의 남쪽 끝을 '序端'이라 한다"(序之南頭曰'序端')고 하였다. 주인은 동쪽에 있으므로 이곳의 '序端'은 東序 즉 당 위 동쪽 벽의 남쪽 끝을 가리킨다.

「수향폐도受享幣圖」

(淸),『흠정의례의소』

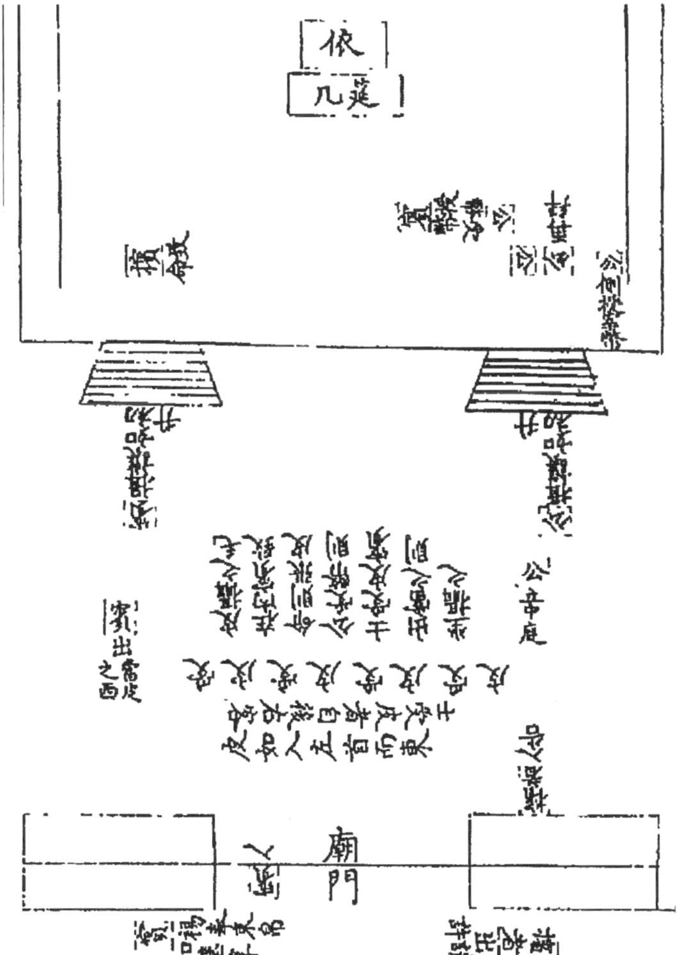

해제 經-132에서 經-141까지는 빙례에서 빙聘의 예를 마친 후 주군과 부인에게 향享의 예를 행하는 절차이다.

[聘禮08 : 經-132]

빈자擯者는 묘문 밖으로 나아가 빈에게 다른 일이 더 있는지 묻는다.

擯者出請.

정현주 빈에게 다른 일이 있을지 없을지 기필할 수 없기 때문이다.[1] 不必賓事之有無.

[聘禮08 : 經-133]

빈은 석裼을 하고 속백束帛 위에 올려놓은 벽璧을 받들어 향享의 예를 행한다. 빈자擯者는 묘문 안으로 들어가 군주에게 보고하고, 다시 나와서 주군의 허락한다는 명을 전달한다.

賓裼, 奉束帛加璧享. 擯者入告, 出許.

정현주 받겠다고 허락하는 것이다. 許受之.

[聘禮08 : 經 – 134]

정실庭實이 짐승 가죽이라면 오른손으로 앞다리 둘을 합쳐 잡고, 왼손으로 뒷다리 둘을 합쳐 잡아서 접는데, 털이 안쪽으로 향하도록 하며, 안쪽으로 양손이 서로 마주하도록 모아 접어서 잡고 묘문 안으로 들어가 진설한다.

庭實, 皮則攝之, 毛在內, 內攝之, 入設也.

정현주

'가죽'(皮)은 호랑이나 표범의 가죽이다. '접는다'(攝之)는 것은 오른손으로 앞다리 둘을 합쳐 잡고, 왼손으로 뒷다리 둘을 합쳐 잡아서 접는다는 뜻이다. '털이 안쪽으로 향하도록 한다'(毛在內)는 것은 털의 무늬가 미리 드러나지 않도록 하고자 하는 것이다. '안쪽으로 접는다'(內攝之)는 것은 양손이 서로 마주도록 한다는 뜻이다. '묘문 안으로 들어가 진설한다'(入設)는 것은 또한 뜰(庭)을 3등분하여 그 남쪽에 둔다는 뜻이다. '이라면'(則)이라고 말한 것은 말을 사용하기도 하기 때문이다. 무릇 군주가 신하에게 하사하거나, 신하가 군주에게 바칠 경우에는 사슴 가죽을 사용하는 것도 가능하다. '皮', 虎豹之皮. '攝之'者, 右手幷執前足, 左手幷執後足. '毛在內', 不欲文之豫見也. '內攝之'者, 兩手相鄉也. '入設', 亦參分庭一在南. 言'則'者, 或以馬也. 凡君於臣, 臣於君, 麋鹿皮可也.

[聘禮08 : 經 – 135]

빈은 묘문 안으로 들어가 왼쪽으로 나아가서 주군과 읍을 하고 양보하는데 처음 빙의 예를 행할 때와 동일한 절차로 하고, 당 위로 올라가 빙군聘君(빙문을 보낸 나라의 군주)의 명을 전해 바친다. 이때 짐승

가죽을 들고 있는 사람들은 뜰 중앙(中庭)에 짐승 가죽을 펼쳐 놓는다.

賓入門左, 揖讓如初, 升致命. 張皮.

정현주 '펼친다'(張)는 것은 바깥쪽 두 다리를 펼쳐 털의 무늬가 보이도록 한다는 뜻이다. '張'者, 釋外足, 見文也.

[聘禮08 : 經 – 136]

주군은 빈에게 재배를 한 후 예물[2]을 받는다. 뜰에서 짐승 가죽을 받는 주국主國(빙문을 받는 나라)의 사士들은[3] 빈객(짐승 가죽을 들고 있는 사람)들의 뒤쪽을 거쳐서 서쪽으로 가서 빈객들을 자신들의 오른쪽에 두고서 짐승 가죽을 받는다.[4]

公再拜受幣. 士受皮者自後右客.

정현주 '자自'는 말미암는다(由)는 뜻이다. 동쪽에서 나와서 빈객의 뒤쪽을 거쳐서 서쪽으로 가서 그들의 왼쪽에서 짐승 가죽을 받는 것이다. 짐승 가죽을 잡고 있는 사람들은 건네주고 난 후에 또한 주국의 사士들의 앞쪽을 거쳐서 서쪽으로 향하여 나간다. '自', 由也. 從東方來, 由客後西, 居其左受皮也. 執皮者旣授, 亦自前西而出.

[聘禮08 : 經 – 137]

빈이 묘문 밖으로 나가려고 할 때, 짐승 가죽을 받은 주국의 사士들은 빈과 마주하고 앉아서 오른손으로 앞다리 둘을 합쳐 잡고, 왼손으로 뒷다리 둘을 합쳐 잡아서 접는다.
賓出, 當之坐攝之.

정현주

빈에게 직접 받았음을 상징하는 것이다. 象受于賓.

[聘禮08 : 經－138]

주군은 빈에게 받은 예물을 빈자擯者의 도움 없이 혼자서 직접 재宰에게 건네준다. 짐승 가죽을 건네받은 주국의 사들은 빈객들이 처음 들고 들어올 때와 마찬가지로 순서로 나가는데, 짐승 가죽의 머리가 오른쪽을 향하도록 하여 잡고 동쪽으로 가지고 가서 내부內府에 보관한다.
公側授宰幣. 皮如入, 右首而東.

정현주

'들어올 때와 마찬가지로 한다'(如入)는 것은 왼쪽에 있던 사람들이 앞쪽에서 먼저 나간다는 뜻이다.[5] 짐승 가죽의 머리가 오른쪽을 향하게 하는 것은 살아 있는 짐승을 바칠 때와 달리하는 것이다.[6] '如入', 左在前. 皮右首者, 變于生也.

[聘禮08 : 經－139]

주군의 부인에게 빙聘의 예를 행할 때에는 장璋을 올리고, 향享의 예를 행할 때에는 종琮을 올리는데, 처음 주군에게 빙·향의 예를 행할

때와 동일한 절차로 한다.[7]

聘于夫人用璋, 享用琮, 如初禮.

정현주 '주군은 뜰 중앙에 선다'[8] 이하와 동일한 절차로 한다는 뜻이다. 如'公立于中庭'以下.

[聘禮08 : 經-140]

빈은 만약 별도로 할 말이 있는 경우에는 속백을 들고서 하는데, 향享의 예를 행할 때와 동일한 절차로 한다.

若有言, 則以束帛, 如享禮.

정현주 '할 말이 있다'(有言)는 것은 고하거나 청할 말이 있는 경우 및 물을 것이 있는 경우를 가리킨다. 기記에 "만일 빙국에 주국과 상의할 시급한 일이 발생하면, 빙·향의 예를 마친 후 속백 위에 서신을 올려 주군에게 빙군의 명을 전해 바친다"[9]고 하였다. 『춘추』에서 '장손진臧孫辰이 제齊나라에 가서 곡식의 판매를 요청한 일'[10]이나, '공자수公子遂가 초楚나라에 가서 군사를 요청한 일'[11]이나, '진후晉侯가 한천韓穿을 보내와서 문양汶陽의 땅을 돌려주도록 요청한 일'[12]이 모두 이것이다. 정실庭實은 진설하지 않는다. '有言', 有所告請, 若有所問也. 記曰, "有故, 則束帛加書以將命." 『春秋』, '臧孫辰告糴于齊', '公子遂如楚乞師', '晉侯使韓穿來言汶陽之田', 皆是也. 無庭實也.

[聘禮08 : 經 – 141]

빈자擯者는 묘문 밖으로 나가서 빈에게 다른 일이 더 있는지 묻는다. 빈은 일이 끝났음을 고한다.

擯者出請事. 賓告事畢.

정현주 공적인 일이 끝난 것이다. 公事畢.

주

1_ 빈에게 ~ 때문이다 : 聘의 예를 행한 후에 享의 예를 행하는데, 다만 그것이 있을지 없을지 감히 기필할 수 없기 때문에 묘문 밖으로 나가서 빈에게 묻는 것이다.

2_ 예물 : 이때의 '幣'(비단)는 玉을 겸하여 말한 것이다. 즉 璧을 束帛에 올려놓고 이것을 받들어 '享'의 예를 행하는 것이다. 따라서 이곳에서 '幣'는 예물로 번역한다. 『의례정의』, 1024쪽 참조.

3_ 짐승가죽을 받는 주국의 사들은 : 장이기에 의하면 주군이 당 위에서 빈의 예물을 받을 때, 士 또한 당 아래(뜰)에서 짐승가죽을 받는다. 이곳의 士는 主國의 屬吏이다. 『의례정의』, 1024쪽 참조.

4_ 빈객들의 뒤쪽을 ~ 받는다 : 채덕진은 "주군의 士들은 동쪽에서 나와서 짐승가죽을 들고 있는 사람(客)들의 뒤쪽을 거쳐서 서쪽으로 지나간다. 빈객들은 오른쪽에 있고, 사들은 그들의 왼쪽에서 짐승가죽을 받는다"(謂主君之士從東方來, 由執皮者後, 過西. 客在右, 士居其左以受皮也)고 하였고, 호배휘는 "북쪽을 향해 서 있을 경우 동쪽을 오른쪽으로 삼는다. 짐승가죽을 받는 主國의 士들은 가죽을 들고 있는 賓客들의 서쪽에 있게 된다. 이 때문에 '빈객들을 오른쪽에 둔다'(右客)고 한 것이다"(北面以東爲右. 受皮者在執皮者之西. 故曰'右客')라고 하였다. 『의례정의』, 1024쪽 참조.

5_ '들어올 ~ 뜻이다 : 혜사기는 다음과 같이 설명한다. "가죽 네 장을 펼치는데, 이를 들고 있는 사람들은 처음에 앞쪽에서 들어온 사람이 왼쪽에 선다. 가죽을 받은 사람들은 동쪽으로 나가는데, 왼쪽에 서 있던 사람이 앞쪽에서 나간다. 이 때문에 '들어올 때와 마찬가지로 한다'고 한 것이다." 즉 짐승가죽을 바치는 賓들은 왼쪽에 있던 사람부터 순서대로 들어왔듯이, 짐승가죽을 받은 주국의 士들도 왼쪽에 있었던 사람부터 순서대로 나간다는 뜻이다. 이는 「사혼례」에서 들어올 때와 반대순서로 물러난다고 한 것과 다른 것이다. [사혼례02 : 記一09]에서는 "들어올 때와 반대 순서로 물러나서 당 아래의 동쪽 담장으로 간다"(逆退, 適東壁)고 하였다.

6_ 짐승가죽의 머리가 ~ 것이다 : [사혼례02 : 記一08]의 "머리가 왼쪽을 향하도록 한다"(左首)고 한 것에 대해 정현은 "'머리가 왼쪽을 향하도록 한다'는 것은 살아 있는 금수를 바칠 때를 본뜬 것이다"('左首', 象生)라고 하였다. 「사혼례」에서는 '執皮'(짐승가죽을 잡다)의 경우에만 '머리가 왼쪽을 향하도록 한다'(左首)고 하여 '受皮'(짐승가죽을 받다)에 대한 명문규정이 없으며, 「빙례」에서는 '受皮'의 경우에만 '머리가 오른쪽을 향하도록 한다'(右首)고 하여 '執皮'에 대한 명문규정이 없다. 이 때문에 정현은 "머리가 왼쪽을 향하도록 하는 것은 살아 있는 금수를 바칠 때를 본뜬 것이고, 머리가 오른쪽을 향하도록 하는 것은 살아 있는 금수를 바칠 때와 달리하는 것이다"라고 추론하였다. 그러나 능정감은 『예경석례』에서 이는 근거가 없는 주장이라고 논박하고, '執皮'의 경우에는 머리가 왼쪽을 향하도록 하고, '受皮'의 경우에는 머리가 오른쪽을 향하도록 한다는 것으로 互文일 뿐이라고 하였다. 오계공은 「사혼례」의 記文에 의거하여 이곳의 경우 '右首'는 '左首'로 고쳐야 한다고 하였다. 그러나 채덕진도 바치는 사람은 머리가 왼쪽을 향하도록 하고, 받는 사람은 머리가 오른쪽

을 향하도록 하는 것은 禮에 있어 변화를 주는 것이라고 하여 정현의 설을 지지한다. 또 경문의 "짐승가죽을 건네받은 주국의 사들은 빈객들이 처음 들고 들어올 때와 마찬가지로 순서로 나가는데, 짐승가죽의 머리가 오른쪽을 향하도록 하여 잡고 동쪽으로 가지고 가서 내부에 보관한다"라고 했을 때의 '들어올 때와 마찬가지 순서로 한다'(如入)는 것이 사람과 관련되는 것인지, 짐승가죽에 관련되는 것인지에 대한 논란이 있다. 오계공과 오정화는 '짐승가죽'에 관련된 문장으로 본다. 이에 따르면 경문은 '들어올 때와 마찬가지로 짐승가죽의 머리가 오른쪽을 향하게 한다'는 뜻이 된다. 그러나 정현과 호배휘는 '사람'과 관련된 말로 본다. 이렇게 되면 경문은 '짐승가죽을 들고 있는 빈객들이 왼쪽에 있던 사람부터 순서대로 들어왔던 것과 마찬가지로 짐승가죽을 받은 주국의 士들도 왼쪽에 있던 사람부터 먼저 나간다'는 의미가 된다. 『의례정의』, 1025쪽 참조.

7_ 주군의 ~ 한다 : 오계공에 따르면 빙례에서 聘과 享의 예를 행할 때에 모두 빙군의 명을 전해 바친다. 또 夫人의 聘·享에서는 부인이 직접 받을 수 없기 때문에 주군이 대신 받으며, 그 절차는 모두 주군이 聘·享의 禮를 받을 때와 동일하게 하는데, 남편과 처는 一體이기 때문이다. 『의례정의』, 1026쪽 참조.

8_ 주군은 ~ 선다 : [經-107] 참조.

9_ 만일 ~ 바친다 : [記-02] 참조.

10_ 장손진이 ~ 요청한 일 : 『左傳』 莊公 27년 조에 보인다.

11_ 공자수가 ~ 요청한 일 : 『左傳』 僖公 26년 조에 보인다.

12_ 진후가 ~ 요청한 일 : 『左傳』 成公 8년 조에 보인다.

「예빈도禮賓圖」

(淸),『흠정의례의소』

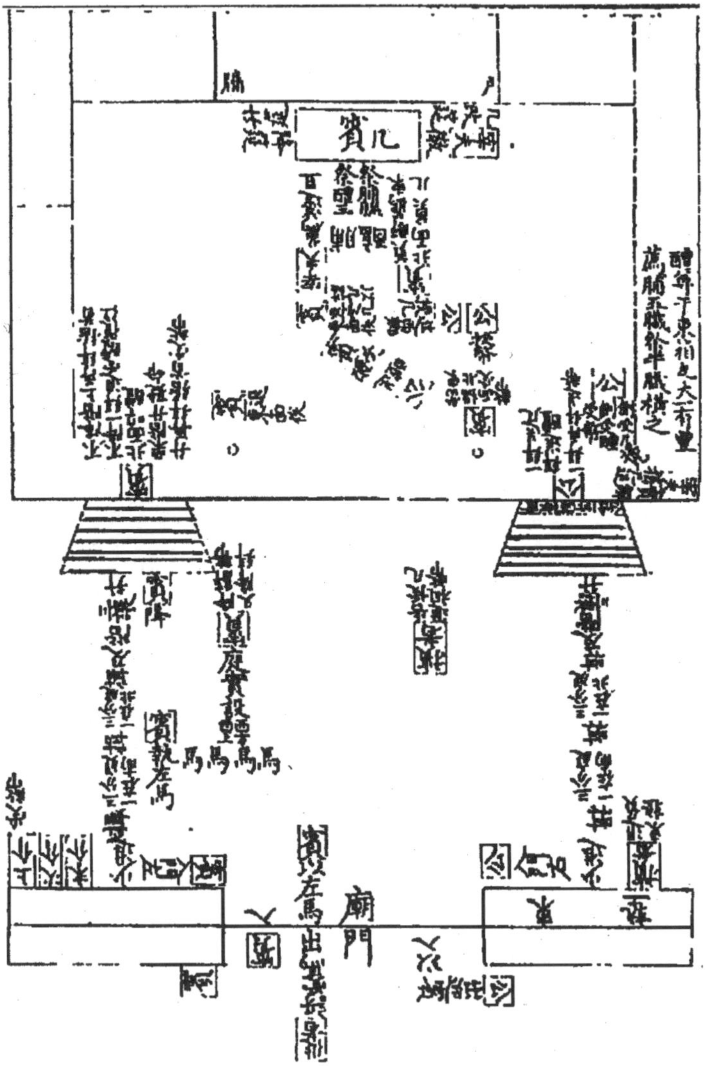

해제 經—142에서 經—173까지는 빈이 사적私覿을 청하였지만 주군이 허락하지 않고 우선 빈에게 예주를 따라 주어 노고를 위로하는 '예례醴禮'를 행하는 절차이다.

[聘禮08 : 經—142]

빈은 속금束錦[1]을 받들고 가서 개인의 자격으로 주군을 알현하고자 한다고 청한다.

賓奉束錦以請覿.

정현주 '적覿'은 알현한다(見)는 뜻이다.[2] 지난번에는 공적인 일을 받드는 것이었고, 이번에는 그 기쁨과 공경함을 나누고자 하는 것이다. 새끼양(羔)을 사용하지 않는 것은 사신으로 오게 된 것을 기회로 알현하는 것이지 단독으로 혼자 찾아온 것이 아니기 때문이다.[3] '覿', 見也. 鄕將公事, 是欲交其歡敬也. 不用羔, 因使而見, 非特來.

[聘禮08 : 經—143]

빈자擯者는 묘문 안으로 들어가서 빈의 뜻을 주군에게 보고한 후 다시 나와서 빈에게 주군의 사양하는 뜻을 전달하고,

擯者入告, 出辭,

정현주 빈객이 대례大禮(聘과 享)를 행했는데, 아직 이들을 접대하지 못하였기 때문이다.[4] 客有大禮, 未有以待之.

[聘禮08 : 經－144]

우선 빈에게 예주를 따라 주어 예례醴禮[5]를 행하고자 한다고 청한다. 빈은 한 번 사양한 후 명을 받아들인다. 빈자擯者는 묘문 안으로 들어가서 이를 군주에게 보고한다.

請禮賓. 賓禮辭, 聽命. 擯者入告.

정현주

빈이 허락하였음을 보고하는 것이다. 告賓許也.

[聘禮08 : 經－145]

재부宰夫는 안석(几)을 거두고 자리(筵)를 다시 바꾸어 펼쳐 놓는다.

宰夫徹几改筵.

정현주

'재부宰夫'는 또 술과 음식을 주관하는 사람이다. 장차 빈에게 예례를 행하기 위해 신이 기대고 있던 안석을 거두고, 신이 의지하고 있던 자리를 바꾸어 다시 펼쳐 놓는 것이다. 빈의 자리는 머리 부분이 동쪽을 향하도록 하여 놓는다. 「공사대부례」에서 "검은 베로 가선을 두른 1장丈 6척尺의 부들자리(蒲筵)와 그 위에 덧까는 검은 비단으로 가선을 두른 8척의 가는 갈대자리(萑席)를 함께 갖추어 놓는다"[6]고 하였다. 이는 상대부와 하대부를 위해 펼쳐 놓는 자리이다. 『주례』「춘관·사궤연司几筵」에서 "국빈國賓을 위해 실의 창(牖) 앞에 자리를 펼쳐 놓는데, 밑에 흰색 자수로 가선 장식을 한 왕골자리를 깔고, 그 위에 구름 문양으로 가선 장식을 한 오채색의 부들자리를 덧깔며, 붉은 칠을 한 안석을 왼쪽에 둔다"고 한 것은 고孤를 위해 펼쳐 놓는 자리이다. 고孤는 붉은 칠을 한 안석(彤几)을 사용하므로, 경과 대부는 검은 칠을 한 안석(漆几)을 사용하는 듯하다. '宰夫', 又主酒食者也. 將禮賓, 徹神几, 改神席, 更布也. 賓席東上. 「公食大夫禮」曰, "蒲筵常, 緇布純, 加萑席尋, 玄帛純." 此筵上·下大夫也. 『周禮』曰, "筵國賓于牖前, 莞筵紛純, 加繅席畫純, 左彤几"者, 則是筵孤也. 孤, 彤几, 卿·大夫其漆几與?

[聘禮08 : 經－146]

주군은 묘문 밖으로 나가서 빈을 맞이하여 묘문 안으로 함께 들어온다. 묘문 안으로 들어온 후 서로 읍을 하고 양보하는데 처음 빙례를 행할 때와 동일한 절차로 한다.

公出, 迎賓以入. 揖讓如初.

정현주

주군이 묘문 밖으로 나가서 맞이하는 것은 자신의 예이므로 단서를 바꾸는 것이다.[7] 公出迎者, 己之禮更端也.

[聘禮08 : 經－147]

주군은 당 위로 올라가 당 위 동쪽 벽의 남쪽 끝(序端)에서 빈자擯者의 도움 없이 혼자서 직접 재부宰夫에게 안석을 건네받는다.

公升, 側受几于序端.

정현주

검은 칠을 한 안석(漆几)이다. 금문본에는 '升'이 없다. 漆几也. 今文無'升'.

[聘禮08 : 經 – 148]

재부宰夫는 옷소매로 안석 위의 먼지를 안쪽으로 세 번 털어 내고,[8] 안석의 양끝을 받들어 잡고서 주군에게 올린다.

宰夫內拂几三, 奉兩端以進.

정현주

'안석 위의 먼지를 안쪽으로 털어낸다'(內拂几)는 것은 먼지가 존귀한 사람에게 튀지 않도록 하는 것이다. '받들어 올린다'(以進)는 것은 동상東箱[9]에서 가져와서 주군에게 건네준다는 뜻이다. '內拂几', 不欲塵坋尊者. '以進', 自東箱來授君.

[聘禮08 : 經 – 149]

주군은 동남쪽을 향해 서서 옷소매로 안석 위의 먼지를 바깥쪽으로 세 번 털어낸다. 먼지 털어 내는 일을 마치면 옷소매의 먼지를 흔들어 털고, 양손으로 안석의 중앙 부분을 잡은 후 서쪽을 향해 빈에게 나아간다.

公東南鄉, 外拂几三. 卒, 振袂, 中攝之, 進, 西鄉.

정현주

'나아간다'(進)는 것은 빈에게 다가간다는 뜻이다. '進', 就賓也.

[聘禮08 : 經 – 150]

빈자擯者는 빈에게 고한다.

擯者告.

정현주

주군이 빈에게 안석을 건네줄 것이라고 고하는 것이다. 告賓以公授几.

[聘禮08 : 經 - 151]

빈은 자리(筵)의 앞쪽으로 나아가 안석을 마주하면서 받고, 동쪽을 향해 안석을 잡고서 주군의 배례를 기다린다.[10]

賓進, 訝受几于筵前, 東面俟.

정현주

아직 안석을 진설하지 않았기 때문이다. 금문본에는 '訝'가 '梧'로 되어 있다. 未設也. 今文'訝'爲'梧'.

[聘禮08 : 經 - 152]

주군은 안석을 건네준 후 배례를 하는데, 한 번만 한다.[11]

公壹拜送.

정현주

주군은 존귀하기 때문이다. 고문본에는 '壹'이 '一'로 되어 있다. 公尊也. 古文'壹'作'一'.

[聘禮08 : 經 - 153]

빈은 안석을 들고 뒷걸음질을 하면서 물러나 주군의 배례를 피한다.

賓以几辟.

정현주 자리를 피하여 뒷걸음질을 하는 것이다.[12] 辟位逡遁.

[聘禮08 : 經 – 154]

빈은 북쪽을 향해 안석을 자리의 왼쪽에 진설하고, 당에서 내려오지 않은 채로 계단 위쪽에서 답례로 머리를 바닥에 대면서 재배를 한다.

北面設几, 不降, 階上答再拜稽首.

정현주 당에서 내려오지 않는 것은 주인의 예가 아직 완성되지 않았기 때문이다. 무릇 빈은 안석을 자리의 왼쪽에 놓는다.[13] 不降, 以主人禮未成也. 几[14]賓左几.

[聘禮08 : 經 – 155]

재부宰夫는 술잔(觶: 3升 용량)[15]에 예주(醴)[16]를 담고, 술잔 위에 숟가락(柶)을 엎어 놓는데 손잡이 부분이 앞쪽을 향하도록 하여 놓는다.

宰夫實觶以醴, 加柶于觶, 面枋.

정현주 재부가 술을 따라 주군에게 건네주는 것이다. 주군이 직접 술을 따라서 빈에게 건네주지 않는 것은 존귀하기 때문이다. 재부는 또한 손을 씻고 당 위로 올라가 술잔(觶)에 술을 따르는데, 예주를 동상東箱에서 가져온다. 숟가락의 머리 부분이 앞쪽을 향하게 하지 않는 것은 마주하고서 주지 않기 때문이다.[17] 酌以授君也. 君不自酌, 尊也. 宰夫亦洗升實觶, 以醴自東箱來.

不面擸, 不訝授也.

사柶

첸쉬안, 『삼례사전』

치觶

섭숭의(宋), 『삼례도』

[聘禮08 : 經 – 156]

주군은 빈자擯者의 도움 없이 혼자서 직접 재부에게 예주를 받는다.

公側受醴.

정현주

장차 빈에게 마시게 하려는 것이다. 將以飮賓.

[聘禮08 : 經 – 157]

빈은 당에서 내려오지 않은 채로 한 번 배례를 한 후 자리(筵)의 앞으로 나아가 예주를 건네받고, 서쪽 계단 위쪽의 본래 위치로 돌아온다. 주군은 예주를 건네준 후 배례를 한다.

賓不降, 壹拜, 進筵前受醴, 復位. 公拜送醴.

정현주

'한 번 배례를 한다'(賓壹拜)는 것은 예주는 질박하기 때문에 적은 것으로 귀함을 삼기 때문이다. '賓壹拜'者, 醴質, 以少爲貴.

[聘禮08 : 經 – 158]

재부는 빈의 자리 앞에 말린 고기를 담은 대나무제기(籩)와 고기젓갈을 담은 나무제기(豆)를 진설한다. 빈은 자리 위로 올라간다. 빈자는 물러나 묘문 안의 동쪽 당(東塾)을 등지고 선다.

宰夫薦籩豆脯醢. 賓升筵. 擯者退負東塾.

정현주

일이 아직 끝나지 않았는데 빈자가 뜰 중앙으로 물러나 있지 않은 것은 재부가 있기 때문이다.[18] 事未畢, 擯者不退中庭, 以有宰夫也.

[聘禮08 : 經 – 159]

빈은 말린 고기와 고기젓갈로 고수레를 하고, 숟가락으로 예주를 떠서 세 차례 고수레를 한다. 이때 뜰 중앙에 정실庭實이 진설된다.

賓祭脯·醢, 以柶祭醴三. 庭實設.

정현주

정실은 네 마리의 말이다. 庭實, 乘馬.

[聘禮08 : 經 – 160]

빈은 자리(筵)에서 내려와 서쪽 계단 위쪽에 이르러 북쪽을 향해 서서 양손으로 숟가락을 술잔과 합쳐 잡는데[19] 숟가락의 머리 부분이 위쪽을 향하게 하고,[20] 이어서 앉아서 예주를 맛본다.

降筵, 北面, 以柶兼諸觶, 尙擸, 坐啐醴.

정현주 　'자리에서 내려온다'(降筵)는 것은 계단 위쪽으로 나아간다는 뜻이다. '降筵', 就階上.

[聘禮08 : 經－161]

주군은 빈에게 속백束帛을 보내주고자 한다.

公用束帛.

정현주 　비단을 보내주는 것이다.[21] '쓴다'(用)고 말한 것은 아랫사람보다 존귀하기 때문이다. 또한 당 위 동쪽 벽의 남쪽 끝에서 받는다.[22] 致幣也. 言'用', 尊于下也. 亦受之于序端.

[聘禮08 : 經－162]

빈은 숟가락을 술잔 안에 꽂고 북쪽을 향해 말린 고기를 담은 대나무 제기와 고기젓갈을 담은 나무제기의 동쪽에 술잔을 내려놓는다.[23]

建柶, 北面奠于薦東.

정현주 　찌꺼기를 거르지 않은 예주는 다 마시지 않는다. 糟醴不啐[24].

[聘禮08 : 經－163]

빈자擯者는 조계 위쪽의 서쪽으로 나아가서[25] 주군이 빈에게 비단(속백)을 보내주는 일을 돕는다.

擯者進, 相幣.

정현주

말을 전달해 줌으로써 돕는 것이다. 贊以辭.

[聘禮08 : 經-164]

빈은 당에서 내려가 비단(속백)을 사양한다.

賓降, 辭幣.

정현주

감히 주군의 예禮를 감당하지 못하기 때문이다.[26] 不敢當公禮也.

[聘禮08 : 經-165]

주군은 한 계단을 내려가 빈에게 당에서 내려갈 필요가 없다고 사양을 한다.[27]

公降一等辭.

정현주

빈이 당에서 내려가는 것을 사양하는 것이다. 辭賓降也.

[聘禮08 : 經-166]

빈은 한 발로 한 층계씩 계단을 밟고 올라가 주군의 명을 듣는다.

栗階升, 聽命.

정현주

'한 발로 한 층계씩 계단을 밟고 올라간다'(栗階)는 것은 군주의 명을 급히 여겨 빠른 걸음을 숭상하고, 발을 모아 이어지게 걷지 않는다는 뜻이다.[28] '栗階', 趨君命尚疾, 不連步.

[聘禮08 : 經 – 167]

빈은 또 당에서 내려가 배례를 한다.

降拜.

정현주 예물을 받은 것에 배례를 하는 것이다. 拜受.

[聘禮08 : 經 – 168]

주군은 빈의 배례를 사양한다.

公辭.

정현주 주군이 한 계단을 내려가지 않는 것은 그 예를 줄이는 것이다.[29] 不降一等, 殺也.

[聘禮08 : 經 – 169]

빈은 당 위로 올라가 머리를 바닥에 대면서 재배를 한 후 당 위 동쪽 기둥과 마주하는 곳에서 북쪽을 향해 비단(속백)을 받는다.[30]

升, 再拜稽首, 受幣, 當東楹, 北面.

정현주 또한 마주하고서 받는데 북쪽을 향하는 것은 예례醴禮가 자기를 위주로 행해지기 때문이다. '자기'(己)는 신하이다.[31] 亦訝受而北面者, 禮主於己. '己', 臣也.

[聘禮08 : 經－170]
빈은 서쪽 계단 위쪽으로 물러나 동쪽을 향해 서서 주군의 배례를 기다린다.[32]
退, 東面俟.

정현주 군주가 배례하기를 기다리는 것이다. 북쪽을 향하지 않는 것은 겸손히 하여 마치 감히 계단을 감당하지 못하는 듯이 하는 것이다.[33] 俟君拜也. 不北面者, 謙若不敢當階然.

[聘禮08 : 經－171]
주군이 한 번 배례를 할 때에, 빈은 당에서 내려간다. 주군은 재배를 한다.
公壹拜, 賓降也. 公再拜.

정현주 주군이 재배하기를 기다리지 않고 당에서 내려가는 것은 감히 군주의 성대한 예우를 감당하지 못하기 때문이다. 주군이 재배를 하는 것은 일이 끝나 예를 완성했기 때문이다. 不俟公再拜者, 不敢當公之盛也. 公再拜者, 事畢成禮也.

[聘禮08 : 經 – 172]

빈은 뜰 중앙의 가장 왼쪽에 있는 말을 끌고 묘문 밖으로 나간다.[34]

賓執左馬以出.

정현주

존귀한 사람의 예우를 받을 때에는 마땅히 직접 해야 하기 때문이다. 말을 드리는 사람은 왼쪽과 오른쪽의 고삐를 함께하여 건네준다. 나머지 세 마리 말은 말을 끄는 주인 쪽의 사람이 잡고서 빈의 뒤를 따라 끌고 묘문 밖으로 나간다. 受尊者禮, 宜親之也. 效馬者幷左右靮授之. 餘三馬, 主人牽者從出也.

[聘禮08 : 經 – 173]

상개는 빈에게서 비단(속백)을 받아들고, 빈을 수종하는 종자從者(士介)는 빈과 마주하고서 말을 건네받는다.[35]

上介受賓幣, 從者訝受馬.

정현주

'종자從者'는 사개士介이다. '從者', 士介.

주

1_ 속금 : '束錦'은 錦 10단으로, '錦'은 무늬를 넣어 짠 비단이다. '束帛'보다 한 등급 낮다. 私覿에서 束帛을 사용하지 않고 束錦을 사용하는 이유에 대해 오정화는 '享'의 예와 같다는 혐의를 받을 수 있기 때문이라고 하였다. 강영은 私覿을 행할 때 사용하는 束錦과 乘馬 역시 公家의 예물인데, 단지 정식의 '享禮'에 비해서 '私'가 될 뿐이라고 하였다. 『의례정의』, 1029쪽 참조.

2_ '적'은 알현한다는 뜻이다 : '覿'은 '私覿'이라고도 한다.

3_ 새끼 양을 ~ 때문이다 : 『주례』「춘관·大宗伯」에 "(자신의 신분을 나타내는 예물로) 孤는 짐승가죽과 비단을 잡고, 卿은 새끼 양을 잡고, 大夫는 기러기를 잡고, 士는 꿩을 잡고, 庶人은 따오기를 잡고, 工人과 商人은 닭을 잡는다"(孤執皮帛, 卿執羔, 大夫執雁, 士執雉, 庶人執鶩, 工商執雞)고 하였고, 『좌전』 定公 8년 조에는 定公이 瓦 땅에서 晉의 군대와 회동을 하였는데, 자신의 신분을 타나내는 예물로 晉의 卿인 范獻子는 새끼 양을 잡고 있었고, 大夫인 趙簡子와 中行文子는 모두 기러기를 잡고 있었다. 이는 타국의 군주를 뵐 때에 卿은 새끼 양을 잡는다는 것을 보여 준다. 그러나 「빙례」의 이곳 경문은 빙례를 행하기 위해 사신으로 오게 된 것을 기회로 찾아뵙는 것으로, 단독으로 혼자 알현하는 것과는 다르기 때문에 새끼 양을 사용하지 않는다. 『의례정의』, 1029쪽 참조.

4_ 빈객이 ~ 때문이다 : 賓이 主君에게 聘과 享의 大禮를 행했는데 주군은 아직 이에 대한 답례를 하지 못하였기 때문에 우선 빈을 예우하여 대접하고자 하는 것이다. 이 때문에 私覿을 사양하는 것이다.

5_ 예례 : '醴禮'는 의례가 끝난 후에 예주를 따라 주어 노고를 위로하는 의식절차를 말한다. 관례나 혼례 등 주인이 빈에게 예주를 따라 주어 예례를 행하는 것을 '醴賓', 관례에서 빈이 관을 쓴 아들에게 예주를 따라 주어 예례를 행하는 것을 '醴子', 혼례에서 시부모가 며느리에게 예주를 따라 주어 예례를 행하는 것을 '醴婦'라고 칭한다. 경문의 '禮'를 '醴禮'로 개념화하는 것에 대해서는 [사관례01 : 經-72]의 주석 2 참조.

6_ 검은 베로 ~ 놓는다 : [공사대부례09 : 記-06] 참조.

7_ 주군이 ~ 것이다 : 享의 예를 행할 때에는 빈이 주군에게 예를 올렸는데, 이번에 빈에게 예주를 따라 주어 醴禮를 행하는 것은 주군이 빈에게 예를 갖추는 것이다. 이 때문에 빈이 주군에게 享의 예를 행할 때에 주군은 묘문 밖으로 나가서 맞이하지 않았지만, 이제 주군이 빈에게 醴禮를 행할 때에는 주군이 직접 묘문 밖으로 나가서 맞이한다. 이것이 '자기의 예이므로 단서를 바꾼다'는 것이다.

8_ 안석 위의 ~ 털어 내고 : 먼지가 자기를 향하도록 하는 것이다.

9_ 동상 : 정현은 '東箱'을 '東夾의 앞'으로 이해한다. [經-93]의 주석 19 참조.

10_ 동쪽을 향해 ~ 기다린다 : 동쪽을 향해 서 있다가 안석을 진설하면 다시 북쪽을 향해 선다. 안석을 아직 진설하지 않았는데 기다리고 있는 것은 주군이 拜送禮 즉 보내주는 배례를 행한 후에 안석을 진설하기 때문이다. '拜送禮'는 먼저 물건을 상

대방에게 보내준 후에 그에 따른 배례를 하는 것을 말한다.

11_ 한 번만 한다 : 오계공은 한 번만 배례를 하는 것은 안석을 건네주는 常禮인데, '한 번만 한다'고 특별히 언급한 것은 빈이 답례로 머리를 바닥에 대면서 재배를 하기 때문에 주군도 재배를 하는 것으로 오해될 수 있기 때문이라고 하였다. 『의례정의』, 1032쪽 참조.

12_ 자리를 ~ 것이다 : [사혼례02 : 經一15]에 "빈은 안석을 잡으면서 주인의 배례를 피한다"(賓以几辟)고 한 것에 대해 가공언은 "빈의 지위가 낮기 때문에 피하는 것으로서, 이는 「聘禮」의 경우와 같다"고 하였다. 그러나 「有司徹」에서는 시동을 높이고, 「覲禮」에서는 왕의 사신을 높이기 때문에 피하지 않는 것으로 되어 있다.

13_ 무릇 ~ 놓는다 : [사혼례02 : 經一15]에 "빈은 안석을 잡으면서 주인의 배례를 피한 후에 북쪽을 향해 자리에 안석을 내려놓는데 자리의 왼쪽에 놓고, 다시 서쪽 계단 위쪽으로 가서 답배를 한다"(賓以几辟, 北面設于坐, 左之, 西階上答拜)고 하였다. 호배휘는 사람을 위해 안석을 진설할 때에는 자리의 왼쪽에 놓지만, 神을 위해 안석을 진설할 때에는 오른쪽에 놓는다고 하였다. 『의례정의』, 1033쪽 참조.

14_ 几 : 『集釋』과 『通解』에는 모두 '几'로 되어 있지만, 『의례정의』, 1032쪽에는 '凡'으로 되어 있다. 이에 따라 번역한다.

15_ 술잔 : '觶'는 나무나 청동으로 만든 술잔으로 용량이 3升이다. 醴酒를 따를 때에는 술잔으로 모두 '觶'를 사용하고, 숟가락(柶)으로 예주를 뜬다.

16_ 예주 : '醴'는 즙과 앙금이 뒤섞여 있는 탁한 술로서, 누룩이 적고 곡물이 많이 들어간 술이다. 『주례』「천관·酒正」에서 泛齊·醴齊·盎齊·醍齊·沈齊를 '五齊'라고 하였는데, 정현은 "醴은 體와 같다. 빚고 나서도 즙과 앙금이 서로 뒤엉켜 있다. 오늘날의 恬酒와 같은 것이다"(醴猶體也. 成而汁滓相將. 如今恬酒矣)라고 하였다. 예를 행할 때에는 모두 이 술을 사용하는데, 입으로 맛을 보기만 하고 마시지는 않는다. '예주'(醴)는 그 맛이 약간 달며, 하루 동안 숙성시켜 만들기 때문에 鷄鳴酒 혹은 一宿酒라고도 한다.

17_ 숟가락의 ~ 때문이다 : 이여규는 정현의 주를 다음과 같이 설명한다. "'擸'은 곧 숟가락의 머리 부분(葉)이다. 숟가락의 굵은 끝 부분이 머리(葉)가 되고, 가는 끝 부분이 손잡이(枋)가 된다. '面'은 앞(前)의 뜻이다. 주인이 빈에게 예주를 따라 줄 때에는 숟가락의 손잡이 부분(枋)이 앞쪽을 향하게 하는데, 빈은 마주하고서 받기 때문에 숟가락의 머리 부분(葉)이 앞쪽을 향하게 된다. 冠禮에서 贊者가 예주를 따라 주인에게 건네주면, 주인은 마주하고서 받는다. 그러므로 贊者가 숟가락의 잎 부분이 앞쪽을 향하도록 하여 주면, 주인이 그것을 받을 때에는 숟가락의 손잡이 부분이 앞쪽을 향하게 된다. 이 경문은 宰夫가 예주를 따르는데, 주군은 마주하고서 받지 않는다. 그러므로 재부는 숟가락의 손잡이 부분이 앞쪽을 향하게 하여 건네주면, 주군이 그것을 받을 때에 숟가락의 손잡이 부분이 앞쪽을 향하게 된다." 『의례정의』, 1033쪽 참조.

18_ 일이 ~ 때문이다 : 擯者가 일이 끝나지 않았는데 뜰 중앙(中庭)으로 물러나지 않고 묘문 안의 동쪽 당(東塾)으로 물러나 등지고 있는 이유를 설명한 것이다. 묘문 안의 동쪽 당은 擯者의 본래 위치이다. 앞에서 聘의 예를 행할 때에는 빈자가 뜰 중앙으로 물러나 있었다. 이는 주군의 사령을 전하고 배례를 도와야 하는 일이 남아 있어서 주군과 비교적 가까운 뜰 중앙에 있었던 것이다. 聘의 예를 마친 후 재부가 대나무제기·나무제기를 올리는 등의 일을 관장하고 있으므로 빈자는 비교적 멀리 떨어진 묘문 안의 동쪽 당까지 물러나 있는 것이다. 오정화는 말이 뜰 중앙으로 들어올 것이기 때문에 뜰 중앙이 아니라 묘문 안의 동쪽 당으로 물러나 서 있는 것으로 해석하였다. 『의례정의』, 1034쪽 참조.

19_ 숟가락을 술잔과 합쳐 잡는데 : 오계공은 오른손으로 숟가락(柶)과 술잔(觶)을 함께 잡는다는 뜻으로 보았다. 그러나 호배휘는 고수레를 할 때에는 왼손으로 술잔을 잡고, 오른손으로는 숟가락으로 예주를 떠서 고수레를 하며, 자리(筵)에서 내려와 북쪽을 향해 예주를 맛볼 때에는 숟가락을 술잔과 합쳐 포개어 양손으로 받들어 맛을 보는 것으로 해석하였으며, 저인량, 가공언도 같은 입장을 취한다. 『의례정의』, 1035쪽 및 『의례주소』, 461쪽 참조.

20_ 숟가락의 머리 부분이 ~ 하고 : 경문의 '尙擸'에 대하여 오정화는 '尙'을 '위쪽'(上)의 뜻이며, '尙擸'은 '숟가락의 머리 부분(擸 : 葉)이 위쪽을 향하게 한다'는 것이 되므로, 결국 '숟가락의 손잡이 부분(枋)을 잡는다는 의미가 된다고 하였다.(尙同上, 在上, 則執枋也) 『의례정의』, 1035쪽 참조.

21_ 비단을 보내주는 것이다 : [사관례01 : 經-77]에 의하면 冠禮가 끝나면 주인은 빈에게 술을 권하면서 束帛과 儷皮(사슴 가죽 두 장)로 감사를 표시한다. '儷皮'가 곧 庭實이다. 즉 관례와 빙례에서 빈에게 예주를 따라 주어 醴禮를 행할 때 주인은 빈에게 모두 束帛과 庭實을 보내준다. 따라서 이곳의 정현 주에서 '致幣'(비단을 보내준다)라고 하였지만 실은 束帛과 庭實을 함께 보내주는 것이다. 『의례정의』, 1035쪽 참조.

22_ 또한 ~ 받는다 : 호배휘는 [공사대부례09 : 經-106]에서 "공은 재부에게 비단 열 단을 받는다"(公受宰夫束帛)고 한 것에 근거하여 이곳에서도 宰夫에게 束帛을 받아 빈에게 보내주는 것으로 해석하였다. 『의례정의』, 1035쪽 참조.

23_ 빈은 ~ 내려놓는다 : '숟가락을 꽂는다'는 것은 숟가락을 술잔 안에 꽂아 손잡이 부분이 위쪽을 향하게 하는 것을 말한다. 빈이 숟가락을 술잔 안에 꽂고 말린 고기를 담은 대나무제기와 고기젓갈을 담은 나무제기의 동쪽에 술잔을 내려놓는 것은 장차 束帛을 받아야 하기 때문이다.

24_ 啐 : 嚴本과 대부분의 판본에는 '啐'로 되어 있는데, 주학건은 '卒'이 되어야 하며, 앞의 [經-160]에서 '啐醴'(예주를 맛본다)라고 하였으므로 이곳에서는 '不啐'(맛보지 않는다)가 될 수 없음이 분명하다고 하였다. 저인량은 酒(찌꺼기를 거른 맑은 청주)인 경우에는 술을 다 마시지만, 醴(찌꺼기를 거르지 않은 단술, 곧 탁주)의 경우

에는 술을 다 마시지 않기 때문에(酒卒爵而醴不卒爵)정현의 주에서 '糟醴不卒'이라 한 것이니, '啐'로 되어 있는 판본은 잘못된 것이라고 하였다. 장이기와 장혜언도 '啐'를 '卒'의 잘못이라고 하였다. 완원의 교감기에는 單疏本「士冠疏」에는 이를 인용하여 '卒'로 되어 있다. 대진도 '卒'로 보는 것이 타당하다고 하였다. 李學勤 主編『의례주소』에는 '啐'로 교감하고 있지만, 호배휘의『의례정의』에는 제설에 근거하여 '卒'로 고쳤다. 여기서는 호배휘 설에 따라 '卒'로 번역하겠다.『의례정의』, 1035쪽 및『의례주소』, 461쪽 교감 참조.

25_ 나아가서 : 호배휘에 따르면 擯者는 문 안의 동쪽 당(東塾)에서 阼階 위쪽의 서쪽으로 가기 때문에 '나아간다'(進)고 한 것이다.『의례정의』, 1035쪽 참조.

26_ 감히 ~ 때문이다 : 이미 하사품을 받았기 때문에 또다시 성대한 예를 욕되게 할 수 없기 때문이다.

27_ 주군은 ~ 한다 : 오계공에 따르면 '사양한다'는 것은 빈이 계단을 내려가는 것을 그치게 하고 또 빈의 사양을 허락하지 않는다는 뜻이라고 하였으며, 오정화는 두 번의 사양하는 말은 모두 擯者가 전달한다고 하였다.『의례정의』, 1035쪽 참조.

28_ '한 발로 ~ 뜻이다 : 오계공은 "한 발로 한 층계씩 계단을 밟고 올라가는 것을 '栗階'라고 하고, 한 발로 한 층계씩 계단을 밟고 내려오는 것을 '躇階'라고 하니, '栗'은 '歷'과 발음이 서로 가깝다"(越等而上曰'栗階', 下曰'躇階', '栗'與'歷'聲相近)고 하였다. 학경은 "'栗階'는 '歷階'와 같은 뜻이다. 무릇 계단을 오를 때, 두 발이 한 층계 위에 나란히 있다가 다시 한 층계를 올라가서 두 발이 나란히 있는 것을 '拾'이라고 하고, 한 발로 한 층계씩 밟고 올라가는 것을 '歷'이라 한다"('栗階', 猶'歷階'. 凡升階, 兩足並一級, 更進曰'拾', 一足一級曰'歷')고 하였다. 호배휘는 계단을 오르는 常法은 두 발을 나란히 하여 올라가는 '拾階'인데, 군주의 명에 급히 달려갈 때에는 한 발로 한 층계씩 계단을 밟고 올라가는 '歷階'를 한다고 하였다.『의례정의』, 778~779쪽 참조.

29_ 주군이 ~ 것이다 : [經-165]에서는 주군이 한 계단을 내려가서 빈에게 당에서 내려가지 말라고 사양하였는데, 이곳에서 주군이 계단을 내려오지 않은 것은 예를 줄인 것이다.

30_ 빈은 ~ 받는다 : 빈에게 예주를 따라 주어 醴禮를 행할 때에는 세 가지 절차가 있다. ① '受几' 즉 안석을 받는 절차이고, ② '受醴' 즉 예주를 받는 절차이고, ③ '受幣' 즉 비단을 받는 절차이다. 세 가지 절차에서는 모두 主君이 擯者의 도움 없이 직접 宰夫에게 당 위 동쪽 벽의 남쪽 끝에서 받은 후 빈에게 건네준다. 禮에는 예물보다 중한 것이 없기 때문에 賓이 '受几'와 '受醴'의 단계에서는 모두 자리(筵)의 앞에서 받지만, '受幣' 즉 비단을 받을 때에는 당 위의 동쪽 기둥에서 받는다.『의례정의』, 1036쪽, 앙복의 설 참조.

31_ 또한 마주하고서 ~ 신하이다 : 앞에서 聘과 享의 예를 행할 때에 빈은 동쪽을 향하고 주군은 서쪽을 향하여 서로 마주하고서 예물을 주고받았다. 빈이 북쪽을 향하

지 않고 동쪽을 향했던 것은 빈이 자기 군주의 명으로 온 것이기 때문이었다. 이곳은 주군이 자기(賓)를 예우하는 것인데, 자기는 신하이므로 북쪽을 향해 받은 것이다.

32_ 빈은 ~ 기다린다 : 물러나서 서쪽 계단 위쪽으로 가서 동쪽을 향해 군주가 배례하기를 기다렸다가 계단을 내려간다. 『의례정의』, 1036쪽 참조.

33_ 북쪽을 ~ 것이다 : 빈과 주인이 각각 조계와 서쪽 계단을 독점하여 사용할 때에는 북쪽을 향한다.

34_ 빈은 ~ 나간다 : 오계공은 "왼쪽에 있는 말이 상등이니, 그렇다면 주인의 정실은 또한 서쪽에 진설하는데, 서쪽을 윗자리로 삼는다"(左馬者上也, 然則主人之庭實, 亦設於西方而西上也)라고 하였고, 채덕진은 "庭實은 네 마리 말이니, 가운데 왼쪽의 말을 상등으로 삼는다. 말은 뜰 아래에서 북쪽을 향하고 있으므로 서쪽이 왼쪽이 된다"(庭實四馬, 以左爲上. 庭下北面, 以西爲左也)고 하였다. 『의례정의』, 1037쪽 참조.

35_ 빈과 마주하고서 말을 건네받는다 : 호승공에 의하면 물건을 주고받는 예에서 서로 마주보고서 주고받는 것을 '訝授受'라고 하고, 같은 방향을 하고서 주고받는 것을 '並授受'라고 한다.(凡授受之禮, 相鄉者謂之'訝授受', 同面者謂之並授受) 『의례정의』, 1073쪽 참조.

「빈사적도賓私覿圖」

(淸), 『흠정의례의소』

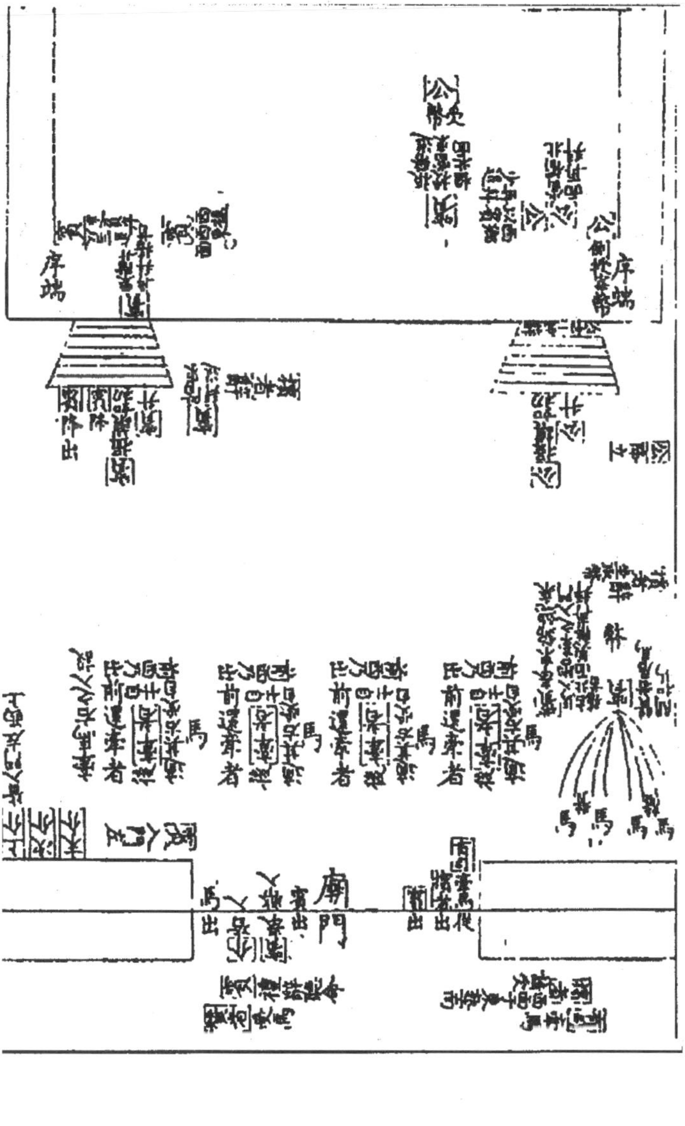

해제 經-174에서 經 192까지는 '사적私覿' 가운데 '빈적賓覿' 즉 빈이 개인의 자격으로 주군을 알현하는 절차이다.

[聘禮08 : 經-174]

빈은 개인의 자격으로 주군을 알현하여 사적私覿의 예를 행할 때에는 한 손으로 속금束錦을 받들고, 다른 한 손으로 네 마리 말의 여덟 고삐를 합쳐 잡고서 끌고 가는데, 빈의 찬자贊者(예의 진행을 돕는 사람)[1] 2인이 이를 돕는다.[2] 빈은 묘문 안으로 들어가 오른쪽으로 나아가서 북쪽을 향해 비단(속금)을 내려놓고, 머리를 바닥에 대면서 재배를 한다.

賓覿, 奉束錦, 總乘馬, 二人贊. 入門右, 北面奠幣, 再拜稽首.

정현주

빈이 청하지도 않고 주군이 사양하지도 않는 것은 지난번에 이미 청했기 때문이다.[3] 개인의 자격으로 주군을 알현할 때(覿) 속금을 받들고 가는 것은 향享의 예를 행할 때에 사용한 비단(속백)을 피하는 것이다.[4] '총總'은 여덟 고삐를 함께 묶어서 끌고 간다는 뜻이다. '돕는다'(贊)는 것은 말 사이에서 말고삐를 당긴다는 뜻이다.[5] 묘문 안으로 들어가 오른쪽으로 나아가는 것은 사적인 일이라면 문 말뚝(闑)의 오른쪽을 통하기 때문이다.[6] 비단(속금)을 내려놓고 재배를 하는 것은 신하의 예로 알현하기 때문이다.[7] 돕는 사람은 고인賈人의 속리이다.[8] 개介는 단독으로 알현한다.[9] 不請不辭, 鄕時已請也. 覿用束錦, 辟享幣也. '總'者, 總八轡牽之. '贊'者, 居馬間扣馬也. 入門而右, 私事自闑右. 奠幣再拜, 以臣禮見也. 贊者, 賈人之屬. 介特覿也.

[聘禮08 : 經 – 175]

빈자擯者는 주군의 명으로 빈이 신하의 예로 배례하는 것을 사양한다.

擯者辭.

정현주

신하의 예를 사양하는 것이다. 辭其臣.

[聘禮08 : 經 – 176]

빈은 묘문 밖으로 나간다.

賓出.

정현주

일이 끝났기 때문이다. 事畢.

[聘禮08 : 經 – 177]

빈자는 앉아서 빈이 내려놓은 비단(속금)을 집어 들고 묘문 밖으로 나가는데, 유사有司[10] 2인이 말을 끌고 빈자의 뒤를 따른다. 빈자는 묘문 밖의 동쪽 당(東塾)의 남쪽에서 서쪽을 향해 선다.

擯者坐取幣, 出, 有司二人牽馬以從. 出門, 西面于東塾南.

정현주

장차 예물을 돌려주려는 것이다.[11] 빈의 찬자贊者는 유사가 말을 건네받은 후에 비로소 묘문 밖으로 나간다. 무릇 뜰(庭)에서 비단을 집어 들 때에는 북쪽을 향한다. 將還之也. 贊者有司受馬乃出. 凡取幣于庭, 北面.

[聘禮08 : 經 – 178]

빈자는 빈에게 빈객의 예로 속금을 받고자 한다고 청한다.

擯者請受.

정현주

빈객의 예로 받겠다고 청하는 것이다. 請以客禮受之.

[聘禮08 : 經 – 179]

빈은 한 번 사양을 한 후 명을 받아들인다.

賓禮辭, 聽命.

정현주

빈은 그 비단(속금)을 받고, 빈의 찬자는 말을 받는다.[12] 賓受其幣, 贊者受馬.

[聘禮08 : 經 – 180]

빈은 4인에게 각각 한 마리의 말을 끌고 가게 하는데, 말을 끄는 사람은 오른손으로 말고삐를 잡고서 묘문 안으로 들어가 뜰에 진설한다.

牽馬, 右之, 入設.

정현주

정실庭實(네 마리의 말)을 먼저 진설하는 것은 빈객의 예禮이다.[13] '오른쪽에 둔다'(右之)는 것은 사람이 말의 왼쪽에 있고자 하는 것이니, 오른손으로 하면 말을 끌고 가기 편리하기 때문이다. 이에 말을 끌고 가는 4

인이 일을 진행할 수 있게 된다. 『예기』「곡례상」에 "말과 양을 바칠 때에는 오른손으로 끌고 간다"고 하였다. 庭實先設, 客禮也. 右之, 欲人居馬左, 任右手便也. 於是牽馬者四人, 事得申也. 「曲禮」曰, "效馬效羊者右牽之."

[聘禮08 : 經－181]

빈은 비단(속금)을 받들고 묘문 안으로 들어가 왼쪽으로 나아간다. 개介(上介·次介·末介)들도 모두 묘문 안으로 들어가 왼쪽으로 나아가서 서는데, 서쪽을 윗자리로 삼는다.

賓奉幣, 入門左. 介皆入門左, 西上.

정현주 빈객의 예로 들어갈 때에는 개介들을 따라 들어오게 할 수 있다.[14] 以客禮入, 可從介.

[聘禮08 : 經－182]

주군은 빈과 읍을 하고 양보하는데 처음 빙의 예를 행할 때와 동일한 절차[15]로 한 후 당 위로 올라간다. 주군은 북쪽을 향해 재배를 한다.[16]

公揖讓如初, 升. 公北面再拜.

정현주 주군이 재배를 하는 것은 처음에 빈이 신하의 예로 알현하였기 때문에 이제 새롭게 배례를 하는 것이다. 公再拜者, 以其初以臣禮見, 新之也.

[聘禮08 : 經 – 183]

빈은 세 번 뒷걸음질을 하여 물러난 후 몸을 돌려 서쪽을 향해 당 위 서쪽 벽으로 나아가고, 다시 몸을 돌려 동쪽을 향해 당 위 서쪽 벽을 등지고 선다.

賓三退, 反還, 負序.

정현주

'몸을 반대로 돌고 다시 돌린다'(反還)는 것은 감히 규圭를 건네줄 때와 동일하게 할 수 없기 때문이다.[17] '反還'者, 不敢與授圭同.

[聘禮08 : 經 – 184]

빈은 옷소매로 비단(속금)의 먼지를 털어 내고 당 위 동쪽 기둥(東楹)과 마주하는 곳으로 나아가 북쪽을 향해 주군에게 건네준다.

振幣進授, 當東楹北面.

정현주

'주군이 받는다'(君受)고 말하지 않은 것은 생략한 것이다. 不言'君受', 略之也.

[聘禮08 : 經 – 185]

주국의 사士들은 말을 끌고 있는 빈객 쪽 사람들의 앞쪽(북쪽)으로부터 뒤쪽으로 돌고 다시 그들의 오른쪽으로 가서 말을 건네받는다.

士受馬者, 自前還牽者後, 適其右, 受.

정현주

'자自'는 말미암는다(由)는 뜻이다. 말을 끌고 있는 사람의 오른쪽으로 가서 받는 것이다.[18] 이 또한 방향을 나란히 하여 주고받는 것인데, 말을 끄는 사람의 앞쪽의 왼쪽에서 받지 않는 것은 편리함을 따르는 것으로 말을 끄는 사람이 건네주고 나서 나가기에 편리하도록 하는 것이다.[19] 말을 받을 때 앞쪽에서 받는 것은 짐승 가죽을 받는 경우와 변화시키는 것이다. '自', 由也. 適牽者之右而受之也. 此亦並授者, 不自前左, 由便也, 便其已授而去也. 受馬自前, 變於受皮.

[聘禮08 : 經－186]
말을 끌고 있던 빈객 쪽 사람들은 각자 앞쪽으로 나아갔다 서쪽으로 향하고 다시 남쪽으로 향한 후에 비로소 묘문 밖으로 나간다.[20]
牽馬者自前西, 乃出.

정현주

'자自'는 말미암는다(由)는 뜻이다. '自', 由也.

[聘禮08 : 經－187]
빈은 속금을 보내준 후 당에서 내려와 서쪽 계단의 동쪽에서 배례를 하고자 한다. 주군은 빈의 배례를 사양한다.
賓降階東拜送, 君辭.

정현주

비단(속금)을 보내준 후 계단[21]의 동쪽에서 배례를 하는 것은 주군이 당 위에 있기 때문에 그곳을 향하는 것이다. 拜送幣于階東, 以君在

堂, 鄕之.

[聘禮08 : 經 – 188]

빈이 또 배례를 하고자 할 때, 주군은 한 계단을 내려와 사양을 한다.

拜也, 君降一等辭.

정현주

군주가 이미 사양을 하였는데도 빈이 오히려 배례를 하는 것은 군주를 공경하는 것이다.[22] 君乃[23]辭之, 而賓由[24]拜, 敬也.

[聘禮08 : 經 – 189]

빈자擯者는 "과군寡君께서 당신을 따라 내려오셨으니, 비록 배례를 하고자 하셨더라도 일어나서 계단으로 올라가 주십시오"라고 말한다.[25]

擯者曰, "寡君從子, 雖將拜, 起也."

정현주

이 예禮에는 본디 언사가 많이 있는데 미처 기록하지 못한 것이 있으니, 이는 그 뜻을 가지고 밝힌 것인가? 감히 분명하게 설명하지 못하겠다.[26] 此禮固多有辭矣, 未有著之者, 是其志而煥乎? 未敢明說.

[聘禮08 : 經 – 190]

빈은 한 발로 한 층씩 계단을 밟고서 신속히 당 위로 올라간다. 주군은 조계 위쪽에서 서쪽을 향해 선다. 빈은 서쪽 계단 위쪽에서 머리를 바닥에 대면서 배례를 한다.
栗階升. 公西鄕. 賓階上再拜稽首.

정현주

배례를 완성하는 것이다. 成拜.

[聘禮08 : 經 – 191]

주군은 조금 뒤로 물러난다.
公少退.

정현주

공경을 표하는 것이다. 爲敬.

[聘禮08 : 經 – 192]

빈은 당에서 내려와 묘문 밖으로 나간다. 주군은 빈자의 도움 없이 혼자서 재宰에게 직접 비단(속금)을 건네준다. 말은 묘문 밖으로 끌고 나간다.
賓降出. 公側授宰幣. 馬出.

정현주

묘의 안은 청결해야 하기 때문이다.[27] 廟中宜清.

주

1_ 찬자 : '贊者'는 예의 진행을 돕는 사람으로서, 주인 측의 찬자가 있고 빈 측의 찬자가 있다. 특별히 經文과 注文에서 '주인 측의 찬자'라고 밝혀 두지 않은 것은 모두 '빈 측의 찬자'를 가리킨다.

2_ 빈은 ~ 돕는다 : [經-174]에서 [經-215]까지는 私覿의 일을 기술한 것인데, '賓覿', '上介覿', '衆介覿'의 세 의절로 구분된다.

3_ 빈이 ~ 때문이다 : [經-142]에서 [經-143] 참조.

4_ 개인의 ~ 것이다 : 주군과 주군의 부인에게 享의 예를 행할 때에는 모두 束帛을 사용했는데, 私覿을 행할 때에는 束錦을 사용한다. 이는 享의 예를 행할 때에 사용한 비단을 피하는 것이다.

5_ '돕는다'는 ~ 뜻이다 : '乘馬'는 네 마리 말인데, 두 사람이 돕는 것이므로 한 사람이 두 말 사이에서 좌우 손으로 각각 두 마리의 고삐를 당겨서 빈을 돕는다.

6_ 사적인 일이라면 ~ 때문이다 : 『예기』「玉藻」에 "빈은 문 중앙으로 들어가지 않고 문지방(閾)을 밟지 않으며, 공적인 일이라면 문 말뚝(闑)의 서쪽(왼쪽)으로 들어가고, 사적인 일이라면 문 말뚝의 동쪽(오른쪽)으로 들어간다"(賓入不中門, 不履閾, 公事自闑西, 私事自闑東)고 하였고, 이에 대해 정현은 '공적인 일'은 '聘·享'을 가리키고, '사적인 일'은 '覿·面'을 가리킨다(聘·享也, 覿·面也)고 하였다.

7_ 비단을 ~ 때문이다 : 신하는 군주에 대해서 모두 비단을 내려놓고 건네주지 않는다. 그 의미는 「근례」에 상세하다. 이여규는 "빈은 문 말뚝(闑)의 오른쪽을 통해 문 안으로 들어가는데 스스로 말을 끌고 介가 따라 들어오지 않으며 堂 위로 올라가 비단을 드리지 않는데, 이는 모두 신하의 예이다"라고 하였다. 능정감은 『예경석례』에서 "聘·享의 예는 자기의 군주를 대신하여 예를 행하는 것이기 때문에 배례를 하지 않았지만, 覿은 사적인 예로 뵙는 것이므로 머리를 바닥에 대면서 배례를 하는 것이다"라고 하였다. 『의례정의』, 1038쪽 참조.

8_ 돕는 사람은 고인의 속리이다 : 호배휘는 賈人은 오로지 圭玉을 관장하고 말 끄는 일은 돕지 않을 것으로 추측했고, 저인량도 정현의 본뜻은 이 두 사람은 서인으로서 관직에 있으면서 일을 담당하는 사람이지, 賈人 그 자체로 생각한 것은 아니라고 하였다. 『의례정의』, 1038쪽 참조.

9_ 개는 단독으로 알현한다 : 호배휘는 上介와 衆介들은 모두 단독으로 私覿의 禮를 행하고, 賓이 私覿을 행할 때 수행하지 않는다는 뜻이라고 하였다. 『의례정의』, 1038쪽 참조.

10_ 유사 : 擯者를 돕는 主國의 有司이다.

11_ 장차 ~ 것이다 : 擯者가 앉아서 빈이 내려놓은 속금을 집어 들고 묘문 밖으로 나가고, 主國의 有司 2인으로 하여금 말을 끌고 따르게 하여 장차 이 예물을 돌려줄 것임을 보여 준다.

12_ 빈은 ~ 받는다 : 빈은 擯者가 가지고 나온 비단을 받고, 빈의 贊者는 유사가 끌고 나온 말을 받는다.

13_ 정실을 ~ 예이다 : 이곳에서 "말을 끌고 들어간다"(牽馬)고 하였고, 아래 [經-181]에서 드디어 "빈이 속금을 받들고 묘문 안으로 들어가 왼쪽으로 나아간다"(賓奉幣, 入門左)고 하였으므로 庭實(말)을 먼저 진설한다는 것을 알 수 있다. 이것이 客禮이다. 이에 반하여 앞의 [經-174]에서는 "속금을 받들고, 다른 한 손으로 네 마리 말의 여덟 고삐를 합쳐 잡고서 끌고 간다"(奉束錦, 總乘馬)고 하여 비단(속금)과 말을 동시에 진설하였다. 이것은 臣禮이다. 『의례정의』, 1039쪽, 호배휘의 설 참조.

14_ 빈객의 ~ 있다 : 처음 私覿을 행할 때에 빈은 묘문의 오른쪽으로 들어가 오른쪽으로 나아갔고, 介들은 따라 들어가지 못했다. 이제 빈이 묘문의 왼쪽으로 들어가 왼쪽으로 나아가는데, 介들도 모두 따라 들어가는 것은 빈객의 예로 알현하기 때문이다. 묘문의 오른쪽으로 들어가 오른쪽으로 나아가는 것은 신하의 예로 알현하는 것이다.

15_ 처음 빙의 예를 ~ 절차 : 주군이 빈과 세 차례 읍을 하고 세 차례 양보를 한다는 뜻이다. [經-116], [經-117] 참조.

16_ 주군은 ~ 한다 : 위협봉은 다음과 같이 설명한다. "주군이 재배를 하는 것은 처음 빈이 私覿의 예를 행할 때 束錦을 진설하면서 배례한 것([經-174])에 답하는 것이다. 지난번 빈이 束錦을 진설할 때에는 감히 신하의 예로 대우할 수 없었기 때문에 答拜를 하지 못하였다. 그러나 배례를 했는데 답을 하지 않는 예는 없기 때문에 이제 처음 묘문 안으로 들어왔을 때에 먼저 빈에게 재배를 하는 것이다." 『의례정의』, 1040쪽 참조.

17_ '몸을 ~ 때문이다 : 聘의 예를 행할 때에 賓은 圭를 잡고 비록 주군의 배례를 피하여 세 번 뒷걸음질을 하여 물러났지만 여전히 동쪽을 향해 주군과 마주해야 하기 때문에 단지 뒷걸음질로 물러나서 당 위 서쪽 벽(西序)을 등지고 서 있었다.([經-125]) 이곳에서 다시 '反還'을 말한 것은 몸을 반대로 돌려서 서쪽을 향하고, 또다시 돌려서 동쪽을 향한 후에 비로소 당 위 서쪽 벽(西序)을 등지고 서 있기 때문이다. 이는 군주의 배례를 더욱 감당하지 못함을 보여 주는 것으로 聘의 예에서 圭를 건네줄 때와 다른 것이다. 『의례정의』, 1040쪽 참조.

18_ 말을 ~ 것이다 : 네 마리 말은 북쪽을 향해 뜰(庭)에 진설되는데, 동쪽을 윗자리로 삼는다. 말을 끌고 있는 사람은 4인인데 각각 말의 왼쪽에 있다. 말을 받는 주국의 士들은 남쪽에서 북쪽으로 가서 말을 끄는 빈객 쪽 사람들의 앞쪽에 이르고, 다시 북쪽에서 남쪽으로 돌아 말을 끄는 사람들의 왼쪽을 거쳐 뒤쪽에 이르고, 다시 그 오른쪽으로 가서 말을 받는다. 말을 끄는 사람의 오른쪽(동쪽)과 말의 왼쪽(서쪽)에서 받는 것이다.

19_ 이 또한 ~ 것이다 : 말을 끄는 사람의 왼쪽에서 받지 않는 것은 말을 끄는 사람이 말을 건네주고 나서 오른쪽으로 돌아서 나가기에 편리하도록 하는 것이다.

20_ 말을 ~ 나간다 : 오계공은 조금 앞쪽으로 나아간 후에 서쪽으로 걸어가고, 다시 남쪽으로 걸어가서 묘문 밖으로 나가는 것이라고 하였고, 호배휘는 4인이 동시에

묘문 밖으로 나가는 것이라고 하였다. 『의례정의』, 1041쪽 참조.

21_ 계단 : 호배휘는 이곳의 '계단'은 '서쪽 계단'이라고 하였다. 『의례정의』, 1042쪽 참조.

22_ 군주가 ~ 것이다 : [經-187]에서 군주가 이미 배례를 사양했는데 여기에서 또 배례를 하는 것은 군주를 공경한다는 뜻이다.

23_ 乃 : 호배휘는 혹자의 말을 빌려 '乃'는 '已'가 되어야 한다고 하였다. 이에 따라 번역한다. 『의례정의』, 1042쪽 참조.

24_ 由 : 양복 · 오계공은 '由'는 '猶'가 되어야 한다고 하였고, 포당은 '由'는 옛날에는 '猶'와 통용되었다고 하였다. 『의례주소』, 465쪽 교감 및 『의례정의』, 1042쪽 참조.

25_ 빈자는 ~ 말한다 : 호배휘는 '따른다'(從)와 '일어난다'(起)에 대해서 '따른다'는 것은 '군주가 빈을 따라 계단을 내려온다'는 뜻이고, '일어난다'는 것은 '일어나서 계단 위로 올라간다'는 뜻으로 구분한다. 『의례정의』, 1042쪽 참조.

26_ 이 예에는 ~ 못하겠다 : 가공언은 周公이 經文을 작성했을 당시에는 단지 '辭'라고만 기록했는데, 이 편과 「공사대부례」에 그 辭의 내용이 쓰여 있는 것은 후에 이를 기억했다가 기록한 자의 말임이 분명하다고 하였다. 그러나 호배휘는 「사관례」와 「사상견례」에도 經文 안에는 '辭'가 많이 보이는데, 가공언이 '기억했다가 기록한 자의 말'이라고 한 것은 정확하지 못하며, 또 이곳의 정현 주에는 탈오가 있으므로 빼버려도 좋다고 하였다. 『의례주소』, 466쪽, 가공언의 소 및 『의례정의』, 1042쪽 참조.

27_ 묘의 ~ 때문이다 : 비단과 짐승가죽은 모두 동쪽의 內府에 보관하게 하지만, 묘는 청결해야 하기 때문에 말만은 묘문 밖으로 내보낸다는 뜻이다.

해제 經－193에서 經－206까지는 '사적私覿' 가운데 '개적介覿' 즉 개介들이 개인의 자격으로 주군을 알현하는 절차이다.

[聘禮08 : 經－193]

주군은 당에서 내려와 뜰 중앙에 선다.[1] 빈자擯者는 묘문 밖으로 나가서 개介들에게 무슨 일로 왔는지 묻는다. 상개上介는 속금束錦을 받들고, 사개士介 4인은 모두 각자 옥금玉錦 한 묶음을 받들고 주군을 알현하고자 한다고 청한다.

公降立. 擯者出請. 上介奉束錦, 士介四人皆奉玉錦束, 請覿.

정현주

'옥금玉錦'은 문양이 섬세하고 촘촘한 흰 비단이다. 예禮에는 문양을 적게 넣는 것으로 귀함을 삼는 경우가 있다.[2] '속束'을 뒤에 말한 것은 문장의 편리함 때문이다. '玉錦', 錦之文纖縟者也. 禮有以少文爲貴者. 後言'束', 辭之便也.

[聘禮08 : 經－194]

빈자는 묘문 안으로 들어가서 주군에게 보고하고, 다시 나와서 주군의 허락한다는 명을 전달한다. 상개는 비단(속금)을 받들고, 정실로서 두 장의 사슴 가죽(儷皮)을 가지고 가는데[3] 빈의 찬자贊者 2인이 이를 돕는다.

擯者入告, 出許. 上介奉幣, 儷皮, 二人贊.

정현주 '여儷'는 둘(兩)이라는 뜻과 같다. 상개가 사슴 가죽을 사용하는 것은 빈의 경우와 변화시키는 것이다. '피皮'는 사슴 가죽이다. '儷'猶兩也. 上介用皮, 變於賓也. '皮', 麋鹿皮.

[聘禮08 : 經-195]

개介들은 모두 묘문 안으로 들어가 오른쪽으로 나아가서 서는데 동쪽을 윗자리로 삼으며, 비단을 내려놓고 모두 머리를 바닥에 대면서 재배를 한다.

皆入門右, 東上, 奠幣, 皆再拜稽首.

정현주 '모두'(皆)라는 것은 모든 중개衆介들을 포함한다는 뜻이다.[4] 빈의 찬자는 사슴 가죽을 내려놓고 묘문 밖으로 나간다. '皆'者, 皆衆介也. 贊者奠皮出.

[聘禮08 : 經-196]

빈자擯者는 주군의 명으로 개들이 신하의 예로 배례하는 것을 사양한다.

擯者辭.

정현주 또한 신하의 예를 사양하는 것이다. 亦辭其臣.

[聘禮08 : 經 – 197]

개介들은 들어올 때와 반대의 순서로 묘문 밖으로 나간다.

介逆出.

정현주

또한 일이 끝났기 때문이다.[5] 亦事畢也.

[聘禮08 : 經 – 198]

빈자는 상개가 내려놓은 속금(上幣)을 집어 들고, 사士들은 사개 4인이 내려놓은 옥금(衆幣)을 집어 들고, 유사有司 2인은 상개가 올린 사슴 가죽을 들고서 속금을 들고 있는 빈자의 뒤를 따라 묘문 밖으로 나가서[6] 상개에게 빈객의 예로 받고자 한다고 청한다.[7]

擯者執上幣, 士執衆幣, 有司二人擧皮, 從其幣, 出請受.

정현주

이 경문에서 '받고자 한다고 청한다'(請受)는 것은 상개에게 청하는 것이다. 빈자가 먼저 서쪽을 향하는 위치로 나아가서 청한다. 빈자가 청하는 말을 할 때에 비단을 들고 있는 사士들은 빈자의 뒤를 따라 문의 중앙에 서서 기다린다. 此'請受', 請于上介也. 擯者先卽西面位請之. 釋辭之時, 衆執幣者隨立門中而俟.

[聘禮08 : 經 – 199]

유사 2인은 사슴 가죽을 내려놓고,[8] 남쪽을 향해 선다.

委皮南面.

정현주 빈자가 청하는 말을 한 후에 옥금을 잡고 있는 사士들이 본래의 위치로 나아가면, 유사들이 비로소 사슴 가죽을 내려놓을 수 있다. 남쪽을 향해 서는 것은 다시 들여오기에 편리하도록 하는 것이다. 사슴 가죽을 내려놓을 때에는 묘문과 마주하게 한다.[9] 擯者既釋辭, 執衆幣者進卽位, 有司乃得委之. '南面', 便其復入也. 委皮當門.

[聘禮08 : 經－200]

비단을 들고 있는 빈자와 사들은 묘문 밖에서[10] 서쪽을 향해 서는데, 북쪽을 윗자리로 삼는다. 빈자는 상개에게 빈객의 예로 받고자 한다고 청한다.

執幣者西面, 北上. 擯者請受.

정현주 상개에게 청하는 것이다. 앞에서는 '그 차례'(其次)를 말하였고 이곳에서는 '그 위치'(其位)를 말한 것으로 호문互文·약문約文이다.[11] 請于上介也. 上言'其次', 此言'其位', 互約文也.

[聘禮08 : 經－201]

상개는 한 번 사양한 후 명을 받아들인다. 상개와 사개 4인은 모두 동시에 나아가서 빈자와 마주하고서 각자의 비단을 받는다.[12]

介禮辭, 聽命. 皆進, 訝受其幣.

정현주 이곳에서 '모두 마주하고서 받는다'(皆訝受)라고 말한 것은 빈자가 한 사람 한 사람에게 주는 것이라는 혐의를 받을 수 있기 때문이다. 此言'皆訝受'者, 嫌擯者一一授之.

[聘禮08 : 經-202]

상개는 비단(속금)을 받들고 빈객의 예로 주군을 알현하는데, 상개를 도와 사슴 가죽을 들고 있는 빈의 찬자 2인이 먼저 묘문 안으로 들어가 왼쪽으로 나아가서 뜰에 사슴 가죽을 내려놓는다.

上介奉幣, 皮先, 入門左, 奠皮.

정현주 '상개를 도와 사슴 가죽을 들고 있는 빈의 찬자 2인이 먼저 묘문 안으로 들어간다'(皮先)는 것은 개介들이 사슴 가죽을 들고 있는 찬자들의 뒤를 따라 묘문 안으로 들어간다는 뜻이다. '묘문 안으로 들어가 왼쪽으로 나아간다'(入門左)는 것은 개介들은 읍을 하는 위치에 이르러 선다는 뜻이다.[13] 사슴 가죽을 들고 있는 찬자들이 사슴 가죽을 내려놓는 것은 감히 그것을 건네주지 못하는 의리가 있기 때문이다.[14] 고문본에는 '入'이 두 번 들어가 있다.[15] '皮先'者, 介隨執皮者而入也. '入門左', 介至揖位而立. 執皮者奠皮以有不敢授之義. 古文重'入'.

[聘禮08 : 經-203]

주군은 재배를 한다.

公再拜.

정현주 뜰 중앙에서 배례를 하는 것이다. 당 위에서 배례를 받지 않는 것은 개介는 신분이 천하기 때문이다. 拜中庭也. 不受于堂, 介賤也.

[聘禮08 : 經-204]

상개는 옷소매로 비단(속금)의 먼지를 털어 내고, 사슴 가죽이 놓인 곳의 서쪽에서 북쪽으로 나아가서 북쪽을 향하여 주군에게 비단(속금)을 올리고, 다시 본래의 위치[16]로 물러나 머리를 바닥에 대면서 재배를 한다.

介振幣, 自皮西進, 北面授幣, 退復位, 再拜稽首送幣.

정현주 '나아간다'(進)는 것은 북쪽으로 가서 뜰의 삼분의 일이 되는 지점에서 동쪽으로 가서 주군과 마주하는 곳에서 다시 북쪽으로 나아간다는 뜻이다.[17] '進'者, 北行, 參分庭一而東行, 當君乃復北行也.

[聘禮08 : 經-205]

상개는 묘문 밖으로 나간다. 재宰는 주군의 왼쪽에서 비단(속금)을 받는다.

介出. 宰自公左受幣.

정현주 주군이 혼자서 직접 재에게 건네주지 않는 것은 개介에 대한 예는 가볍기 때문이다.[18] 不側授, 介禮輕.

[聘禮08 : 經 – 206]

유사 2인은 앉아서 사슴 가죽을 집어 들고서 동쪽으로 가지고 가서 내부內府에 보관한다.

有司二人坐擧皮以東.

주

1_ 주군은 ~ 선다 : 上介의 私覿을 기다리는 것이다.

2_ 예에는 ~ 있다 : 士介가 사용하는 玉錦은 賓이나 上介가 사용하는 것보다 문양이 더욱 화려하다. 이 때문에 문양을 적게 넣는 것을 귀하게 여긴다고 한 것이다. 『예기』 「禮器」에 "질박함으로 존귀함으로 삼는 경우가 있다. 지극한 공경에는 문식함이 없다. 아버지 쪽의 친족에 대해서는 禮容을 갖추지 않는다"(有以素爲貴者. 至敬無文. 父黨無容)고 하였다.

3_ 정실로서 두 장의 ~ 가는데 : 오계공은 賓은 卿으로서 私覿의 庭實로 乘馬(네 마리 말)를 쓰고, 上介는 大夫로서 儷皮(두 장의 사슴 가죽)를 쓰고 정실을 쓰지 않는데, 이것이 禮의 차등이라고 하였다. 그러나 호배휘는 庭實은 그 나라에 있는 것을 쓰기 때문에 말인가 짐승가죽인가 하는 것은 정해져 있지 않으며, 經文에서 賓의 私覿에는 말(馬)을 쓴다고 하였고, 上介의 私覿에는 짐승가죽(皮)을 쓴다고 한 것은 互文일 뿐이라고 하였다. 또 경문에는 上介의 정실로 '儷皮' 즉 '두 장의 사슴 가죽'을 쓴다고 하였는데 이는 '네 마리의 말'을 쓰는 賓의 경우보다 그 禮가 간략한 것이며, 만약 上介가 庭實로 말(馬)을 올린다면 역시 두 마리일 것으로 추론하였다. 『의례정의』, 1043쪽 참조.

4_ '모두'라는 ~ 뜻이다 : 上介는 단지 1명인데, 경문에서 두 번 '모두'(皆)라고 하였으므로 衆介를 포함한다는 것을 알 수 있다. 채덕진은 "衆介들도 모두 비단을 받들고 上介의 뒤를 따라 묘문 안으로 들어가 오른쪽으로 나아가서 비단을 내려놓고 머리를 바닥에 대면서 배례를 한다"고 하였다. 『의례정의』, 1043쪽 참조.

5_ 또한 ~ 때문이다 : 介의 私覿에서 上介와 衆介들은 처음에는 똑같이 신하의 예(臣禮)로 알현한다. 擯者가 주군의 명으로 신하의 예를 사양하면, 介들은 신하의 예로 알현하는 일이 끝났기 때문에 묘문 밖으로 나간다. 후에 擯者가 빈객의 예(客禮)로 비단을 받고자 한다고 청하면, 이에 나누어서 주군을 알현하게 된다. 그러나 이때 上介는 빈객의 예로 알현하지만, 衆介들은 감히 빈객의 예로 알현하지 못하고 여전히 신하의 예로 알현한다. 『의례정의』, 1044쪽 참조.

6_ 속금을 들고 있는 ~ 나가서 : 성세좌에 의하면 묘문 밖으로 나가는 순서는 束錦을 든 擯者가 가장 앞에 있고, 사슴 가죽을 든 有司가 그 뒤를 따르고, 玉錦을 든 士들이 또 그 뒤를 따른다. 經에서 有司보다 士를 먼저 언급한 것은 존비의 순서 때문이다. 『의례정의』, 1044쪽 참조.

7_ 상개에게 빈객의 ~ 청한다 : [經-198]과 [經-200]에서 두 번 '빈자는 상개에게 빈객의 예로 받고자 한다고 청한다'(請受)라고 한 것에 대해 정현은 실제 2차례 청하는 것으로 보았지만, 오계공과 성세좌는 이곳 [經-198]은 단지 묘문 밖으로 나가서 청할 때의 순서만을 말한 것으로, 이 단계에서는 아직 상개에게 빈객의 예로 받고자 한다고 청하지 않은 것이라고 하였다. 또한 진혜전은 [經-198]은 標目으로, [經-200]은 실제로 빈객의 예로 받고자 한다고 청하는 일을 기록한 것으로 구분하였다. 『의례정의』, 1044쪽 참조.

8_ 사슴 가죽을 내려놓고 : 이 단계에서는 아직 실제로 상개에게 빈객의 예로 받겠다고 청하지 않는 것으로 이해하는 오계공은 사슴 가죽을 들고 있는 有司는 上擯(擯者)의 뒤를 따라 묘문 밖으로 나간 후 上擯이 上介에게 청하는 말을 하기 전에 곧바로 사슴 가죽을 내려놓고 먼저 물러나는 것으로 해석하였다. 『의례정의』, 1044쪽 참조.

9_ 사슴 가죽을 ~ 한다 : 이여규는 사슴 가죽을 문 중앙에 내려놓는데 머리 부분이 북쪽을 향하도록 하여 놓으면, 나중에 상개를 도와 사슴 가죽을 잡는 사람이 북쪽을 향해 그것을 잡기에 편리하다고 하였다. 『의례정의』, 1044쪽 참조.

10_ 묘문 밖에서 : 호배휘는 묘문 밖 東塾의 남쪽에서 서쪽을 향해 서는 것이라고 하였다. 『의례정의』, 1044쪽 참조.

11_ 앞에서는 ~ 호문·약문이다 : 앞의 [經-198]에서는 "빈자는 상개가 내려놓은 속금을 집어 들고, 사들은 사개 4인이 내려놓은 옥금을 집어 들고, 유사 2인은 상개가 올린 사슴 가죽을 들고서 속금을 들고 있는 빈자의 뒤를 따라 묘문 밖으로 나가서 상개에게 빈객의 예로 받고자 한다고 청한다"(擯者執上幣, 士執衆幣, 有司二人擧皮, 從其幣, 出請受)고 하여 그 청하러 가는 '차례'(次)를 말하였고, [經-199]와 [經-200]에서 "유사 2인은 사슴 가죽을 내려놓고, 남쪽을 향해 선다. 비단을 들고 있는 빈자와 사들은 묘문 밖에서 서쪽을 향해 서는데, 북쪽을 윗자리로 삼는다"(委皮南面. 執幣者西面, 北上)라고 한 것까지는 청할 때 서는 '위치'(位)를 말한 것이다. 똑같이 擯者가 上介에게 빈객의 예로 받고자 한다고 청하는 일(請受)인데 앞에서는 '차례'를 말하고 뒤에서는 '위치'를 말한 것이다. '互文'이란 이곳 [經-200]에서 '西面北上'(서쪽을 향해 서는데, 북쪽을 윗자리로 삼는다)이라고 하였으므로 앞의 [經-198]에도 당연히 '北面東上'(북쪽을 향해 서는데, 동쪽을 윗자리로 삼는다)이라는 문장이 있어야 하는데, 아래 [經-212]에서 "士三人, 東上, 坐取幣, 立"(주국의 사 3인은 동쪽을 윗자리로 삼아 앉아서 비단을 집어 들고 일어난다)고 한 것이 이것이다. 이와 같이 상호 문장을 드러내는 것을 '互文'이라고 하고, '約文'은 비록 상호 그 문장을 드러내 보였지만 문장이 여전히 갖추어지지 않은 것을 말한다.

12_ 마주하고서 각자의 비단을 받는다 : 비단을 들고 있는 사람은 서쪽을 향하고, 介들은 모두 동쪽을 향하고 있는데, 이것이 '訝受' 즉 '마주하고서 받는다'는 뜻이다. 『의례정의』, 1045쪽 참조.

13_ '묘문 안으로 ~ 뜻이다 : 賓의 私覿에서는 주군이 聘의 예를 행할 때와 동일한 절차로 빈과 세 차례 읍과 양보를 한 후 당 위로 올라가는데, 빈은 묘문 안으로 들어가 주군과 읍을 한 이후에 당 위로 올라가 당 위 서쪽 벽을 등지고 선다.([經-182], [經-183]) 이곳의 介는 당 위로 올라가지 못하기 때문에 묘문 안으로 들어간 후 읍을 하는 곳(서쪽 계단 아래)에 이르러 서는 것이다. 『의례정의』, 1045쪽 참조.

14_ 사슴 가죽을 들고 있는 ~ 때문이다 : 享의 예를 행할 때에는 庭實로 짐승가죽을 사용하는데 사람을 시켜서 이를 잡고 건네주게 하면, 짐승가죽을 받은 사람은 이를

땅에 내려놓지 않았다. 이곳에서는 땅에 내려놓고 건네주지 않는다. 감히 享의 예와 똑같이 할 수 없기 때문이다. 『의례정의』, 1045쪽 참조.

15_ 고문본에는 ~ 있다 : 고문본에는 '皮先'다음에 '入'이 두 번 들어가 있다는 뜻이다.

16_ 본래의 위치 : 오정화는 '본래의 위치'는 聘의 예를 행할 때 묘문 안으로 들어왔던 위치, 즉 묘문 안의 왼쪽 위치라고 하였다. 『의례정의』, 1046쪽 및 [經－115] 참조.

17_ '나아간다'는 ~ 뜻이다 : 사슴 가죽이 놓인 곳의 서쪽으로부터 나아가 북쪽으로 가고, 뜰(庭)의 삼분의 일 지점을 지나면 이에 방향을 꺾어서 동쪽으로 가고, 주군과 서로 마주하는 곳에서 다시 북쪽으로 가서 주군이 있는 곳에 이르러 비단을 건네주는 것이다. 『의례정의』, 1046쪽 참조.

18_ 주군이 ~ 때문이다 : 주군이 먼저 주국의 贊者에게 속금을 건네주고, 주국의 贊者가 다시 宰에게 건네주는 것이다. 따라서 宰는 주군에게 직접 받는 것이 아니라 주국의 贊者를 통해서 받게 된다.

해제 經-207에서 經-215까지는 '사적私覿' 가운데 '중개적衆介覿' 즉 사개士介 4인이 개인의 자격으로 주군을 알현하는 절차이다.

[聘禮08 : 經-207]

빈자擯者는 또 사개士介 4인을 인도하여 묘문 안으로 들어온다.

擯者又納士介.

정현주 '들인다'(納)는 것은 묘문 밖으로 나가서 인도하여 들어온다는 뜻이다. '納'者, 出道入也.

[聘禮08 : 經-208]

사개들은 묘문 안으로 들어가 오른쪽으로 나아가서 비단(옥금)을 내려놓고, 머리를 바닥에 대면서 배례를 한다.

士介入門右, 奠幣, 再拜稽首.

정현주 끝내 감히 빈객의 예로 알현하지 못하는 것이다.[1] 終不敢以客禮見.

[聘禮08 : 經-209]

빈자는 주군의 명으로 사개들이 신하의 예로 배례하는 것을 사양한다.[2] 사개 4인은 들어올 때와 반대의 순서로 묘문 밖으로 나간다. 빈자는 사개의 우두머리가 올린 비단(옥금)을 집어 들고 묘문 밖으로 나가서 한 번 빈객의 예로 받고자 한다고 청한다.[3] 빈은 사개를 대신하여 사양한다.

擯者辭. 介逆出. 擯者執上幣以出, 禮請受. 賓固辭.

정현주 '한 번 받고자 한다고 청한다'(禮請受)는 것은 한 번 빈객의 예로 받고자 한다고 청하고 곧바로 신하의 예로 받는 것을 허락한다는 뜻이다. 빈이 사개를 대신하여 사양하는 것은 사개는 신분이 천하여 감히 말을 가지고 주군과 통할 수 없기 때문이다. '고固'는 필요 없는 글자이니, 마땅히 사개들이 개인의 자격으로 대부를 찾아뵐 때처럼 해야 한다.[4] '禮請受'者, 一請受而聽之也. 賓爲之辭, 士介賤, 不敢以言通於主君也. '固', 衍字, 當如面大夫也.

[聘禮08 : 經 - 210]

주군은 답례로 재배를 한다.[5] 빈자는 묘문 밖으로 나가서 문의 중앙에 서서 주군이 배례하는 것을 돕는다.

公答再拜. 擯者出, 立于門中以相拜.

정현주 빈자는 빈의 사양하는 말을 주군에게 보고하고, 다시 묘문으로 돌아와서 문 중앙의 문지방(闑) 밖에서 서쪽을 향해 선다. 주군이 이에 멀리 바라보면서 답배를 할 때에,[6] 상자相者(擯者)[7]는 이를 도와서 사개에게 고한다. 擯者以賓辭入告, 還立門中闑外, 西面. 公乃遙答拜也, 相者贊告之.

[聘禮08 : 經－211]

사개 4인은 모두 뒷걸음질을 하면서 물러나 주군의 배례를 피한다.[8]

士介皆辟.

정현주 '피한다'(辟)는 것은 동쪽을 향하고 있던 위치에서 뒷걸음질을 하여 물러난다는 뜻이다. '辟', 於其東面位逡遁也.

[聘禮08 : 經－212]

주국의 사士 3인[9]은 동쪽을 윗자리로 삼아 앉아서[10] 비단(옥금)을 집어 들고 일어난다.

士三人, 東上, 坐取幣, 立.

정현주 빈자가 사개의 우두머리가 올린 비단(上幣)을 집어 들고 오기를 기다리는 것이다.[11] 俟擯者執上幣來也.

[聘禮08 : 經－213]

빈자는 뜰 중앙으로 나아간다.

擯者進.

정현주 주군이 있는 곳으로 나아가는 것이다.[12] 就公所也.

[聘禮08 : 經－214]

재부宰夫는 뜰 중앙에서 주국의 사士에게서 비단(옥금)을 건네받고 동쪽으로 가지고 가서 내부內府에 보관한다.

宰夫受幣于中庭, 以東.

정현주

재부를 시켜서 주국의 사에게 받게 하는 것은 사개들의 비단은 예가 가볍기 때문이다. 재부는 주군의 왼쪽에서 비단을 받는다. 빈이 올린 비단은 주군이 빈자擯者의 도움 없이 직접 재宰에게 건네주고, 상개가 올린 비단은 재宰가 주군의 왼쪽에서 받고, 사개들이 올린 비단은 재부가 주국의 사士에게서 받는 것은 공경함의 차등이다. 使宰夫受于士, 士介幣輕也. 受之于公左. 賓幣, 公側授宰, 上介幣, 宰受于公左, 士介幣, 宰夫受于士, 敬之差.

[聘禮08 : 經－215]

비단(옥금)을 들고 있는 주국의 사士 3인은 순서에 따라서 비단을 재부에게 건네준다.

執幣者序從之.

정현주

'순서에 따른다'(序從)고 한 것은 재부는 마땅히 한 사람 한 사람한테서 받아야 하기 때문이다.[13] '序從'者, 以宰夫當一一受之.

주

1_ 끝내 ~ 것이다 : 賓과 上介는 처음에는 신하의 예(臣禮)로 알현하고자 하였지만 주군의 사양으로 마침내 빈객의 예(客禮)로 알현하였다. 그러나 士介들은 上介보다 신분이 낮아서 끝까지 빈객의 예로 알현하지 못한다.

2_ 빈자는 ~ 사양한다 : 주군이 士介에 대해서도 신하의 예로 알현하고자 하는 것을 사양하는 것은 자기의 신하가 아니기 때문이다.

3_ 빈자는 ~ 청한다 : 玉錦을 올린 士介는 4인인데, 오직 우두머리가 올린 玉錦(上幣)만을 집어 들고, 또 한 번만 빈객의 예로 받겠다고 청하는 것이다. 모두 上介보다 예를 줄이는 것이다. 경문의 '上幣'는 성세좌에 의하면 士介의 우두머리 한 사람이 올린 玉錦이다.(上幣, 士長一人之玉錦也) 『의례정의』, 1047쪽 참조.

4_ '고'는 ~ 한다 : 가공언은 士介가 개인 자격으로 大夫를 찾아뵐 때, 擯者가 上幣(사개의 우두머리가 올린 비단)를 집어 들고 묘문 밖으로 나가서 빈객의 예로 받겠다고 한 번만 청하면, 빈이 사개들을 대신하여 사양을 하는 것이므로 '固'가 필요 없다고 하였다. 이여규도 한 번 사양하고 허락하는 것을 '禮辭'라고 하고, 두 번 사양하고 허락하는 것을 '固辭'라고 하는데, 이제 擯者는 빈객의 예로 받고자 한다고 한 번 청하였으므로 '固辭'가 없으며, 士介가 개인의 자격으로 대부를 찾아뵐 때에도 빈은 한 번만 사양할 뿐이라고 하였다. 『의례정의』, 1047쪽 참조.

5_ 주군은 ~ 한다 : 士介가 玉錦을 올리고 재배한 것([經-208])에 답례를 하는 것이다. 『예기』「曲禮下」에 "군주는 士에 대해서 답배를 하지 않지만 자기 신하가 아니면 답배를 한다"(君於士, 不答拜也, 非其臣, 則答拜之)고 하였다. 따라서 여기서 주군이 士介에게 답배를 하는 것은 자기의 신하가 아니기 때문이다.

6_ 멀리 바라보면서 답배를 할 때에 : 士介는 묘문 밖의 서쪽에서 동쪽을 향하고 있고, 주군은 묘문 안의 中庭에 있기 때문에 '멀리 바라보면서 답배를 한다'(遙答拜)고 한 것이다.

7_ 상자 : 『주례』「추관·司儀」의 정현 주에 "나가서 빈객을 영접할 때에는 '擯'이라 하고, 들어와서 예를 도울 때에는 '相'이라 한다"(出接賓曰'擯', 入詔禮曰'相')고 하였다. 호배휘에 의하면 擯者가 주군이 배례하려는 뜻을 도와서 上介에게 고하기 때문에 '相'이라고 한 것이다. 따라서 相者는 곧 擯者이다. 『의례정의』, 1047쪽 참조.

8_ 모두 뒷걸음질을 ~ 피한다 : 士介들은 주군이 배례를 한다는 말을 듣고 그 위치에 편안하지 못하여 뒷걸음질을 하면서 물러난다는 뜻으로 공경을 표하는 것이다.

9_ 사 3인 : 이곳의 '士'는 主國의 士이다. 擯者가 이미 上幣(士介 4인 가운데 우두머리의 玉錦)를 집어서 들고 있기 때문에 나머지 玉錦을 들기 위해서는 3명이 필요하다.

10_ 동쪽을 윗자리로 삼아 앉아서 : 주군이 동쪽에 있기 때문이다.

11_ 빈자가 ~ 것이다 : 賓이 客禮로 예물을 바치는 것을 사양했을 때 上幣(士介 4인 가운데 우두머리가 올린 玉錦)는 이미 擯者의 손에 있었고, 擯者는 주군이 士介에게 답배를 할 때 이를 돕고 있었기 때문에([經-210]) 아직 宰夫에게 이를 건네주지 않았다. 따라서 主國의 士는 먼저 나머지 玉錦을 집어 들고 서서 빈자가 上幣를 가지

고 오기를 기다리고 있는 것이다.

12_ 주군이 ~ 것이다 : 擯者는 묘문 중앙의 문지방(闑) 밖에서 서쪽을 향해 서 있었는데([經－210]), 이때 묘문 안으로 들어가 주군이 있는 뜰 중앙(中庭)에 이르러 비로소 들고 있던 上幣를 宰夫에게 건네준다.

13_ '순서에 따른다'고 ~ 때문이다 : 정현의 뜻은 비단(옥금)을 들고 있는 3인의 士가 차례대로 재부에게 비단을 건네주기 때문에 宰夫는 마땅히 한 사람 한 사람으로부터 받아야 한다는 것이다. 그러나 오계공은 "士 3인이 宰夫를 따른다"(士三人從宰夫)고 해석하였고, 호배휘도 앞의 [經－214]에서 "재부는 뜰 중앙에서 주국의 사에게서 비단(옥금)을 건네받고 동쪽으로 가지고 가서 내부에 보관한다"고 하였으므로 이곳의 경문은 '비단을 들고 있는 士 3인은 순서대로 宰夫의 뒤를 따라 동쪽으로 간다'는 뜻으로 해석해야 한다고 하여 정현의 설을 비판하였다. 『의례정의』, 1048쪽 참조.

「공송빈公送賓 · 문군問君 · 문대부問大夫 · 노빈개도勞賓介圖」

(請), 『흠정의례의소』

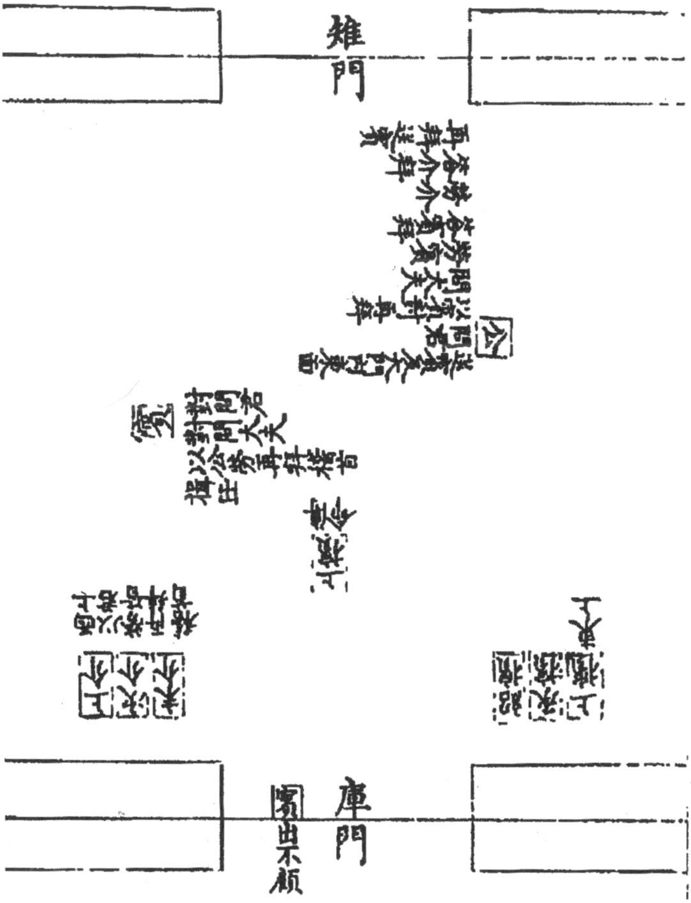

해제 經-216에서 經-221까지는 예빈醴賓의 절차가 끝나서 빈이 조정에서 물러가고, 이에 주군이 빈을 전송하는 절차이다.

[聘禮08 : 經-216]

빈자擯者는 묘문 밖으로 나가서 빈에게 다른 일이 더 있는지 묻는다. 빈은 일이 끝났음을 고한다.

擯者出請. 賓告事畢.

정현주

빈이 일이 끝났음을 고하면, 중개衆介(上介·次介·末介)들은 문 안으로 들어왔을 때와 반대의 순서로 빈을 인도하면서 묘문 밖으로 나간다. 賓旣告事畢, 衆介逆道賓而出也.

[聘禮08 : 經-217]

빈자는 묘문 안으로 들어가서 주군에게 보고한다. 주군은 묘문 밖으로 나가서 빈을 전송한다.

擯者入告. 公出送賓.

정현주

주군이 묘문 밖으로 나갈 때, 중빈衆擯(上擯·承擯·紹擯)들은 또한 들어올 때와 반대의 순서로 주군을 인도하여 나간다.[1] 소빈紹擯과 빈賓은 나란히 하여 걷는데, 그 사이는 또한 6보步(3장 6척)이다. 公出, 衆擯亦逆道. 紹擯及賓並行, 間亦六步.

[聘禮08 : 經 – 218]

대문大門(庫門) 안에 이르렀을 때, 주군主君(빙문을 받는 나라의 군주)은 빙군聘君(빙문을 보낸 나라의 군주)의 안부를 묻는다.

及大門內, 公問君.

정현주

지난번에는 공적인 예로 일을 받들고 있었기 때문에 빙군의 안부를 물을 방법이 없었다. 빈은 처음 대문 안으로 들어왔던 위치에 이르러 북쪽을 향해 읍을 하고 나가려 하고, 중개衆介(上介·次介·末介)들은 또한 빈의 오른쪽에서 조금 물러나 서쪽을 윗자리로 삼아 서는데, 이때에 "빙군의 거처는 어떠하신가?"라고 물을 수 있으니, 순서가 은근한 것이다. 이때 승빈承擯과 소빈紹擯 또한 대문의 동쪽에서 북쪽을 향해 서는데, 동쪽을 윗자리로 삼는다. 상빈上擯은 왕래하면서 주군의 명을 전하고 남쪽을 향해 선다. 거백옥蘧伯玉이 공자에게 사람을 보냈을 때, 공자는 "부자夫子(거백옥)께서는 무엇을 하시는가?"[2]라고 물었다. 이것이 주군이 빙군의 안부를 묻는 방식이다. 鄉以公禮將事, 無由問也. 賓至始入門之位, 北面, 將揖而出, 衆介亦在其右, 少退西上, 於此可以問"君居處爲於[3]", 序殷勤也. 時承擯·紹擯亦於門東, 北面東上. 上擯往來傳君命, 南面. 蘧伯玉使人於孔子, 孔子問曰, "夫子何爲?" 此公問君之類也.

[聘禮08 : 經 – 219]

빈이 응답을 하면, 주군은 재배를 한다.

賓對, 公再拜.

정현주

무탈한 것에 배례를 올리는 것이다. 주군이 배례를 할 때 빈은 또한 자리를 피하여 뒷걸음질하면서 물러난다. 拜其無恙. 公拜, 賓亦辟.

[聘禮08 : 經-220]

주군이 대부[4]들의 안부를 물으면, 빈은 응답을 한다. 주군이 빈을 위로하면, 빈은 머리를 바닥에 대면서 재배를 한다. 주군은 답배를 한다.

公問大夫, 賓對. 公勞賓, 賓再拜稽首. 公答拜.

정현주

먼 길을 오느라 고생했다고 위로하는 것이다. 勞以道路之勤.

[聘禮08 : 經-221]

주군이 개介들을 위로하면, 개들은 모두 머리를 바닥에 대면서 재배를 한다. 주군은 답배를 한다. 빈이 대문(庫門) 밖으로 나가면, 주군은 대문 안에서 재배를 하면서 전송한다. 빈 일행은 뒤를 돌아보지 않고 곧바로 떠난다.

公勞介, 介皆再拜稽首. 公答拜. 賓出, 公再拜送. 賓不顧.

정현주

주군이 배례를 하면 빈객은 빠른 걸음으로 자리를 피한다. 주군은 상빈上擯에게 명하여 대문 밖으로 나가서 빈 일행을 전송하게 하는데, 상빈은 돌아와서 "빈이 뒤를 돌아보지 않고 곧바로 떠났습니다"라고 보고한다. 이에 주군은 노침路寢으로 돌아갈 수 있다. 『논어』에서 공자의 행동을 설명하면서, "군주가 불러 빈객을 접대하게 하시면 낯빛을 변하시며 발걸음을 조심하셨다. 빈객이 물러가면, 반드시 '빈객이 뒤를 돌아보지 않고 곧바로 떠났습니다'라고 복명하셨다"[5]라고 하였다. 公旣拜, 客趨辟, 君命上擯送賓出, 反告賓不顧, 於此君可以反路寢矣. 『論語』說孔子之行曰, "君召使擯, 色勃如也, 足躩如也. 賓退, 必復命曰, '賓不顧'矣."

주

1_ 들어올 때와 ~ 나간다 : 紹擯이 가장 앞쪽에 있고, 承擯이 그 다음에, 上擯이 또한 그 다음에 있으며, 주군은 가장 뒤에 있다. 빈을 맞이하여 묘문 안으로 들어올 때에는 上擯—承擯—紹擯의 순서이다.([經—101]) 따라서 들어올 때와 반대의 순서가 된다.

2_ 부자께서는 무엇을 하시는가? : 『논어』「憲問」에 보인다.

3_ 爲於 : 『의례정의』, 1047쪽에는 '何如'로 되어 있다. 이에 따라 번역한다.

4_ 대부 : 왕사양에 의하면 경문의 '大夫'에는 上大夫로서의 卿도 포함된다. 『의례정의』, 1050쪽 참조.

5_ 군주가 ~ 복명하셨다 : 『논어』「鄕黨」에 보인다.

해제 經－222에서 經－227까지는 빈이 주국의 경 · 대부를 예방하고자 청하였을 때, 경이 우선 관사에서 빈을 위로하는 절차이다.

[聘禮08 : 經－222]

빈은 주군에게 주국의 대부[1]를 예방하고자 한다고 청한다.[2]

賓請有事於大夫.

정현주

경卿을 예방하고자 한다고 청하는 것이다. '문問'이라고 하지 않은 것은 '빙聘' 또한 '문問'이니, 군주와 가까이 한다는 혐의를 받을 수 있기 때문이다.[3] 상빈上擯이 대문 밖으로 나가서 빈을 전송할 때, 빈이 동쪽을 향하여 청하는 것이니, 빈자擯者가 대문 안으로 돌아와서 주군에게 잘 전송하였음을 복명할 때, 그 기회를 이용하여 빈의 청을 보고한다. 請問問卿也.[4] 不言'問聘[5]', 聘亦問也, 嫌近君也. 上擯送賓出, 賓東面面[6]請之, 擯者反命, 因告之.

[聘禮08 : 經－223]

주군은 한 번 사양을 한 후 허락한다.

公禮辭, 許.

정현주

'예사禮辭'는 한 번 사양한다는 뜻이다. '禮辭', 一辭.

[聘禮08 : 經 – 224]

빈은 관사로 나아간다.

賓卽館.

정현주

잠시 휴식을 취하기 위한 것이다. '즉卽'은 나아간다(就)는 뜻이다. 小休息也. '卽', 就也.

[聘禮08 : 經 – 225]

경·대부가 빈의 관사로 찾아가 위로하고자 하면,[7] 빈은 사양하고 만나지 않는다.

卿·大夫勞賓, 賓不見.

정현주

자기의 공적인 일이 아직 행해지지 않았기 때문이니, 상개가 빈의 말을 가지고 경·대부에게 사양을 한다.[8] 以己公事未行, 上介以賓辭辭之.

[聘禮08 : 經 – 226]

경·대부는 기러기를 관사의 문 앞에 내려놓고 재배를 한다. 상개가 빈을 대신하여 이를 받는다.

大夫奠雁再拜. 上介受.

정현주

'경卿'을 말하지 않았지만 경도 대부와 마찬가지로 신분을 나타내는 예물로 기러기를 잡으니, 국군國君을 알현할 때보다 낮추는 것이다.[9] 『주례』에는 무릇 제후의 경이 군주를 조견할 때에는 모두 새끼 양을 잡는 것으로 되어 있다.[10] 不言'卿', 卿與大夫同執雁, 下見于國君. 『周禮』, 凡諸侯之卿見朝君, 皆執羔.

[聘禮08 : 經 – 227]

경·대부가 상개를 위로할 때에도 이와 동일한 절차로 한다.[11]

勞上介, 亦如之.

주

1_ 대부 : 이곳의 '대부'는 경과 대부를 겸하는 말인데, '경'이라고 하지 않고 '대부'라고 한 것은 하대부도 포함되어 있기 때문이다. 상대부는 경이라고 칭한다.

2_ 주군에게 주국의 ~ 청한다 : 예방하고자 할 때 반드시 주군에게 청하는 것은 의리상 사사로운 교류가 있을 수 없기 때문이다. 『의례정의』, 1051쪽, 왕사양의 설 참조.

3_ '문'이라고 ~ 때문이다 : [經-422]에서 "小聘을 '問'이라고 한다"(小聘曰'問')고 하였다. 즉 '聘' 또한 '問'이므로, '問'이라고 하면 군주와 가까이한다는 혐의를 받을 수 있다. 이 때문에 '問'이라고 하지 않고 '有事於大夫'(대부에게 일이 있다)라고 한 것이다.

4_ 請問問卿也 : 호배휘는 두 개의 '問' 가운데 하나는 필요 없는 글자라고 하였다. 이에 따라 번역한다. 『의례정의』, 1051쪽 참조.

5_ 聘 : 盧文弨는 '聘'은 필요 없는 글자라고 하였다. 이에 따라 번역한다. 『의례주소』, 471쪽 교감 참조.

6_ 面 : 『의례정의』, 1051쪽에는 '面'이 '而'로 되어 있다. 이에 따라 번역한다.

7_ 경·대부가 ~ 하면 : 호배휘는 경문의 '勞賓'은 경·대부가 빈의 관사로 찾아가서 위로하는 것이라고 하였다. 『의례정의』, 1052쪽 참조.

8_ 자기의 ~ 한다 : 공적인 일은 賓 자신이 대부를 예방하는 일을 말한다. 자신이 대부를 예방하기 전에 대부가 먼저 관사로 찾아와서 위로하고자 하기 때문에 상개를 시켜 사양한다는 뜻이다.

9_ '경'을 ~ 것이다 : 앞의 [經-225]에서 "경·대부가 빈의 관사로 찾아가 위로한다"고 하였는데, 이 경문에서는 대부만 말하고 경은 언급하지 않았다. 사실은 경도 대부와 마찬가지로 자신의 신분을 나타내는 예물로 기러기를 잡으니, 이는 군주를 알현할 때보다 낮추는 것이다. 『주례』「추관·掌客」에는 "제후의 의례에서 上公은 5積이니 卿은 모두 새끼 양을 가지고 알현하며, 侯·伯은 4積이니 卿은 새끼 양을 가지고 알현한다"(諸侯之禮, 上公五積, 卿皆見以羔, 侯伯四積, 卿皆見以羔)고 하였다. 이것은 卿이 來朝하러 온 군주를 알현할 때 새끼 양(羔)을 잡는다는 뜻이다. 이곳의 경문에서는 卿이 來聘하러 온 賓을 만날 때 기러기(雁)를 잡는 것으로, 이는 군주를 알현하는 것과 다른 것이다. 이 때문에 정현이 "군주를 알현할 때보다 낮추는 것"이라고 한 것이다. 『의례정의』, 1052쪽 참조.

10_ 무릇 제후의 ~ 있다 : 앞의 각주 『주례』「추관·掌客」의 내용 참조.

11_ 경·대부가 ~ 한다 : 빈을 위로할 때와 마찬가지로 상개의 관사로 찾아가서 위로하고자 하면 상개는 뵙지 않고, 사개가 대신 기러기를 받는다는 뜻이다.

「궤옹희도歸饔餼圖」

(請),『흠정의례의소』

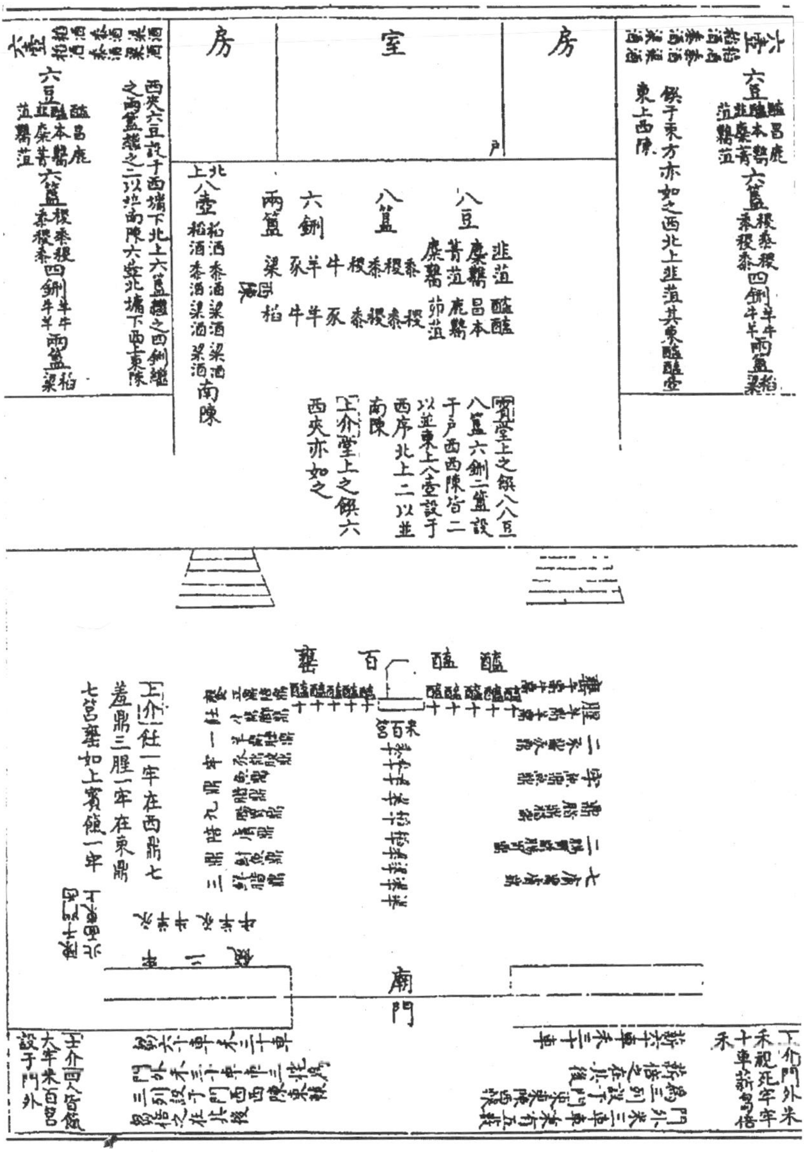

해제 經－228에서 經－266까지는 주군이 경(상대부)을 파견하여 빈에게 옹饔(죽은 희생)・희餼(살아 있는 희생)를 보내주는 절차이다.

[聘禮08 : 經－228]

주군은 경[1]으로 하여금 위변복韋弁服[2]을 착용하고 빈에게 가서 죽은 희생(饔)과 살아 있는 희생(餼) 5태뢰[3]를 보내주게 한다.

君使卿韋弁, 歸饔・餼五牢.

정현주

피변皮弁을 위변韋弁으로 바꾸어 착용하는 것은 공경히 하는 것이다.[4] 위변은 적황색의 가죽으로 만든 변弁으로 병복兵服이다. 그런데 그것을 입는 것은 피皮와 위韋는 같은 종류로 서로 가까움을 취한 것이다.[5] 그 복은 적황색의 베로 웃옷을 만들고 흰 비단으로 치마를 만든다.[6] 희생 가운데 죽은 것을 '옹饔'이라 하고, 살아 있는 것을 '희餼'라고 한다. 금문본에는 '歸'가 혹 '饋'로 되어 있기도 하다. 變皮弁, 服韋弁, 敬也. 韋弁, 韎韋之弁, 兵服也. 而服之者, 皮韋同類, 取相近耳. 其服蓋韎布以爲衣, 而素裳. 牲, 殺曰'饔', 生曰'餼'. 今文'歸'或爲'饋'.

위변복韋弁服

섭숭의(宋), 『삼례도』

피변복皮弁服

섭숭의(宋), 『삼례도』

[聘禮08 : 經 – 229]

경이 빈의 관사에 도착하면, 상개가 대문 밖으로 나가서 무슨 일로 찾아왔는지 묻는다. 상개가 들어가서 빈에게 경의 뜻을 고하면, 빈은 조복朝服을 착용하고 한 번 사양을 한 후 허락한다.

上介請事. 賓朝服禮辭.

정현주 조복을 착용하는 것은 음식을 받지 않겠다는 뜻을 보이는 것이다. 받을 때에는 마땅히 존복尊服(皮弁服)을 착용해야 한다. 朝服, 示不受也. 受之當以尊服.

[聘禮08 : 經 – 230]

유사有司[7]는 빈의 관사 안으로 들어가 음식을 진설한다[8].

有司入陳.

정현주 빈이 관사로 쓰고 있는 묘廟 안에 들어가서 음식이나 식량(積)[9]을 진설하는 것이다. 入賓所館之廟, 陳其積.

[聘禮08 : 經 – 231]

먼저 죽은 희생(饔)을 진설한다.

饔.

정현주 익힌 고기(飪)와 익히지 않은 고기(腥)를 가리킨다. 謂飪與腥.

[聘禮08 : 經－232]

익힌 고기 1태뢰(쇠고기·양고기·돼지고기)를 담은 세발솥을 서쪽 계단 앞에 놓는데, 그 밖의 익힌 고기를 담은 세발솥과 함께 모두 9개의 세발솥을 진설하고, 별도로 3개의 배정陪鼎[10]을 동·서 양 계단 사이의 당 모서리와 마주하는 곳에 진설한다. 이들 세발솥은 모두 머리 부분이 동쪽을 향하도록 하여 놓는데, 북쪽을 윗자리로 삼는다. 가장 북쪽의 세발솥은 비碑[11]와 나란하게 놓고, 그 나머지는 북쪽부터 남쪽으로 차례대로 진설한다. 쇠고기·양고기·돼지고기·건어(魚)[12]·말린 고기를 각각의 세발솥에 나누어 담고, 쇠고기·양고기의 창자와 위는 하나의 세발솥에 함께 담고,[13] 돼지고기의 껍질부위[14]·활어(鮮魚)·저민 생선(鮮腊)[15]을 각각의 세발솥에 나누어 담는다. 가로막대로 세발솥의 양 귀를 꿰어 걸고 덮개보로 세발솥의 위를 덮는다. 3개의 배정에는 쇠고기 국·양고기 국·돼지고기 국을 나누어 담는데, 덮개보로 덮어서 쇠고기·양고기·돼지고기를 담은 세발솥의 옆(동쪽)에 차례대로 진설한다.[16]

飪一牢, 鼎九設于西階前, 陪鼎當內廉. 東面, 北上. 上當碑, 南陳. 牛·羊·豕·魚·腊·腸胃同鼎, 膚·鮮魚·鮮腊. 設扃鼏. 膷·臐·膮, 蓋陪牛·羊·豕.

정현주

배정陪鼎에는 3가지의 희생을 담는데, 고깃국(臛)[17]으로서 쇠고기 국·양고기 국·돼지고기 국이며, 뒤이어서 서수庶羞를 올린다.[18] '동서 양 계단 사이의 당 모서리(內廉)와 마주하는 곳에 진설한다'는 것은 당도堂塗(뜰에서 당에 이르는 동·서 양쪽의 길)를 피하는 것이다.[19] '창자와 위'(腸胃)를 말린 고기의 다음에 진설하는 것은 그것이 소와 양에서 나온 것이기 때문이다.

'껍질부위'(膚)는 돼지고기인데, 오직 데치는 경우에만 껍질부위가 있다.[20] 이 음식들에 대해서 먼저 그 위치를 진술하고 그런 후에 그 순서를 말한 것은 대례大禮를 중히 여겨 그 일을 상세히 기록한 것이다.[21] 궁宮에는 반드시 비碑가 있는데, 해그림자를 관측하고 음양을 알기 위한 것이다. 무릇 비碑는 물건을 끄는 것인데 종묘에서는 희생을 묶어 두고 그 털과 피를 취한다.[22] 그 재료로는 궁묘宮廟에서 사용하는 것은 돌로 만들고, 하관할 때에 사용되는 것은 나무로 만든다.[23] 陪鼎三牲, 臛, 膷·臐·膮, 陪之庶羞加也. '當內廉', 辟堂塗也. '腸胃', 次腊, 以其出牛羊也. '膚', 豕肉也, 唯燖者有膚. 此饌先陳其位, 後言其次, 重大禮, 詳其事也. 宮必有碑, 所以識日景, 引陰陽也. 凡碑, 引物者, 宗廟則麗牲焉, 以取毛血. 其材, 宮廟以石, 窆用木.

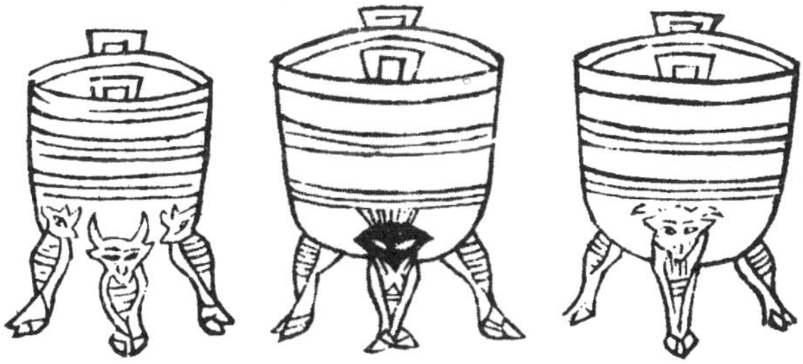

우정牛鼎　　양정羊鼎　　시정豕鼎

섭숭의(宋), 『삼례도』

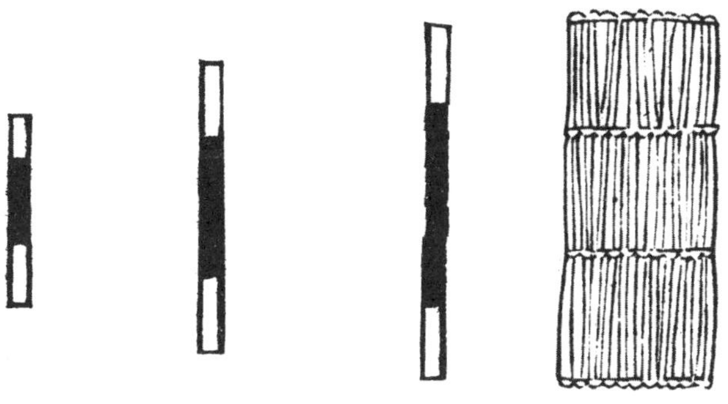

우정경牛鼎扃　　양정경羊鼎扃　　시정경豕鼎扃　　정멱鼎冪

섭숭의(宋), 『삼례도』

[聘禮08 : 經 – 233]

익히지 않은 고기 2태뢰를 담은 세발솥을 놓는데, 그 밖의 익히지 않은 고기를 담은 세발솥과 함께 모두 14개의 세발솥을 진설한다. 활어(鮮魚)와 저민 생선(鮮腊)을 담은 세발솥은 없다. 이들 14개의 세발솥은 조계阼階 앞에 진설하는데, 머리 부분이 서쪽을 향하도록 하여 놓으며, 익힌 고기를 담은 세발솥의 경우와 마찬가지로 북쪽부터 남쪽으로 차례대로 진설하는데, 두 줄로 7개씩 놓는다.[24]

腥二牢, 鼎二七. 無鮮魚·鮮腊. 設于阼階前, 西面, 南陳如飪鼎, 二列.

정현주

익히지 않은 고기(腥)[25]를 담은 세발솥을 진설하는 것은 빈을 우대하는 까닭이다.[26] 有腥者, 所以優賓也.

[聘禮08 : 經 – 234]

당 위에는 8개의 나무제기(豆)를 실문(室戶)의 서쪽[27]에 진설하는데, 동쪽부터 서쪽으로 차례대로 놓는다.[28] 모두 2개씩 나란히 하여 진설하는데,[29] 동쪽을 윗자리로 삼아서 부추절임(韭菹)을 담은 나무제기를 진설하고, 그 남쪽에 고기젓갈(醓醢)을 담은 나무제기를 진설하여,[30] 서로 섞어서 교차시켜 놓는다.[31]

堂上八豆, 設于戶西, 西陳. 皆二以並, 東上, 韭菹, 其南醓醢, 屈.

정현주

'戶'는 실문(室戶)이다. '동쪽을 윗자리로 삼는다'(東上)는 것은 군주가 직접 빈에게 사례食禮를 행하는 경우와 달리하

두豆

(淸), 『흠정의례의소』

는 것이다.[32] '고기젓갈'(醓醢)은 즙汁이다. '굴屈'은 서로 섞어서 교차시켜 놓는다(錯)는 뜻과 같다. 금문본에는 '並'이 모두 '併'으로 되어 있다. '戶', 室戶也. '東上', 變于親食賓也. '醓醢', 汁也. '屈'猶錯也. 今文'並'皆爲'併'.

[聘禮08 : 經 - 235]

8개의 나무제기(豆) 서쪽에 8개의 둥근 밥그릇(簋)을 이어서 진설하는데, 찰기장 밥(黍)을 담은 둥근 밥그릇을 진설하고 그 남쪽에 메기장 밥(稷)을 담은 둥근 밥그릇을 진설하는데, 서로 섞어서 교차시켜 놓는다.[33]

八簋繼之, 黍其南稷, 錯.

정현주

찰기장 밥(黍)을 담은 둥근 밥그릇이 북쪽에 있는 것이다. 黍在北.

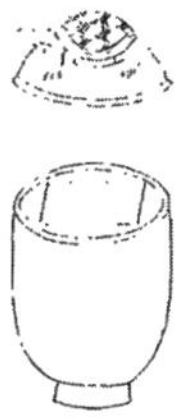

궤簋

(淸), 『흠정의례의소』

[聘禮08 : 經 - 236]

8개의 둥근 밥솥(簋) 서쪽에 6개의 국그릇(鉶)을 이어서 진설하는데, 쇠고기 국을 담은 국그릇을 진설하고 그 서쪽에 양고기 국을 담은 국그릇과 돼지고기 국을 담은 국그릇을 진설하고, 돼지고기 국을 담은 국그릇의 남쪽에 쇠고기 국을 담은 국그릇을 진설하고, 그 동쪽에 양고기 국을 담은 국그릇과 돼지고기 국을 담은 국그릇을 진설한다.[34]

六鉶繼之, 牛以西羊·豕, 豕南牛, 以東羊·豕.

정현주

형鉶

(淸), 『흠정의례의소』

'국그릇'(鉶)은 고깃국을 담는 그릇이다. '鉶', 羹器也.

[聘禮08 : 經－237]

6개의 국그릇(鉶) 서쪽에 2개의 네모진 밥그릇(簠)을 이어서 진설하는데, 수수밥(粱)을 담은 네모진 밥그릇을 북쪽에 놓고, 쌀밥(稻)을 담은 네모진 밥솥을 남쪽에 놓는다.

兩簠繼之, 粱在北.

정현주

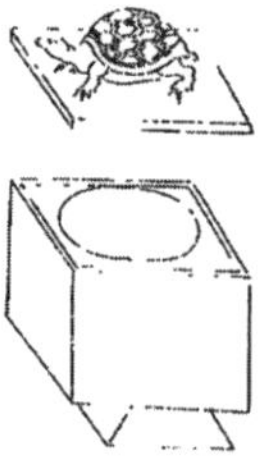

보簠

(淸), 『흠정의례의소』

네모진 밥그릇(簠)을 둥근 밥그릇(簋)의 다음에 진설하지 않는 것은 수수밥(粱)과 쌀밥(稻)은 가찬이기 때문이다. 무릇 음식을 구부러지고 교차시켜 진설하는 것은 서로 변화를 주고자 하는 것이다. 簠不次簋者, 粱稻加也. 凡饌屈錯要相變.

[聘禮08 : 經－238]

8통의 술동이(壺)를 당 위 서쪽 벽(西序) 앞에 진설하는데 북쪽을 윗자리로 삼으며, 2통씩 나란히 하여 북쪽부터 남쪽으로 차례대로 진설한다.[35]

八壺設于西序, 北上, 二以並, 南陳.

정현주 '호壺'는 술동이이다. 술은 대체로 쌀로 빚은 술과 수수로 빚은 술이다. 서로 섞어서 교차시켜 진설하지 않는 것은 술은 섞는 것으로 맛을 삼지 않기 때문이다. '壺', 酒尊也. 酒蓋稻酒·粱酒. 不錯者, 酒不以雜錯爲味.

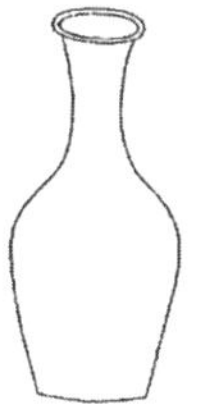

호壺
(淸), 『흠정의례의소』

[聘禮08 : 經-239]

서협西夾 안의 서쪽 벽 아래에 6개의 나무제기(豆)를 진설하는데, 북쪽을 윗자리로 삼는다. 북쪽에 부추절임(韭菹)을 담은 나무제기를 놓고, 그 동쪽에 고기젓갈(醓醢)을 담은 나무제기를 놓는데, 방향이 구부러지게 진설한다.[36] 6개의 나무제기 남쪽에 6개의 둥근 밥그릇(簋)을 이어서 진설한다. 찰기장 밥(黍)을 담은 둥근 밥그릇을 서쪽에 놓고, 그 동쪽에 메기장 밥(稷)을 담은 둥근 밥그릇을 놓는데, 서로 섞어서 교차시켜 진설한다. 6개의 둥근 밥그릇 남쪽에 4개의 국그릇(鉶)을 이어서 진설한다. 서쪽에 쇠고기 국(牛)을 담은 국그릇을 놓고, 그 남쪽에 양고기 국(羊)을 담은 국그릇을 놓고, 그 동쪽에 돼지고기 국(豕)을 담은 국그릇을 놓고, 그 북쪽에 다시 쇠고기 국(牛)을 담은 국그릇을 놓는다. 4개의 국그릇 남쪽에 2개의 네모진 밥그릇(簠)을 이어서 진설한다. 서쪽에 수수밥(粱)을 담은 네모진 밥그릇을 놓고, 동쪽에 쌀밥(稻)을 담은 네모진 밥그릇을 동쪽에 놓는다. 이상 나무제기(豆)·둥근 밥그릇(簋)·국그릇(鉶)·네모진 밥그릇(簠)은 모두 2개씩 나란하게 하여 북쪽부터 남쪽으로 차례대로 진설한다. 서협西夾의 북쪽 벽 아래에 6통의 술동이(壺)를 서쪽을 윗자리로 삼아서 놓는데, 2통씩 나란하게 하여 서쪽부터 동쪽으로 차례대로 진설한다.
西夾六豆, 設于西墉下, 北上. 韭菹, 其東醓醢, 屈. 六簋繼之. 黍其東稷, 錯. 四鉶繼之. 牛以南羊, 羊東豕, 豕以北牛. 兩簠繼之. 粱在西. 皆二以並, 南陳. 六壺西上, 二以並, 東陳.

정현주 북쪽 벽 아래에 서쪽부터 동쪽으로 차례대로 진설하여 나무제기(豆)에 통섭된다. 東陳在北墉下, 統於豆.

[聘禮08 : 經 - 240]
동협東夾에 음식을 진설할 때에도 서협西夾의 경우와 동일한 절차로 하는데,[37]
饌于東方, 亦如之,

정현주 '동방東方'은 동협실東夾室이다. '東方', 東夾室.

[聘禮08 : 經 - 241]
서북쪽을 윗자리로 삼아서 진설한다.
西北上.

정현주 또한 서북쪽에 부추절임(韭菹)을 담은 나무제기를 진설하고, 그 동쪽에 고기젓갈(醓醢)을 담은 나무제기를 진설한다. 亦韭菹, 其東醓醢也.

[聘禮08 : 經-242]
술동이(壺)의 경우에는 동쪽을 윗자리로 삼아서 동쪽부터 서쪽으로 차례대로 진설한다.
壺東上, 西陳.

정현주 또한 북쪽 벽(北墉) 아래에 진설하여 나무제기(豆)에 통섭된다. 亦在北墉下, 統於豆.

[聘禮08 : 經-243]
식초(醯)와 고기젓갈(醢)을 담은 100개의 독(甕)[38]을 비碑를 끼고서 진설한다. 10개의 독으로 한 줄을 이루게 하는데, 식초를 담은 50개의 독을 비碑의 동쪽에 놓고, 고기젓갈을 담은 독을 비碑의 서쪽에 놓는다.
醯·醢百甕, 夾碑. 十以爲列, 醯在東.

정현주 비碑를 끼고서 세발솥(鼎)의 중앙에 진설하는 것이다.[39] 식초를 담은 독을 동쪽에 놓는 것은 식초는 곡물로 만드니, 양陽이기 때문이다. 고기젓갈은 고기로 만드니, 음陰이다. 夾碑在鼎之中央也. 醯在東, 醯穀, 陽也. 醢肉, 陰也.

[聘禮08 : 經-244]

살아 있는 희생 소·양·돼지 각각 2마리씩을 묘문 안의 서쪽[40]에 머리가 북쪽을 향하도록 하여 진설하는데, 동쪽을 윗자리로 삼는다. 동쪽에 소가 있고, 그 서쪽에 양과 돼지가 있고,[41] 돼지의 서쪽에 소와 양과 돼지가 있다.[42]

餼二牢, 陳于門西, 北面, 東上. 牛以西羊·豕, 豕西牛·羊·豕.

정현주

'희餼'는 살아 있다(生)는 뜻이다. 소와 양은 오른손으로 끈다.[43] 돼지는 그 발을 묶고 오른쪽으로 눕히니, 또한 사람이 그 왼쪽에 있게 된다. '餼', 生也. 牛羊, 右手牽之. 豕, 束之, 寢右, 亦居其左.

[聘禮08 : 經-245]

곡물(米)[44]을 담은 100개의 둥근 대광주리(筥)를 진설한다. 대광주리마다 곡물 5말을 담아서 뜰 중앙에 10개의 둥근 대광주리로 한 줄을 이루게 하여 놓는데, 북쪽을 윗자리로 삼는다. 찰기장(黍)·수수(粱)·쌀(稻)을 담은 둥근 대광주리는 모두 두 줄씩이고, 메기장(稷)을 담은 둥근 대광주리는 4줄이다.

米百筥. 筥半斛, 設于中庭十以爲列, 北上. 黍·粱·稻皆二行, 稷四行.

정현주

정실庭實은 본래 뜰의 중앙(庭中)에 진설하는데, 이곳에서 '뜰 중앙(中庭)에 진설한다'고 말한 것은 남쪽과 북쪽의 중앙이라는 뜻이다.[45] 동쪽과 서쪽으로 줄을 이루는데, 줄은 식초와 고기젓갈을 담은 독과 마주하고 있으니 또한 서로 변화시키는 것이다.[46] 이곳에서 '뜰 중앙'(中庭)이라고 하였으므로 비碑를 설치한 곳과 당 위 남쪽 끝 모서리에서 북쪽으로 방·실의 벽에 이르는 길이(堂深)만큼 가까운 것이다.[47] 庭實固當庭中, 言'當中庭'者, 南北之中也. 東西爲列, 列當醯醢南, 亦相變也. 此言'中庭', 則設碑近如堂深也.

[聘禮08 : 經-246]
묘문 밖에는 곡물(米)을 실은 30대의 수레가 있다. 수레마다 곡물 1병秉 5수籔를 실어서 묘문 밖의 동쪽에 3줄을 이루게 하여 진설하는데, 서쪽부터 동쪽으로 차례대로 놓는다.[48]
門外, 米三十車. 車秉有五籔, 設于門東爲三列, 東陳.

정현주

대부의 예에서 곡물과 볏짚을 실은 수레의 수는 모두 죽은 희생에 맞추어서 한다.[49] '병秉'과 '수籔'는 모두 양量을 헤아리는 단위의 명칭이다.[50] 1병秉 5수籔는 24곡斛이다. '籔'는 '不數'라고 할 때의 '數'의 뜻으로 읽는다. 금문본에는 '籔'가 '逾'로 되어 있기도 한다. 大夫之禮, 米禾皆視死牢. '秉'·'籔', 數名也. 秉有五籔, 二十四斛也. '籔'讀若不數之'數'. 今文'籔'或爲'逾'.

[聘禮08 : 經-247]
또한 볏짚(禾)을 실은 30대의 수레가 있다. 수레마다 볏짚 3타秅를 실어서 묘문 밖의 서쪽에 진설하는데, 동쪽부터 서쪽으로 차례대로 놓는다.
禾三十車. 車三秅, 設于門西, 西陳.

정현주

'타秅'는 양量을 헤아리는 단위의 명칭이다. 3타秅는 1,200병秉이다.[51] '秅', 數名也. 三秅, 千二百秉.

[聘禮08 : 經－248]

섶(薪)과 꼴(芻)을 실은 수레는 볏짚(禾)을 실은 수레의 두 배이다.[52]

薪芻倍禾.

정현주

볏짚의 두 배로 하는 것은 그 용도가 많기 때문이다. 섶을 실은 수레는 곡물을 실은 수레를 따라 진설하고, 꼴을 실은 수레는 볏짚을 실은 수레를 따라 진설하는데,[53] 네 가지를 실은 수레는 모두 진설할 때 끌채(轅)를 북쪽으로 향하게 한다. 무릇 이것들은 예를 두터이 하고 풍성하게 하는 것이다. 『예기』「빙의」에 "옛날에 재물을 사용하는 것이 모두 이와 같을 수는 없었다. 그러나 빙례에서 이처럼 풍성하게 재물을 사용하는 것은 예에 맞게 극진히 실행하는 것을 뜻한다. 예에 맞게 극진히 실행하면, 나라 안으로는 군주와 신하가 서로를 능멸하지 않고, 나라 밖으로는 서로를 침략하지 않는다. 그러므로 천자가 빙례를 제정하였으니, 제후들은 이것의 실천에 힘쓸 따름이다"라고 하였다. 倍禾者, 以其用多也. 薪從米, 芻從禾, 四者之車皆陳, 北輈. 凡此所以厚重禮也. 「聘義」曰, "古之用財不能均如此. 然而用財如此其厚者, 言盡之於禮也. 盡之於禮, 則內君臣不相陵, 而外不相侵. 故天子制之, 而諸侯務焉爾."

[聘禮08 : 經－249]

빈은 피변복皮弁服으로 갈아입고[54] 외문外門(大門)[55] 밖으로 나가서 대부[56]를 맞이하는데, 재배를 한다. 대부는 답배를 하지 않는다.
賓皮弁迎大夫于外門外, 再拜. 大夫不答拜.

정현주

'대부'는 사자使者인 경卿을 가리킨다. '大夫', 使者卿也.

[聘禮08 : 經-250]
빈과 대부는 서로 읍을 하고 외문(대문) 안으로 들어간다. 묘문 앞에 이르면, 빈은 읍을 한 후 먼저 묘문 안으로 들어간다.
揖入. 及廟門, 賓揖入.

정현주

빈과 사자(대부)가 읍을 하고 외문 안으로 들어가는 것이다. 사자는 단지 비단을 들고 있을 뿐인데, 빈이 묘문 안에서 기다리는 것은 겸손히 하는 것이다.[57] 옛날에 천자가 제후에게 갈 경우 반드시 태조묘大祖廟에서 묵었다.[58] 제후가 제후에게 갈 경우에는 제공諸公의 묘廟에서 묵는다.[59] 대부가 제후에게 갈 경우에는 대부의 묘에서 묵는다. 賓與使者揖而入. 使者止執幣, 賓俟之于門內, 謙也. 古者天子適諸侯, 必舍於大祖廟. 諸侯行, 舍于諸公廟. 大夫行, 舍于大夫廟.

[聘禮08 : 經-251]
대부도 속백束帛을 받들고 묘문 안으로 들어간다.
大夫奉束帛.

정현주 주군의 명을 받들어 올리기 위한 예물을 잡는 것이다. 執其所以將命.

[聘禮08 : 經-252]

묘문 안으로 들어간 후 빈은 대부와 세 차례 읍을 하고 나란히 하여 걸어가는데,

入, 三揖, 皆行,

정현주 '개皆'는 나란하다(並)는 뜻과 같다. 사자使者(大夫)는 존귀하기 때문에 주인主人(賓)의 뒤를 따라가지 않는다.[60] '皆'猶並也. 使者尊, 不後主人.

[聘禮08 : 經-253]

계단 앞에 이르렀을 때 주인(빈)이 먼저 오르도록 양보를 하면, 대부(사자)는 먼저 한 계단을 오른다.

至于階, 讓, 大夫先升一等.

정현주 양보하는데 '세 차례'(三)라고 말하지 않은 것은 세 차례를 완성하지 않기 때문이다.[61] 무릇 계단을 오를 때에 주인은 빈객에게 세 차례 양보를 한다. 신분이 대등한 경우에는 빈객이 세 번째 사양을 하면 주인이 이에 승낙하고 계단을 오르는데, 또한 빈을 인도하는 의리이다.[62] 사자(大夫)는 존귀하므로 주인(聘賓)이 세 번째 양보를 하면 승낙하고 계단을 오르는 것이다.[63] 만일 사자가 세 차례 양보를 한다면 이는 주인이 네 차례 양보를 하는 것

이 된다. 주군은 비록 존귀하지만 또한 세 차례 양보를 한 후 비로소 승낙을 하고 계단을 오르니, 주인보다 낮추지 않을 수 없기 때문이다. 고문본에는 '三讓'(세 차례 양보를 한다)이라고 하였다. 讓不言'三', 不成三也. 凡升者, 主人讓于客三. 敵者則客三辭, 主人乃許升, 亦道賓之義也. 使者尊, 主人三讓, 則許升矣. 今[64]使者三讓, 則是主人四讓也. 公雖尊, 亦三讓乃許升, 不可以不下主人也. 古文曰'三讓'.

[聘禮08 : 經 - 254]

빈(주인)은 대부(사자)의 뒤를 따라 당 위로 올라가 조계 위쪽에서 북쪽을 향해 명을 듣는다.

賓從, 升堂, 北面聽命.

정현주

계단 위쪽에서[65] 북쪽을 향한다. 北面于階上也.

[聘禮08 : 經 - 255]

대부는 서쪽 계단 위쪽에서 동쪽을 향해 주군의 명을 전해 바친다. 빈은 당에서 내려와 조계의 서쪽에서 머리를 바닥에 대면서 재배를 한다. 살아 있는 희생(餼)을 보내준 것에 배례를 할 때에도 이와 동일한 절차로 한다.[66]

大夫東面致命. 賓降, 階西再拜稽首. 拜餼亦如之.

정현주

대부는 속백束帛을 받들고서 죽은 희생(饔)과 살아 있는 희생(餼)을 동시에 보내주는데, 빈이 따로 나누어서 두 차례 배례를 하는 것은 공경하는 것이니, 군주의 예를 중하게 여기기 때문이다. 大夫以束帛同致饔·餼也, 賓殊拜之, 敬也, 重君之禮也.

[聘禮08 : 經-256]
대부는 빈이 당 아래에서 배례하는 것을 사양한다.[67] 빈은 당 위로 올라가 배례를 완성한다.
大夫辭. 升成拜.

정현주

빈을 높여 주는 것이다.[68] 尊賓.

[聘禮08 : 經-257]
빈은 당 중앙의 서쪽에서 북쪽을 향해 비단(속백)을 받는다.
受幣堂中西北面.

정현주

주군의 명에 급히 달려가는 뜻이다.[69] '당중서堂中西'는 중앙의 서쪽을 말한다. 趨主君命也. '堂中西', 中央之西.

[聘禮08 : 經-258]
대부는 당에서 내려와 묘문 밖으로 나간다. 빈도 당에서 내려와 비단(속백)을 노老(家臣)에게 건네준 후 묘문 밖으로 나아가 대부를 맞이하여 들어오고자 한다.

大夫降, 出. 賓降, 授老幣, 出迎大夫.

정현주

'노老'는 가신家臣이다. 빈이 묘문 밖으로 나아가 맞이하는 것은 대부를 인도하여 들어오고자 하는 것이다. '老', 家臣也. 賓出迎, 欲擯之.

[聘禮08 : 經 – 259]

대부는 한 번 사양한 후 허락하고 묘문 안으로 들어가는데, 처음 들어갈 때와 동일한 절차로 읍을 하고 양보를 한다.[70] 빈이 먼저 한 계단을 오르면, 대부가 빈의 뒤를 따라 당 위로 올라간다.

大夫禮辭, 許, 入, 揖讓如初. 賓升一等, 大夫從, 升堂.

정현주

빈이 먼저 올라가는 것은 신분이 대등하기 때문이다.[71] 모두 북쪽을 향한다. 賓先升, 敵也. 皆北面.

[聘禮08 : 經 – 260]

정실庭實이 진설되는데, 말 네 마리이다.

庭實設, 馬乘.

정현주

'승乘'은 네 마리의 말이다. '乘', 四馬也.

[聘禮08 : 經 – 261]

빈은 당에서 내려와 노老(家臣)에게 속금束錦을 건네받는다. 대부는 당 위에 머물러 있고 내려오지 않는다.

賓降堂, 受老束錦. 大夫止.

정현주

당 위에 머무르고 내려오지 않는 것은 주군의 존귀함을 남기도록 하기 위함이다.[72] 止不降, 使之餘尊.

[聘禮08 : 經 – 262]

빈은 조계 위쪽에서 속금을 받들고 서쪽을 향해 선다. 대부는 서쪽 계단 위에서 동쪽을 향해 선다. 빈은 대부에게 비단(속금)을 보내준다.

賓奉幣西面. 大夫東面. 賓致幣.

정현주

'명을 전해 바친다'(致命)라고 말하지 않은 것은 군주의 명으로 하는 것이 아니기 때문이다. 不言'致命', 非君命也.

[聘禮08 : 經 – 263]

대부는 응답을 한 후 북쪽을 향해 당의 앞쪽 들보(楣)와 마주하는 곳에서 머리를 바닥에 대면서 재배를 한다.

大夫對, 北面當楣, 再拜稽首.

정현주 머리를 바닥에 대는 것은 주군의 빈객을 높이는 것이다. 응답을 할 때에는 감사의 말을 한다.[73] 稽首, 尊君客也. 致對, 有辭也.

[聘禮08 : 經－264]

대부는 당 위의 동쪽 기둥과 서쪽 기둥 사이에서 남쪽을 향해 비단(속금)을 받은 후 서쪽 계단 위쪽으로 물러나 동쪽을 향해 서서 빈이 배례하기를 기다린다.

受幣于楹間, 南面, 退, 東面俟.

정현주 빈이 북쪽을 향해 건네주는 것은 주군의 사자를 높이는 뜻이다. 賓北面授, 尊君之使.

[聘禮08 : 經－265]

빈은 비단(속금)을 보내준 후 머리를 바닥에 대면서 재배를 한다. 대부는 당에서 내려와 왼쪽 말을 끌고 묘문 밖으로 나간다.

賓再拜稽首送幣. 大夫降, 執左馬以出.

정현주 대부가 묘문 밖으로 나가면, 종자從者가 또한 맞이하여 말을 건네받는다.[74] 出廟門, 從者亦訝受之.

[聘禮08 : 經－266]

빈은 외문(대문) 밖에서 대부를 전송하는데, 재배를 한다. 이튿날, 빈은 외조外朝로 나아가서 주군에게 배례를 하여 감사를 표하고, 죽은 희생(饔)과 살아 있는 희생(餼)을 보내준 것에 따로 나누어서 두 차례 배례를 하는데, 모두 머리를 바닥에 대면서 재배를 한다.
賓送于外門外, 再拜. 明日, 賓拜于朝, 拜饔與餼, 皆再拜稽首.

정현주 대문 밖에서 주군의 은혜에 배례를 하여 감사를 표하는 것이다.[75]『주례』「추관·장아掌訝」에 "무릇 빈객의 일이 있으면 먼저 접빈관(訝)에게 고하고, 접빈관은 조정에 들어가 그 일을 처리한다"[76]고 하였다. 이때의 배례에서도 또한 피변복皮弁服을 착용한다. 拜謝主君之恩惠於大門外. 『周禮』曰, "凡賓客之治, 令訝[77]聽之." 此拜亦皮弁服.

주

1_ 경 : 주군이 경을 보내는 것은 빈이 상대부(경)이므로 작위가 동등한 사람을 보내는 것이다.

2_ 위변복 : '韋弁'은 천자·제후·대부의 兵服이다. 『주례』「춘관·司服」에 "무릇 兵事에는 위변복을 착용한다"(凡兵事, 韋弁服)고 한 것에 대해 정현은 "韋弁은 적황색 가죽으로 弁을 만들고, 또 그것으로 웃옷과 치마를 만든 것이다. 『좌전』 成公 16년 조에 '晉의 郤至는 적황색 가죽의 跗注(붉은 색의 물을 들인 戎服으로, 바지처럼 만들어 발등에 붙게 하고 바지와 연결한다)를 입고 있다'고 한 것이 이것이다. 오늘날의 伍伯의 緹衣는 고대 병복의 遺色이다"(韋弁, 以韎韋爲弁, 又以爲衣裳. 『春秋傳』, '晉郤至衣韎韋之跗注', 是也. 今時伍伯緹衣, 古兵服之遺色)라고 하였다. '緹'는 丹黃色의 비단이다. 『삼례사전』, 604쪽, '위변복' 항목 참조.

3_ 죽은 희생과 살아 있는 희생 5태뢰 : 소·양·돼지 세 희생이 갖추어진 것을 1太牢라고 한다. 여기서 5태뢰는 익힌 고기(飪) 1태뢰와 익히지 않은 고기(腥) 2태뢰로 이루어진 3태뢰의 죽은 희생(饔)과 2태뢰의 살아 있는 희생(餼)이다. 『의례정의』, 1053쪽 참조.

4_ 피변을 ~ 것이다 : 『주례』「추관·司服」에서는 祭服, 韋弁服, 皮弁服의 순서로 기술되어 있기 때문에 위변복은 피변복보다 존귀한 것이다. 이 때문에 '공경히 하는 것이다'라고 한 것이다. 『의례정의』, 1053쪽 참조.

5_ 위변은 적황색의 ~ 것이다 : 『字林』에서 "韋는 부드러운 가죽(柔皮)"이라고 하였고, 『설문』에서는 "韎는 꼭두서니 띠풀로 가죽을 물들인 것이다"(茅蒐染韋)라고 하였다. 가죽을 꼭두서니 띠풀로 물들였기 때문에 그 성질이 부드럽다. 韎는 또 적황색이다. 『釋名』에는 "적황색의 가죽으로 弁을 만드는데 이를 韋弁이라 한다"(以韎爲韋弁, 謂之韋弁)고 하였다. 『의례정의』, 1053쪽 참조.

6_ 그 복은 ~ 만든다 : '韋弁'의 제도에 대해서 『주례』「추관·司服」의 정현 주에는 "위변은 적황색의 가죽으로 弁을 만들고, 또 그것으로 웃옷과 치마를 만든다"(韋弁, 以韎韋爲弁, 又以爲衣裳)고 하였다. 그런데 이 경문의 정현 주에서는 "적황색의 베로 웃옷을 만들고 흰 비단으로 치마를 만든다"(韎布以爲衣, 而素裳)고 하여 웃옷은 베(布)를 사용하고 가죽(韋)을 사용하지 않으며, 치마는 흰색 비단(素)을 사용하고 적황색의 가죽(韎)을 사용하지 않는다고 하였다. 모두 「司服」의 정현 주와는 다르다. 이에 대해 가공언은 廟에 들어갈 때에는 순수하게 兵服을 할 수 없기 때문에 베와 흰 비단으로 의상을 만드는 것이라고 해석하였다. 또 陳常道는 '韋弁'은 '爵弁'이라고 하였고, 오계공도 이에 동의하였다. 그러나 호배휘는 爵弁은 士服인데 韋弁은 大夫 이상이 착용하는 것으로 분명 다른 것이며, 또 爵弁은 베로 만드는데 韋弁은 가죽으로 만들며 爵色이 흑색을 다섯 번 물들인 緅(검붉은 색)에 가까운 반면 韋에는 흑색을 한 번 물들인 韎(적황색)를 사용하기 때문에 분명 다른 것이라고 반박하였다. 『의례정의』, 1055쪽 참조.

7_ 유사 : 오정화는 『의례장구』에서 이곳의 '有司'는 宰夫의 속관이라고 하였다.

8_ 진설한다 : 앞의 [經－229]에서 빈이 禮辭를 한다고 하였는데, '禮辭'는 한 번 사양을 한 후에 허락한다는 뜻이다. 이 때문에 유사가 빈의 관사 안으로 들어가서 예물을 진설하는 것이다. 賓의 館舍는 主國의 大夫의 廟 안에 있다.

9_ 음식이나 식량 : '積'은 조빙을 할 때 빈객에게 보내주는 음식이나 식량 등의 물품으로서 희생(牢)·곡물(米)·섶(薪)·꼴(芻) 등을 말한다. 『예기』「聘義」에 "主國이 빈객을 접대함에 있어 출국할 때와 입국할 때에 3번의 積을 공급한다"(主國待客, 出入三積)고 하였다. 혹자는 빙례에서의 '三積'에 대해 다음과 같이 설명한다. 빈이 처음 관사에 도착했을 때 宰夫가 음식을 진설하는데(設飧), 이것이 첫 번째 '積'이다. 聘의 예를 행하는 날에 경으로 하여금 죽은 희생(饔)과 살아 있는 희생(餼)을 보내주게 하는데, 이것이 두 번째 '積'이다. 이는 관사에 머물 때 필요한 물자를 공급하는 것이다. 떠날 때에도 물품을 지급하여 도중에 필요한 수요를 충당하게 하는데, 이것이 세 번째 '積'이다. 그러나「빙례」의 정현 주와 가공언 소에는 '출국할 때와 입국할 때 3번의 積을 공급한다'는 문장이 보이지 않는다. 이 때문에 만사대는 '출국할 때와 입국할 때 3번의 積을 공급하는 것'(出入三積)은 上公의 신하를 접대할 때에만 적용되며,『의례』의 빙례는 侯·伯의 臣을 접대하는 것이기 때문에 '積'이 없다고 하였다. 그러나『의례』「聘禮」의 '設飧'의 禮에서 익힌 쇠고기·양고기·돼지고기의 1太牢와 익히지 않은 쇠고기·양고기·돼지고기의 1太牢, 곡물과 볏짚을 실은 수레 각각 20대, 섶과 꼴을 실은 수레 각각 40대를 보내주고([經－92]~[經－95]), '歸饔餼'의 禮에서는 죽은 희생과 살아 있는 희생 총 5태뢰, 곡물과 볏짚을 실은 수레 각각 30대, 섶과 꼴을 실은 수레 각각 60대를 보내준다고 하였는데, 이것도 '積'이라고 할 수 있다고 하면서, 나누어서 말하면 '飧'·'饔'이라고 하고, 합해서 말하면 '積'이라고 한다고 하였다.『의례정의』, 1055쪽 참조.

10_ 배정 : '陪鼎'은 앞의 [經－92]에서 말한 '羞鼎'으로, 그 수는 3개이며, 쇠고기 국(膷)·양고기 국(臐)·돼지고기 국(膮)을 담는다.

11_ 비 : 堂下에서 廟門에 이르는 곳을 '뜰'(庭)이라고 하는데, 이 뜰을 3등분하여 북쪽에 돌로 만든 '碑'를 설치한다. 이것으로 해그림자를 관측해서 시간을 계산하거나 희생을 매다는 데에 이용한다. 가공언은 "碑는 堂의 아래에 있다. 뜰 하나를 셋으로 나누었을 때 북쪽에 있다"(碑在堂下. 三分庭一, 在北)고 하였다. 앞의 황이주「廟制圖」참조.

12_ 건어 : 호배휘에 따라면 아래에 '鮮魚'라고 했으므로, 이곳의 '魚'는 魚薨 즉 乾魚라고 하였다.『의례정의』, 1056쪽 참조.

13_ 쇠고기·양고기의 창자와 ~ 담고 : 오정화는『의례장구』에서 쇠고기와 양고기의 창자와 위는 모두 배에서 나오는 부위이기 때문에 같은 세발솥에 함께 담는 것이라고 하였다.(牛羊腸胃皆出于腹, 故同鼎)

14_ 돼지고기의 껍질부위 : 호배휘에 따르면 쇠고기와 양고기에는 창자와 위가 있지만 껍질부위는 없으며, 돼지고기의 경우에는 껍질부위는 있지만 창자와 위는 없

다.(牛羊有腸胃而無膚, 豕則有膚而無腸胃)『의례정의』, 1057쪽 참조.

15_ 저민 생선 : 오정화는 『의례장구』에서 '腊'은 사냥을 하여 잡은 들짐승을 얇게 썰어서 말린 고기(田獸之肉, 析而乾之)이며, '鮮腊'은 얇게 썰었지만 아직 말리지 않은 것(析而未乾)이라고 하였다. 『주례』「천관·腊人」의 정현 주에서는 "큰 동물은 해체하고 잘라서 말리니, 그것을 '乾肉'이라고 한다. 오늘날 涼州의 烏翅 같은 것이다. 얇게 잘라서 말린 것을 '脯'라고 하고, 두드리고 생강과 계피를 뿌려 넣은 것을 '鍛脩'라고 한다. '腊'은 작은 동물을 통째로 말린 것이다"(大物解肆乾之, 謂之乾肉. 若今涼州烏翅矣. 薄折曰'脯', 棰之而施薑桂曰'鍛脩'. '腊', 小物全乾)라고 하였다.

16_ 3개의 배정에는 ~ 진설한다 : 오계공과 학경은 경문의 '蓋'를 발어사로 보지만, 저인량, 진혜전, 성세좌 등은 '鼏'에 대응되는 '덮개보'로 해석한다. '성세좌는 다음과 같이 설명한다. 정찬을 담는 세발솥(正鼎)의 경우에는 '鼏'이라고 하고, 가찬을 담는 세발솥(陪鼎)의 경우에는 '蓋'라고 하는데 모두 세발솥을 덮는 덮개보이다. 그 명칭이 다른 것은 '鼏'은 크고 '蓋'는 작기 때문이다. '鼏'은 다른 물건으로 만들기 때문에 '진설한다'(設)고 하였고, '蓋'는 鼎과 물건을 같이하기 때문에 '진설한다'고 말하지 않았다. 정찬을 담는 세발솥의 경우에는 '設扃鼏'이라고 하여 '扃'(가로막대 : 세발솥을 드는 기구)을 함께 말했는데, 가찬을 담는 세발솥의 경우에는 '蓋'라고만 말하고 '扃'을 말하지 않은 것은 가찬을 담는 세발솥은 작아서 손으로 들 수 있기 때문이다. 진혜전도 성세좌의 설에 동의한다. 『의례정의』, 1056쪽 참조.

17_ 고깃국 : 채소를 곁들여 끓인 고깃국을 '臛'이라고 하고, 채소가 들어가지 않은 고깃국을 '羹'이라고 한다.

18_ 뒤이어서 서수를 올린다 : '庶羞'는 희생 및 금수 등으로 요리한 음식과 안주로서, 저인량에 의하면 庶羞는 나무제기(豆)위에 올려놓는다. 이는 正饌이 아니라 加饌이다.

19_ '동서 양 계단 ~ 것이다 : 당의 모서리를 '堂廉'이라고 하는데, 동서 양 계단 사이의 당 모서리를 '內廉'이라고 한다. 이여규는 『의례집석』에서 "'內廉'은 서쪽 계단의 동쪽 모서리이다. 계단에는 모두 동쪽과 서쪽의 두 개 모서리가 있는데, 당의 중앙과 가까운 것이 內廉이다. 가찬을 담은 陪鼎은 정찬을 담은 正鼎의 뒤를 이어서 진설하는데, 계단의 內廉과 마주하므로, 세발솥은 서쪽 계단의 동쪽에 진설되는 것이다. 세발솥이 堂塗를 피하여 內廉과 마주하도록 진설되기 때문에 堂塗는 계단과 일직선이 되는 것이다"('內廉', 西階之東廉也. 皆有東西兩廉, 近堂之中者爲內廉. 陪鼎陪正鼎之後, 而當階內廉, 則鼎設于西階之東矣. 鼎以辟堂塗而設之, 當階內廉, 則堂塗直階也)라고 하였다. 또 이여규는 『의례석궁』에서 "堂塗를 '陳'(당 아래의 길)이라고 한다. 곽박은 '堂 아래에서 廟門에 이르는 지름길이다. 그 북쪽으로는 계단에 이어지고, 그 남쪽으로는 묘문 안쪽의 낙수물받이(內霤)와 접해 있다'라고 해석하였다"(堂塗謂之'陳'. 郭氏曰, '堂下至門徑也. 其北屬階, 其南接門內霤')고 하였다. 이에 대해 호배휘는 "곽박이 '(堂塗는) 북쪽으로 계단에 이어진다'고 한 것에 의거한다면, 堂

塗는 계단과 일직선이다. 정찬을 담은 9개의 세발솥(正鼎)은 서쪽 계단의 앞에 진설되는데, 東堂과 조금 가까운 곳을 마주한다. 堂塗는 넓기 때문에 장애물이 없다. 만약 가찬을 담은 세발솥(陪鼎)을 정찬을 담은 세발솥(正鼎)의 서쪽에 진설하면 堂塗를 가로막는 장애물이 생기게 된다. 그러므로 동서 양 계단 사이의 당 모서리(內廉)와 마주하는 곳에 진설하여 그것을 피하는 것이다. '當'은 '對' 즉 '마주한다'는 뜻이다"(據郭云'北屬階', 則堂塗直階矣. 正鼎設于西階前, 當稍近東堂. 塗寬故無礙. 若陪鼎設于正鼎之西, 則有礙堂塗矣. 故當內廉以辟之也. '當', 對也)라고 하였다. 또 오정화는 『의례의의』에서 "익힌 고기를 담은 세발솥은 서쪽 계단 앞에 진설하는데, 약간 동쪽으로 한 줄을 이루고, 또 가찬을 담은 세발솥(陪鼎)을 또 그 동쪽에 진설하여 한 줄을 이룬다"(飪鼎在西階前, 稍東爲一列, 陪鼎于在其東爲一列)라고 하였다. 『의례정의』, 1056쪽 참조.

20_'껍질부위'는 ~ 있다 : 정현은 소와 양은 창자와 위가 있지만 껍질부위가 없고, 돼지는 껍질부위는 있지만 창자와 위가 없기 때문에 오직 돼지고기로만 껍질부위를 만들 수 있다고 생각한 것이다.

21_이 음식들에 ~ 것이다 : 가공언은 '먼저 그 위치를 진술했다'는 것은 '익힌 고기(쇠고기·양고기·돼지고기) 1태뢰를'(飪一牢)에서 '북쪽부터 남쪽으로 차례대로 진설한다'(南陳)까지를 말한 것이고, '그런 후에 순서를 말했다'는 것은 '쇠고기·양고기·돼지고기'(牛·羊·豕)이하를 가리킨다고 하였다. '設飧'의 의절에서는 단지 '서쪽에 9개의 세발솥을 진설하고, 동쪽에 7개의 세발솥을 진설한다'([經-92], [經-96])고 했을 뿐 그 순서와 위치를 말하지 않은 것은 '設飧'은 小禮로서 가볍게 여기기 때문이라고 하였다. 『의례주소』, 475쪽 참조.

22_무릇 ~ 취한다 : 『예기』「祭義」에 "제사 지내는 날에, 군주가 희생을 끌고 가면 군주의 아들 항렬에 해당하는 사람이 군주와 짝을 이루어 함께 희생을 끌며, 경과 대부는 차례로 뒤를 따른다. 묘문 안으로 들어간 후 희생을 碑에 매달면, 경과 대부는 왼팔의 소매를 벗고 소의 털을 취하여 그 귀의 털을 바치고, 난새 모양의 방울을 단 칼로 소를 베어 그 피와 기름을 취한 후에 물러난다"(祭之日, 君牽牲, 穆答君, 卿·大夫序從. 旣入廟門, 麗于碑, 卿·大夫袒, 而毛牛尙耳, 鸞刀以刲, 取膟膋, 乃退)고 하였다. 이에 대해 정현은 "麗는 매단다는 뜻과 같다"(麗猶繫也)고 하였다.

23_그 재료로는 ~ 만든다 : 『설문』에는 "碑는 세로로 세워진 돌이다"(碑, 竪石)라고 하였다. 이는 碑가 돌로 만들어졌음을 뜻한다. 『예기』「檀弓下」에 "公室은 豊碑에 준해서 하고, 三家는 桓楹에 준해서 한다"(公室視豊碑, 三家視桓楹)고 하였다. 이에 대해 정현은 "'豊碑'는 큰 나무를 깎아서 만드는데, 형태가 石碑와 비슷하다. 외관(椁)의 앞뒤 사방 모퉁이에 그것을 세우고, 碑의 속을 뚫어서 그 사이에 鹿盧를 연결하고, 하관할 때 줄(綍)로 두른다"(豊碑, 斲大木爲之, 形如石碑. 於椁前後四角樹之, 穿中於間爲鹿盧, 下棺以綍繞)고 하였다. 하관할 때에 사용하는 '碑'는 나무를 깎아서 만드는 것이다.

24_ 조계 앞에 진설하는데 ~ 놓는다 : 한 줄은 阼階의 앞에서 조금 서쪽에 있고, 또 한 줄은 그 서쪽에 있어서 阼階의 內廉과 마주한다. 북쪽을 윗자리로 삼는데, 윗자리의 세발솥이 碑와 마주하는 것은 익힌 고기를 담은 세발솥의 경우와 마찬가지이다. 『의례정의』, 1058쪽, 호배휘의 설 참조.

25_ 익히지 않은 고기 : 호배휘는 "'腥'은 죽였지만 아직 익히지 않은 고기"(殺而未烹也)라고 하였다. 『의례정의』, 1058쪽 참조.

26_ 빈을 우대하는 까닭이다 : 아래의 士介 4인을 위해서도 太牢를 진설하지만 익히지 않은 고기(腥)가 없는데, 이에 비해 빈을 우대한다는 뜻이다.

27_ 실문의 서쪽 : 室戶의 서쪽 즉 '戶西'의 위치에 대해서 호배휘는 다음과 같이 설명한다. "집을 측면에서 볼 때 5부분으로 나뉜 집을 '五架屋'이라고 하는데, 중앙의 서까래가 가장 높을 곳을 '마룻대'(棟)라고 하고, 마룻대의 양쪽 부분을 '들보'(楣)라고 하고, 그 아래 가장자리 양쪽 부분을 '상인방'(庪)이라고 한다. 마룻대(棟)의 북쪽과 들보(楣)의 아래는 3間인데, 중앙이 室이 되고, 동쪽과 서쪽이 房이 된다. 房에는 남쪽 벽에 단지 1개의 문(戶)이 있을 뿐이며, 室에는 문(戶)이 있고 창(牖)이 있는데, 문(戶)은 동쪽에 있고, 창(牖)은 서쪽에 있다. 그러므로 문의 서쪽과 창의 동쪽은 실의 정중앙이 된다. 『이아』에서 '문과 창의 사이를 병풍자리(扆)라고 한다'(戶牖之間謂之扆)라고 한 것이 이것이다. 정현은 아마도 사람들이 문(戶)을 '방문'(房戶)으로 오해할까 걱정되어 특별히 밝힌 듯하다." 한편 '戶'의 실체에 대해서 이여규는 『의례석궁』에서 "寢廟는 室을 위주로 하기 때문에 '戶'라고 하면 전적으로 '室의 戶'를 가리키며, '房의 戶'를 나타낼 때에는 '房'을 함께 붙여서 '房戶'라고 하여 '室의 戶'와 구별한다. 大夫·士의 경우 堂에 있어서 '房과 戶의 사이'는 東房과 西房의 중앙이 된다"고 하였다. 『의례정의』, 67쪽 참조.

28_ 동쪽부터 ~ 놓는다 : 실문(室戶)에 나무제기(豆)를 동쪽으로부터 서쪽으로 향하여 진설한다는 뜻이다. 따라서 동쪽이 윗자리가 된다.

29_ 모두 ~ 진설하는데 : 8개의 나무제기(豆)에는 모두 절임(菹)과 젓갈(醢)을 담는데, 2줄로 병렬시킨다. 다음 문장의 '韭菹, 其南醓醢'는 2줄로 나란한 위치를 말한 것이다. 앞의 『흠정의례의소』「歸饔餼圖」 참조.

30_ 부추절임을 담은 ~ 진설하여 : 『주례』「천관·醢人」에 "朝事의 예를 행할 때 나무제기에 담는 음식은 부추절임·고기젓갈·창포뿌리 절임·뼈 붙은 큰사슴고기 젓갈·순무절임·뼈 붙은 사슴고기 젓갈·순채절임·뼈 붙은 노루고기 젓갈이다. 饋食의 예를 행할 때 나무제기에 담는 음식은 아욱절임·달팽이젓갈·소의 위·조개젓갈·대합·개미알 젓갈·돼지갈비·생선젓갈이다"(朝事之豆, 其實韭菹·醓醢·昌本·麋臡·菁菹·鹿臡·茆菹·麇臡. 饋食之豆, 其實葵菹·蠃醢·脾析·蠯醢·蜃·蚳醢·豚拍·魚醢)라고 하였다. 이에 대해 정현은 다음과 같이 설명한다. "'醓'은 고기국물(肉汁)이다. '昌本'은 창포 뿌리를 4寸으로 잘라 절임을 만든 것이다. 朝事의 예를 행할 때 나무제기에 담는 세 가지 '臡'(뼈 붙은 젓갈)는 또한 '젓갈'(醢)이다. '젓갈'

(醢)및 '뼈 붙은 젓갈'(臡)을 만드는 방법은 먼저 그 고기를 얇게 썰어서 포로 만든 후 기장 누룩과 소금으로 버무리고 맛난 술을 적셔 작은 항아리에 넣어 두고 백일이 지나면 젓갈이 된다. 鄭司農은 '麋臡는 큰 사슴의 성강이 골수로 만든 젓갈이다. 『이아』에는 麋臡는 젓갈(醬)이다. 뼈가 있는 것이 臡이고, 뼈가 없는 것이 醢이다. 菁菹는 부추절임(韭菹)이다'라고 하였다. 鄭大夫는 '茆'를 '띠풀'(茅)의 뜻으로 읽었다. '茅菹'는 띠풀이 처음 생겨난 것으로 만든 절임이다. 어떤 사람은 '茆'는 水草라고 하였다. 杜子春은 '茆'를 '卯'의 뜻으로 읽었다. 내가 생각건대, '菁'은 순무(蔓菁), '茆'는 순채(鳧葵)이다. 무릇 절임(菹)과 젓갈(醢)은 모두 향기 있는 맛으로 만들어지는데, 그 형상은 들어 보지 못하였다. '蠃'는 달팽이(螔蝓)이다. '蜃'은 대합(大蛤)이다. '蚳'는 개미 알(蛾子)이다. 鄭司農은 '脾析은 소의 위(百葉)이다. 蠯은 조개이다'라고 하였다. 鄭大夫와 杜子春은 모두 '拍'을 '膊'의 뜻으로 읽었으니 돼지의 갈비뼈를 가리킨다. 어떤 사람은 '豚拍'은 돼지 앞다리 뼈의 위쪽 부위(肩)라고 하였다." 이곳 [經-234]에서는 8개의 나무제기에 담는 음식으로 부추절임(韭菹)과 고기젓갈(醓醢)의 두 가지만 말하고 나머지는 언급하지 않았다. 가공언은 빙례에 사용하는 8개의 나무제기는 朝事의 예를 행할 때 올리는 부추절임·고기젓갈·창포뿌리 절임·뼈 붙은 큰사슴고기 젓갈·순무절임·뼈 붙은 사슴고기 젓갈을 담은 6개의 나무제기에 饋食의 예를 행할 때 올리는 아욱절임·달팽이 젓갈을 담은 2개의 나무제기를 합한 8개의 나무제기라고 하였다. 오계공은 빙례에서 진설하는 8개 나무제기는 곧 朝事의 예를 행할 때 진설하는 8개의 나무제기, 즉 부추절임·고기젓갈·창포뿌리 절임·뼈 붙은 큰사슴고기 젓갈·순무절임·뼈 붙은 사슴고기 젓갈·순채절임·뼈 붙은 노루고기 젓갈을 담은 8개의 나무제기라고 하였다. 호배휘는 經文에 명문규정이 없기 때문에 가공언의 설과 오계공의 설 모두 통할 수 있다고 하였다. 『의례주소』, 475~476쪽, 가공언의 소 및 『의례정의』, 1059쪽 참조.

31_ 서로 섞어서 ~ 놓는다 : 정현이 경문의 '屈'을 '錯' 즉 '서로 섞어서 교차시켜 놓는다'는 뜻으로 해석한 것은 아래 [經-235]의 '錯'과 관련하여 다양한 이설이 있다. 먼저 가공언은 "① 고기젓갈(醓醢)을 동쪽의 윗자리에 진설하고, 고기젓갈(醓醢)의 남쪽에 ② 창포뿌리 절임(昌本)을 진설하고, 그 서쪽에 ③ 뼈 붙은 큰사슴고기 젓갈(麋臡)을 진설하고, 그 서쪽에 ④ 순무절임(菁菹)을 진설하고, 그 서쪽에 ⑤ 뼈 붙은 사슴고기 젓갈(鹿臡)을 진설하고, 그 동쪽에 ⑥ 아욱절임(葵菹)을 진설하고, 그 동쪽에 ⑦ 달팽이 젓갈(蝸醢: 蠃醢)을 진설하고, 그 동쪽에 ⑧부추절임(韭菹)을 진설한다"고 하였다. 오계공은 "① 고기젓갈(醓醢)의 서쪽에 ② 창포뿌리 절임(昌本)을 진설하고, 그 북쪽에 ③ 뼈 붙은 큰사슴고기 젓갈(麋臡)을 진설하고, 그 서쪽에 ④ 순무절임(菁菹)을 진설하고, 그 남쪽에 ⑤ 뼈 붙은 사슴고기 젓갈(鹿臡)을 진설하고, 그 서쪽에 ⑥ 순채절임(茆菹)를 진설하고, 그 북쪽에 ⑦ 뼈 붙은 큰사슴고기 젓갈(麋臡)을 진설하는 식으로 꺾어져서 내려온다.(曲折而下) 이것이 이른바 '屈'의 뜻이라고 해석하였다. 호배휘는 가공언과 오계공의 설은 모두 경문의 '2

개씩 나란하다'(二以並)는 문장과 부합하지 않으며, 특히 가공언은 經文의 '동쪽을 윗자리로 삼는다'(東上)는 것을 오로지 '고기젓갈'(醓醢)에만 연결시킨 것은 더욱 잘못되었다고 비판하고, 부추절임(韭菹)·고기젓갈(醓醢)을 담은 2개의 나무제기가 동쪽에 있고, 그 서쪽에 창포뿌리 절임(昌本)과 뼈 붙은 큰사슴고기 젓갈(麋臡)을 담은 2개의 나무제기가 있고, 그 남쪽에 순무절임(菁菹)과 사슴고기 젓갈(鹿臡)을 담은 2개의 나무제기가 있고, 그 동쪽에 아욱절임(葵菹)과 달팽이 젓갈(蠃醢)을 담은 2개의 나무제기가 있다고 하였다. 즉 나무제기의 진설방법이 동쪽에서 서쪽으로, 다시 서쪽에서 동쪽으로 진설하기 때문에 '屈'이라고 했다고 해석한다. 『의례정의』, 1059쪽 참조.

32_'동쪽을 ~ 것이다 : [공사대부례09 : 經-57]에서는 "재부는 동방에서 6개의 나무제기를 꺼내 와서 올리는데, 장의 오른쪽에, 서쪽을 윗자리로 삼아서 진설한다"(宰夫自東房薦豆六, 設于醬東, 西上)고 한 것은 군주가 직접 빈에게 食禮를 거행하는 경우이다. 이곳에서 '동쪽을 윗자리로 삼는다'고 한 것은 군주가 빈에게 직접 食禮를 행하는 것이 아니기 때문이다. 『의례정의』, 1059쪽, 호배휘의 설 참조.

33_8개의 나무제기 ~ 놓는다 : 이여규는 "나무제기(豆)를 이어서 그 서쪽에 둥근 밥그릇(簋)을 진설하는데, 찰기장 밥(黍)을 담은 둥근 밥그릇을 메기장 밥(稷)을 담은 둥근 밥그릇의 남쪽에 진설하고, 메기장 밥(稷)을 담은 둥근 밥그릇을 찰기장 밥(黍)을 담은 둥근 밥그릇의 북쪽에 진설하고, 찰기장 밥(黍)을 담은 둥근 밥그릇을 메기장 밥(稷)을 담은 둥근 밥그릇의 북쪽에 진설하여 8개의 둥근 밥그릇이 사이에 교차하여 진설되는 것(間錯陳之)이다"라고 하였다. 오계공은 "'錯'은 두 가지 사물이 서로 사이에 있는 뜻을 취한 것이다"(錯者, 取二物相間之意)라고 하였다. 오정화는 "'錯'은 동쪽으로 1열에는 북쪽에 찰기장 밥(黍), 남쪽에 메기장 밥(稷)을 진설하고, 2열에는 북쪽에 메기장 밥(稷), 남쪽에 찰기장 밥(黍)을 진설하고, 3열에는 북쪽에 찰기장 밥(黍), 남쪽에 메기장 밥(稷)을 진설하며, 4열에는 북쪽에 메기장 밥(稷), 남쪽에 찰기장 밥(黍)을 진설한다는 뜻이다. 서로 사이에 섞어서 교차하여 진설하는 것(相間錯陳)으로 '屈'(방향이 구부러지게 진설하는 것)과 다른 것이다"라고 하였다. 호배휘도 '屈'과 '錯'은 동일한 것으로 볼 수 없다고 하여 오정화의 설에 동의한다. 『의례

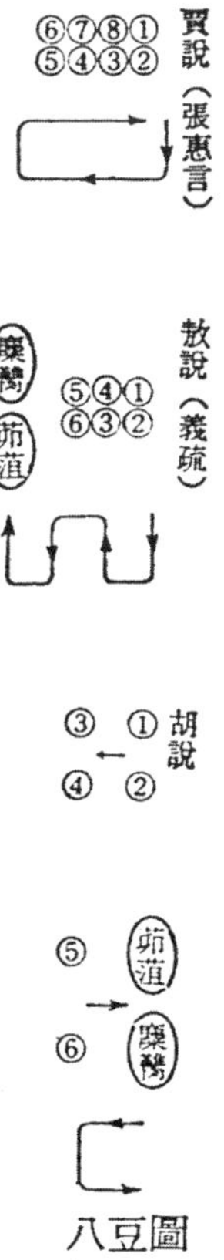

「팔두도八豆圖」

이케다 스에토시, 『의례』(II)

정의』, 1059~1060쪽 참조.

34_ 8개의 ~ 진설한다 : 학경은 6개 국그릇(鉶)을 둥근 밥그릇(簋)의 서쪽에 진설하는데, 북쪽의 1열에는 쇠고기 국을 담은 국그릇이 동쪽에 있고, 그 서쪽에 양고기 국을 담은 국그릇, 또 그 서쪽에 돼지고기 국을 담은 국그릇이 있으며, 남쪽의 1열에는 돼지고기 국을 담은 국그릇의 남쪽에 쇠고기 국을 담은 국그릇이 있고, 그 동쪽에 양고기 국을 담은 국그릇이 있고, 또 그 동쪽에 돼지고기 국을 담은 국그릇이 있다고 하였다. 오정화는 "북쪽의 열에는 쇠고기 국·양고기 국·돼지고기 국을 담은 국그릇이 동쪽으로부터 서쪽으로 진설되고, 남쪽의 열에는 쇠고기 국·양고기 국·돼지고기 국을 담은 국그릇이 서쪽으로부터 동쪽으로 진설된다. 이것이 방향이 구부러지게 진설하는 것(屈)이다"라고 하였다. 호배휘도 경문에서 '屈'을 말하지 않았지만 진설방법을 통해 유추하여 알 수 있다고 하였다. 오정화와 호배휘의 설에 의하면 '나무제기'(豆)와 '국그릇'(鉶)의 진설방법은 '屈' 즉 방향이 구부러지게 진설하는 것이고, '둥근 밥그릇'(簋)의 진설방법은 '錯' 즉 서로 섞어서 교차시켜 진설한다. 『의례정의』, 1060쪽 참조.

35_ 8통의 ~ 진설한다 : 호배휘에 의하면 당 위 서쪽 벽에 북쪽부터 남쪽으로 차례대로 진설하는데, 2개씩 병렬하여 남쪽을 향해 진설한다. 이상 8개의 나무제기(豆), 8개의 둥근 밥그릇(簋), 6개의 국그릇(鉶), 2개의 네모진 그릇(簠)및 당 위 서쪽 벽의 8통의 술동이(壺) 등 총 32개의 기물은 모두 당 위에 진설하는 것이다. 『의례정의』, 1062쪽 참조.

36_ 방향이 구부러지게 진설한다 : 가공언은 6개의 나무제기(豆)는 먼저 부추절임(韭菹)을 담은 나무제기를 진설하고, 그 동쪽에 고기젓갈(醓醢)을 담은 나무제기를 진설하고, 또 그 동쪽에 창포뿌리 절임(昌本)을 담은 나무제기를 진설하고, 남쪽에 뼈 붙은 큰사슴고기 젓갈(麋臡)을 담은 나무제기를 진설하고, 그 서쪽에 순무절임(菁菹)을 담은 나무제기를 진설하고, 또 그 서쪽에 뼈 붙은 사슴고기 젓갈(鹿臡)을 담은 나무제기를 진설한다고 하였다. 학경은 "부추절임을 담은 나무제기를 서북쪽에 진설하고, 그 동쪽에 고기젓갈을 담은 나무제기를 진설하고, 그 남쪽에 창포뿌리 절임을 담은 나무제기를 진설하고, 그 남쪽에 뼈 붙은 큰 사슴고기 젓갈을 담은 나무제기를 진설하고, 그 서쪽에 순무절임을 담은 나무제기를 진설하고, 그 북쪽에 뼈 붙은 사슴고기 젓갈을 담은 나무제기를 진설하고, 그 북쪽에 부추절임을 담은 나무제기를 진설하기 때문에 '방향이 구부러지게 진설한다'고 한 것이다"라고 하였다. 호배휘는 학경의 설이 경문에 부합된다고 하였고, 진혜전도 이 설이 옳다고 하였다. 『의례주소』, 477쪽 및 『의례정의』, 1063쪽 및 앞의 『흠정의례의소』 「歸饔餼圖」 참조.

37_ 동협에 ~ 하는데 : 호배휘는 西夾에 진설할 때에는 서쪽 벽(西墉)아래에 놓는 데에 반해 東夾의 경우에는 동쪽 벽(東墉)아래에 놓는 것이 그 차이점이라고 하였다. 『의례정의』, 1063쪽 참조.

38_ 독 : '甕'은 그 용량이 1斛(10말)이다. [기석례13 : 經－47]의 정현 주 참조.

39_ 비를 ~ 것이다 : 호배휘는 익힌 고기를 담은 세발솥(飪鼎)과 익히지 않은 고기를 담은 세발솥(腥鼎)의 중앙에 진설하는 것이라고 하였다. 『의례정의』, 1064쪽 참조.

40_ 묘문 안의 서쪽 : 호배휘는 經文의 '문의 서쪽에 진설한다'(陳于門西)는 것은 '廟門 안의 서쪽에 진설한다'는 뜻으로, 이 세 가지 희생이 관사의 뜰을 밟아서 더럽힐까 걱정되어 문 바깥쪽에 가깝도록 진설하는 것이라고 하였다. 『의례정의』, 1064쪽 참조.

41_ 동쪽에 ~ 있고 : 소가 동쪽에 있고, 그 서쪽에 양이 있고, 그 서쪽에 돼지가 있는 것이다. 이상이 1太牢이다.

42_ 돼지의 ~ 있다 : 이것이 또 1太牢이다.

43_ 소와 ~ 끈다 : 『예기』「曲禮上」에 "말과 양을 바칠 때는 오른손으로 끈다"(馬效羊者右牽之)고 하였다. 오른손으로 끌면 사람은 그 왼쪽에 있게 된다.

44_ 곡물 : 경문의 '米'는 찰기장(黍), 메기장(稷), 수수(粱), 쌀(稻)의 총칭으로, 이곳에서는 '곡물'로 번역하겠다. 곡물(米)은 담는 그릇에 따라 그 익힌 정도가 다르다. 네모진 밥그릇(簠)과 둥근 밥그릇(簋)에 담은 곡물은 이미 취사를 하여 밥으로 만든 것이다. 이 때문에 익힌 희생고기(飪牢)와 함께 진설한다. 둥근 대광주리(筥)에 담은 곡물은 절구질하여 익힌 것으로 취사를 할 수 있는 것이다. 이 때문에 익히지 않은 희생고기(腥牢)와 함께 진설한다. 수레에 싣는 곡물은 남겨두어서 후에 필요할 때 먹기 위한 것이다. 이 때문에 살아 있는 희생(餼生)과 함께 진설한다. 『의례정의』, 1066쪽, 능정감의 설 참조.

45_ 정실이 ~ 뜻이다 : 가공언에 의하면, '享'의 예를 행할 때에는 경문에서 단지 '庭實을 가지고 들어와 진설한다'([經－134])고만 말하고 '中庭'을 언급하지 않았는데, 이는 동쪽과 서쪽의 중앙으로서, 그 남쪽과 북쪽으로 庭을 3등분하여 그 남쪽에 진설한다는 뜻이고, 이곳 경문에서 다시 '中庭'이라고 말한 것은 남쪽과 북쪽의 중앙임을 밝히기 위한 것이다. 저인량은 "경문에서 무릇 '中庭'(뜰 중앙)이라고 말한 것은 남쪽과 북쪽의 중앙이고, '계단 사이'(階間)라고 말한 것은 동쪽과 서쪽의 중앙이다"라고 하였다. 『의례주소』, 479쪽 및 『의례정의』, 1065쪽 참조.

46_ 동쪽과 ~ 것이다 : 이여규는 '동쪽과 서쪽으로 줄을 이룬다'는 것에 대해 다음과 같이 설명한다. "식초와 고기젓갈을 담은 독의 경우에는 '식초를 담은 독을 동쪽에 놓는다'([經－243])고 하였으므로, 남쪽과 북쪽으로 줄을 이루는 것이다. 곡물을 담은 둥근 대광주리의 경우 '북쪽을 윗자리로 삼는다'(北上)고 하였으므로, 동쪽과 서쪽으로 줄을 이루는 것이다. 곡물을 담은 둥근 대광주리는 식초·고기젓갈을 담은 독에 이어서 진설되므로, 식초·고기젓갈을 담은 독의 남쪽에 진설된다는 것을 알 수 있다." '서로 변한다'(相變)고 한 것에 대해 호배휘는 다음과 같이 해석한다. "경문에서 襛개의 둥근 대광주리로 한 줄을 이루게 하는데, 북쪽을 윗자리로 삼는다' 고 하였으므로 10개의 둥근 대광주리로 한 줄을 이루어 동쪽부터 서쪽으로 가로

로 진설되는 것이다. 찰기장(黍)을 담은 3줄의 둥근 대광주리가 북쪽에 있고, 다음으로 수수(粱)를 담은 2줄의 둥근 대광주리가 있고, 이어서 쌀(稻)을 담은 2줄의 둥근 대광주리가 있고, 다음으로 메기장(稷)을 담은 4줄의 둥근 대광주리가 그 남쪽에 있다. 앞의 [經－243]에서 식초와 고기젓갈을 담은 100개의 독이 북쪽부터 남쪽으로 세로로 진설되는 것과 다르다. 이 때문에 '서로 변화시키는 것이다'라고 한 것이다." 이여규는 "곡물(米)은 찰기장(黍)과 메기장(稷)을 정찬으로 삼고, 쌀(稻)과 수수(粱)를 가찬으로 삼기 때문에 남쪽과 북쪽 끝에 찰기장과 메기장을 담은 둥근 대광주리를 진설하고, 그 사이에 벼와 수수를 담은 둥근 대광주리를 진설한다"고 하였다. 『의례정의』, 1066쪽 참조.

47_ 이곳에서 ～ 것이다 : 식초와 고기젓갈을 담은 독은 碑의 양쪽에 진설하는데([經－243]), 곡물을 담은 둥근 대광주리는 뜰(庭)의 남쪽과 북쪽의 중앙에 진설하여 식초와 고기젓갈을 담은 독의 남쪽에 있게 된다. 따라서 碑는 북쪽에 가깝다. 물받이 항아리(洗 : 阼階의 동남쪽에 진설)를 진설할 때에는, 물받이 항아리에서 당까지의 남북거리는 당 위 남쪽 끝 모서리에서 북쪽으로 방·실의 벽에 이르는 길이와 동일하게 하는데, 이곳에서 정현이 '碑를 설치한 곳과 당 위 남쪽 끝 모서리에서 북쪽으로 방·실의 벽에 이르는 길이(堂深)만큼 가까운 것이다'고 하였다. 따라서 碑는 동쪽으로 물받이 항아리(洗)를 마주하게 된다. 『의례정의』, 1066쪽 이여규의 설 참조.

48_ 수레마다 ～ 놓는다 : 10대의 수레로 한 줄을 이루게 하는데, 첫 번째 줄이 서쪽에 있고, 나머지 두 줄이 순서대로 동쪽에 진설된다.

49_ 대부의 ～ 한다 : 앞의 익힌 고기 1태뢰와 익히지 않은 고기 2태뢰 등의 3태뢰는 모두 죽은 희생(死牢)이다.([經－231]·[經－232]) 따라서 곡물을 실은 30대의 수레, 볏짚을 실은 30대의 수레를 진설하는 것은 모두 죽은 희생에 맞추어서 하는 것이다. 1태뢰 당 수레 10대를 갖추는 것이다.

50_ '병'과 ～ 명칭이다 : 10말을 1斛이라 하고, 16말을 1籔라 하고, 10籔를 1秉(160말)이라고 한다. 따라서 1秉 5籔는 15籔로서 24斛(240말)이 된다.

51_ 3타는 1,200병이다 : 벼 한 움큼을 1秉이라 하고, 4秉을 1筥라고 하고, 10筥를 稯이라고 하고, 10稯을 1秅이라고 한다. 따라서 3秅는 1,200秉이다.

52_ 섶과 ～ 두 배이다 : 볏짚을 실은 수레는 30대([經－246])이므로 섶과 꼴을 실은 수레는 각각 60대가 된다.

53_ 섶을 ～ 진설하는데 : 섶을 실은 수레는 곡물을 실은 수레를 따라 묘문 밖의 동쪽에 진설하고, 꼴을 실은 수레는 볏짚을 실은 수레를 따라 묘문 밖의 서쪽에 진설한다는 뜻이다. 『예기』「聘義」에 대한 공영달의 소에 "땔나무로 밥을 짓기 때문에 곡물을 따르고, 꼴로 말에게 먹이기 때문에 볏짚을 따른다"(薪以炊爨, 故從米, 芻以食馬, 故從禾)고 하였다.

54_ 빈은 피변복으로 갈아입고 : 韋弁을 벗고 皮弁으로 갈아입는 것은 君命을 전해 바칠 때의 복장보다 중하게 한다는 혐의를 받을 수 있기 때문이다.

55_ 외문 : 外門은 大門을 가리킨다. 고대 궁실 제도에서는 서쪽에 寢이 있고, 동쪽에 廟가 있는데, 寢廟의 밖에 大門이 있다. 大門은 寢廟 밖에 있기 때문에 '外門'이라고도 한다. 이여규는 『의례석궁』에서 "궁실의 명칭과 제도는 경문에 다 보이지는 않는다. 그 가운데에서 고찰해 볼 수 있는 것은 宮은 반드시 남향을 하는데, 廟는 寢의 동쪽에 있으며, 寢과 廟에는 모두 堂이 있고, 門이 있으며, 그 바깥에 大門이 있다. 주나라의 예제에서는 나라의 신위를 세우는데, 오른쪽에 사직을 두고, 왼쪽에 종묘를 둔다. 宮은 남향을 하고 廟는 왼쪽에 있으므로, 廟는 寢의 동쪽에 있는 것이다. 寢廟의 大門은 '外門'이라고도 하는데, 그 북쪽은 대체로 寢과 일직선이다"(宮室之名制, 不盡見於經. 其可考者, 宮必南鄉, 廟在寢東, 寢廟皆有堂有門, 其外有大門. 周禮建國之神位, 右社稷, 左宗廟. 宮南鄉而廟居左, 則廟在寢東也. 寢廟之大門一曰外門, 其北蓋直寢)라고 하였다.

56_ 대부 : '대부'는 주군의 명으로 賓과 介에게 饔·餼를 보내주었던 卿을 말한다. 이 때문에 아래 정현의 주에서 '使者卿'이라고 한 것이다. '卿'인데 이곳에서 '大夫'라고 칭한 것은 卿은 上大夫이기 때문이다.

57_ 빈이 묘문 ~ 것이다 : 聘의 예를 행할 때에 주군은 읍을 하고 묘문 안으로 들어가 뜰 중앙(中庭)에 서 있었다.([經-107]) 이곳에서 빈이 묘문 안에서 기다리고 있으므로 겸손히 하는 것이다.

58_ 옛날에 ~ 묵었다 : 『예기』「禮運」에 "천자가 제후에게 가면 반드시 그 조묘에서 묵는다"(天子適諸侯, 必舍其祖廟)고 하였다.

59_ 제후가 ~ 묵는다 : '諸公'은 大國의 '孤'를 가리키는데, 孤가 없는 나라의 경우에 제후는 卿의 廟에서 묵는다. 『의례주소』, 481쪽 가공언의 소 참조.

60_ 사자는 ~ 않는다 : '使者'는 主君이 보낸 大夫이며, '賓'은 빙문하러 온 사람인데 이제는 賓이 館舍에 있기 때문에 主人이 되는 것이다. 使者는 주군의 명을 받들고 왔기 때문에 주인(賓)의 뒤를 따르지 않고 나란히 하고서 걸어가는 것이다.

61_ 양보하는데 ~ 때문이다 : 『의례』의 경문에서는 대부분 '세 차례 양보를 한다'(三讓)고 하였다. 그러나 반드시 주인과 빈객이 모두 세 차례 양보를 한 후에야 '세 차례'(三)라고 표현하였다. 이곳 경문에서는 '양보를 한다'라고만 말하고 '세 차례'라는 문장은 보이지 않는다. 이에 대해 저인량은 "이 경문에서는 주인이 세 번째 양보를 했을 때, 빈객은 사양을 하지 않고 먼저 계단을 오른다. 주인은 세 차례 양보를 하지만, 빈객은 두 차례 양보를 한 것이다. 이 때문에 '세 차례를 완성하지 않는다'고 한 것이다"라고 하였다. 『의례정의』, 1069쪽 참조.

62_ 신분이 ~ 의리이다 : 계단에 오르는 예는 주인이 먼저 빈객에게 양보를 하면 빈객이 이를 사양하고, 주인이 세 번째 양보를 하게 되면 빈객 또한 세 번째 사양을 하여 그 양보와 사양의 숫자가 균등하다. 이에 주인이 먼저 계단에 오르고 빈객이 따른다. 이는 주인이 빈객과 신분이 대등하거나 혹은 주인이 존귀하면 주인이 빈객을 인도하여 계단에 오르는 의리가 있기 때문이다.

63_ 사자는 ~ 것이다 : 주인이 한 번 양보를 하면 빈객이 한 번 사양을 하고, 두 번째 양보를 하면 빈객이 두 번째 사양을 하고, 주인이 세 번째 양보를 하게 되었을 때 빈객은 사양을 하지 않고 곧바로 당에 오른다. 이는 '세 번째의 양보'가 없는 것이다.

64_ 今 : 호배휘는 '今'은 '令'의 잘못으로 '만일 사자가 세 차례 양보를 한다면'(設令使者三讓也)의 뜻으로 보았다. 이에 따라 번역한다. 『의례정의』, 1070쪽 참조.

65_ 계단 위쪽에서 : 호배휘는 '계단 위쪽'을 '阼階의 위쪽'으로 파악한다. 賓이 廟 안의 館舍에 머물고 있기 때문에 주인의 의리가 있으므로 '阼階'를 통해 당을 오르고 내린다. 『의례정의』, 1070쪽 참조.

66_ 살아 있는 ~ 한다 : 호배휘는 죽은 희생(饔)을 보내준 것과 살아 있는 희생(餼)을 보내준 것에 나누어서 두 차례 배례를 한다고 하였다. 『의례정의』, 1070쪽 참조.

67_ 대부는 ~ 사양한다 : 대부가 사양할 때에는 주군의 명을 칭하면서 사양한다.

68_ 빈을 ~ 것이다 : 오정화는 당 아래에서 배례하는 것을 사양하여 당 위로 올라가서 배례를 완성하는 것은 君臣의 禮에서 마땅히 그렇게 하는 것이지 賓을 높여 주기 위한 것이 아니라고 하여 정현의 주장을 논박하였다. 『의례정의』, 1070쪽 참조.

69_ 주군의 ~ 뜻이다 : 당의 중앙에서 받지 않고 당의 서쪽으로 가서 받는 것으로, 군주의 명에 급히 달려가듯이 하는 것이다.

70_ 처음 들어갈 때와 ~ 한다 : [經-252]와 [經-253] 참조.

71_ 빈이 ~ 때문이다 : 앞에서 대부가 주군의 명을 받들어 죽은 희생(饔)·살아 있는 희생(餼)을 보내주러 왔기 때문에 먼저 한 계단을 올라갔는데, 이제는 빈이 사적으로 사자(대부)를 인도하는 것으로 주군의 명이 없다. 이 때문에 신분이 대등한 빈과 주인의 敵禮를 사용하여 빈이 주인의 자격으로 먼저 계단을 오르는 것이다.

72_ 당 위에 ~ 것이다 : 사자(대부)는 주군의 명을 받들고 왔기 때문에 주군의 餘尊이 남아 있어 당에서 내려오지 않는다. 『의례정의』, 1071쪽 능정감의 설 참조.

73_ 응답을 ~ 한다 : 빈이 속금을 보내줄 때에는 마땅히 말(辭)이 있어야 하고, 대부가 응답할 때에도 마땅히 말(辭)이 있어야 한다. 문장이 생략되어 갖추어지지 않은 것이다.

74_ 대부가 ~ 건네받는다 : 앞에서 주군이 빈에게 예주를 따라 주어 노고를 위로하는 醴禮를 행할 때에 빈이 왼쪽 말을 잡고 나가면 빈을 수종하는 從者(士介)가 빈과 마주하고서 말을 건네받았다.([經-172]·[經-173]) 이곳의 儐禮에서도 대부가 왼쪽 말을 잡고 나가면 마찬가지로 그의 從者가 맞이하여 말을 건네받는 것이다.

75_ 대문 밖에서 ~ 것이다 : 경문의 '朝'는 '外朝'를 가리킨다. 제후의 外朝는 大門 밖에 있기 때문에 정현이 '大門 밖에서 배례를 한다'고 한 것이다. '大門'은 '庫門'을 가리킨다.

76_ 무릇 ~ 처리한다 : 『주례』의 이 문장을 인용한 것은 빈객이 배례를 하여 감사를 표할 때에도 접빈관(訝)이 앞에서 일을 선도하기 때문이다.

77_ 訝 : 『주례』「추관·掌訝」의 원문에는 '訝' 다음에 '訝' 한 글자가 더 있다. 보충하여 번역한다.

해제 經-267에서 經-272까지는 주군이 하대부를 파견하여 상개上介에게 죽은 희생(饔)과 살아 있는 희생(餼)을 보내주는 절차이다.

[聘禮08 : 經-267]

상개上介에게는 죽은 희생(饔)과 살아 있는 희생(餼) 총 3태뢰[1]를 보내준다. 익힌 고기 1태뢰(쇠고기·양고기·돼지고기)를 담은 세발솥을 서쪽 계단 앞에 놓는데, 그 밖의 익힌 고기를 담은 세발솥과 함께 모두 7개의 세발솥을 진설하고, 별도로 3개의 수정羞鼎(陪鼎)을 진설한다.

上介, 饔餼三牢. 飪一牢, 在西, 鼎七, 羞鼎三.

정현주 익힌 고기를 담은 세발솥은 7개인데, 활어(鮮魚)와 저민 생선(鮮腊)을 담은 세발솥은 없다. 빈과 개는 모두 관사를 달리한다. 飪鼎七, 無鮮魚·鮮腊也. 賓·介皆異館.

[聘禮08 : 經-268]

익히지 않은 고기 1태뢰(쇠고기·양고기·돼지고기)를 담은 세발솥을 조계阼階 앞에 놓는데, 그 밖의 익히지 않는 고기를 담은 세발솥과 함께 모두 7개의 세발솥을 진설한다. 당 위에는 6개의 나무제기(豆)에 음식을 담아 진설한다.

腥一牢, 在東, 鼎七. 堂上之饌六.

정현주

'6'은 빈을 위해 서협西夾에 진설하는 나무제기의 수와 동일하다.[2] '六'者, 賓西夾之數.

[聘禮08 : 經-269]
서협西夾 안에도 당 위와 마찬가지로 6개의 나무제기를 진설한다. 곡물을 담은 둥근 대광주리(筥)의 수 및 식초와 고기젓갈을 담은 독(罋)의 수는 상빈上賓과 동일하게 한다.[3]
西夾亦如之. 筥及罋, 如上賓.

정현주

무릇 줄이지 않는 것은 개介를 높이는 것이다. '상빈과 동일하게 한다'(如上賓)는 것은 이 빈객이 개介임을 밝히는 것이다. 凡所不貶者, 尊介也. 言'如上賓'者, 明此賓客介也.

[聘禮08 : 經-270]
살아 있는 희생 1태뢰(소·양·돼지)를 진설한다. 묘문 밖에 진설하는 곡물과 볏짚을 실은 수레는 죽은 희생(익힌 고기와 익히지 않은 고기)에 준해서 하는데, 1태뢰마다 10대의 수레를 진설한다.[4] 섶(薪)과 꼴(芻)을 실은 수레는 볏짚을 실은 수레의 두 배를 진설한다. 무릇 상개에게 보내주는 음식물의 종류와 진설방법은 상빈上賓의 경우와 동일하게 한다.
餼一牢. 門外米·禾視死牢, 牢十車. 薪芻倍禾. 凡其實與陳, 如上賓.

정현주 '무릇'(凡)이란 무릇 '익힌 고기'(飪) 이하 이곳까지 가리킨다.[5] '凡', 凡'飪'以下.

[聘禮08 : 經-271]

하대부는 위변복韋弁服을 착용하고 상개에게 속백束帛을 보내준다. 상개도 위변복을 착용하고 받는데, 빈이 받을 때와 동일한 절차로 한다.

下大夫韋弁, 用束帛致之. 上介韋弁以受, 如賓禮.

정현주 개介가 피변을 착용하지 않는 것은 대례大禮(饔·餼)를 받는 것이 빈賓과 비슷하여 감히 완전히 빈과 똑같이 할 수 없기 때문이다. 介不皮弁者, 以其受大禮似賓, 不敢純如賓也.

[聘禮08 : 經-272]

상개는 하대부에게 빈례儐禮[6]를 행하여 대접하는데, 두 마리 말과 속금을 보내준다.

儐之兩馬束錦.

주

1_ 3태뢰 : 죽은 희생(饔)으로서 익힌 고기(飪) 1태뢰와 익히지 않은 고기(腥) 1태뢰, 그리고 살아 있는 희생(餼) 1태뢰이다. 3태뢰는 소·양·돼지 각각 3마리씩을 말한다.

2_ '6'은 ~ 동일하다 : [經-239] 참조.

3_ 곡물을 ~ 한다 : 빈과 마찬가지로 곡물(米)을 담은 100개의 둥근 대광주리(筥)와 식초(醯)·고기젓갈(醢)을 담은 100개의 독(甕)을 진설한다는 뜻이다. 빈객의 예로 상개를 대우하는 뜻이다. [經-243]과 [經-245] 참조.

4_ 1태뢰마다 ~ 진설한다 : 上介에게는 죽은 희생(饔)으로 익힌 고기(飪) 1태뢰와 익히지 않은 고기(腥) 1태뢰를 보내주므로, 곡물(米)과 볏짚(禾)을 실은 수레 각각 20대를 진설한다.

5_ '무릇'이란 ~ 가리킨다 : [經-267]부터 [經-270]까지의 음식물의 종류와 그 진설방식을 가리킨다. 상개에게 보내주는 음식물과 그 진설순서가 모두 빈에게 죽은 희생(饔)·살아 있는 희생(餼)을 보내줄 때와 동일하게 한다는 뜻이다.

6_ 빈례 : 빈과 주인이 예를 행한 후에 주인이 束帛 등의 예물로 빈을 대접하는 것을 '儐'이라고 한다.

해제 經-273에서 經-276까지는 주군이 재부宰夫를 파견하여 사개士介에게 살아 있는 희생(餼)을 보내주는 절차이다.

[聘禮08 : 經-273]

사개士介 4인에게는 모두 살아 있는 희생 1태뢰(소·양·돼지)와 곡물(米)을 담은 100개의 둥근 대광주리(筥)를 보내주는데, 관사의 문 밖에 진설한다.

士介四人, 皆餼大牢, 米百筥, 設于門外.

정현주 희생과 곡물이 관사의 문 안으로 들어가지 못하는 것은 소략하게 하기 때문이다. 곡물을 담은 둥근 대광주리는 관사의 문과 마주하는 곳에 진설하는데, 또한 10개의 둥근 대광주리로 한 줄을 이루게 하여 북쪽을 윗자리로 삼아 놓는다. 희생은 그 남쪽에 진설하는데, 서쪽을 윗자리로 삼는다. 牢米不入門, 略之也. 米設當門, 亦十爲列, 北上. 牢在其南, 西上.

[聘禮08 : 經-274]

재부宰夫는 조복을 착용하고 소를 끌고 가서 사개에게 바친다.

宰夫朝服, 牽牛以致之.

정현주 고삐를 잡고 끌고 가서 동쪽을 향해 바친다. 재부가 조복을 착용하고 속백束帛을 가지고 가지 않는 것은 또한 소략히 하는 것이다. 사개는 서쪽을 향해 배례를 하면서 맞이한다. 執紛牽之, 東面致命. 朝服無束帛, 亦略之. 士介西面拜迎.

[聘禮08 : 經－275]

사개는 조복을 착용하고 북쪽을 향해 머리를 바닥에 대면서 배례를 한 후 받는다.

士介朝服, 北面再拜稽首受.

정현주

받을 때에는 희생의 동쪽에서 배례를 하고, 희생의 뒤쪽에서 재부宰夫의 오른쪽으로 가서 받고, 희생의 앞쪽에서 동쪽을 향해 종자從者에게 건네준다. 受, 於牢東拜, 自牢後適宰夫右受, 由前東面授從者.

[聘禮08 : 經－276]

사개는 재부에게 빈례儐禮를 행하여 대접하지는 않는다.[1]

無擯[2].

정현주

받고 난 후에 배례를 하면서 전송한다. 이튿날 중개衆介들은 또한 각각 살아 있는 희생(餼)을 받을 때의 복장으로 빈의 뒤를 따라 외조外朝로 나아가서 주군에게 배례를 하여 감사를 표한다. 旣受, 拜送之矣. 明日, 衆介亦各如其受之服, 從賓拜於朝.

주

1_ 빈례를 ~ 않는다 : 上賓과 上介는 상대부와 하대부에게 饔·餼를 받은 다음 그들을 접대하는 儐禮가 있지만, 士介는 신분이 천하기 때문에 이 행례절차를 생략한다.

2_ 擯 : 唐石經, 徐本, 陳本, 閩本, 葛本, 『集釋』, 『通解』 등에는 모두 '擯'으로 되어 있는데, 毛本에는 '儐'으로 되어 있다. 이여규는 "'儐'이 되어야 한다. 아래의 經文과 記文의 '無擯' 및 정현 주의 '不擯賓'도 마찬가지이다"라고 하였고, 완원의 교감기에는 "편 가운데 '無儐'이라고 한 것이 舊本에는 '擯'으로 되어 있는데, 今本에는 모두 '儐'으로 되어 있다. 이여규의 설에 따라 고친다"라고 하였다. 『의례주소』, 486쪽 및 이여규와 완원의 설에 따라 번역한다. [經-287]도 마찬가지이다.

「빈문경도賓問卿圖」

(淸), 『흠정의례의소』

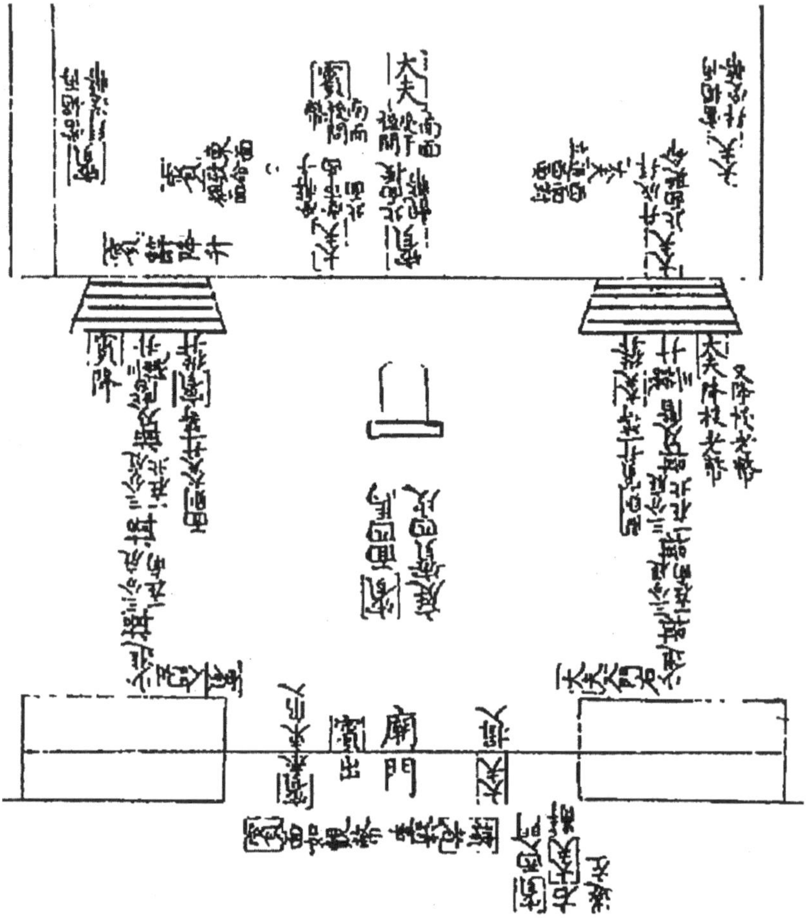

해제 經－277에서 經－287까지는 빈賓의 '문경問卿' 즉 빈이 빙군의 예물을 가지고 주국의 경을 예방하는 절차이다.

[聘禮08 : 經－277]

빈은 조복을 착용하고 경卿을 예방한다.[1]

賓朝服問卿.

정현주 피변복을 착용하지 않는 것은 주군을 알현할 때와 구별하기 위한 것이다.[2] 경은 나라마다 3인을 둔다.[3] 不皮弁, 別於主君. 卿, 每國三人.

[聘禮08 : 經－278]

경은 조묘祖廟에서 빈의 예방을 받는다.

卿受于祖廟.

정현주 빈의 예를 중하게 여기기 때문이다.[4] '조祖'는 할아버지(王父)이다.[5] 重賓禮也. '祖', 王父也.

[聘禮08 : 經－279]

경은 하대부를 빈자擯者로 삼는다.

下大夫擯.

정현주 사士를 빈자擯者로 삼지 않는 것은 이미 군주가 있는 곳에서 서로 접촉했기 때문에 급히 만나려는 것이다.[6] 無士擯者, 旣接於君所, 急見之.

[聘禮08 : 經 – 280]

빈자擯者(하대부)는 묘문 밖으로 나가서 빈에게 무슨 일로 왔는지 묻는다. 대부大夫(卿)[7]는 조복을 착용하고 외문(대문) 밖에서 빈을 맞이하는데, 재배를 한다. 빈은 답배를 하지 않고, 읍만 한다. 대부는 먼저 외문 안으로 들어간다. 대부는 문 안으로 들어갈 때마다 빈과 서로 읍을 하고, 꺾어지는 곳에 이를 때마다 빈과 서로 읍을 한다.[8] 묘문 앞에 이르면 대부는 빈에게 읍을 한 후 먼저 묘문 안으로 들어간다.

擯者出請事. 大夫朝服迎于外門外, 再拜. 賓不答拜, 揖. 大夫先入. 每門·每曲揖. 及廟門, 大夫揖入.

정현주 '들어간다'(入)는 것은 내사內事를 살피기 위한 것이다.[9] 묘문 안으로 들어간 다음에 저宁[10]에서 빈을 기다린다. '入'者, 省內事也. 旣而俟于宁也.

[聘禮08 : 經 – 281]

빈자擯者(하대부)는 빈에게 빙군의 명을 전하여 바치도록 청한다.

擯者請命.

정현주 또한 경을 따라 묘문 안으로 들어갔다가 다시 나와서 명을 청하는 것이다. 안석(几)과 자리(筵)를 진설하지 않는 것은 군주의 예를 피하는 것이다.[11] 亦從入而出請. 不几筵, 辟君也.

[聘禮08 : 經-282]

빈을 수종하는 종자從者(士介)는 정실을 진설하는데, 네 장의 사슴 가죽이다.

庭實設四皮.

정현주

사슴 가죽이다. 麋鹿皮也.

[聘禮08 : 經-283]

빈은 속백束帛을 받들고 묘문 안으로 들어간 후 대부와 세 차례 읍을 한 후 나란히 하여 걸어가는데, 계단 앞에 이르면 먼저 오르도록 서로 양보를 한다.

賓奉束帛入, 三揖, 皆行, 至于階, 讓.

정현주

'개皆'는 나란하다(並)는 뜻과 같다. 고문본에는 '三讓'(세 차례 양보를 한다)이라고 하였다. '皆'猶並也. 古文曰'三讓'.

[聘禮08 : 經-284]

빈이 먼저 한 계단을 오른다. 대부는 빈의 뒤를 따라 당 위로 올라가 조계 위쪽에서 북쪽을 향해 빙군의 명을 듣는다.

賓升一等. 大夫從, 升堂, 北面聽命.

정현주

빈이 먼저 계단을 오르는 것은 사자(대부)는 존귀하기 때문이다. 賓先升, 使者尊.

[聘禮08 : 經－285]

빈은 서쪽 계단 위쪽에서 동쪽을 향해 빙군의 명을 전해 바친다.

賓東面致命.

정현주

자기 군주의 명을 전해 바치는 것이다. 致其君命.

[聘禮08 : 經－286]

대부는 당에서 내려와 조계의 서쪽에서 머리를 바닥에 대면서 배례를 한다. 빈은 대부가 당 아래에서 배례하는 것을 사양한다. 대부는 당 위로 올라가 배례를 완성한다. 대부는 당 중앙의 서쪽에서 북쪽을 향해 비단(속백)을 받는다.

大夫降, 階西再拜稽首. 賓辭. 升成拜. 受幣堂中西, 北面.

정현주

당 중앙의 서쪽에서 비단을 받는 것은 빙군聘君의 명에 급히 달려가는 뜻이다. 於堂中央之西受幣, 趨聘君之命.

[聘禮08 : 經－287]

빈은 당에서 내려와 묘문 밖으로 나간다. 대부도 당에서 내려와 노老(家臣)에게 비단(속백)을 건네주는데, 빈에게 빈례儐禮를 행하여 대접하지는 않는다.

賓降, 出. 大夫降, 授老幣, 無擯.

정현주 빈에게 빈례儐禮를 행하여 대접하지 않는 것은 군주의 예를 피하는 것이다. 不擯賓, 辟君也.

주

1_ 경을 예방한다 : 군주에 대해서는 '聘'이라 하고, 卿에 대해서는 '問'이라고 하여, 그 명칭을 바꾸어 존비를 구분하는 것이다. 고유는 "聘은 본래 군주를 위한 것인데, 이를 기회로 군주의 夫人에까지 미치고, 아울러 그 나라의 경·대부를 예방한다. 무릇 내외·존비의 사이에 그 은근하고 공경하는 예의 뜻을 다하지 않음이 없어서 이웃과 화목하게 하는 것이 크다"라고 하였다. 『의례정의』, 1076쪽 참조.

2_ 피변복을 ~ 것이다 : 앞에서 빈은 聘·享·私覿의 예를 행할 때에 모두 皮弁服을 착용하였는데, 問卿의 예를 행할 때에는 한 등급 낮추어 朝服을 착용한다.

3_ 경은 ~ 둔다 : 정현이 이를 언급한 것은 三卿 모두에게 예물을 가지고 예방한다는 뜻을 보이기 위한 것이다.

4_ 빈의 ~ 때문이다 : 禰廟에서 예방을 받지 않고 祖廟에서 받는 것을 말한다. 祖廟의 제도는 士의 禰廟와 동일하다.

5_ '조'는 할아버지이다 : 가공언은 다음과 같이 설명한다. "大夫는 3廟를 세우는데, 別子가 있는 경우에는 太祖廟를 세우고, 別子가 아닌 경우에는 모두 曾祖廟까지 세운다. 경문에서 태조묘 및 증조묘에서 받지 않고 祖廟에서 받는다고 한 것은 제후가 태조묘에서 받기 때문에 대부는 군주보다 낮추어 조묘에서 받는 것이다." 『의례주소』, 486쪽 참조.

6_ 사를 ~ 것이다 : 주군이 빈을 맞이할 때 卿을 上擯으로, 大夫를 承擯으로, 士를 紹擯으로 삼았는데, 이곳에서 단지 下大夫만을 擯으로 삼는 것은 禮가 군주보다 간략하기 때문이다. 정현은 급히 서둘러 만나기 위해서 士擯을 생략하는 것으로 해석한 것이다. [經－101] 참조.

7_ 대부 : 이곳 경문의 '大夫'는 上大夫로서의 卿을 뜻한다.

8_ 대부는 먼저 ~ 한다 : 성세좌는 "大夫는 3廟인데, 이제 祖廟에서 예방을 받는다. 祖廟는 太祖廟의 동남쪽에 있기 때문에 都宮의 門으로 들어간 후에 또 동쪽으로 꺾어지는 곳이 禰廟보다 많다"고 하였다. 왕사양은 "大夫는 2門인데, 大門으로 들어가 동쪽으로 꺾어지고, 또 북쪽으로 꺾어져서 都宮의 門에 이른다. 그런 후에 廟門에 이른다"고 하여 大門(外門)안으로 들어가 동쪽으로 가면 곧바로 廟門에 이른다는 가공언의 설을 비판하였다. 호배휘는 "제후는 大門 안에서 聘賓을 맞이하고, 대부는 大門 밖에서 賓을 맞이하기 때문에 대문 밖에서 읍을 하는 것이다. 大門 안으로 들어가서 북쪽으로 갈 때 읍을 하고 都宮의 門에 이르러서 또 읍을 한다"고 하여 '꺾어지는 곳마다 읍을 한다'는 것은 왕사양의 해석이 옳다고 하였다. 『의례정의』, 1077쪽 및 『의례주소』, 487쪽 참조.

9_ 내사를 ~ 것이다 : 가공언은 '內事를 살핀다'는 것은 묘문 안으로 들어가서 자리를 펼칠 것을 청하는 등의 일이라고 하였다. 그러나 실제로 '內事'를 살피는 것은 대부(경)를 따라 들어간 擯者의 일이다. 『의례주소』, 487쪽 및 [經－107]의 정현 주 참조.

10_ 저 : 『이아』에는 "문과 병풍 사이를 '宁'라고 한다"(門屛之間謂之'宁')라고 하였고, 이에 대해 형병은 "路門의 밖과 屛樹(담)의 안에서 군주가 조회를 볼 때 서는 곳을 가

리키며, 때문에 '宁'라고 이름한 것이다"(謂路門之外, 屛樹之內, 人君視朝宁立之處, 因名爲'宁')라고 하였다. 이순은 "正門 안쪽의 東塾과 西塾 사이를 '宁'라고 한다"(正門內兩塾間名曰'宁')고 하였다. 호배휘는 대부에게는 '屛'이 없으므로 경문에서의 '宁'는 묘문 안쪽의 東塾과 西塾 사이를 가리키며, 따라서 경·대부도 '宁'라는 명칭을 사용할 수 있다고 하였다. 『의례정의』, 1077쪽 참조.

11_ 안석과 ~ 것이다 : 오계공은 군주가 자신을 존귀하게 해 준 것이므로 神의 자리를 진설하여 임할 수 없기 때문이라고 하였다. 『의례정의』, 1077쪽 참조.

해제 經-288에서 經-296까지는 빈賓의 '면경面卿' 즉 빈이 자신의 사적인 예물을 가지고 주국의 경(대부)을 찾아뵙는 절차이다.

[聘禮08 : 經-288]

빈자擯者(하대부)는 묘문 밖으로 나가서 빈에게 다른 일이 더 있는지 묻는다. 빈은 다시 대부(경)를 뵙고자 한다고 청하는데, 주군에게 사적私覿의 예를 행할 때와 동일한 예물을 가지고 한다.[1]

擯者出請事. 賓面, 如覿幣.

정현주

'면面'은 또한 뵙는다(見)는 뜻이다.[2] 그것을 '면面'이라고 하는 것은 위의威儀가 질박하기 때문이다. '面', 亦見也. 其謂之'面', 威儀質也.

[聘禮08 : 經-289]

빈이 비단(속금)을 받들고 묘문 안으로 들어가면, 정실庭實이 뒤따라 들어온다.

賓奉幣, 庭實從.

정현주

정실은 네 마리의 말이다.[3] 庭實, 四馬.

[聘禮08 : 經-290]

빈은 묘문 안으로 들어가 오른쪽으로 나아가는데, 대부는 사양을

한다.[4]
入門右, 大夫辭.

정현주 대부는 빈이 묘문 안으로 들어올 때 계단 아래에서 사양을 하고 맞이한다. 大夫於賓入, 自階下辭迎之.

[聘禮08 : 經-291]
빈은 드디어 왼쪽으로 나아간다.
賓遂左.

정현주 찾아뵙는 것은 사적인 일이다. 비록 신분은 대등하지만 빈은 오히려 겸손히 하여 묘문 안으로 들어가 오른쪽으로 나아가서 마치 한 등급을 낮추는 듯이 하는 것이다. 『예기』「곡례상」에 "빈객이 주인보다 신분이 낮을 경우 빈객은 주인의 계단 쪽으로 나아가고, 주인이 거듭 사양한 후에 빈객은 다시 서쪽 계단으로 나아간다"고 하였다. 見, 私事也. 雖敵, 賓猶謙, 入門右, 爲若降等然. 「曲禮」曰, "客若降等, 則就主人之階, 主人輿[5]辭於客, 然後客復就西階."

[聘禮08 : 經-292]
빈을 수종하는 종자從者는 정실庭實을 진설한다. 빈은 묘문 안으로 들어간 후 대부와 읍을 하고 양보를 하는데, 처음 대부를 예방했을 때와 동일한 절차로 한다.[6]
庭實設. 揖讓如初.

정현주 대부는 뜰 중앙으로 왔다가 다시 몸을 돌려서 빈과 함께 나란히 걸어간다.[7] 大夫至庭中, 旋並行.

[聘禮08 : 經－293]

대부가 먼저 한 계단을 오르면, 빈이 뒤를 따라 오른다.

大夫升一等, 賓從之.

정현주 대부가 먼저 오르는 것은 빈을 인도하기 위한 것이다. 大夫先升, 道賓.

[聘禮08 : 經－294]

대부는 조계 위쪽에서 서쪽을 향해 선다. 빈은 뵙는 인사의 말을 올린다.

大夫西面, 賓稱面.

정현주 '칭稱'은 든다(擧)는 뜻이다. 서로 만나게 된 인사말을 올려 서로 접하는 것이다. '稱', 擧也. 擧相見之辭以相接.

[聘禮08 : 經－295]

대부는 응답을 하고,[8] 당의 앞쪽 들보(楣)와 마주하는 곳에서 북쪽을 향해 재배를 한 후 당 위의 동쪽 기둥(東楹)과 서쪽 기둥(西楹) 사이에

서 남쪽을 향해 비단(속금)을 받고, 조계 위쪽으로 물러나 서쪽을 향해 선다.[9]

大夫對, 北面當楣再拜, 受幣于楹間, 南面, 退, 西面立.

정현주 당 위의 동쪽 기둥과 서쪽 기둥 사이에서 비단(속금)을 받는 것은 대등한 신분이기 때문이다. 빈은 또한 비단의 먼지를 털어 내고 나아가 북쪽을 향해 대부에게 보내준다. 受幣楹間, 敵也. 賓亦振幣進, 北面授.

[聘禮08 : 經-296]

빈은 비단(속금)을 보내준 후 당의 앞쪽 들보(楣)와 마주하는 곳으로 가서 재배를 한 후 당에서 내려와 묘문 밖으로 나간다. 대부도 당에서 내려와 노老(家臣)에게 비단을 건네준다.

賓當楣再拜送幣, 降, 出. 大夫降, 授老幣.

주

1_ 빈은 ~ 한다 : 빈이 경을 私面할 때에 그 예물은 대체로 주군을 私覿할 때와 동일하다. 빈이 주군을 私覿할 때에는 束錦·乘馬를 사용하는데, 경을 私面할 때에도 束錦과 乘馬를 가지고 간다.

2_ '면'은 ~ 뜻이다 : 오계공은 聘使가 사적으로 군주를 알현하는 것을 '覿'이라 하고, 大夫를 찾아뵙는 것을 '面'이라고 하여 그 칭위를 달리함으로써 존비를 구별한다고 하였다. 그러나 가공언과 호배휘는 '覿'과 '面'은 並文으로서 散文의 경우에는 '面'을 '覿'이라고도 한다고 하였다. 『의례정의』, 1078쪽 및 『의례주소』, 488쪽 참조.

3_ 정실은 ~ 말이다 : 앞에서 주군에게 私覿의 예를 행할 때의 예물과 동일하다고 하였으므로 이때의 庭實도 말 네 마리임을 알 수 있다. [經-174] 참조.

4_ 사양을 한다 : 빈이 문으로 들어와서 오른쪽으로 나아가는 것을 사양하는 것이다. 본래 빈은 문의 왼쪽으로 들어가서 왼쪽으로 나아가고, 주인은 문의 오른쪽으로 들어와서 오른쪽으로 들어간다.

5_ 輿 : 徐本, 陳本, 『通解』에는 '輿'으로 되어 있지만, 毛本, 『의례정의』에는 '固'로 되어 있다. 현행본 『예기』에도 '固'로 되어 있다. 이에 따라 번역한다. 『의례주소』, 488쪽 교감 참조.

6_ 처음 대부를 ~ 한다 : '問卿'의 예를 행할 때 대부(경)와 세 차례 읍을 하고 나란히 하여 걸어가는데, 계단 앞에 이르면 먼저 오르도록 서로 양보를 하지만 세 차례 완성하지 않았다. 이와 같이 한다는 뜻이다. [經-283] 참조.

7_ 대부는 ~ 걸어간다 : 저인량은 대부는 빈이 묘문 안으로 들어오기를 기다렸다가 계단 아래에서 뜰 중앙(中庭)까지 왔다가 몸을 돌려 빈과 함께 나란히 계단 쪽으로 걸어가는 것으로, 대부(경)가 스스로를 높인다는 혐의를 받을 수 있기 때문에 이렇게 하는 것이라고 하였다. 『의례정의』, 1079쪽 참조.

8_ 대부는 응답을 하고 : 빈이 뵙는 인사의 말을 올린 것에 응답하는 것이다.

9_ 조계 위쪽으로 ~ 선다 : 빈이 배례하기를 기다리는 것이다.

해제 經—297에서 經—304까지는 상개上介의 '면경面卿' 즉 상개가 자신의 사적인 예물을 가지고 혼자서 주국의 경卿을 찾아뵙는 절차이다.

[聘禮08 : 經 – 297]

빈자擯者(하대부)는 묘문 밖으로 나가서 상개上介에게 다른 일이 더 있는지 묻는다. 상개는 단독으로 대부(경)를 뵙고자 한다고 청하는데,[1] 주군에게 사적私覿의 예를 행할 때와 동일한 예물을 가지고 한다.[2] 상개는 비단(속금)을 받들고 선다.

擯者出請事. 上介特面, 幣如覿. 介奉幣.

정현주 '단독으로 뵙는다'(特面)는 것은 주군을 알현할 때와 달리 하는 것으로, 사개士介들은 따라 들어가지 않는다.[3] 군주는 존귀하기 때문에 중개衆介들은 처음 알현할 때 스스로를 구별하지 않는다.[4] 상빈上賓의 경우에는 중개들이 모두 따라 들어간다. '特面'者, 異於主君, 士介不從而入也. 君尊, 衆介始覿不自別也. 上賓則衆介皆從之.

[聘禮08 : 經 – 298]

짐승 가죽(皮)은 2인의 찬자贊者가 상개를 도와 각각 한 장씩 잡는다.

皮, 二人贊.

정현주

또한 두 장의 사슴 가죽이다. 亦儷皮也.

[聘禮08 : 經-299]

상개는 묘문 안으로 들어가 오른쪽으로 나아가서 비단(속금)을 내려놓은 후 재배를 한다.[5]

入門右, 奠幣, 再拜.

정현주

등급을 낮추는 것이다.[6] 降等也.

[聘禮08 : 經-300]

대부는 사양을 한다.

大夫辭.

정현주

대부가 사양을 할 때에 상개는 묘문 밖으로 나간다. 於辭上介則出.

[聘禮08 : 經-301]

빈자擯者는 묘문 밖으로 나가서 상개에게 비단(속금)을 되돌려준다.[7]

擯者反幣.

정현주

묘문 밖으로 나가서 상개에게 되돌려주는 것이다. 出還於上介也.

[聘禮08 : 經－302]

상개를 수종하는 종자從者가 먼저 정실庭實을 뜰 안에 진설하면, 상개는 비단(속금)을 받들고 묘문 안으로 들어간다. 대부는 상개와 읍을 하고 양보를 하는데, 처음 빈이 찾아뵈러 왔을 때와 동일한 절차로 한다.[8]

庭實設, 介奉幣入. 大夫揖讓如初.

정현주 대부가 또한 먼저 한 계단을 올라간다. 금문본에는 '入設'(들어가서 진설한다)이라고 하였다. 大夫亦先升一等. 今文曰'入設'.

[聘禮08 : 經－303]

상개는 당 위로 올라간다. 대부는 재배를 한 후 비단(속금)을 받는다.

介升. 大夫再拜受.

정현주 또한 당 위의 동쪽 기둥과 서쪽 기둥 사이에서 남쪽을 향하여 받는다. 亦於楹間南面而受.

[聘禮08 : 經－304]

상개는 당에서 내려가 배례를 한다. 대부는 상개가 당 아래에서 배례하는 것을 사양한다. 상개는 당 위로 올라가 비단을 보내준 후 재배를 한다.

介降拜. 大夫降辭. 介升, 再拜送幣.

정현주 상개는 비단을 보내준 후 당에서 내려와 묘문 밖으로 나간다. 대부는 또한 노老(家臣)에게 비단을 건네준다. 介旣送幣, 降出也. 大夫亦授老幣.

주

1_ 상개는 ~ 청하는데 : 성세좌는 '特面'을 두 가지 의미로 해석한다. 첫째는 衆介들과 함께 예물을 받들고 들어가지 않는 것으로, 주군을 알현할 때와 달리하는 것이다. 둘째 衆介들을 대동하지 않음으로써 上賓보다 스스로를 낮추는 것이다. 『의례정의』, 1080쪽 참조.

2_ 사적의 예를 ~ 한다 : 束錦과 儷皮를 예물로 사용한다. [經-194] 참조.

3_ '단독으로 뵙는다'는 ~ 않는다 : 주군에게 私覿의 예를 행할 때에는 上介 및 士介들이 함께 예물을 받들고 알현을 청했는데, 이곳에서 上介가 단독으로 卿을 뵙고자 때에는 士介가 따라 들어가지 않으므로, 주군을 알현할 때와 다른 것이다. [經-193] 참조.

4_ 군주는 ~ 않는다 : 고유에 의하면 군주는 존귀하기 때문에 上介는 衆介와 동시에 알현하여 마치 신하가 군주를 알현하듯이 한다. 『의례정의』, 1080쪽 참조.

5_ 비단을 내려놓은 후 재배를 한다 : 오계공에 의하면 上介가 束錦을 내려놓을 때 贊者도 사슴 가죽을 내려놓고 묘문 밖으로 나간다. 『의례정의』, 1080쪽 참조.

6_ 등급을 낮추는 것이다 : 주인은 경(상대부)이고, 상개는 대부이므로 묘문 안으로 들어가서 오른쪽으로 나아간다. 빈의 경우에는 묘문 안으로 들어가서 왼쪽으로 나아간다. 上介는 감히 스스로 빈객과 동등하게 하지 못한다.

7_ 빈자는 ~ 되돌려준다 : 호배휘에 의하면 이때 사슴 가죽(皮)도 함께 되돌려준다. 『의례정의』, 1080쪽 참조.

8_ 처음 빈이 ~ 한다 : 빈이 '問卿'의 예를 행할 때 대부(경)와 세 차례 읍을 하고 나란히 하여 걸어가는데, 계단에 이르면 먼저 오르도록 서로 양보를 하지만 세 차례 완성하지 않았다. 이와 같이 한다는 뜻이다. [經-283] 참조.

해제 經－305에서 經－307까지는 중개의 '면경面卿' 즉 중개들이 자신들의 사적인 예물을 가지고 주국의 경卿을 방문하는 절차이다.

[聘禮08 : 經－305]

빈자擯者(下大夫)는 묘문 밖으로 나가서 중개衆介(士介 4인)들에게 다른 일이 더 있는지 묻는다. 중개들은 다시 대부(경)를 뵙고자 한다고 청하는데, 주군에게 사적私覿의 예를 행할 때와 동일한 예물을 가지고 한다. 중개들은 묘문 안으로 들어가 오른쪽으로 나아가서 비단(옥금)을 내려놓은 후 모두 재배를 한다. 대부는 사양을 한다. 중개들은 들어올 때와 반대의 순서로 묘문 밖으로 나간다. 빈자는 중개의 우두머리가 올린 비단(上幣: 옥금)을 집어 들고 묘문 밖으로 나가서 한 번 빈객의 예로 받겠다고 청한다. 빈은 중개들을 대신하여 이를 사양한다.

擯者出請. 衆介面, 如覿幣. 入門右, 奠幣, 皆再拜. 大夫辭. 介逆出. 擯者執上幣出, 禮請受. 賓辭.

정현주

빈이 또한 사개士介들을 위하여 대신 사양을 하는 것이다.

賓亦爲士介辭.

[聘禮08 : 經－306]

대부는 답례로 재배를 한다. 빈자擯者는 중개의 우두머리가 올린 비단(上幣: 옥금)을 집어 들고 묘문 가운데에 서서 대부가 배례하는 것을 돕는다. 중개들은 모두 대부의 배례를 피한다. 대부의 노老(家臣)는 뜰 중앙에서 빈자에게서 중개의 우두머리가 올린 비단을 받고, 대부의 사士 3인은 앉아서 나머지 중개들이 올린 비단을 집어 들고 노의 뒤를 따라 동쪽으로 가서 내부內府에 보관한다. 빈자는 묘문 밖으로 나가서 중개들에게 다른 일이 더 있는지 묻는다. 빈은 외문(대문) 밖으로 나간다. 대부는 외문 밖에서 전송을 하는데, 재배를 한다. 빈 일행은 뒤를 돌아보지 않고 곧바로 떠난다.

大夫答再拜. 擯者執上幣, 立于門中以相拜. 士介皆辟. 老受擯者幣于中庭, 士三人坐取群幣以從之. 擯者出請事. 賓出. 大夫送于外門外, 再拜. 賓不顧.

정현주

'돌아보지 않는다'(不顧)는 것은 떠났음을 가리킨다. '不顧', 言去.

[聘禮08 : 經－307]

빈자도 물러가는데, 대부는 빈자의 수고로움에 배례를 한다.

擯者退, 大夫拜辱.

정현주

배례하면서 전송하는 것이다. 拜送也.

해제 經—308에서 經—310까지는 '문하대부問下大夫' 즉 상개上介가 사개士介 3인을 이끌고 주국의 하대부를 예방하는 절차이다.

[聘禮08 : 經－308]

하대부[1] 가운데 일찍이 자신의 나라에 사신으로 온 적이 있던 사람에게도 예물을 가지고 예방한다.[2]

下大夫嘗使至者, 幣及之.

정현주

일찍이 사신으로 자기의 나라에 온 적이 있다면 예물을 가지고 예방하는 것이다. 군자는 옛일을 잊지 않는다. 嘗使至己國, 則以幣問之也. 君子不忘舊.

[聘禮08 : 經－309]

상개는 조복을 착용하고 사개 3인과 함께 하대부를 예방한다.[3] 하대부는 비단(속백)을 받는데, 경(상대부)이 받을 때와 동일한 절차로 한다.

上介朝服, 三介, 問下大夫. 下大夫如卿受幣之禮.

정현주

상개에 사개 3인이 따라가는 것은 하대부가 사신으로 갔을 때의 예이다.[4] 上介三介, 下大夫使之禮也.

[聘禮08 : 經 – 310]

상개가 하대부를 예방할 때에는 빈이 경(상대부)을 찾아뵐 때와 동일한 절차로 한다.[5]

其面, 如賓面于卿之禮.

주

1_ 하대부 : 가공언은 제후의 나라에는 모두 3경과 5대부가 있는데, 3경에 대해서는 자신의 나라에 왔었는지를 불문하고 모두 예물을 가지고 예방하지만, 5대부의 경우에는 介가 되거나 賓이 되어 사신으로 온 자에 한해서 예물을 가지고 예방하는 것은 3경보다 간략하게 하는 것이라고 하였다. 한편 호광충은 제후의 하대부 5인은 3경의 아래에서 일을 보좌하는 자이고 그 밖의 대부는 이보다 훨씬 많다고 하였다. 『의례주소』, 490쪽 및 『의례정의』, 1082쪽 참조.

2_ 하대부 가운데 ~ 예방한다 : 가공언은 主國의 下大夫로서 일찍이 자기의 나라에 사신으로 왔던 자에게 聘君이 上介를 보내 예물을 가지고 방문하게 하는 것으로 해석한다. 즉 주국의 하대부를 예방하는 사람은 上介이다. 『의례주소』, 490쪽 참조.

3_ 상개는 ~ 예방한다 : 하대부의 경우, 빈이 직접 예방하지 않고 상개를 보내어 예방하게 하는 것은 그 작위가 서로 어울리는 것을 취한 것이다. 오정화는 이곳의 '三介'는 賓의 士介라고 하였다. 士介 4인 가운데 3인만 보내는 것은 빈보다 낮추는 것이다. 『의례정의』, 1082쪽 참조.

4_ 상개에 ~ 예이다 : [經-422]에서 "小聘을 '問'이라고 한다"(小聘曰'問')고 하였는데, 그 의절은 상개를 위해 3인의 사개가 수행한다. 이것은 하대부가 사신으로 나갔을 때의 예이다. 「빙례」에 의거한다면 大聘에는 경과 개 5인(상개 1인, 사개 4인)을 보내고, 小聘에는 대부와 介 3인을 보낸다. 대국의 경우라면 大聘에는 경과 介 7인을 보내고, 小聘에는 대부와 介 5인을 보낸다. 소국의 경우라면 大聘에는 경과 개 3인을 보내고, 小聘에는 대부와 개 1인을 보낸다. 『예기』「曲禮下」에 "사람을 비교할 때에는 반드시 같은 부류끼리 한다"(儗人必於其倫)고 하였다. 그러므로 하대부를 예방할 때에는 마찬가지로 상개(하대부)를 보낸다.

5_ 상개가 ~ 한다 : [經-288]에서 [經-296]까지 참조.

해제

經-311에서 經-312까지는 '대부대수폐大夫代受幣' 즉 주국의 경·대부에게 일이 생겨서 직접 빈의 예물을 받을 수 없는 경우 동등한 작위의 대부가 대신 받는 절차이다.

[聘禮08 : 經-311]

대부[1]가 일이 생겨서 빈을 직접 만날 수 없게 되었을 경우,

大夫若不見,

정현주

일이 생긴 경우이다.[2] 有故也.

[聘禮08 : 經-312]

주군은 각각 그와 작위가 동등한 대부(경)로 하여금 예물을 받게 하는데,[3] 주인(본래 예방을 받을 대부)이 예물을 받을 때의 예와 동일한 절차로 하되 배례는 하지 않는다.

君使大夫各以其爵爲之受, 如主人受幣禮, 不拜.

정현주

'각각 그와 작위가 동등하다'(各以其爵)는 것은 주인(본래 예방을 받을 대부)이 경이라면 경을 보내고, 대부라면 대부를 보낸다는 뜻이다. '배례는 하지 않는다'(不拜)는 것은 대신 예물을 받을 뿐 주인의 예를 감당하지 못하기 때문이다. '各以其爵', 主人卿也, 則使卿, 大夫也, 則使大夫. '不拜', 代受之耳, 不當主人禮也.

주

1_ 대부 : 이곳의 '大夫'는 빈의 예방을 받을 주국의 대부를 가리킨다. 또한 이곳의 '대부'는 '경'을 포함하여 말한 것이다.

2_ 일이 생긴 경우이다 : 질병이나 居喪 및 사신으로 외국에 나가 있는 경우 등을 말한다.

3_ 주군은 ~ 하는데 : 빈은 빙군의 명으로 빙문을 와서 대부를 예방하는 것인데, 그 군주의 명을 헛되이 하게 할 수 없기 때문에 주군은 사람을 보내서 대신 예물을 받도록 하는 것이다.

해제 經－313에서 經－318까지는 주군의 부인이 빈과 개에게 예물을 보내주는 절차이다.

[聘禮08 : 經－313]

빈이 경을 예방한 날 저녁에, 주군의 부인은 하대부로 하여금 위변복韋弁服을 착용하고 빈에게 가서 예물을 보내주게 한다.

夕, 夫人使下大夫韋弁歸禮.

정현주 '저녁'(夕)은 경을 예방한 날의 저녁이다.[1] 하대부를 보내는 것은 군주보다 낮추는 것이다. 실은 군주가 보내는 것인데 '부인'이라고 말한 것은 빈에게 명을 전하여 바칠 때 '과소군寡小君'이라고 칭해야 하기 때문이다.[2] '夕', 問卿之夕也. 使下大夫, 下君也. 君使之, 云'夫人'者, 以致辭當稱'寡小君'.

[聘禮08 : 經－314]

하대부는 당 위에 6개의 대나무제기(籩)와 6개의 나무제기(豆)를 실문(室戶)의 동쪽에 진설하는데, 서쪽을 윗자리로 삼아서 각각 2개씩 나란히 하여 서쪽부터 동쪽으로 차례대로 놓는다.

堂上籩豆六, 設于戶東, 西上, 二以並, 東陳.

정현주 대나무제기와 나무제기를 6개씩 진설하는 것은 주군의 예보다 낮추는 것이다.[3] 신하(하대부)가 실문(室戶)의 동쪽에 진설하는 것은 또 군주가 보낸 음식을 진설하는 자리를 피하는 것이다.[4] 진설할 때에는 말린 고기를 담은 대나무제기를 놓고, 그 남쪽에 고기젓갈을 담은 나무제기를 놓는데, 방향이 구부러지게 하여 6개의 대나무제기와 6개의 나무제기를 진설한다. '籩·豆六'者, 下君禮也. 臣設于戶東, 又辟饌位也. 其設, 脯其南醢, 屈, 六籩·六豆.

[聘禮08 : 經-315]

술동이(壺)는 당 위 동쪽 벽(東序) 앞에 북쪽을 윗자리로 삼아서 2통씩 나란히 하여 북쪽부터 남쪽으로 차례대로 진설한다. 쌀로 빚은 백주(酸)·찰기장으로 빚은 술(黍)·수수로 빚은 청주(淸)가 있는데, 모두 2통의 술동이에 넣어서 진설한다.[5]
壺設于東序, 北上, 二以並, 南陳. 酸·黍·淸, 皆兩壺.

정현주

'수酸'는 백주白酒(흰 술)이다. 무릇 술은 쌀로 빚은 것이 최고이고, 기장으로 빚은 것이 그 다음이고, 수수로 빚은 것이 그 다음인데, 모두 청주淸酒(맑은 술)와 백주白酒(흰 술)가 있다. 기장으로 빚은 술을 청주와 백주 사이에 두는 것은 서로 갖추어지기 때문이니, 세 가지 술이 여섯 통의 술동이(壺)에 넣어져 있음을 밝힌 것이다. 먼저 백주(酸)를 말한 것은 백주를 넣은 술동이가 먼저 진설되기 때문이다. '酸', 白酒也. 凡酒, 稻爲上, 黍次之, 粱次之, 皆有淸白. 以黍間淸白者, 互相備, 明三酒六壺也. 先言酸, 白酒尊, 先設之.

[聘禮08 : 經-316]

하대부는 속백束帛을 받들고 빈에게 부인의 명을 전해 바친다.

大夫以束帛致之.

정현주

부인의 명을 전해 바치는 것이다. 이 예에서 희생이 없는 것은 내조來朝하러 온 군주에게 보내는 것보다 낮추는 것이다.[6] 致夫人命也. 此禮無牢, 下朝君也.

[聘禮08 : 經-317]

빈은 부인이 보내준 예물을 받는데, 주군이 보내준 죽은 희생(饔)을 받을 때와 동일한 절차로 한다.[7] 빈은 네 마리의 말(乘馬)과 속금束錦으로 하대부에게 빈례儐禮를 행하여 대접한다. 부인은 상개에게 4개의 나무제기(豆)·4개의 대나무제기(籩)·4통의 술동이(壺)를 보내준다. 상개는 부인이 보내준 음식을 받는데, 빈이 받을 때와 동일한 절차로 한다.

賓如受饔之禮. 儐之乘馬·束錦. 上介四豆·四籩·四壺. 受之如賓禮.

정현주

'4통의 술동이'(壺)란 쌀로 빚은 백주와 청주를 넣는 2통의 술동이가 없다는 뜻이다. 희생을 보내지 않는 것은 군주보다 낮추는 것이다.[8] '四壺', 無稻酒也. 不致牢, 下於君也.

[聘禮08 : 經 – 318]

상개는 두 마리의 말과 속금으로 하대부에게 빈례儐禮를 행하여 대접한다. 이튿날, 빈은 외조外朝로 나아가서 부인에게 예물을 보내준 것에 배례를 하여 감사를 표한다.

儐之兩馬·束錦. 明日, 賓拜禮於朝.

정현주

이곳에서 비로소 '빈이 배례를 한다'(賓拜)고 한 것은 상개는 빈을 따라가서 배례를 한다는 뜻을 밝힌 것이다. 금문본에는 '禮'가 '醴'로 되어 있다. 於是乃言'賓拜', 明介從拜也. 今文'禮'爲'醴'.

주

1_ '저녁'은 ~ 저녁이다 : 이 의례를 저녁에 하는 것에 대해서 오계공은 감히 군주와 때를 같이하여 의례를 행할 수 없기 때문이라고 하였고, 학경은 夫人의 禮는 陰을 따르기 때문이라고 하였고, 성세좌는 하루 동안 의절이 번잡하고 빈은 날이 저물면 관사로 가야 하지만 날이 저물었다고 하여 禮를 폐기할 수 없기 때문에 급히 저녁에 예물을 보내는 것이라고 하였다. 『의례정의』, 1084쪽 참조.

2_ 실은 ~ 때문이다 : 가공언은 『공양전』 隱公 2년 조의 하휴 주에 "禮에 있어서 婦人은 外事가 없다"고 한 것에 근거하여 이 경문에서 하대부에게 예물을 보내도록 한 것은 사실은 주군이라고 하였다. 『의례주소』, 491쪽 참조.

3_ 대나무제기와 ~ 것이다 : 주군이 빈에게 죽은 희생(饔)과 살아 있는 희생(餼)을 보낼 때에는 당 위에 8개의 나무제기(豆)를 진설한다. [經-234] 참조.

4_ 신하가 ~ 것이다 : 주군이 빈에게 죽은 희생(饔)과 살아 있는 희생(餼)을 보낼 때에는 음식을 실문(室戶)의 서쪽에 진설한다. [經-234] 참조.

5_ 쌀로 ~ 진설한다 : 가장 북쪽에 서에서 동으로 쌀로 빚은 백주와 청주, 그 남쪽에 찰기장으로 빚은 백주와 청주, 가장 남쪽에 수수로 빚은 백주와 청주를 진설한다는 뜻이다.

6_ 이 예에서 ~ 것이다 : 『주례』 「추관·掌客」에 "夫人이 예물을 보낼 때에는 8壺·8豆·8籩이 있으며, 膳禮에는 太牢를 쓰고, 饗禮에는 太牢를 쓰고, 食禮에는 太牢를 쓴다"(夫人致禮, 八壺·八豆·八籩, 膳大牢, 致饗大牢, 食大牢)고 하였다. 夫人은 侯·伯 이하의 제후에게도 희생(牢)을 보내는데, 이때의 侯·伯 이하의 제후는 來朝하러 온 군주들이다. 이곳의 「빙례」에서는 卿이 來聘하러 온 경우이기 때문에 夫人이 희생을 보내지 않은 것이다. 이것이 '來朝하러 온 군주보다 낮춘다'는 뜻이다. 『의례정의』, 1086쪽 참조.

7_ 주군이 보내준 ~ 한다 : [經-231]에서 [經-243] 참조.

8_ 희생을 ~ 것이다 : 주군이 죽은 희생(饔)·살아 있는 희생(餼)을 보낼 때에는 희생이 있었는데, 부인이 빈과 상개에게 예물을 보낼 때에는 희생이 없다. 이는 군주보다 낮추는 것이다.

해제 經—319에서 經—321까지는 대부가 빈과 개에게 살아 있는 희생(餼)을 보내는 절차이다.

[聘禮08 : 經 – 319]

대부는 빈에게 살아 있는 희생 1태뢰(소·양·돼지)와 곡물을 담은 8개의 네모진 대광주리(筐)[1]를 보내준다.

大夫餼賓大牢, 米八筐.

정현주

이것들은 대문 밖에 진설된다. 찰기장(黍)과 수수(粱)를 담은 네모진 대광주리가 각각 2개이고, 메기장(稷)을 담은 네모진 대광주리가 4개인데, 2개씩 나란히 하여 북쪽부터 남쪽으로 차례대로 진설하며, 쌀(稻)을 담은 네모진 대광주리는 없다. 희생들은 곡물을 담은 네모진 대광주리의 뒤쪽에 진설하는데, 동쪽을 윗자리로 삼는다. 당과 뜰에는 음식을 진설하지 않는데, 군주를 피하는 것이다. 其陳於門外. 黍·粱各二筐, 稷四筐, 二以並, 南陳, 無稻. 牲陳於後, 東上, 不饌於堂庭, 辟君也.

광筐

(明),『삼재도회』

[聘禮08 : 經 – 320]

빈은 대문 밖으로 나가서 대부를 맞이하는데, 재배를 한다. 노老는 소를 끌고 와서 빈에게 바친다. 빈은 머리를 바닥에 대면서 재배를 한 후 보내준 예물을 받는다. 노老는 물러난다. 빈은 재배를 하면서 전송한다.
賓迎, 再拜. 老牽牛以致之. 賓再拜稽首受. 老退, 賓再拜送.

정현주

'노老'는 실로室老로서, 대부의 귀신貴臣이다. '老', 室老, 大夫之貴臣.

[聘禮08 : 經 - 321]
상개에게도 빈과 동일하게 보내준다. 중개들에게는 모두 살아 있는 희생 1소뢰(양·돼지)와 곡물을 담은 6개의 네모진 대광주리를 보내주는데, 모두 사士가 양을 끌고 와서 중개들에게 바친다.
上介亦如之. 衆介皆少牢, 米六筐, 皆士牽羊以致之.

정현주

'곡물을 담은 6개의 네모진 대광주리'(米六筐)라는 것은 또 수수(粱)를 담은 네모진 대광주리마저 없기 때문이다. '사士' 역시 대부의 귀신貴臣이다. '米六筐'者, 又無粱也. '士'亦大夫之貴臣.

주

1_ 네모진 대광주리 : '筐'은 곡물을 담는 광주리로, 대나무로 만든다. 네모진 것을 '筐'이라 하고, 둥근 것을 '筥'라고 한다. 군주는 빈에게 곡물을 담은 100개의 筥(둥근 대광주리)를 보내주는데, '筥'는 1/2斛 즉 5斗이다. 대부는 빈에게 곡물을 담은 8개의 筐(네모진 대광주리)을 보내주는데, 아래 [記-82]에 의하면 '筐'의 용량은 5斛 즉 50斗이다. 따라서 量으로 말하면 대부의 8筐(400斗)은 군주의 100筥(500斗)보다 낮추는 것이다.

해제 經－322에서 經－327까지는 주국의 군주와 신하가 빈賓과 개介에게 향례饗禮와 사례食禮를 베풀어 주는 절차이다.

[聘禮08 : 經－322]

주군은 빈에게 한 차례 사례食禮[1]를 베풀어 주고, 두 차례 향례饗禮[2]를 베풀어 준다.[3]

公於賓, 壹食, 再饗.

정현주

'향饗'은 태뢰(소·양·돼지)를 올려서 빈에게 술을 마시게 하는 것을 말한다. 「공사대부례」에서 "물받이 항아리(洗)를 진설하는데, 향례饗禮의 경우와 같은 방식으로 한다"[4]고 하였다. 그렇다면 향례와 사례는 서로 앞뒤로 거행되는 것이다.[5] 고문본에는 '壹'이 모두 '一'로 되어 있고, 금문본에는 '饗'이 모두 '鄕'으로 되어 있다. '饗'謂亨大牢以飮賓也. 「公食大夫禮」曰, "設洗如饗." 則饗與食互相先後也. 古文'壹'皆爲'一', 今文'饗'皆爲'鄕'.

[聘禮08 : 經－323]

연례燕禮를 베풀어 주는 것과 삶아 익혀서 요리한 새고기 음식 및 진귀하고 맛난 계절음식을 보내주는 것에는 정해진 횟수가 없다.[6]

燕與羞·俶獻, 無常數.

정현주

'수羞'는 기러기나 오리 등 새고기의 음식으로서, 삶아 익혀서 요리한 것을 가리킨다. '숙俶'은 '시始'(처음)의 뜻이다. '시헌始獻'은 네 계절의 새로 나온 음식물을 말한다.[7] 『예기』「빙의」의 이른바 "진귀한 계절음식을 보내주는 것에는 정해진 횟수가 없다"는 것이니, 은혜로운 마음에 따라 정해지는 것이기 때문이다. 고문본에는 '俶'이 '淑'으로 되어 있다. '羞'謂禽羞, 雁·鶩之屬, 成孰煎和也. '俶', 始也. '始獻', 四時新物. 「聘義」所謂'時賜無常數', 由恩意也. 古文'俶'作'淑'.

[聘禮08 : 經－324]

빈과 개는 모두 이튿날[8] 외조로 나아가서 주군에게 배례를 하여 감사를 표한다. 주군은 상개에게는 한 차례 사례食禮를 베풀어 주고 한 차례 향례饗禮를 베풀어 준다.[9]

賓·介皆明日拜于朝. 上介壹食·壹饗.

정현주

빈에게 향례와 사례를 베풀어 줄 때 상개上介는 개介가 되어서 향례에 참여하여 헌獻의 예를 행하였는데,[10] 다시 특별히 향례를 베풀어 주는 것은 그를 빈객으로 여기는 것이다. 饗食賓, 介爲介, 從饗獻矣, 復特饗之, 客之也.

[聘禮08 : 經－325]

주군이 직접 사례食禮를 베풀어 주지 못하게 되었을 경우에는 각각 빈과 작위가 동등한 대부(경)로 하여금 조복을 착용하고 유폐侑幣[11]를 받들고 가서 바치게 하는데, 죽은 희생(饔)·살아 있는 희생(餼)을 보내줄 때와 동일한 절차로 하지만,[12] 빈은 이들에게 빈례儐禮를 행하여 대접하지는 않는다.

若不親食, 使大夫各以其爵, 朝服致之以侑幣, 如致饔, 無儐.

정현주

'주군이 직접 사례를 베풀어 주지 못한다'는 것은 질병이나 다른 일이 생긴 경우를 말한다. 반드시 예물을 받들고 가서 바치게 하는 것은 그 예를 폐기할 수 없기 때문이다. 반드시 빈과 동등한 반열의 사람을 보내는 것은 동등한 사람끼리는 서로 친애하고 공경하기가 쉽기 때문이다. 경에게 예물을 받들고 가서 바치도록 하는 경우에는 경을 보내고, 대부에게 예물을 받들고 가서 바치도록 하는 경우에는 대부를 보내는 것이니, 반드시 명수命數는 아니다.[13] 빈례儐禮의 절차가 없는 것은 본래 빈이 가야 하는 것이기 때문이다.[14] 고문본에는 '侑'가 모두 '宥'로 되어 있다. '君不親食'謂有疾及他故也. 必致之, 不廢其禮也. 致之必使同班, 敵者易以相親敬也. 致禮於卿, 使卿, 致禮於大夫, 使大夫, 非必命數也. 無儐, 以己本宜往. 古文'侑'皆作'宥'.

[聘禮08 : 經－326]

주군이 직접 향례饗禮를 베풀어 주지 못하게 되어 빈과 작위가 동등한 대부로 하여금 수폐酬幣를 받들고 가서 바치게 할 경우에도 이와 동일한 절차로 한다.

致饗以酬幣, 亦如之.

정현주

'수폐酬幣'는 향례에서 빈에게 수酬의 예를 행하여 술을 권할 때 사용하는 예물인데, 사용되는 예물이 어떠한 것인지는 들어 보지 못하였다.[15] 빈을 접대할 때의 예물로는 속금束帛과 승마乘馬(네 마리의 말)를 사용하는데 또한 이를 넘시 않을 것이다. 『예기』「예기」에 "호琥[16]와 황璜[17]은 술잔과 함께 바친다"고 하였는데, 대체로 천자가 제후에게 수酬의 예를 행할 때 사용하는 것이다. '酬幣', 饗禮酬賓勸酒之幣也, 所用未聞也. 禮幣束帛·乘馬, 亦不是過也. 「禮器」曰"琥璜爵", 蓋天子酬諸侯.

[聘禮08 : 經-327]

대부는 빈에게 한 차례 향례를 베풀어 주고 한 차례 사례를 베풀어 준다. 상개에게는 사례나 향례 가운데 한 가지만 베풀어 준다. 직접 향례를 베풀어 주지 못하게 되었을 경우, 주군은 이들과 작위가 동등한 대부로 하여금 수폐酬幣를 받들고 가서 바치게 하고, 사례에는 유폐侑幣를 받들고 가서 바치게 한다.

大夫於賓, 壹饗, 壹食. 上介, 若食·若饗. 若不親饗, 則公作大夫致之以酬幣, 致食以侑幣.

정현주

'작作'은 보낸다(使)는 뜻이다. 대부에게 일이 생기면 주군은 반드시 이들과 작위가 동등한 사람을 보내어 대신 예물을 바치게 한다. 열국의 빈객이 오면 영광스러운 일이나 치욕스러운 일이나 군주와 신하는 함께 하는 것이다. '作', 使也. 大夫有故, 君必使其同爵者爲之致之. 列國之賓來, 榮辱之事, 君臣同之.

주

1_ 사례 : 소·양·돼지(太牢)를 잡아서 빈을 대접하는 의례를 말한다. 食禮에는 술이 없고, 밥을 위주로 한다. 『예기』「王制」에서 노인을 봉양할 때 "은나라 사람은 食禮로 하였다"(殷人以食禮)고 한 것에 대해 공영달은 "食禮에는 밥이 있고, 안주가 있으며, 비록 술을 진설하지만 마시지는 않으니, 그 예는 밥을 위주로 한다. 그러므로 '食'라고 한 것이다"(食禮者, 有飯有殽, 雖設酒而不飮, 其禮以飯爲主, 故曰'食')라고 하였다.

2_ 향례 : 빈을 대접하는 의례는 饗禮, 食禮, 燕禮의 세 가지가 있는데, 이 가운데 饗禮가 가장 성대하다. '饗'은 또 '享'이라고도 한다. 저인량은 이 세 가지 의례를 다음과 같이 구별한다. "빈을 대접하는 의례에는 세 가지가 있다. 饗禮, 食禮, 燕禮이다. 饗禮는 食禮보다 중하고, 食禮는 燕禮보다 중하다. 饗禮는 공경함을 위주로 하고, 燕禮는 즐거워함을 위주로 하고, 食禮는 이것으로 현자를 봉양하는 예를 밝히는 것이다. 饗禮에서는 희생고기와 안주를 올리지만 먹지 않고, 술잔을 가득 채우지만 마시지 않고, 안석(几)을 진설하지만 기대지 않으니, 엄숙함과 공경함을 다하는 것이다. 食禮는 밥을 위주로 하니, 비록 술과 음료수를 진설하지만 그것으로 입가심만 하고 마시지는 않는다. 그러므로 '獻'의 의절이 없다. 燕禮는 술 마시는 것을 위주로 하니, 뼈를 잘라서 올려놓은 희생제기(折俎)는 진설하지만 밥은 없으며, 一獻의 禮를 행하고, 신을 벗고 堂 위로 올라가 앉아서 기쁨을 다한다. 이것이 세 가지 의례의 구별이다. 饗禮와 食禮는 廟에서 거행하지만, 燕禮는 寢에서 거행하니, 그 행례 장소 또한 같지 않다. 여러 경전을 고찰해 보건대, 제후는 자기의 신하에 대해서 燕禮는 베풀어 주지만, 饗禮와 食禮는 베풀어 주는 일이 없다. 생각건대, 饗禮는 賓客을 접대하는 이외에는 오직 耆老와 孤子에게만 베풀어 주는 것인 듯하다." (待賓之禮有三, 饗也, 食也, 燕也. 饗重於食, 食重於燕. 饗主於敬, 燕主於歡, 而食以命養賢之禮. 饗則體薦而不食, 爵盈而不飮, 設几而不倚, 致肅敬也. 食以飯爲主, 雖設酒漿, 以漱, 不以飮. 故無獻儀. 燕以飮爲主, 有折俎而無飯, 行一獻之禮, 脫屨升坐以盡歡. 此三者之別也. 饗食於廟, 燕則於寢, 其處亦不同矣. 考之諸經, 諸侯於己臣, 有燕而無饗食. 意者饗之禮, 自待賓客外, 惟施之於耆老孤子歟!) 『의례정의』, 665~666쪽 참조.

3_ 주군은 ~ 베풀어 준다 : 『의례』에는 빈객을 접대하는 饗禮, 食禮, 燕燕의 세 가지 가운데 연례(「연례」)와 사례(「공사대부례」)는 있지만 饗禮는 없다.

4_ 물받이 항아리를 ~ 한다 : [공사대부례09 : 經-13] 참조.

5_ 향례와 사례는 ~ 것이다 : 오계공은 정현 주의 '서로 앞뒤로 거행한다'는 것을 '두 차례 베풀어 주는 饗禮의 사이에 食禮를 거행한다는 뜻'으로 해석하였지만, 호배휘는 『주례』「추관」의 「大行人」과 「掌客」에 모두 '饗'을 먼저 언급하고 '食'를 뒤에 언급하였음을 근거로 오계공이 정현의 의도를 잘못 해석한 것이라고 비판하고, '먼저 饗禮를 거행하고 이어서 食禮를 거행한다는 뜻'으로 해석하였다. 가공언도 같은 입장이다. 『의례정의』, 1089쪽 및 『의례주소』, 493쪽 참조.

6_ 연례를 ~ 없다 : 호배휘는 燕禮는 饗禮나 食禮보다 가벼운 예이기 때문에 빈객에게

베풀어 주는 데에 정해진 횟수가 없는 것이라고 하였다. 『의례정의』, 1089쪽 참조.

7_ '숙'은 ~ 말한다 : 아래 [記—74]의 정현 주에 "'俶獻'은 네 계절의 진귀하고 맛난 새로 나온 음식이다. '俶'은 처음이라는 뜻이니, 처음 나와서 올릴 만한 것임을 말한다"('俶獻', 四時珍美新物也. '俶', 始也, 言其始可獻也)고 하였다.

8_ 이튿날 : 饗·食·燕을 거행한 이튿날을 말한다.

9_ 주군은 ~ 베풀어 준다 : 경문에 '燕禮'가 포함되지 않은 것에 대해서 성세좌는 賓에게 燕禮를 베풀어 줄 때 賓을 苟敬으로 삼고 上介를 賓으로 삼아서 그 공경함을 충분히 펼쳐 주었기 때문에 上介에게 별도의 연례를 베풀어 주지 않는 것이라고 하였다. [연례06 : 記—05] 및 이에 대한 정현 주 참조.

10_ 향례에 참여하여 ~ 행하였는데 : 정현 주에서는 '從食' 즉 '사례에 참여한다'는 언급이 보이지 않는다. 이에 대해 가공언은 「공사대부례」에 의하면 上介는 비록 賓을 따라 묘문 안으로 들어가기는 하지만 食禮에는 참여하지 못하며, 賓의 食禮가 끝나면 上介는 賓을 맞이하여 나오기 때문에 '食禮에 참여한다'(從食)고 말할 수 없기 때문이라고 하였다. 아래 [記—93]에서 [記—95]에 "대부(경)가 사신으로 와서 주국에서 죄를 저지르지 않으면, 주군은 직접 그에게 향례를 베풀어 준다. 과실이 있다면 살아 있는 희생만 보내주고 향례는 직접 베풀어 주지 않는다. 주군은 빈의 상개를 개로 삼는다"(大夫來使, 無罪, 饗之. 過則餼之. 其介爲介)고 한 것에 대해 정현은 "빈에게 향례를 베풀 때 개를 두는 것은 빈이 존귀하여 대등한 예를 행하기 때문이다"(饗賓有介者, 賓尊, 行敵禮也)라고 하였다. 따라서 上介가 饗禮에 참여한다는 것을 알 수 있다. 『의례주소』, 494쪽 참조.

11_ 유폐 : 군주가 빈에게 食禮를 베풀어 줄 때 보내주는 예물을 '侑幣'라고 한다. '侑'는 권한다(勸)는 뜻이다. 능정감은 『예경석례』에서 "무릇 빈에게 밥을 먹도록 권할 때에는 예물을 가지고 하는데, '侑幣'라고 한다. 빈에게 술을 마시도록 권할 때에는 예물을 가지고 하는데, '酬幣'라고 한다"(凡食賓以幣曰'侑幣'. 飮賓以幣曰'酬幣')고 하였다. 食禮에서 군주는 빈에게 侑幣를 보내주어 밥을 권하는 뜻을 보여 준다. 『의례정의』, 1092쪽 및 『삼례사전』, 442쪽, '侑幣' 항목 참조.

12_ 죽은 희생 ~ 하지만 : 호배휘는 경문의 '如致饔'은 '如致饔餼'의 뜻이라고 하였다. 『의례정의』, 1090쪽 참조.

13_ 경에게 ~ 아니다 : 『주례』「춘관·典命」에 따르면 公·侯·伯의 경우 卿은 三命이고, 大夫는 再命이며, 子·男의 경우 卿은 再命이고 大夫는 一名이다. 따라서 賓의 爵位에 대응하여 보낼 뿐 命數에 의거하는 것이 아니다.

14_ 빈례의 ~ 때문이다 : 장이기는 "食禮는 본래 빈이 주군이 있는 곳으로 가서 예를 받아야 하는 것이므로, 使者에게 儐禮를 행하여 대접하는 법은 없다. 이제 비록 사람을 보내어 예를 바치게 하였지만, 빈이 본래 마땅히 가야 하는 것이기 때문에 儐禮의 절차는 없다"(食禮賓當往君所受禮, 無儐使者之法. 今雖使人致禮, 以賓本宜赴爾, 故仍無儐也)고 하였다. 『의례정의』, 1091쪽 참조.

15_ '수폐'는 ~ 못하였다 : 오계공은 酬幣나 侑幣는 모두 束錦을 사용하고 또 庭實이 있다고 하였다. 『의례정의』, 1093쪽 참조.

16_ 호 : '琥'는 호랑이 형상을 새겨 넣은 玉器를 말한다.

17_ 황 : '璜'은 朝聘, 祭祀, 喪葬에 사용하는 禮器이다. 형상은 璧의 반이다.

「환옥도還玉圖」

(淸),『흠정의례의소』

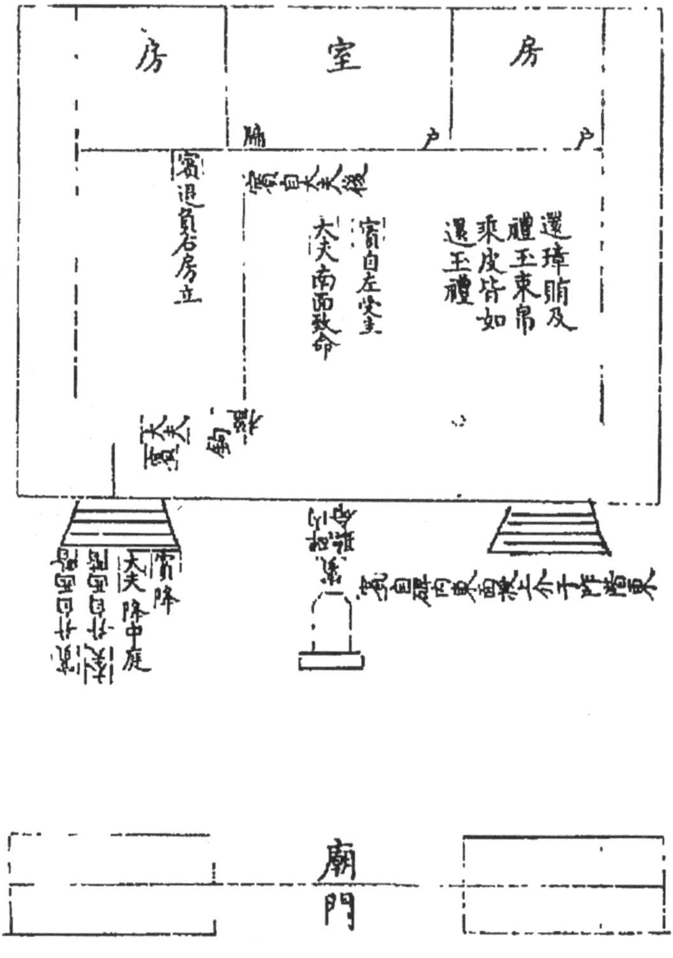

> **해제** 經-328에서 經-336까지는 주군이 대부(경)를 빈의 관사로 보내어 옥玉(圭·璋)을 돌려주고 빙군에게 '회賄'(예물)와 '예禮'(벽옥)를 보내주어 빈이 행한 빙聘·향享의 예에 보답하는 절차이다.

[聘禮08 : 經-328]

주군은 대부(경)로 하여금 피변복皮弁服을 착용하고 빈의 관사로 가서 옥玉을 돌려주게 한다.

君使卿皮弁, 還玉于館.

정현주

'옥玉'은 규圭이다.[1] 군자는 옥玉에서 덕德을 비유한다. 옥을 받들고 가서 빙례를 행하는 것은 예를 중하게 여기는 것이다. 옥을 돌려주는 것은 덕은 남에게서 취할 수 없기 때문이니, 서로 노력하고 격려하는 의리이다.[2] 피변복을 착용하는 것은 처음 이 복장을 착용하고서 옥을 받았으므로 감히 끝맺지 않을 수 없기 때문이다. '玉', 圭也. 君子於玉比德焉. 以之聘, 重禮也. 還之者, 德不可取於人, 相切厲之義也. 皮弁者, 始以此服受之, 不敢不終也.

[聘禮08 : 經-329]

빈은 피변복을 착용하고 습襲[3]을 하고서 외문(대문) 밖에서 대부를 맞이하는데 배례는 하지 않고, 대부를 인도하여 외문 안으로 들어온다.

賓皮弁, 襲, 迎于外門外, 不拜, 帥大夫以入.

정현주

맞이하는데 배례를 하지 않는 것은 빈은 장차 떠나게 되어서 순수하게 주인이 되지 못함을 보이는 것이다.[4] '솔帥'은 인도한다(道)는 뜻이다. 금문본에는 '迎於門外'(문 밖에서 맞이한다)라고 하였다. 고문본에는 '帥'이 '率'로 되어 있다. 迎之不拜, 示將去, 不純爲主也. '帥', 道也. 今文曰'迎于門外'. 古文'帥'爲'率'.

[聘禮08 : 經－330]

대부는 서쪽 계단을 통해 당 위로 올라가 서쪽 기둥의 안쪽(북쪽)을 끼고 돌아서 당 중앙으로 가서 남쪽을 향해 선다.

大夫升自西階, 鉤楹.

정현주

'기둥의 안쪽을 끼고 돈다'(鉤楹)는 것은 당 위 서쪽 기둥의 안쪽(북쪽)을 경유하여 장차 남쪽을 향해 주군의 명을 전해 바치고자 하는 것이다.[5] 주군의 명을 전해 바치는데 동쪽을 향하지 않는 것은 빈이 당 아래에 있기 때문이다.[6] 반드시 '기둥의 안쪽을 끼고 돈다'고 말한 것은 빈이 당 아래에 있으므로 대부도 기둥 밖에서 명을 전해 바친다는 혐의를 받을 수 있기 때문이다. '鉤楹', 由楹內, 將南面致命. 致命不東面, 以賓在下也. 必言'鉤楹'者, 賓在下, 嫌楹外也.

[聘禮08 : 經－331]

빈은 비碑의 안쪽(북쪽)에서 대부가 전해 바치는 주군의 명을 듣고, 서쪽 계단을 통해 당 위로 올라가 대부의 왼쪽에서 남쪽을 향해 규

圭를 받은 후 물러나 우방右房(西房)을 등지고 선다.[7]
賓自碑內聽命, 升自西階, 自左, 南面受圭, 退負右房而立.

정현주

당 아래에서 명을 전해 듣는 것은 공경히 하는 것이다. '대부의 왼쪽에서 남쪽을 향한다'(自左南面)는 것은 대부를 오른쪽에 두고 장차 같은 방향을 하고 나란히 서서 규를 받으려는 것이다.[8] 반드시 나란히 하여 받는 것은 지난번 빙군聘君 앞에서 받을 때처럼 하는 것이다.[9] '물러난다'(退)는 것은 대부가 당에서 내려갈 것이기 때문에 뒷걸음질을 하여 물러난다는 뜻이다.[10] 금문본에는 '由自西階'라고 하였고, '南面'의 두 글자가 없다. 聽命於下, 敬也. '自左南面', 右大夫且並受也. 必並受者, 若鄉君前耳. '退', 爲大夫降逡遁. 今文或曰, '由自西階', 無'南面'.

[聘禮08 : 經－332]
대부는 서쪽 계단을 통해 당에서 내려와 뜰 중앙으로 간다. 빈도 서쪽 계단을 통해 당에서 내려와 비碑의 안쪽(북쪽)을 경유하여 조계阼階의 동쪽으로 가서 동쪽을 향해 상개上介에게 규圭를 건네준다.
大夫降中庭. 賓降自碑內, 東面, 授上介于阼階東.

정현주

대부는 당에서 내려온 후 묘문 밖으로 나가는데 '뜰 중앙으로 간다'고 말한 것은 빈이 당에서 내려오는 절차를 설명하기 위함이다.[11] 빈이 조계의 동쪽에서 상개에게 규를 건네주는 것은 고인賈人이 규를 저장하는 것을 직접 보고자 하는 것이다. 빈은 몸을 돌려 조계의 아래에서 서쪽을 향해 선다. 大夫降出, 言'中庭'者, 爲賓降節也. 授於阼階東者, 欲親見賈人藏之也. 賓還

阼階下西面立.

[聘禮08 : 經－333]

상개가 묘문 밖으로 나가서 대부에게 다른 일이 더 있는지 물은 후 묘문 안으로 들어와서 빈에게 보고하면, 빈은 묘문 밖으로 나가서 대부를 맞이하여 들어온다. 대부는 빈에게 장璋을 돌려주는데, 처음 묘문 안으로 들어와 규圭를 돌려줄 때와 동일한 절차로 한다.

上介出請, 賓迎. 大夫還璋, 如初入.

정현주

'출청出請'은 묘문 밖으로 나가서 대부에게 다른 일이 더 있는지 묻고 다시 들어와서 빈에게 보고한다는 뜻이다. 빈은 비록 장차 떠날 것이지만 묘문을 나가고 들어올 때에는 여전히 문의 오른쪽을 이용하는데, 오직 당 위로 올라갈 때에만은 서쪽 계단을 이용한다. 무릇 개介의 위치는 바뀌지 않는다. '出請', 請事於外以入告也. 賓雖將去, 出入猶東, 唯升堂由西階. 凡介之位, 未有改也.

[聘禮08 : 經－334]

빈은 석裼을 하고서 대부를 맞이하여 묘문 안으로 들어온다.[12] 대부는 빙聘의 예에 대한 보답으로 빙군에게 보내줄 예물을 빈에게 건네주는데, 속방束紡을 사용한다.

賓裼, 迎. 大夫賄用束紡.

정 현 주

'회賄'는 다른 사람에게 재물을 주는 것을 뜻한다. '방紡'은 실을 뽑아서 만드는 것으로, 오늘날의 흰 명주(縛)이다. 빙군에게 보내주기 위한 것이니, 그것으로 의복을 만들 수 있다. 서로 도타이 함이 지극한 것이다. '賄', 予人財之言也. '紡', 紡絲爲之, 今之縛也. 所以遺聘君, 可以爲衣服. 相厚之至.

[聘禮08 : 經 - 335]
대부는 향享의 예에 대한 보답으로 빙군에게 보내줄 예물을 빈에게 건네주는데, 벽璧·속백束帛·승피乘皮(네 장의 짐승가죽)를 사용한다.
禮玉·束帛·乘皮.

정 현 주

'예禮'는 빙군에게 예물로 보내주는 것으로 향享의 예에 보답하기 위함이다.[13] 또한 '옥玉'이라고 말하였으니 벽璧임을 알 수 있다.[14] 금문본에는 '禮'가 모두 '醴'로 되어 있다. '禮', 禮聘君也, 所以報享也. 亦言'玉', 璧可知也. 今文'禮'皆作'醴'.

[聘禮08 : 經 - 336]
모두 옥玉을 돌려줄 때와 동일한 절차로 한다. 대부가 묘문 밖으로 나가면, 빈은 전송을 하는데 배례는 하지 않는다.
皆如還玉禮. 大夫出, 賓送, 不拜.

주

1_ '옥'은 규이다 : 빈이 주군에게 聘·享의 예를 행할 때에는 圭를 사용하였고, 주군의 夫人에게는 璋을 사용하였으므로 이곳의 '玉'은 사실은 圭뿐 아니라 璋도 포함한다.

2_ 옥을 받들고 가서 ~ 의리이다 : 이곳의 정현 주는 『예기』「聘義」의 문장을 요약한 것으로, 「聘義」의 원문은 다음과 같다. "圭와 璋을 가지고 가서 빙례를 행하는 것은 예를 중하게 여기는 것이다. 빙례가 끝나면 圭와 璋은 돌려준다. 이것은 재물을 가볍게 여기고 예를 중시하는 뜻이다. 제후들이 재물을 가볍게 여기고 예를 중시하는 것으로써 서로 권면하면, 백성들에게 겸양하는 기풍이 일어난다." (以圭璋聘, 重禮也. 已聘而還圭璋, 此輕財而重禮之義也. 諸侯相厲以輕財重禮, 則民作讓矣)

3_ 습 : '裼'은 겉옷(上衣)의 왼쪽 소매를 벗어서 비단으로 만든 裼衣(中衣)의 아름다움을 밖으로 드러내는 것이고, '襲'은 '裼'을 하지 않음으로써 아름다움을 가리는 것이다. 玉을 잡기 이전에는 문식을 숭상하기 때문에 '裼'을 함으로써 공경을 표하는데, 玉을 잡는 것은 성대한 예로서 문식을 가하지 않는 것으로 공경함을 삼기 때문에 '襲'을 하여 공경을 표한다. 이때 大夫도 '襲'을 한다. [經-110]의 주석 41 및 [經-131]의 정현 주 참조.

4_ 맞이하는데 ~ 것이다 : 빈은 관사에 있을 때에는 주인이 된다. 앞에서 주군이 대부를 시켜서 빈에게 죽은 희생(饔)과 살아 있는 희생(餼)을 보내줄 때에 빈이 배례를 하면서 대부를 맞이하였다. 이는 빈이 순수하게 주인이 되었기 때문이다. 이곳에서 배례를 하지 않는 것은 빈이 장차 떠나게 되어 순수하게 주인이 되지 못함을 보이는 것이다. [經-249] 참조.

5_ '기둥의 ~ 것이다 : 대부는 먼저 서쪽 기둥의 서쪽을 끼고 돌아서 서쪽 기둥의 북쪽으로 가고, 다시 동쪽으로 가서 당 중앙에 이르러 남쪽을 향해 주군의 명을 전해 바치는 것이다. 『의례정의』, 1094쪽, 호배휘의 설 참조.

6_ 주군의 ~ 때문이다 : 앞에서 饔餼를 보내줄 때에 대부는 서쪽 계단 위에서 동쪽을 향해 주군의 명을 전해 바쳤는데([經-255]), 이곳에서 동쪽을 향하지 않고 남쪽을 향하는 것은 빈이 당 아래에 있기 때문이다.

7_ 우방을 등지고 선다 : 가공언은 大夫·士는 단지 東房과 西室이 있을 뿐 右房이 없으며, 천자와 제후의 경우에만 左房·右房이 있는데 경문에서 '右房'이라고 한 이상 빈은 大夫의 廟가 아니라 正客의 館舍에 있는 것이라고 하였다. 그러나 주희는 경문에 '군주가 경(대부)을 빈의 관사에 보내 玉을 돌려주는데 빈은 물러나 右房을 등지고 선다'고 하였으므로 빈은 본디 대부의 집에 머물고 있는 것이며, 따라서 대부의 경우에도 '右房'이 있다고 반박하였고, 호배휘도 대부의 寢廟 제도는 제후와 같다고 하였다. 오계공과 만사대도 같은 입장을 취한다. 『의례주소』, 498쪽 및 『의례정의』, 1095쪽 참조.

8_ '대부의 ~ 것이다 : 빈은 대부의 왼쪽에 있고 대부는 빈의 오른쪽에 있으면서 남쪽을 향해 나란히 하고서 받는 것이다. 호승공에 의하면 예물을 주고받을 때 서로 마주보고서 주고받는 것을 '訝授受'라고 하고, 같은 방향을 하고서 주고받는 것을 '並

授受'라고 한다.(凡授受之禮, 相鄉者謂之訝授受, 同面者謂之並授受)『예기』「曲禮上」에서 "주인이 직접 받을 때, 빈객의 왼쪽으로부터 빈객의 손 아래쪽으로 대어 줌통을 받치고, 방향을 빈객과 나란히 하여 같은 방향으로 선 후에 받는다"(主人自受, 由客之左, 接下承弣, 鄉與客並, 然後受)고 한 것에 대해 정현은 "堂上에서 받을 때에는 모두 남쪽을 향한다. 禮에 있어서 신분이 대등한 사람끼리는 같은 방향을 하고 나란히 하여 받는다"(於堂上, 則俱南面. 禮, 敵者並授)고 하였다.

9_ 반드시 ~ 것이다 : 賓은 처음 본국의 聘君 앞에서 宰에게 圭·璋을 받을 때에는 북쪽을 향해 나란히 서서 받았다.([經—36]) 이제 主國의 大夫에게 玉을 돌려받을 때 남쪽을 향해 나란히 서서 받는다고 하였으므로 향하는 방향은 같지 않지만 나란히 하고 받는 점은 다르지 않다. 이 때문에 '지난번 빙군 앞에서 받을 때처럼 한다'고 한 것이다.『의례주소』, 498쪽, 가공언의 소 참조.

10_ '물러난다'는 ~ 뜻이다 : 그러나 호배휘는 빈이 뒷걸음질을 하여 물러나는 것은 圭를 받는 것을 신중히 하기 때문이라고 하여 정현의 해석을 비판한다.『의례정의』, 1096쪽 참조.

11_ 대부는 ~ 위함이다 : 대부는 당에서 내려온 후 묘문 밖으로 나가는 것이지 뜰 중앙(中庭)에서 멈추는 것이 아니다. 그런데 경문에서 '당에서 내려와 뜰 중앙으로 간다'고 한 것은 빈이 당에서 내려오는 절차를 설명하기 위한 것일 뿐이다. 오계공은 대부가 당에서 내려와 뜰 중앙(中庭)에 이르면, 빈은 이에 右房을 등지고 서 있던 위치에서 당 아래로 내려오므로 이것이 하나의 절차가 되는 것이라고 하였다.『의례정의』, 1096쪽 참조.

12_ 빈은 ~ 들어온다 : '裼'은 겉옷(上衣)의 왼쪽 소매를 벗어서 비단으로 만든 裼衣(中衣)의 아름다움을 밖으로 드러내는 것을 말한다. 이미 玉을 돌려주어 성대한 예가 끝났기 때문에 비단으로 만든 裼衣의 아름다움을 밖으로 드러내어 공경을 표하는 것이다. 이때 大夫도 '裼'을 한다.

13_ '예'는 ~ 위함이다 : 호배휘는 賄(예물)를 보내주어 聘에 보답하고, 禮(벽옥)를 보내주어 享에 보답하는 것으로 두 가지 의절로 해석하여, 賄와 禮를 보내주는 것은 한 가지 일로서 동시에 행하는 것이라고 해석하는 저인량을 비판하였다.『의례정의』, 1098쪽 참조.

14_ '옥'이라고 ~ 있다 : 賓이 '享'의 예를 행할 때 璧을 사용했으므로 보답할 때에도 璧을 쓴다는 것을 알 수 있다.

해제

經－337에서 經－342까지는 빈이 떠나기 이틀 전에 주군이 빈을 전송하기 위해 빈의 관사를 방문하고, 빈이 조정에 가서 감사의 배례를 하는 절차이다.

[聘禮08 : 經－337]

주군이 빈의 관사에 이르면,[1]

公館賓,

정현주

빈이 장차 떠나려고 하기 때문에 친히 전송하는 것이니, 은근한 마음을 도타이 하고 또 빙군의 뜻에 감사를 표하는 것이다. 주군은 조복을 착용한다.[2] 爲賓將去, 親存送之, 厚殷勤, 且謝聘君之意也. 公朝服.

[聘禮08 : 經－338]

빈은 피하는 듯이 하여 감히 만나지 않는다.

賓辟.

정현주

주국의 군주가 이 관사에서 자기를 만나려는 예를 감히 받아들이지 못하기 때문이다. 이곳에서도 만나지 않는 것인데 '피한다'(辟)라고 말한 것은 주군이 묘문에 있기 때문에 공경함을 표현한 것이다.[3] 무릇 군주가 제후의 신하의 집에 일이 있어 찾아갈 경우 수레가 묘문에 이르면 곧바로 내린다.[4] 不敢受主國君見己於此館也. 此亦不見, 言'辟'者, 君在廟門, 敬也. 凡君有事於諸侯臣之家, 車造廟門乃下.

[聘禮08 : 經-339]

상개는 묘문 안에서 빈자擯者에게 주군의 명을 전해 듣는다.[5]

上介聽命.

정현주

묘문 안에서 명을 전해들을 때에는 서쪽을 향하여 마치 서로 배례를 하는 듯이 한다. 빈자는 주군을 도와서 말을 전할 때마다, "감히 명을 받지 않으시니, 과군의 노인(寡君之老: 上介)께 고합니다"라고 말한다.[6] 聽命於廟門中, 西面, 如相拜然也. 擯者每贊君辭, 則曰, "敢不承命, 告于寡君之老."

[聘禮08 : 經-340]

주군에게 빙聘·향享의 예를 행할 때, 부인에게 빙·향의 예를 행할 때, 대부를 예방할 때, 빈을 전송할 때, 주군은 모두 재배를 한다.

聘·享, 夫人之聘·享, 問大夫, 送賓, 公皆再拜.

정현주

이 네 가지 일에 배례를 하는데, 주군이 동쪽을 향해 배례를 할 때, 빈자擯者는 북쪽을 향한다. 拜此四事, 公東面拜, 擯者北面.

[聘禮08 : 經-341]

주군이 물러가면, 빈은 주군의 뒤를 따라 외조外朝로 가서 명을 청한다.

公退, 賓從, 請命于朝.

정현주

'빈이 주군의 뒤를 따라간다'(賓從)는 것은 사실은 주군이 자기의 관사로 찾아준 것에 배례를 하여 감사를 표하기 위한 것이다. '명을 청한다'(請命)고 말한 것은 자기가 처음 만나주지 않았던 것은 감히 존귀한 분의 뜻을 배척하려는 것이 아니었기 때문이다.[7] '賓從'者, 實爲拜主君之館己也. 言'請命'者, 以己不見, 不敢斥尊者之意.

[聘禮08 : 經-342]

주군이 빈의 배례를 사양하면, 빈은 물러난다.

公辭, 賓退.

정현주

빈이 배례하는 것을 사양하는 것이다. '물러난다'(退)는 것은 관사로 돌아와 짐을 꾸리고 장차 출발하려는 것이다. 『주례』「추관·사의司儀」에 "빈은 주군의 뒤를 따라 외조로 가서 수고롭게 찾아준 것에 배례를 하여 감사를 표한다. 이튿날 빈객은 주군이 예물을 하사해 준 것[8]에 배례를 하여 감사를 표하고, 드디어 귀국길에 오른다"고 하였다. 辭其拜也. '退', 還館裝駕, 爲且將發也. 『周禮』曰, "賓從, 拜辱于朝, 明日, 客拜禮賜, 遂行之."

주

1_ 주군이 ~ 이르면 : 경문의 '館賓'의 해석에 대해 저인량은 "'館'이란 빈의 관사로 나아가는 것을 뜻한다"('館'者, 就其館之稱也)고 하였고, 장이기는 "'館賓'이란 관사에서 빈에게 배례를 행하는 것이다"('館賓'者, 拜賓於館也)라고 하였다. 『의례정의』, 1102쪽 참조.

2_ 주군은 조복을 착용한다 : 廟에서 聘·享의 예를 행할 때에는 서로 존경함을 위주로 하기 때문에 주군은 皮弁服을 착용하였지만, '館賓' 즉 빈의 관사를 방문하여 배례를 행하는 것은 그 예가 가볍기 때문에 朝服을 착용한다.

3_ 이곳에서도 ~ 것이다 : 앞에서 빈이 관사에 이르렀을 때 경·대부가 빈을 위로하고자 찾아오면, 빈은 이를 사양하고 만나지 않았다.([經-224]·[經-225], "賓卽館. 卿·大夫勞賓, 賓不見") 이 경우도 같은 의절인데 문장을 바꾸어 '만나지 않는다'(不見)를 '피한다'(辟)라고 한 것은 주군이 廟門에 있기 때문에 감히 '만나지 않는다'(不見)라고 말하지 못하고 '피한다'(辟)라고 말하여 그 공경을 나타낸 것이다. 오계공은 빈이 감히 사양하지도 못하고 감히 만나지도 못하여 마치 피하는 듯이 하기 때문에 경문에서 '辟'를 가지고 표현한 것으로, 이때의 '辟'는 앞에서 말한 '辟' 즉 '자리를 피하여 뒷걸음질을 하면서 물러난다'는 뜻과는 다르다고 하였다. 『의례정의』, 1102쪽 참조.

4_ 무릇 ~ 내린다 : 빈은 대부의 廟에 머물고 있는데, 대부의 집에는 大門이 있고, 대문 안으로 들어가면 곧바로 廟門에 이르게 된다. 군주가 신하의 집을 방문할 때 수레가 묘문에 이르면 내리는 것은 존비의 관계가 그러한 것이다. 『의례정의』, 1102쪽 참조.

5_ 상개는 ~ 전해 듣는다 : 『주례』「추관·司儀」에 "군주가 빈객의 관사에 이르면 빈객은 피하고 介가 명을 받는다"(君館客, 客辟, 介受命)라고 하였다. 빈은 피하는 듯이 하고 上介로 하여금 명을 듣게 하는 것은 경·대부가 빈을 위로하고자 찾아갔을 때 빈은 이를 사양하여 만나지 않고 上介를 시켜 기러기를 대신 받게 하는 것과 같다. [經-225], [經-226] 참조.

6_ 빈자는 ~ 말한다 : 이곳의 擯者는 主君의 擯者이다. '寡君의 老'는 上介를 가리킨다. 『예기』「玉藻」에 "上大夫는 자신의 군주 앞에서 말할 때에는 '下臣'이라고 칭하고, 타국에 사신으로 가면 擯者는 그를 '과군의 노인'(寡君之老)이라고 칭한다"(上大夫曰'下臣', 擯者曰'寡君之老')고 하였고, 정현은 이에 대해 "(과군의 노인이란) 擯者가 하는 말로서, 주로 타국의 군주를 알현할 경우를 가리킨다"(擯者之辭, 主謂見於他國君)고 하였고, 공영달은 "上大夫가 타국으로 사신을 가서 賓館에 머물 때 主國에서는 상대부에게 예를 올리는데 擯을 두어서 예우하고 대접한다. 이 擯者는 대부를 칭할 때 '과군의 노인'(寡君之老)이라고 한다. 비록 '擯'을 가지고 문장을 만들었지만, 그 사실은 介이다. 주군을 만날 때에 말을 또한 마땅히 그렇게 해야 하는 것이다"(謂此上大夫出使他國, 在於賓館, 主國致禮上大夫, 設擯禮待之. 此擯者稱大夫爲'寡君之老'. 雖以'擯'爲文, 其實謂介. 接主君之時, 辭亦當然)라고 하였다. 따라서 「玉藻」의 '擯者'는 이 경문의 '上介'이다.

7_ '명을 청한다'고 ~ 때문이다 : 주군이 물러날 때 빈이 주군을 따라 외조로 가는 것은 사실은 주군이 자기의 관사로 찾아준 것에 배례를 하기 위함이다. 그런데 경문에서 '명을 청한다'고 말한 것은 자기(빈)가 처음 만나주지 않았던 것은 감히 존귀한 사람(주군)의 뜻을 어기려고 했던 것이 아니었으므로 반드시 명을 청한 후에 배례를 해야 하기 때문이다. 『주례』「추관 · 司儀」에 "빈객은 주군의 뒤를 따라 外朝로 가서 수고롭게 찾아준 것에 배례를 하여 감사를 표한다"(賓從, 拜辱於朝)고 하였다. 이는 이곳의 경문에서 '명을 청한다'(請命)고 한 것과 다르다. 이에 대해 성세좌는 사실은 주군이 수고롭게 찾아준 것에 대해 배례를 하여 감사를 표하는 것인데, 그 빈이 말을 할 때에는 '명을 청합니다'(請命)라고 하여 겸손히 하니, 『주례』에서는 그 빈의 뜻에 따라 표현한 것이고, 이곳의 경문은 빈이 주군에게 하는 말에 의거하여 표현하였기 때문에 다른 것이라고 하였다. 『의례정의』, 1103~1104쪽 참조.

8_ 주군이 예물을 하사해 준 것 : '禮賜' 즉 주군이 하사해 준 예물은 乘禽을 말한다. 아래 [經-343] 참조.

해제 經-343에서 經-347까지는 빈이 귀국길에 오를 때 주국에서 예물을 주어 전송하는 절차이다.

[聘禮08 : 經 - 343]

출발하여 떠나는 날, 빈은 외조外朝로 가서 주군이 매일 승금乘禽(쌍을 이루며 날아다니는 날짐승)을 보내준 것에 삼배를 하여 감사를 표하는데,[1] 접빈관(訝)[2]이 안으로 들어가서 주군에게 이를 보고하고 다시 나와서 빈에게 주군의 명으로 삼배하는 것을 허락한다.[3]

賓三拜乘禽於朝, 訝聽之.

정현주 출발하여 떠날 때에 비로소 승금을 하사해 준 것에 배례하는 것은 자기가 받은 예물에 대해서는 크든 작든 마음에 기억하지 않음이 없음을 밝히는 것이다. 發去乃拜乘禽, 明己[4]受賜, 大小無不識.

[聘禮08 : 經 - 344]

드디어 출발하여 떠나는데, 빈 일행은 당일에 근교의 관사에서 하루를 묵는다.

遂行, 舍于郊.

정현주 비로소 출발을 하였는데, 또 근교에서 묵는 것은 스스로 수레의 비녀장을 점검해야 하기 때문이다.[5] 始發, 且宿近郊, 自展軨.

[聘禮08 : 經 – 345]

주군은 경으로 하여금 빈에게 예물을 주어 전송하게 하는데,[6] 빈이 주군에게 사적私覿의 예를 행할 때 바쳤던 예물과 동일한 것으로 한다.[7]

公使卿贈, 如覿幣.

정현주 '증贈'은 전송한다(送)는 뜻으로,[8] 우호를 맺어 전송하는 것이다. '사적의 예를 행할 때 바쳤던 예물과 동일한 것으로 한다'(如覿幣)고 말한 것은 예물을 돌려주어 보답한다는 뜻을 보이는 것이다. 금문본에는 '公'이 '君'으로 되어 있다. '贈', 送也, 所以好送之也. 言'如覿幣', 見爲反報也. 今文'公'爲'君'.

[聘禮08 : 經 – 346]

빈은 관사의 문 밖에서 예물을 받는데, 근교에서 위로를 받을 때의 예(受勞禮)와 동일한 절차로 하지만, 빈은 경에게 빈례儐禮를 행하여 대접하지는 않는다.[9]

受于舍門外, 如受勞禮, 無儐.

정현주 관사의 문 안으로 들어가지도 않고 빈례의 절차도 없는 것은 떠나가게 되어 마땅히 예의 끝남이 있음을 밝히는 것이다. '근교에서 위로를 받을 때의 예와 동일한 절차로 한다'는 것은 예물로 전송하는 것(贈)과 근교에서 위로하는 것(勞)은 의절이 같기 때문이다.[10] 不入, 無儐, 明去而宜有已也. '如受勞禮', 以贈·勞同節.

[聘禮08 : 經 - 347]

주군은 하대부로 하여금 상개上介에게 예물을 주어 전송하게 하는데, 또한 상개가 주군에게 사적私覿의 예를 행할 때 바쳤던 예물과 동일한 것으로 한다.[11] 주군은 사士를 보내어 중개衆介(士介 4인)들에게 예물을 주어 전송하게 하는데, 중개들이 주군에게 사적私覿의 예를 행할 때 바쳤던 예물과 동일한 것으로 한다.[12] 대부가 스스로 빈에게 예물을 주어 전송할 때에는 빈이 대부에게 사면私面의 예를 행할 때 바쳤던 예물과 동일한 것으로 하는데,[13] 빈은 대부에게 빈례儐禮를 행하여 대접하지는 않는다. 하대부가 스스로 상개에게 예물을 주어 전송할 때에는 또한 상개가 하대부에게 사면의 예를 행할 때 바쳤던 예물과 동일한 것으로 한다.[14] 대부가 사람을 시켜서 중개들에게 예물을 주어 전송하게 할 때에는 중개들이 자신들에게 사면의 예를 행할 때 바쳤던 예물과 동일한 것으로 한다.[15] 사士[16]는 빈 일행을 국경까지 전송한다.

使下大夫贈上介, 亦如之. 使士贈衆介, 如其覿幣. 大夫親贈, 如其面幣, 無儐. 贈上介亦如之. 使人贈衆介, 如其面幣. 士送至于竟.

주

1_ 빈은 외조로 ~ 표하는데 : 빈은 다른 하사품들에 대해서는 그날로 즉시 外朝로 가서 배례를 하지만, 乘禽은 날마다 보내주는 것이므로 그때마다 배례를 할 수가 없어서 귀국길에 오를 때 총괄적으로 삼배를 하여 삼사를 표한다. 『의례정의』, 1104쪽, 장이기의 설 참조.

2_ 접빈관 : 주국에서 사신으로 보내서 빈객을 접대하여 섬기도록 한 사람을 가리킨다. 아래의 [記-22] 참조. 빈이 경이라면 주국에서는 대부로 접빈관을 삼고, 빈이 대부라면 士로 접빈관을 삼으며, 빈이 士인 경우에도 모두 접빈관을 둔다. 만일 빈이 제후인 경우에는 경으로 접빈관을 삼는다.

3_ 접빈관이 ~ 허락한다 : 빈이 外朝로 가서 배례를 할 때, 주군은 친히 나와서 빈을 만나지 않기 때문에 訝가 빈을 위해서 안으로 들어가 빈객이 삼배를 하고자 한다고 보고하고, 다시 나와서 주군이 빈의 삼배를 허락하였음을 고한다. 경문의 '聽之'는 예를 관장하여 행한다는 뜻이다. 『주례』「추관·掌訝」에 "(빈객이)조정에 이르면 빈객이 서 있어야 할 위치를 정하여 고해 주고, 그런 다음 안으로 들어가서 왕에게 빈객이 이미 도착하였음을 보고한다"(至於朝, 詔其位, 入復)고 하였다. 『주례』 경문의 '入復'에 대해 정현은 "내 생각건대, '入復'은 안으로 들어가서 왕에게 빈객이 이르렀음을 고한다는 뜻이다"(玄謂'入復'者, 入告王以客至也)라고 하였다. 또 같은 『주례』「추관·掌訝」에 "무릇 접빈관(訝)은 빈객이 도착하면 빈객의 관사로 가서 그 일을 고하여 도우며, 그에 관련된 왕의 다스림의 명령을 관장한다"(凡訝者, 賓客至而往, 詔相其事而掌其治令)라고 하였다.

4_ 己 : 監本에는 '己'가 '已'로 되어 있는데, 완원은 刻本에는 '己'와 '已'두 글자는 매우 구별되지 않는데 대체로 모두 '已'로 되어 있다고 하였다. 호배휘는 '人己'(남과 나)라고 할 때의 '己'로 읽어야지 '已'로 보아서는 안 된다고 하였다. 『의례주소』, 501쪽 및 『의례정의』, 1104쪽 참조.

5_ 또 근교에서 ~ 때문이다 : 오계공은 이곳 근교에서 주국의 사람들과 예를 행해야 하기 때문에 묵는 것이라고 해석하였다. '軨'이 구체적으로 수레의 어느 부분을 가리키는가에 대해서는 논란이 있다. 『예기』「曲禮上」에 "군주의 수레가 멍에를 메려고 하면, 마부는 채찍을 잡고 말 앞에 선다. 멍에가 다 메지면, 마부는 '軨'을 점검하고 멍에가 메졌음을 보고한다"(君車將駕, 則僕執策立於馬前. 已駕, 僕展軨效駕)고 하였다. '展軨'에 대해 정현의 주에는 '軨을 점검하여 두루 살펴보는 것이다'(展軨具視)라고 하였고, 공영달의 소에는 "옛날 해석에서는 '軨은 수레의 칸막이이다. 멍에를 다 메면, 마부가 수레 난간의 좌우에서 사방으로 둘러 살펴보고 위로 칸막이에까지 이른다'고 하였다. 盧植은 '軨은 비녀장 끝에 붙인 가죽이다'라고 하였다. 皇侃은 '軨은 비녀장의 끄트머리이다'라고 하였다. 노식의 해석이 옳다. 첫째 이유는 수레가 갈 때에는 비녀장으로부터 시작되기 때문이고, 둘째는 칸막이 역할을 하기 때문이다"(舊解云, '軨, 車欄也. 駕竟, 僕則從車軨左右四面看視之, 上至於欄也.'盧氏云, '軨, 轄頭靻也.'皇氏謂'軨是轄頭.'盧言是也. 一則車行由轄, 二則欄之)라고 하였다. '비녀장'이

란 수레의 바퀴 따위가 굴대에서 벗어나지 않도록 굴대의 머리 구멍에 끼우는 큰 못을 말한다. 胡배휘는 「曲禮上」에서는 君禮이기 때문에 마부가 수레의 비녀장을 점검하지만, 이 경문의 경우는 경·대부의 예이므로 스스로가 수레의 비녀장을 점검하는 것이라고 하였다. 『의례정의』, 1105쪽 참조.

6_ 주군은 ~ 하는데 : 앞에서 주군이 대부를 보내어 聘과 享에 대한 답례로 빈에게 보내준 束紡과 璧·束帛·乘皮는 聘君에게 주는 예물이며, 이곳에서 빈을 전송하면서 보내주는 예물은 빈에게 주는 것이다. [經-334]와 [經-335] 참조.

7_ 빈이 주군에게 ~ 한다 : 빈이 주군에게 私覿의 예를 행할 때 바쳤던 예물은 束錦과 乘馬이다. [經-174] 참조.

8_ '증'은 전송한다는 뜻으로 : 胡배휘는 '贈'은 예물을 보내주어 떠나는 사람을 전송하는 것을 말한다고 하였다.(贈是以物送行之名) 『의례정의』, 1105쪽 참조.

9_ 빈은 ~ 않는다 : '勞'는 빈이 처음 주국의 近郊에 이르렀을 때 주군이 경을 보내어 위로하는 의절이다. 이때 빈은 관사의 문 안에서 경의 위로를 받고, 또 빈은 경에게 儐禮를 행하여 대접한다. [經-69]에서 [經-86] 참조.

10_ '근교에서 ~ 때문이다 : 빈에 대한 예우는 '郊勞'(근교에서 빈을 위로하는 것)에서 시작하여 '贈送'(근교에서 예물을 주어 전송하는 것)으로 끝나는데 두 가지 모두 近郊에서 예를 행하기 때문에 '贈과 勞는 의절이 같다'고 한 것이다. 『의례정의』, 1105쪽 참조.

11_ 또한 상개가 ~ 한다 : 상개가 주군에게 私覿의 예를 행할 때 바쳤던 예물은 束錦과 儷皮(두 장의 사슴 가죽)이다. [經-193], [經-194] 참조.

12_ 중개들이 주군에게 ~ 한다 : 중개들이 주군에게 私覿의 예를 행할 때 바쳤던 예물은 玉錦이다. [經-208] 참조.

13_ 대부가 ~ 하는데 : 빈이 대부(경)에게 私面의 예를 행할 때에는 주군에게 私覿의 예를 행할 때와 마찬가지로 예물로 束錦과 乘馬를 쓴다. [經-288] 참조.

14_ 하대부가 ~ 한다 : 상개가 하대부에게 私面의 예를 행할 때에는 주군에게 私覿의 예를 행할 때와 마찬가지로 예물로 束錦과 儷皮를 쓴다. [經-297] 참조.

15_ 대부가 ~ 한다 : 오계공에 따르면, 빈과 상개에게는 대부가 직접 예물을 주어서 전송하는데, 衆介(士介 4인)들에게는 사람을 보내서 대신 예물을 주어 전송하게 하는 것은 중개들의 신분이 낮기 때문이며 또 중개들이 私面의 예를 행할 때 직접 만나주지 않았기 때문이다. 衆介들이 대부에게 私面의 예를 행할 때에는 주군에게 私覿의 예를 행할 때와 마찬가지로 예물로 玉錦을 쓴다. [經-305] 참조.

16_ 사 : 胡배휘는 『주례』 「추관·掌訝」에서 "訝士에는 中士를 임명한다"고 한 것에 근거하여 국경까지 전송하는 '士'는 '訝士'일 것으로 추측하였다. 『의례정의』, 1105쪽 참조.

해제 經-348에서 經-374까지는 사자(빈)가 귀국하여 군주에게 반명反命을 하는 절차이다.

[聘禮08 : 經-348]

사자(빈)는 귀국할 때 본국의 근교에 이르면, 교인郊人에게 고하여 군주에게 반명反命[1]을 하고자 한다고 청하게 한다.

使者歸, 及郊, 請反命.

정현주

'교郊'는 근교近郊를 가리킨다. 교인에게 고하여 군주에게 반명을 청하도록 하는 것이다. 반드시 교인에게 청하게 하는 것은 자기가 오랫동안 외국에 있었기 때문에 죄악이 있어서 들어갈 수 없을지도 모르기 때문이다. 춘추시대에 정백鄭伯은 그 나라의 대부 고극高克을 미워하여 그로 하여금 군사를 이끌고 나가게 하였다가 쫓아내고 받아들이지 않았는데,[2] 이는 대체로 청하였지만 들어갈 수 없었던 경우이다. '郊', 近郊也. 告郊人, 使請反命於君也. 必請之者, 以己久在外, 嫌有罪惡, 不可以入. 春秋時, 鄭伯惡其大夫高克使之將兵, 逐而不納, 此蓋請而不得入.

[聘禮08 : 經-349]

사자(빈)는 조복을 착용하고 수레 위에 전旜(한 가지 색의 비단 깃발)을 꽂는다.

朝服, 載旜.

정현주 사행을 떠날 때 이 근교近郊에서 옷을 갈아입고 머물렀는데, 이제 돌아오다 이곳에 이르러 그 이전 사행 도중에 입었던 복장을 바로잡고 군주의 명을 기다리는 것이니, 공경히 하는 것이다.[3] 고문본에는 '襢'이 '膳'으로 되어 있다. 行時稅舍于此郊, 今還至此, 正其故行服, 以俟君命, 敬也. 古文'襢'作'膳'.

[聘禮08 : 經－350]

양禳 제사를 지낸 후에 비로소 도성 안으로 들어간다.

禳, 乃入.

정현주 '양禳'[4]은 제사의 명칭이다. 사행 길에 상서롭지 못한 것이 쌓였기 때문에 양 제사를 지내어 재앙과 흉악한 것을 제거하는 것이다. '禳', 祭名也. 爲行道累歷不祥, 禳之以除災凶.

[聘禮08 : 經－351]

이어서 조정 안으로 들어가서 치조治朝에 예물을 진설하는데,[5] 서쪽을 윗자리로 삼는다.[6] 상빈이 주군(빙문을 받는 나라의 군주)에게 하사받은 예물(公幣)과 경·대부에게 받은 예물(私幣)은 모두 진설하고, 상개가 주군에게 하사받은 예물(公幣)을 진설하는데, 그 밖의 개들이 하사받은 예물은 모두 진설하지 않는다.

乃入, 陳幣于朝, 西上. 上賓之公幣·私幣皆陳, 上介公幣陳, 他介皆否.

정현주 '모두 진설하지 않는다'(皆否)는 것은 공폐와 사폐를 모두 진설하지 않는다는 뜻이다. 이 예물들은 사자(빈) 및 개介들이 저 주국의 군주와 경·대부에게서 받은 예물이다. 그 가운데 어떤 것은 진설하기도 하고 어떤 것은 진설하지 않기도 하는 것은 존귀한 것에 대해서는 상세히 하고 비천한 것에 대해서는 소략히 하기 때문이다. 진설하는 방법 및 국내에 머물러 있던 경·대부들이 이들을 기다리는 위치는 석폐夕幣의 예를 행할 때와 동일하게 한다.[7] 주군이 빙군에게 보내준 예물은 진설하지 않는다.[8] 상빈上賓은 사자使者이다. '공폐公幣'는 주군의 하사품이다. '사폐私幣'는 주국의 경·대부가 보내준 예물이다. '그 밖의 개들'(他介)은 사개士介를 가리킨다. '그 밖의'(他)라고 말한 것은 여러 종자從者들을 포함하기 때문이다.[9] '皆否'者, 公幣·私幣皆不陳. 此幣, 使者及介所得於彼國君卿大夫之贈賜也. 其或陳或不陳, 詳尊而略卑也. 其陳之及卿大夫處者待之, 如夕幣. 其禮於君者不陳. 上賓, 使者. '公幣', 君之賜也. '私幣', 卿·大夫之幣也. '他介', 士介也. 言'他', 容衆從者.

[聘禮08 : 經－352]

속백束帛은 각각 그 정실庭實에 더하여 진설하는데, 정실이 짐승가죽일 경우라면 그 왼쪽에 놓는다.[10]

束帛各加其庭實, 皮左.

정현주 짐승가죽의 위에 올려놓지 않는 것은 많음을 영광스럽게 여기기 때문이다.[11] 不加於其皮上, 榮其多也.

[聘禮08 : 經 - 353]

군주는 진설된 예물의 북쪽에서 남쪽을 향해 선다.

公南鄕.

정현주

또한[12] 재宰가 군주에게 예물이 모두 진설되었음을 보고하면, 군주는 이에 조복을 착용하고 침문을 나와 왼쪽으로 나아가서 남쪽을 향해 선다. 亦宰告于君, 君乃朝服出門左, 南鄕.

[聘禮08 : 經 - 354]

경은 사자에게 고문庫門 안으로 들어가게 한다. 사자는 규圭를 잡는데, 옥 받침대의 끈을 아래로 늘어뜨리고 진설된 예물의 남쪽에서 북쪽을 향해 선다. 상개上介는 장璋을 잡는데, 옥 받침대의 끈을 거두어 올리고 빈의 왼쪽에 선다.

卿進使者. 使者執圭, 垂繅, 北面. 上介執璋, 屈繅, 立于其左.

정현주

이는 반명反命(復命)을 하는 것에 주안점이 있기 때문에 사개士介들도 뒤를 따라 들어와서 나란히 함께 서는데 동쪽을 윗자리로 삼는다.[13] 此主於反命, 士介亦隨入, 並立, 東上.

[聘禮08 : 經 - 355]

사자(빈)가 반명反命을 할 때에는 "우리 군주의 명으로 아무개 나라의 군주께 빙聘의 예를 올렸는데, 아무개 나라의 군주께서 아무개 묘廟에서 예물을 받으셨고, 아무개 나라의 군주께서 재배를 하셨습니다. 아무개 나라의 군주께 향享의 예를 올렸는데, 아무개 나라의 군주께서 재배를 하셨습니다"라고 말한다.

反命, 曰, "以君命聘于某君, 某君受幣于某宮, 某君再拜. 以享某君, 某君再拜."

정현주

군주가 또한 사자에게 읍을 한 후 나아오도록 하면, 이에 사자가 군주에게 나아가서 반명을 하는 것이다. '아무개 군주'(某君)는 아무개 나라의 군주라는 뜻이다. '아무개 궁'(某宮)은 '환궁桓宮'·'희궁僖宮'이라고 말하는 것과 같다.[14] '아무개 군주께서 재배를 하셨다'(某君再拜)는 것은 재배를 하고 예물을 받았다는 뜻이다. 반드시 이러한 것들을 말하는 것은 저 주국의 군주가 자기의 군주를 공경하였으니, 자기는 명을 욕되게 하지 않았음을 밝히려는 것이다. 君亦揖使者進之, 乃進反命也. '某君', 某國君也. '某宮', 若言'桓宮'·'僖宮'也. '某君再拜', 謂再拜受也. 必言此者, 明彼君敬君, 己不辱命.

[聘禮08 : 經－356]

재宰는 군주 왼쪽을 경유하여 사자의 왼쪽으로 가서 옥玉을 받는다.

宰自公左受玉.

정현주

또한 사자의 동쪽에서 사자와 같은 방향을 하고서 나란히 하여 옥玉을 받는 것이다. 사자를 오른쪽에 두지 않는 것은 편리함에 따르는 것이다. 亦於使者之東, 同面並受也. 不右使者, 由便也.

[聘禮08 : 經 - 357]

사자(빈)가 상개에게 장璋을 받아서[15] 치명致命을 할 때에도 동일한 절차로 한다.[16]

受上介璋, 致命亦如之.

정현주 '반反'을 바꾸어 '치致'라고 말한 것은 마치 군주의 명이 아닌 것처럼 말하는 것이다.[17] 치명致命을 할 때에는 "우리 군주의 명으로 아무개 나라의 군주의 부인에게 빙聘의 예를 올렸는데, 아무개 나라의 군주께서 재배를 하셨고, 아무개 나라의 군주의 부인에게 향享의 예를 올렸는데, 아무개 나라의 군주께서 재배를 하셨습니다"라고 말한다. '아무개 묘에서 예물을 받으셨습니다'라고 말하지 않았지만, 말하지 않아도 알 수 있기 때문에 생략한 것이다.[18] 變'反'言'致'者, 若云非君命也. 致命曰, "以君命聘於某君夫人, 某君再拜, 以享于某君夫人, 某君再拜." 不言'受幣于某宮', 可知, 略之.

[聘禮08 : 經 - 358]

사자(빈)는 주군이 빙의 예에 대한 보답으로 빙군에게 보내준 예물[19]을 잡고서 보고할 때에는 "아무개 나라의 군주께서 아무개 대부를 시켜서 예물을 보내주었습니다"라고 말하고, 재宰에게 건네준다.

執賄幣以告, 曰, "某君使某子賄", 授宰.

정현주 '모자某子'는 '고자高子 · 국자國子'라고 말하는 것과 같다.[20] 무릇 사자가 마땅히 군주에게 고해야 할 예물은 상개가 취해서 건네주어야 하지만, 주군이 빙의 예에 대한 보답으로 빙군에게 보내준 예물은 예외가 된다.[21] '某子', 若言'高子'·'國子'. 凡使者所當以告君者, 上介取以授之, 賄幣在外也.

[聘禮08 : 經－359]
주군이 향의 예에 대한 보답으로 빙군에게 보내준 옥玉(璧)을 잡고서 보고할 때에도 이와 동일한 절차로 한다.[22]
禮玉亦如之.

정현주

또한 속백束帛 위에 벽璧을 올려놓고 잡는다. 군주에게 고하면서 "아무개 나라의 군주께서 아무개 대부를 시켜서 예물을 보내주었습니다"라고 말한다. 재宰가 이를 사자에게 받으면, 사士가 따라와서 재의 뒤쪽으로부터 사개士介의 왼쪽으로 가서 승피乘皮(네 장의 짐승가죽)를 받는데 처음과 동일한 절차로 한다. 상개上介는 나가서 속백에 올려놓은 옥을 취하고, 사개는 따라서 짐승 가죽을 취한다. 亦執束帛加璧也. 告曰, "某君使某子禮." 宰受之, 士隨, 自後左士介, 受乘皮如初. 上介出取玉束帛, 士介從取皮也.

[聘禮08 : 經－360]
사자(빈)는 처음 주국의 근교에 도착했을 때 주군이 경을 보내어 위로하면서 하사한 예물을 잡고서 하사받은 모든 예물들을 일일이 열거하면서 보고한다.[23]
執禮幣, 以盡言賜禮.

정현주

'예폐禮幣'는 주국의 군주가 처음 빈을 예우할 때 하사한 예물을 말한다. '하사받은 예물들을 모두 열거하여 보고한다'는 것은 이 예물로부터 전송하면서 보내준 예물에 이르기까지를 모두 열거하여 보고한다는 뜻이다.[24] '禮幣', 主國君初禮賓之幣也. '以盡言賜禮', 謂自此至於贈.

[聘禮08 : 經 – 361]

군주는 "그렇다. 그대는 훌륭하게 사행의 임무를 수행하지 않았던가!"라고 말한다.

公曰, "然, 而不善乎!"

정현주 사방에서 사행을 잘 수행한 것을 훌륭하게 여기는 것이다. '이而'는 너(女)의 뜻과 같다. 善其能使於四方. '而'猶女也.

[聘禮08 : 經 – 362]

사자(빈)는 상개에게 예물을 건네준 후 머리를 바닥에 대면서 군주에게 재배를 한다. 군주는 답례로 재배를 한다.

授上介幣, 再拜稽首. 公答再拜.

정현주 상개에게 예물을 건네주는 것은 마땅히 군주의 말에 배례를 해야 하기 때문이다. 재宰에게 건네주지 않는 것은 재는 다시 이 예물을 본래의 자리에 진설해야 하기 때문이다. 授上介幣, 當拜公言也. 不授宰者, 當復陳之.

[聘禮08 : 經 – 363]
수국의 경·대부들에게 받은 예물(私幣)은 군주에게 보고하지 않는다.
私幣不告.

정현주

또한 비천한 것에 대해서는 생략하기 때문이다. 亦略卑也.

[聘禮08 : 經 – 364]
군주가 사자를 위로하면, 사자는 머리를 바닥에 대면서 재배를 한다. 군주는 답례로 재배를 한다.
君勞之, 再拜稽首. 君答再拜.

정현주

사행 길에 부지런하고 고생했다고 위로하는 것이다. 勞之以道路勤苦.

[聘禮08 : 經 – 365]
만약 군주에게 헌상할 예물이 있을 경우,[25] "아무개 나라의 군주가 하사한 예물입니다.
若有獻, 則曰, "某君之賜也.

정현주

이 예물은 아무개 나라의 군주가 하사하여 은혜롭게 해 준 것이라는 말이다. 그 헌상하는 예물이 비록 진귀하고 기이하더라도 아무개 예물은 저 주군의 전용 물건이라고 말하지 않는 것은 겸손히 하는 것이다.[26] 그 대부가 출국하였다가 돌아와서 반드시 헌상을 하는 것은 충효이다. 言此物某君之所賜予爲惠者也. 其所獻雖珍異, 不言某爲彼君服御物, 謙也. 其大夫出, 反必獻, 忠孝也.

[聘禮08 : 經 – 366]

군주께서는 혹시 이 예물을 신하들에게 하사하시겠습니까?"라고 말한다.

君其以賜乎?"

정현주

군주의 용도에 적당한 예물인지 기필할 수 없기 때문이다.[27] 헌상을 하고서도 배례를 하지 않는 것은 군주가 자기에게 답배를 해야 하기 때문이다.[28] 不必其當君也. 獻不拜者, 爲君之答已也.

[聘禮08 : 經 – 367]

상개는 예물을 잡지 않은 채 빈손으로 주군에게 하사받은 예물을 군주에게 보고하는데, 상빈上賓의 예와 동일한 절차로 한다.[29]

上介徒以公賜告, 如上賓之禮.

정현주

'도徒'는 빈손(空手)이라는 뜻으로, 그 예물을 잡지 않는 것이다. '徒'謂空手, 不執其幣.

[聘禮08 : 經 - 368]

군주가 위로하면, 상개는 머리를 바닥에 대면서 재배를 한다. 군주는 답례로 배례를 한다. 사개士介를 위로할 때에도 이와 동일한 절차로 한다.[30]

君勞之, 再拜稽首. 君答拜. 勞士介亦如之.

정현주

사개는 4인인데, 답례로 한꺼번에 일배壹拜를 하는 것은[31] 상개보다 더욱 천하기 때문이다. 士介四人, 旅答壹拜, 又賤也.

[聘禮08 : 經 - 369]

군주가 재宰로 하여금 사자에게 진설하였던 예물을 하사하게 하면, 사자는 머리를 바닥에 대면서 재배를 한다.

君使宰賜使者幣, 使者再拜稽首.

정현주

진설하였던 예물을 하사하는 것이다.[32] 예禮에 있어서 신하와 자식은 다른 사람이 물건을 선물하였다면 반드시 그것을 군주와 아버지에게 바치고 감히 스스로 사사로이 사용하지 않는다. 군주와 아버지가 이로 인해서 그 선물을 신하와 자식에게 내려주면 신하와 자식은 배례를 하고 받는데 마치 다시 선물을 받은 듯이 한다.[33] 사자가 배례를 마치면 재宰는 상등의 예물(上幣)을 건네준다.[34] 以所陳幣賜之也. 禮, 臣子, 人賜之而必獻之君父, 不敢自私服也. 君父因以予之, 則拜受之, 如更受賜也. 旣拜, 宰以上幣授之.

[聘禮08 : 經 – 370]

군주가 재宰로 하여금 개介들에게 하사받아 온 예물을 하사하게 하면, 개들은 모두 머리를 바닥에 대면서 재배를 한다.

賜介, 介皆再拜稽首.

정현주

사개의 예물도 모두 수레에 싣고 치조治朝로 나아가지만, 그것을 진설하지는 않는다. 사개도 상개와 함께 하사하라는 명을 받았으므로, 모두 배례를 하는 것이다. 배례가 끝나면 재宰가 또한 상등의 예물을 상개에게 건네준다. 士介之幣, 皆載以造朝, 不陳之耳. 與上介同受賜命, 俱拜. 既拜, 宰亦以上幣授上介.

[聘禮08 : 經 – 371]

이에 사자와 개들은 모두 치조治朝에서 물러나온다.

乃退.

정현주

군주가 읍을 하고 침문寢門 안으로 들어가면, 사자와 개는 모두 치조에서 물러나온다. 君揖入, 皆出去.

[聘禮08 : 經 – 372]

개介들은 모두 사자의 집 대문 앞까지 사자를 전송한다.

介皆送至于使者之門.

정현주

사행을 떠나려고 할 때에는 사자의 대문에서 기다렸고,[35] 사행에서 돌아와서는 또 대문에서 전송을 하니, 존귀하고 나이 많은 사람과 나가고 들어오는 예이다. 將行, 俟于門, 反又送于門, 與尊長出入之禮也.

[聘禮08 : 經－373]

이어서 개介들은 사자에게 물러나 읍을 한다.

乃退揖.

정현주

읍을 하고 헤어지는 것이다. 揖別也.

[聘禮08 : 經－374]

사자는 그들의 수고로움에 배례를 한다.

使者拜其辱.

정현주

뒤따라서 감사를 표하는 것이니, 상개上介에게는 재배를 하고, 사개士介에게는 삼배를 한다.[36] 隨謝之也, 再拜上介, 三拜士介.

주

1_ 반명 : 호배휘는 경문의 '反命'은 '復命'과 같은 뜻이라고 하였다.(反命猶復命也) '復命'은 명을 받은 사자가 명을 완수하고 돌아가서 상황을 보고하는 것을 말한다. 『의례정의』, 1106쪽 참조.

2_ 춘추시대에 ~ 않았는데 : 『춘추공양전』 閔公 2년 조에 보인다. 鄭伯이 이전부터 高克을 미워하여 제거하고자 했는데 기회가 없었다. 이때 狄이 衛나라에 침입해 오자 군사를 이끌고 위나라를 공격하게 하였는데, 그대로 추방해 버렸다.

3_ 사행을 ~ 것이다 : 사행을 떠날 때 近郊에 이르러 朝服을 벗고 深衣로 갈아입었는데, 돌아와 이곳에 이르러 深衣를 벗고 다시 朝服을 입는다. 조복으로 갈아입는 것은 군주의 입국 명을 기다리다 곧바로 들어가서 군주를 알현하고자 하는 것이다. 따라서 사행 도중에는 深衣를 착용하고 있었던 것이다. [經-40] 참조.

4_ '양': '禳'은 사악한 기운과 재앙을 제거하는 제사를 말한다. 『주례』 「천관·女祝」에 "(여축은) 때에 응해서 招·梗·禬·禳의 제사를 관장하여 질병과 재앙을 제거한다"(掌以時招·梗·禬·禳之事, 以除疾殃)고 한 것에 대해 정현은 "재변과 기이한 조짐을 물리치는 것을 '禳'이라고 한다"(却變異曰'禳')고 하였다. 招·梗·禬·禳 네 가지는 모두 제사의 명칭이다. '招'는 善祥을 불러들이기 위한 제사이고, '梗'은 재해가 이르기 전에 미리 예방하기 위한 제사이고, '禬'는 재해가 이미 닥친 후에 이를 제거한 위한 제사이다.

5_ 치조에 예물을 진설하는데 : '夕幣'는 寢門 밖의 治朝에서 거행하였는데([經-11] 정현 주 참조), 이곳의 '陳幣'역시 寢門 밖의 治朝에서 거행한다. 寢門은 路寢門을 뜻하며, 路寢門의 밖은 治朝의 장소가 되기 때문에 '朝'라고 한 것이다. 『의례정의』, 1107쪽, 호배휘의 설 참조.

6_ 서쪽을 윗자리로 삼는다 : 오계공은 빈의 公幣를 왼쪽에 진설하고, 다음으로 빈의 私幣를 그 동쪽에 진설하고, 上介의 예물을 또 그 다음 동쪽에 진설한다고 하였다. 『의례정의』, 1107쪽 참조.

7_ 진설하는 방법 ~ 한다 : [經-09]에서 [經-14] 참조.

8_ 주군이 ~ 않는다 : 주군이 빙군에게 보내준 예물이란 주군이 聘의 예에 대한 보답으로 빙군에게 보내준 束紡(賄)과 享의 예에 대한 보답으로 빙군에게 보내준 璧·束帛·乘皮(禮)를 말한다. 이 예물들을 진설하지 않는 것은 使者(賓)가 직접 들고 가서 군주에게 보고할 것이기 때문이다. 『의례정의』, 1108쪽, 장이기의 설 및 [經-334], [經-335] 참조.

9_ '그 밖의 개들'은 ~ 때문이다 : 사자를 수종하는 從者 역시 士介이다. [經-173] 정현의 주 참조.

10_ 정실이 짐승가죽일 ~ 놓는다 : 庭實로는 짐승가죽(皮)을 사용하기도 하고 말(馬)을 사용하기도 하는데, 庭實이 말인 경우에는 그 앞에 束帛을 놓는다. [經-64] 참조.

11_ 짐승가죽의 ~ 때문이다 : 사행을 떠나기 전 예물을 진설할 때에는 束帛을 왼쪽의

사슴 가죽 위에 올려놓았는데([經-63]), 귀국해서는 짐승가죽의 왼쪽에 놓고 그 위에 올려놓지 않는 것이다. 짐승가죽 위에 올려놓지 않는 이유에 대하여 호배휘는 속백과 짐승가죽이 서로 가려지지 않게 하여 그 많음을 드러낼 수 있도록 하기 위한 것이라고 하여 정현의 해석을 부연하였다. 그러나 오계공은 경문의 '皮左'는 '짐승가죽 위의 왼쪽'이라는 뜻이기 때문에 '올려놓는다'(加)라고 한 것이라고 하여 정현의 해석을 비판하였다. 『의례정의』, 1108쪽 참조.

12_ 또한 : '夕幣'의 예를 행할 때와 동일한 절차로 한다는 뜻이다. [經-15] 참조.

13_ 이는 ~ 삼는다 : 사행을 떠나기 전 사자 일행이 治朝로 가서 군주에게 명을 받을 때, 군주가 卿을 시켜 사자에게 庫門 안으로 들어오게 하면, 사자는 庫門 안으로 들어가는데, 이때 衆介들도 사자의 뒤를 따라 들어가서 북쪽을 향해 서는데, 동쪽을 윗자리로 삼는다. 사행을 다녀와서 反命(復命)할 때에도 受命할 때와 동일한 절차로 하기 때문에 士介들도 따라 들어와서 동쪽을 윗자리로 삼아 나란히 선다는 것을 알 수 있다. 『의례정의』, 1108~1109쪽 및 [經-31]~[經-33] 참조.

14_ '아무개 궁'은 ~ 같다 : 춘추시대에 魯나라에 桓宮·僖宮이 있었다. 宮은 廟와 같은 뜻으로, 桓宮은 桓公의 廟, 僖宮은 僖公의 廟이다.

15_ 사자가 ~ 받아서 : 장이기에 따르면 '上介에게 璋을 받는다'는 것은 사자(빈)가 받는 것으로, 사자는 璋을 받으면 마땅히 옥 받침대의 끈을 아래로 늘어뜨리고서 致命을 해야 한다. 『의례정의』, 1110쪽 참조.

16_ 동일한 절차로 한다 : 致命할 때의 절차도 反命을 할 때와 동일하여 宰가 또한 군주의 왼쪽을 경유하여 사자의 왼쪽으로 가서 玉을 받는다는 뜻이다.

17_ '반'을 ~ 것이다 : 이웃나라의 부인에게 빙례를 할 때에는 당연히 부인에게 명을 받아야 하지만 부인은 바깥일에 관여하지 않기 때문에 실제로는 주군이 명을 한다. '反命'이라고 하지 않고 '致命'이라고 한 것은 마치 본래 군주의 명이 아니라 오히려 부인의 명인 것처럼 한다는 뜻이다. 이 때문에 '反'을 '致'로 바꾼 것이다. 오계공은 '致命'과 '反命'은 동일한 것이라고 하였고, 왕사양은 군주에 대해서는 '反命'이라고 하고, 부인에 대해서는 '致命'이라고 한 것은 분명히 구별되는 것이라고 하였다. 『의례주소』, 505쪽 가공언의 설 및 『의례정의』, 1110쪽 참조.

18_ '아무개 묘에서 ~ 것이다 : 주군과 부인에게 聘·享의 예를 올릴 때 예물을 받는 장소는 동일하므로 '아무개 廟에서 예물을 받으셨습니다'라는 말이 있음을 알 수 있기 때문에 생략한 것이다.

19_ 주군이 빙의 ~ 예물 : 그 예물은 束紡을 가리킨다. [經-334] 참조.

20_ '모자'는 ~ 같다 : '某'는 賄幣를 준 사람의 姓氏이다. 高子와 國子는 춘추시대 齊나라의 貴卿이다.

21_ 무릇 ~ 된다 : 주군이 빙군에게 보내준 예물은 治朝에 진설하지 않고 사자(빈)가 직접 자기의 군주에게 고하여 바친다.([經-351]) '賄幣'는 주군이 聘의 예에 대한 보답으로 聘君에게 보내준 예물이므로 진설하는 예물에서 제외되며, 따라서 上介

가 잡고서 건네주지 않는다.

22_ 주군이 ~ 한다 : 주군이 향의 예에 대한 보답으로 빙군에게 보내준 예물은 玉(璧), 束帛, 乘皮이다. 經文에서는 玉(璧)만을 말했지만 束帛과 乘皮도 포함된다. 문장을 생략한 것이다. 이 경우에도 사자는 예물을 잡고서 군주에게 보고하고, 또 宰에게 건네준다는 뜻이다. 이 예물도 주군이 빙군에게 보내준 것이므로 '賄幣'와 마찬가지로 治朝에 진설하지 않고 사자가 직접 잡고서 군주에게 고하여 바친다. [經—335] 참조.

23_ 사자는 ~ 보고한다 : [經—355]에서 [經—359]까지의 예물들은 모두 주군이 빙군에게 보내주는 것이고, 이 경문에서 사자가 열거하는 예물들은 모두 사자 자신의 예물이다.

24_ 이 예물로부터 ~ 뜻이다 : '郊勞'(주국의 近郊에 도착했을 때 주군이 경을 보내어 빈의 노고를 위로하는 의절)에서부터 '贈行'(빈이 주국을 출발하여 近郊에 이르렀을 때 주군이 卿 등을 보내어 예물을 주어서 전송하는 의절)의 의절에 이르기까지 주군은 8번에 걸쳐 빈을 예우하는데, 이때 모두 예물을 하사한다. 빈은 처음으로 하사받은 '郊勞'의 예물을 잡고서 나머지 모든 예물들을 일일이 열거하면서 보고한다는 뜻이다. 『의례정의』, 1111쪽 참조.

25_ 만약 ~ 경우 : 저인량은 주국의 군주가 사자에게 하사한 공식적인 예물(公幣)이외에 추가적으로 하사한 예물이라고 하였고(此所獻乃公幣外加賜之物), 진혜전도 "저 주국의 군주가 하사한 정식 예물 이외에 별도로 하사해 준 것이 있으므로 그것을 자기의 군주에게 헌상하는 것이다"(彼國之君, 於常賜外, 別有賜予, 故獻之於君)라고 하였다. 즉 저인량과 진혜전은 빙군에게 헌상하는 이 예물을 주국의 군주가 사자(빈)에게 특별히 하사한 예물로 해석하였다. 그러나 오계공은 자기의 군주에게 헌상하는 이 예물은 賄幣 즉 主君이 聘의 禮에 대한 보답으로 聘君에게 보내준 예물 가운데 일부로서, 사자(빈)의 개인적인 물건이 아니기 때문에 자기의 군주에게 헌상하는 것이라고 하였다.(賄禮中之物, 則是彼國所遺於主君者, 非賓之私物, 詎可謂之獻乎?) 호배휘는 저인량과 진혜전의 해석이 타당하다고 하였다. 『의례정의』, 1112쪽 참조.

26_ 아무개 예물은 ~ 것이다 : 아무개 예물이 저 상대국 군주의 전용 물건이라고 말하면 자신이 받은 예물의 아름다움을 과시하는 것이 된다. 따라서 그런 말을 하지 않는다는 뜻이다.

27_ 군주의 ~ 때문이다 : 군주에게 필요한 물건이지 기필할 수 없기 때문에 짐짓 신하들에게 하사하실 것인지 묻는 것이다. 감히 군주에게 자기의 헌상물을 받아달라고 청하지 못하고 완곡하게 말하는 것이다. 이 역시 겸손히 말하는 것이다. 『의례정의』, 1112쪽, 호배휘의 설 참조.

28_ 헌상을 ~ 때문이다 : 『예기』「郊特牲」에 "대부는 군주에게 헌상할 것이 있으면 직접 가서 헌상하지 않고, 군주가 하사하는 것이 있으면 마주 대하고 배례를 하지 않

는다. 군주가 자신에게 答拜를 하게 되기 때문이다"(大夫有獻弗親, 君有賜, 不面拜. 爲君之答己也)라고 하였고, 「玉藻」에서는 "무릇 군주에게 헌상을 할 때, 대부는 宰를 보내서 한다"(凡獻於君, 大夫使宰)고 하였고, 또 "대부가 직접 배례를 하지 않는 것은 군주가 자기에게 답배를 할 것이기 때문이다"(大夫不親拜, 爲君之答己也)라고 하였다. 이는 모두 대부가 직접 군주에게 물건을 헌상하지 않는 의리를 말한 것이다. 경문에서 대부(使者)가 직접 헌상을 하면서도 배례를 하지 않는 것에 대해 호배휘는 군주가 자기에게 답배하는 번거로움을 염려하기 때문이라고 하였다. 『의례정의』, 1112쪽 참조.

29_ 상빈의 ~ 한다 : 주군에게 하사받은 모든 예물들을 일일이 열거하면서 보고한다는 뜻이다. [經－360] 참조.

30_ 이와 동일한 절차로 한다 : 士介가 머리를 바닥에 대면서 군주에게 배례를 하면, 군주는 답례로 재배를 한다는 뜻이다.

31_ 사개는 ~ 것은 : 호배휘는 '壹拜'는 『주례』「춘관·大祝」에서 말하는 '奇拜'라고 하였는데, '奇拜'는 '一拜' 즉 한 번 배례하는 것을 말한다. 무릇 禮書에서 '拜'라고 하고 '再拜'라고 하지 않는 것은 모두 '一拜'를 가리킨다. 이곳 정현 주의 '旅答壹拜'는 군주가 士介 4인에게 한 명 한 명 별도로 배례를 하지 않고, 4인에게 한꺼번에 壹拜를 한다는 뜻이다. 『의례정의』, 252쪽 및 『삼례사전』, 463쪽, '奇拜' 항목 참조.

32_ 진설하였던 ~ 것이다 : 앞의 [經－351]에서 上賓(사자)이 주군에게 하사받은 예물(公幣)과 경·대부에게 받은 예물(私幣)을 모두 진설한다고 하였는데, 이는 본래 주국의 군주가 사자에게 하사한 예물이기 때문에 빙국의 군주가 이 진설하였던 예물을 그대로 상빈(사자)에게 하사하는 것이다. 『의례정의』, 1113쪽, 호배휘의 설 참조.

33_ 예에 있어서 ~ 한다 : 『예기』「內則」에 "며느리는 혹 私親의 형제들이 음식·의복·비단·노리개·향초를 선물해 주면 그것을 받아서 시부모에게 바친다. 시부모가 그것을 받아들이면 기뻐하여 마치 처음 선물을 받은 듯이 한다. 만약 되돌려 내려주시면 사양하고, 사양이 허락되지 못하면 마치 다시 선물 받은 듯이 하여 저장하였다가 부모가 부족하게 되었을 때에 대비한다"(婦或賜之飮食·衣服·布帛·佩帨·茝蘭, 則受而獻諸舅姑. 舅姑受之則喜, 如新受賜. 若反賜之, 則辭, 不得命, 如更受賜, 藏以待乏)라고 하였다.

34_ 재는 ~ 건네준다 : 上幣는 상등의 예물이다. 宰가 모든 사람에게 두루 건네줄 수 없기 때문에 上幣만 건네주고, 나머지는 有司들이 건네준다.

35_ 사행을 ~ 기다렸고 : 사행을 떠나려고 할 때 상개 및 중개들은 사자의 집 대문 밖에서 사자를 기다렸다. [經－30] 참조.

36_ 사개에게는 삼배를 한다 : 가공언은 上介는 大夫로서 使者와 동류이기 때문에 재배를 하고, 士介는 비천하고 자기와 이류이기 때문에 각각 사람마다 壹拜를 하기 때문에 士介에게는 三拜를 하는 것이라고 하였다. 그러나 호배휘는 만약 총 三拜를

하면 上介의 再拜보다 많게 되고, 만약 士介 한 사람마다 壹拜를 하면 士介는 4인인데 '三拜를 한다'고 말할 수 없으므로, 정현이 '士介에게는 三拜를 한다'고 한 것 자체가 의심스럽다고 하였다. 『의례주소』, 509쪽 및 『의례정의』, 1114쪽 참조.

해제 經－375에서 經－384까지는 사자(빈)가 귀국하여 문신門神에 석폐釋幣의 예를 올려 고하고 녜묘禰廟에 석전釋奠의 예를 올리는 절차이다.

[聘禮08 : 經－375]

사자는 자기 집의 대문 앞에서 석폐釋幣의 예를 올린다.[1]

釋幣于門.

정현주

'문門'은 대문이다. 문 말뚝(闑)에 신주를 진설하고,[2] 문 말뚝의 서쪽으로 문지방의 바깥(闑西閾外)에 자리를 펼쳐 놓는데 머리 부분이 동쪽을 향하도록 하여 놓고, 물받이 항아리(洗)를 문 밖 동쪽에 진설한다. 그 나머지는 처음 녜묘禰廟에서 석폐의 예를 올릴 때와 동일한 절차로 한다.[3] 나갈 때에는 항行(길)에 고하고, 들어올 때에는 문門에 고하여 한꺼번에 양쪽에 고하지 않으니, 먼저 만나게 되는 곳에 고하는 것이다.[4] '門', 大門也. 主于闑, 布席于闑西閾外, 東面, 設洗于門外東方. 其餘如初于禰時. 出于行, 入于門, 不兩告, 告所先見也.

[聘禮08 : 經－376]

이어서 녜묘禰廟(아버지의 사당)로 간다.[5] 유사有司는 녜묘의 실室 안에 신을 위한 자리와 안석을 진설하고, 신위 앞에 말린 고기를 담은 대나무제기와 고기젓갈을 담은 나무제기를 올린다.

乃至于禰. 筵几于室, 薦脯醢.

정현주 사행 길에서 돌아왔음을 고하는 것이다. '천薦'은 올린다(進)는 뜻이다. 告反也. '薦', 進也.

[聘禮08 : 經 - 377]
주인(사자)은 술을 따라 술동이에 넣어서 진설한다.[6]
觴酒陳.

정현주 주인이 술을 따라 올려놓는 것이니, 일헌一獻이다.[7] '진설한다'(陳)고 말한 것은 장차 다시 헌獻을 할 차례가 있기 때문이다.[8] 말린 고기를 담은 대나무제기와 고기젓갈을 담은 나무제기를 먼저 올리고 술을 넣은 술동이를 나중에 올리는 것은 제례祭禮이기 때문이다.[9] 사행을 떠날 때에는 석폐釋幣의 예를 올리고, 돌아와서는 석전釋奠[10]의 예를 올리는 것은 나가는 것을 간략히 하고 들어오는 것을 신중히 하는 것이다.[11] 主人酌進奠, 一獻也. 言'陳'者, 將復有次也. 先薦後酌, 祭禮也. 行釋幣, 反釋奠, 略出謹入也.

[聘禮08 : 經 - 378]
유사는 조계阼階 위쪽에 주인을 위해 자리를 펼쳐 놓는다.
席于阼.

정현주 주인에게 작酢의 예를 행하기 위한 것이다.[12] 주인에게 작의 예를 행할 때에는 축祝이 술잔을 집어 들어 술을 따른다.[13] 실室에서 작의 예를 행하지 않는 것은 제례와 다른 것이다.[14] 爲酢主人也. 酢主人者, 祝取爵酌.

不酢於室, 異於祭.

[聘禮08 : 經－379]

유사는 또 주인의 자리 앞에 말린 고기를 담은 대나무제기와 고기 젓갈을 담은 나무제기를 올리고,[15]

薦脯醢,

정현주

작酢의 예禮를 완성시키기 위한 것이다. 成酢禮也.

[聘禮08 : 經－380]

사士가 삼헌三獻을 한다.

三獻.

정현주

실로室老가 아헌亞獻을 하고, 사士가 삼헌三獻을 한다.[16] 실로와 사는 헌獻을 하여 술을 올리는 일이 끝날 때마다 술잔을 집어 들고 술을 따라 스스로 마심으로써 작酢의 예를 행한다.[17] 室老亞獻, 士三獻也. 每獻奠, 輒取爵酌, 主人自酢也.

[聘禮08 : 經－381]

주인의 속리 한 사람이 술잔을 들어 올리면,

一人擧爵,

정현주 삼헌三獻의 예가 완성되면 다시 술 마시는 시작을 일으킨다.[18] 주인은 술잔을 내려놓고 아직 들어 올리지 않는다.[19] 三獻禮成, 更起酒也. 主人奠之, 未擧也.

[聘禮08 : 經-382]
주인은 사행 길을 수종했던 종자從者들에게 술을 따라 주고,
獻從者,

정현주 '종자從者'는 가신家臣으로서 사행을 수종했던 사람들이다. 주인이 그들에게 술을 따라 주는 것은 노고를 위로하기 위함이다. 종자들은 모두 올라가 서쪽 계단 위쪽에서 술을 마시는데,[20] 주인이 사람을 시켜서 술을 따라 주게 하지 않는 것은 국군國君의 예禮를 피하는 것이다. '從者', 家臣從行者也. 主人獻之, 勞之也. 皆升飮酒於西階上, 不使人獻之, 辟國君也.

[聘禮08 : 經-383]
주인은 여수旅酬의 예를 행한 후 묘문 밖으로 나간다.
行酬, 乃出.

정현주 주인은 내려놓았던 술잔을 집어 들어 종자들에게 여수의 예를 행하여 두루 술을 내리는데, 실로室老도 이 여수의 예에 참여한다. 主人擧奠酬從者, 下辯, 室老亦與焉也.

[聘禮08 : 經－384]

상개上介가 자기 집에 돌아갔을 때에도 이와 동일한 절차로 한다.[21]

上介至, 亦如之.

주

1_ 사자는 ~ 올린다 : 사자가 자기 집으로 돌아와 대문 앞에 비단(속백)을 풀어놓고 문신에게 제사를 올리는 것이다.

2_ 문 말뚝에 신주를 진설하고 : 채옹의 『獨斷』에는 "문신에 제사를 올릴 때에는 문의 왼쪽 지도리에 신주를 진설한다"(祀門, 設主於門左樞)라고 하여 이와 다르다.

3_ 그 나머지는 ~ 한다 : 처음 사행을 출발하려고 할 때 禰廟에서 釋幣의 예를 올려 길신을 제사하는 것은 [經－22]에서 [經－27]까지 참조.

4_ 나갈 때에는 ~ 것이다 : 오계공은 길은 도로의 시작이기 때문에 나갈 때에 이곳에 예를 올리고, 문은 안과 밖의 경계이기 때문에 들어올 때 이곳에 예를 올리는 것이라고 하였다. 『의례정의』, 1115쪽 참조.

5_ 이어서 네묘로 간다 : 대문 안으로 들어가 곧바로 禰廟로 가는 것은 살아 있을 때 밖에 나갔다 돌아오면 반드시 부모님께 인사 올리는 것을 상징한다.

6_ 술을 따라 ~ 진설한다 : 경문의 '觴'은 '술잔'의 뜻이 아니라 '술을 따른다'는 뜻으로, 호배휘는 "술을 따르는 것을 '觴'이라고 한 것은 전체 경문 가운데 이것이 유일하다. '술'(酒)이라고 한 것은 물(玄酒)을 넣은 술동이는 진설하지 않음을 보이기 위한 것"이라고 하였다. 상고시대에는 술을 진설할 때에 대부분 두 통의 술동이를 사용하여 한 통에는 물(玄酒)을 넣어서 옛것을 잊지 않는다는 뜻을 보여 주었다. 『예기』「玉藻」에서 "술동이는 반드시 물을 숭상한다"(凡尊必尙玄酒)고 한 것은 바로 그러한 의미이다. 따라서 이 경문에서는 '술'(酒)이라고만 하였으므로 물(玄酒)을 넣은 술동이는 진설하지 않음을 알 수 있다. 『의례정의』, 1115쪽 및 [사관례01 : 經－34]의 경문과 정현의 주 참조.

7_ 주인이 ~ 일헌이다 : 주인이 먼저 빈에게 술을 올리는 것을 '獻'이라고 한다. 빈이 이에 대한 보답으로 주인에게 술을 올리는 것을 '酢'이라고 한다. 주인이 먼저 술을 마신 후 다시 빈에게 술을 따라 주어 마실 것을 권하는 것을 '酬'라고 하는데, 이때 빈은 술잔을 내려놓고 마시지 않음으로써 예가 완성되었음을 보여 준다. 이처럼 주인과 빈이 獻·酢·酬의 과정을 한 번 하는 것을 '壹獻의 禮'라고 한다. 이곳에서 정현이 '一獻'이라고 한 것은 '주인의 初獻'을 의미한다. 성세좌는 이 경문은 진설하는 일을 기술한 것이므로 정현이 '주인의 初獻'으로 해석한 것은 잘못이라고 하였지만, 호배휘는 아래의 [經－378]에서 "유사는 조계 위쪽에 주인을 위해 자리를 펼쳐 놓는다"(席于阼)고 한 것은 빈이 주인에게 술을 올려 酢을 행하기 위한 것인데, 獻을 하지도 않았는데 먼저 酢을 행하는 경우는 없다고 하여 성세좌의 설을 비판하였다. 『의례정의』, 1115쪽 참조.

8_ '진설한다'고 ~ 때문이다 : 가공언은 단지 '主人이 一獻을 한다'고 하였으므로 마땅히 '奠'이라고 해야 하는데 '奠'이라고 하지 않고 '陳'이라고 한 것은 그 후에 다시 室老 및 士의 獻이 있어서 三獻의 禮를 갖추기 때문이며, 또 '陳'에는 '차례'(次第)라는 뜻이 있어서 그 세 번의 獻을 할 때마다 차례대로 자리에 열석하기 때문이라고 하였다. 『의례주소』, 509쪽 참조.

9_ 말린 고기를 ~ 때문이다 : 燕飮의 예법에서는 술을 넣은 술동이를 먼저 올리고 말린 고기를 담은 대나무제기와 고기젓갈을 담은 나무제기를 나중에 올린다.(先獻而後薦) 이 경문은 祭禮이기 때문에 飮酒의 예법과 반대가 된다.

10_ 석전 : 제사의 명칭으로, 田獵, 征伐, 會同, 出聘 등의 일이 있을 때 祖禰의 廟나 학교에서 釋奠의 예를 행한다. 학교 안에서는 四時에 先師에게 釋奠의 예를 올린다. 釋奠의 제사에는 일반적으로 음식과 술을 진설할 뿐 시동을 맞이하고 음식을 먹으면서 술을 따라 주고받는 등의 일은 없다. 그러나 때때로 희생과 비단을 사용하기도 한다. '舍奠'이라고도 한다.

11_ 사행을 ~ 것이다 : 사행을 떠날 때에는 일이 촉박하기 때문에 단지 비단을 풀어놓고 제사를 올리는 釋幣의 禮를 행하고, 돌아와서는 釋奠의 禮를 행하여 觴酒(술을 따르는 것)와 籩豆(말린 고기와 고기젓갈을 올리는 것)를 모두 갖춘다.

12_ 주인에게 ~ 것이다 : 阼階는 主人의 자리이므로 조계 위쪽에 자리를 펼쳐 놓는다는 것은 주인에게 酢의 예를 행하기 위한 것임을 알 수 있다.

13_ 주인에게 ~ 따른다 : 「특생궤사례」와 「소뢰궤사례」 등에 의하면 시동이 주인에게 酢의 예를 행할 때 祝이 술잔을 집어 들어 주인에게 酢을 행한다. 이 경문은 釋奠으로서 正祭가 아니기 때문에 시동이 없으며, 따라서 시동의 술잔도 없다. 오계공은 시동이 없기 때문에 주인이 스스로 酢의 예를 행하는데, 이를 위해서 祝이 별도의 술잔을 집어 들어 술을 따르는 것이라고 하였다.(酢主人者, 祝取爵酌者, 以無尸, 故主人自酢, 祝爲酌也. 言取爵者, 明取別爵, 無尸爵也) 그러나 방포는 주인이 스스로 酢의 예를 행하는 경우는 없다고 하여 오계공의 설을 비판하였다. 『의례정의』, 1115쪽 참조.

14_ 실에서 ~ 것이다 : 「특생궤사례」와 「소뢰궤사례」에는 모두 室 안에서 酢의 예를 받는데 이곳에서 조계(阼)에서 행한다고 한 것은 正祭의 禮와 다른 것이다.

15_ 유사는 ~ 올리고 : 유사가 阼階 위쪽에 자리를 펼쳐 놓으면 祝이 주인에게 술을 올려 酢의 예를 행하고([經－378]), 유사가 다시 주인의 자리 앞에 말린 고기를 담은 대나무제기와 고기젓갈을 담은 나무제기를 올려 먹게 함으로써 酢의 禮를 완성시키는 것이다. 호배휘는 말린 고기를 담은 대나무제기와 고기젓갈을 담은 나무제기는 주인을 위해 올리는 것으로, 이것을 올림으로써 酢禮를 완성시키는데, 희생제기(俎)가 없는 것은 예를 줄이기 때문이라고 하였다. 『의례정의』, 1115쪽 참조.

16_ 실로가 ~ 한다 : '室老'는 家相이고, 士는 邑宰로서 모두 大夫의 家臣들이다. 성세좌는 正祭에서는 主人과 主婦와 賓長이 三獻을 하는데, 이제 주부가 참여하지 않고 室老와 士를 취한 것은 그들이 사행 길에 수종했던 貴臣들이기 때문이며, 따라서 이들이 주인을 도와 釋奠의 예를 행하는 것이라고 하였다. 『의례정의』, 1116쪽 참조.

17_ 헌을 하여 ~ 행한다 : 이 정현의 주에 대해서는 그 해석이 분분하다. 먼저 가공언은 정현 주의 '每獻奠, 輒取爵酌'에 대해 '三獻을 통틀어 모두 獻을 하여 술을 올리는 일이 끝나면 별도로 술잔을 집어 들어 스스로 酢을 행한다'는 뜻으로 해석하였다.

뒤의 '主人自酢'에 대해서는 正祭의 경우에는 시동이 있어서 三獻은 모두 시동에게 獻을 하는 것인데, 그 일이 끝나면 시동은 主人에게, 이어서 主婦와 賓長에게 酢의 禮를 행한다. 그런데 이 경문에서는 시동이 없기 때문에 모두 스스로 酢을 행한다. 그런데 유독 '主人이 스스로 酢을 한다'고 한 것은 주인이 우두머리가 되기 때문에 하나를 들어서 나머지를 포괄한 것('每獻奠, 輒取爵酌'者, 此通三獻皆獻奠訖, 別取爵自酢, 故云'輒取爵酌也.'別云'主人自酢'者, 對正祭有尸, 三獻皆獻尸訖, 尸酢主人, 主婦賓長. 今此無尸, 皆自酢, 獨云'主人'者, 主人爲首正, 故擧前以包後)이라고 하였다. '酢'이란 主人이 賓에게 먼저 술을 따라 주어 '獻'한 것에 대한 보답으로 賓이 主人에게 술을 따라 주는 것을 말한다. 따라서 가공언이 '主人自酢' 즉 주인이 스스로 酢를 행한다고 해석한 것은 후대 해석자들의 비판의 초점이 되었다. 저인량은 정현 주의 '獻을 하여 술을 올리는 일이 끝날 때마다 곧바로 술잔을 집어 술을 따른다'(每獻奠, 輒取爵酌)고 한 것은 亞獻과 三獻을 하는 자 즉 室老와 士가 스스로 酢을 하는 것을 가리켜 말한 것이고, 뒤의 '主人自酢也'의 구절은 贅文인 듯하다고 하였다. 장이기는 '輒取爵酌主人, 自酢也'로 구두를 끊어 읽어야 하며, 그것은 '室老와 士가 주인에게 술을 따르고, 이를 이어서 室老와 士가 스스로 酢을 한다'는 뜻이며, 이렇게 되면 「특생궤사례」「소뢰궤사례」에서 주인에게 술잔을 바치는 뜻과 통하게 된다고 하였다.(當以'輒取爵酌主人'爲句, '自酢也'爲句, 言室老·士酌主人, 因自酢也. 如此則頗似「特牲」·「少牢」致爵主人之意亦通) 호배휘는 '主人'두 글자를 衍文으로 보고, 正禮에서는 獻이 끝날 때마다 시동이 酢의 禮를 행하는데 이곳에서는 시동이 없기 때문에 室老와 士가 모두 스스로 酢의 예를 행한다고 하였다. '主人自酢'은 있을 수 없는 일이기 때문에 정현 주의 '自酢'은 저인량의 설과 마찬가지로 亞獻·三獻을 하는 사람, 즉 室老와 士를 가리켜 말한 것으로 보아야 한다고 하였다. 이곳에서는 일단 호배휘의 설에 따라 번역하겠다. 『의례주소』, 510쪽 및 『의례정의』, 1116쪽, 『儀禮管見』, 『皇淸經解續編』 10, 6790쪽 참조.

18_ 삼헌의 ~ 일으킨다 : 三獻의 禮가 완성되면 사행 길을 수종했던 從者에게 술을 따라 주기 위해 술잔을 들어올리고, 그것으로 旅酬의 시작을 삼는 것이다. [향음주례 04 : 經一72]에서 "한 사람이 술잔을 씻은 다음 당으로 올라가 빈에게 술잔(觶)을 들어 올린다"(一人洗, 升, 擧觶于賓)고 하였는데, 이에 대해 정현은 "'한 사람은 주인의 속리이다. 술 마시는 시작을 일으키는 것을 '擧'라고 한다"('一人', 主人之吏. 發酒端曰'擧')고 하였다. 이여규는 술잔을 들어 올리는 것으로 旅酬의 시작을 알리는 것이라고 하였고, 오계공도 술잔을 들어 올려 旅酬의 시작을 알리는 것은 빈을 머물도록 하는 뜻이라고 하였다. 능정감은 旅酬의 시작을 알릴 때에는 한 사람이 술잔을 들어 올리고, 無算爵의 시작을 알릴 때에는 두 사람이 술잔을 들어 올린다고 하였다. 『의례정의』, 1116쪽 참조.

19_ 주인은 ~ 않는다 : 가공언은 사행 길을 수종했던 從者들에게 술을 따라 준 이후에 旅酬의 禮를 행하기 때문이라고 하였다. 「향음주례」와 「향사례」에서도 한 사람이

술잔을 들어 올리지만 주인은 술잔을 내려놓고 衆介와 衆賓에게 술을 따라 주기를 기다렸다가 비로소 旅酬의 禮를 거행하는 것으로 되어 있다. 『의례주소』, 511쪽, 가공언의 소 참조.

20_ 종자들은 ~ 마시는데 : 「특생궤사례」에 衆賓 및 兄弟 등에게 술을 따라 줄 때에는 모두 올라가 계단 위쪽에서 마신다고 하였다. 이 때문에 從者들도 술을 따라 주면 모두 서쪽 계단 위쪽에서 마신다는 것을 알 수 있다.

21_ 이와 동일한 절차로 한다 : 門神에 釋幣의 예를 올려 고하고, 禰廟에 釋奠의 예를 올리고, 從者들에게 旅酬의 예를 행하여 그 노고를 위로한다.

해제

經-385에서 經-393까지는 사자가 빙문을 떠났는데 주국의 군주가 훙거하거나 그 부인 및 세자世子가 죽었을 경우의 절차이다.[1]

[聘禮08 : 經-385]

사자가 출행한 후에 주군이 훙거하였을 경우, 이미 주국의 국경 안으로 들어갔다면 그대로 빙례의 일을 수행한다.

聘遭喪, 入竟, 則遂也.

정현주

'조상遭喪'은 주국의 군주가 훙거하였다는 뜻이다. '들어갔다면 그대로 수행한다'(入竟則遂)는 것은 제후국의 군주는 나라로 몸체를 삼기 때문이다.[2] 주국의 사士가 이미 무슨 일로 왔는지 물었다면 이미 국경 안으로 들어간 것이다.[3] 관인關人이 주군에게 고하지 않았다면 되돌아온다.[4] '遭喪', 主國君薨也. '入竟則遂', 國君以國爲體. 士旣請事, 已入竟矣. 關人未告, 則反.

[聘禮08 : 經-386]

빙례의 일을 그대로 수행할 경우, 빈 일행이 주국의 근교에 이르렀을 때 주국에서 경을 보내어 빈의 노고를 위로하는 교로郊勞의 예를 행하지 않고,[5]

不郊勞,

정현주

아들이 아직 군주가 되지 못하였기 때문이다.[6] 子未君也.

[聘禮08 : 經 – 387]

빈궁殯宮 안에는 안석(几)과 자리(筵)도 진설하지 않으며,[7]

不筵几,

정현주

빈은 빙군의 명을 전해 바치는 것을 묘廟에서 하지 않고, 시신을 넣은 관을 안치한 빈궁殯宮에 나아가서 하며,[8] 또 신神으로 대하지 않기 때문이다.[9]

致命不於廟, 就尸柩於殯宮, 又不神之.

[聘禮08 : 經 – 388]

주인(주국의 대부)[10]은 빈에게 예주를 따라 주어 노고를 위로하는 예례醴禮도 행하지 않는다.[11]

不禮賓.

정현주

상喪을 당하여 일을 낮추는 것이다. 喪降事也.

[聘禮08 : 經 – 389]

주인은 빈에게 예의 음식을 모두 보내주지만,

主人畢歸禮,

정현주

빈이 마시고 먹는 음식은 폐기할 수 없기 때문이다. '예禮'는 죽은 희생(饔)과 살아 있는 희생(餼)을 보내주고 향례(饗)와 사례(食)를 베풀어 주는 것을 가리킨다. 賓所飮食不可廢也. '禮'謂饔餼饗食.

[聘禮08 : 經 - 390]

빈은 다만 죽은 희생과 살아 있는 희생만을 받는다.

賓唯饔餼之受.

정현주

정례正禮의 음식은 받고 가례加禮의 음식은 받지 않는 것이다.[12] 受正不受加也.

[聘禮08 : 經 - 391]

빙聘의 예에 대한 보답으로 빙군에게 예물을 보내주는 '회賄'의 예를 행하지 않고,[13] 향享의 예에 대한 보답으로 빙군에게 예물을 보내주는 '예옥禮玉'의 예를 행하지 않고,[14] 주국의 근교에서 예물을 주어 전송하는 '증贈'의 예를 행하지 않는다.[15]

不賄, 不禮玉, 不贈.

정현주

상을 당하면 예를 줄이는 것이니, 이 때문에 갖추지 않는 것이다. 喪殺禮, 爲之不備.

[聘禮08 : 經 - 392]

주국의 부인이나 세자가 죽었을 경우, 주군은 빙례를 직접 받지 않고 대부를 보내어 묘廟에서 받게 한다. 그 밖의 예를 낮추는 것은 군주가 홍거하였을 때와 동일한 절차로 한다.
遭夫人·世子之喪, 君不受, 使大夫受于廟. 其他如遭君喪.

정현주

부인이나 세자가 죽으면 주군은 상주가 되므로,[16] 대부를 보내어 빙례를 받게 하고, 흉복으로 길한 일과 접촉하지 않는다.[17] '그 밖의'(其他)라는 것은 예에 있어서 낮추는 것을 말한다.[18] 夫人·世子死, 君爲喪主, 使大夫受聘禮, 不以凶接吉也. '其他'謂禮所降.

[聘禮08 : 經-393]
주국의 군주 및 부인·세자가 죽었을 경우 빈은 빙군의 명을 주국의 대부에게 전해 바치는데, 주인(대부)은 장의長衣에 연관練冠[19]을 하고서 명을 받는다.
遭喪, 將命于大夫, 主人長衣練冠以受.

정현주

'조상遭喪'은 주국의 군주가 홍거하거나 부인 및 세자가 죽은 것을 말한다. 이 세 가지 경우에는 모두 대부가 주인의 예를 섭행한다. '장의長衣'는 흰색 비단으로 가선을 두른 베옷이다.(素純布衣) 상복을 벗고 관을 바꾸어 쓰는 것은 순수한 흉복凶服으로 순수한 길례吉禮를 접할 수 없기 때문이다.[20] 길례를 행할 때에 안에 입는 옷을 중의中衣라고 하는데, 중의와 장의는 소매의 끝을 이어서 모두 1척을 가린다. 그것을 겉에 입으면 '심의深衣'라고 하는데, 소맷부리의 가선(純袂)은 폭이 1촌 반이다. 군주의 상에 '대부를 사자로 보내어 받게 한다'(使大夫受)고 말하지 않은 것은 아들이 아직 군주가 되지 않았다면 신하를 사자로 보내는 의리가 없기 때문이다. '遭喪'謂主國君薨, 夫人·世子死也. 此三者, 皆大夫攝主人. '長衣', 素純布衣也. 去衰易冠, 不以純凶接純吉也. 吉時在裏爲中衣, 中衣·長衣, 繼皆揜尺. 表之曰'深衣', 純袂寸半耳. 君喪不言'使大夫受', 子未君, 無使臣義也.

주

1_ 經-385에서 ~ 절차이다 : 이곳의 [經-385]에서 [經-415]까지는 모두 빙례를 수행하다가 상례를 만났을 때의 의절이다. ① 주국의 군주가 죽거나 부인 및 세자의 상을 당한 경우, ② 出聘한 후에 빙국의 군주가 죽은 경우, ③ 聘賓이 私喪을 당한 경우, ④ 賓 및 介 자신이 죽은 경우의 4절로 나뉜다.

2_ 제후국의 군주는 ~ 때문이다 : 『춘추공양전』 莊公 4년 조의 문장이다. "먼 조상이란 몇 세대 전을 말하는가? 9세대이다. 9세대나 지났는데도 복수를 할 수 있는가? 100세대가 지났더라도 할 수 있다. 대부의 경우도 복수를 할 수 있는가? 할 수 없다. 제후국의 경우는 어째서 복수를 할 수 있는가? 제후국의 군주는 한 몸이기 때문이다. 선대 군주의 치욕은 오히려 지금 군주의 치욕이고, 지금 군주의 치욕은 오히려 선대 군주의 치욕이기 때문이다. 제후국의 군주는 어째서 한 몸이 되는가? 제후국의 군주는 나라로 몸체를 삼고, 제후의 지위는 세습되기 때문이다. 그러므로 제후국의 군주는 한 몸이 되는 것이다." (遠祖者, 幾世乎? 九世矣. 九世猶可以復讐乎? 雖百世可也. 家亦可乎? 曰不可. 國何以可? 國君一體也. 先君之恥, 猶今君之恥也, 今君之恥, 猶先君之恥也. 國君何以爲一體? 國君以國爲體, 諸侯世. 故國君爲一體也)

3_ 주국의 ~ 것이다 : 앞의 [經-57]에서 "주군은 사(士)를 보내어 무슨 일로 왔는지 묻게 하고, 이어서 사자 일행을 인도하여 맞아들이게 한다"(君使士請事, 遂以入境)고 하였다.

4_ 관인이 ~ 되돌아온다 : 주국의 국경에 이르렀을 때 빈이 주국의 관문을 두드리며 關人에게 고하면, 關人은 從者가 몇 명인지 묻고 이를 군주에게 보고한 후에 국경 안으로 들여보낸다. 따라서 關人이 주국의 군주에게 보고하지 않은 상태라면 빈은 국경 안으로 들어가지 않은 것이다. [經-54]에서 [經-57] 참조.

5_ 빈 일행이 ~ 않고 : '郊勞'는 빈 일행이 주국의 近郊에 도착했을 때 주국의 군주와 부인이 경과 하대부를 보내어 빈의 노고를 위로하는 의절이다. 그런데 이제 선대의 군주가 죽고 그 아들이 아직 군주가 되지 못하였기 때문에 경을 사신을 보낼 수 없고, 이 때문에 '郊勞'의 의절도 행하지 못하는 것이다. [經-69]에서 [經-86] 참조.

6_ 아들이 ~ 때문이다 : 이는 『춘추공양전』 文公 9년 조의 문장이다. 魯 文公 8년에 周의 天王 襄王이 붕어하였고, 9년에 周의 毛伯이 魯나라에 와서 金을 요구하였다. "9년, 봄, 毛伯이 와서 金을 요구하였다. 毛伯은 누구인가? 天子의 大夫이다. 어째서 '使'(사신)라고 칭하지 않았는가? 喪을 당하여 아직 군주가 아니기 때문이다. 1년을 넘겼는데, 어째서 아직 군주가 아니라고 하였는가? 즉위하였지만 아직 '王'이라 칭하지 않았기 때문이다. 아직 '王'이라 칭하지 않았는데, 어떻게 즉위하였는지를 알았는가? 제후가 그 해를 넘겨 즉위하기 때문에 또한 천자도 그 해를 넘겨서 즉위한다는 것을 알았다. 천자가 3년 후에 '王'이라고 칭하기 때문에 제후도 그 봉국 내에서 3년 동안 '子'라고 칭한다는 것을 알았다." (九年, 春, 毛伯來求金. 毛伯者何? 天子之大夫也. 何以不稱使? 當喪未君也. 逾年矣, 何以謂之未君? 卽位矣, 而未稱'王'也. 未稱'王', 何以知其卽位? 以諸侯之逾年卽位, 亦知天子之逾年卽位也. 以天子三年然後稱'王', 亦知諸

侯於其封內三年稱'子'也)

7_안석과 ~ 않으며 : 빈이 주군에게 聘의 예를 행할 때, 주국의 擯者가 빈을 廟 안으로 맞이하여 들어오면 宰夫는 안석과 자리를 진설한다. [經-109] 참조.

8_빈은 ~ 하며 : 가공언은 빙례는 양국 군주의 우호를 다지기 위한 것이므로 시신을 넣은 관에 나가서 명을 전하여 바치는 것이라고 하였고, 저인량은 군주가 훙거하면 모든 廟에 신주가 없기 때문에 殯宮에서 빙군의 명을 전하여 바치는 것이라고 하였다. 그러나 오계공은 이 의절 역시 廟에서 하는 것이라고 하였다. 『의례주소』, 512쪽 및 『의례정의』, 1118쪽 참조.

9_또 신으로 ~ 때문이다 : 안석과 자리를 진설하는 것은 神이 이것에 의지하도록 하기 위한 것인데, 만약 이를 진설하면 훙거한 군주를 신의 도리로 대하는 것이다. 따라서 殯宮에 안석과 자리를 진설하지 않는 것은 훙거한 군주를 차마 살아 있을 때와 다르게 대하지 못하기 때문이다. 이 의절 역시 廟에서 행한다는 오계공의 주장에 대해, 성세좌는 빙례를 반드시 殯宮에서 받는 의의를 두 가지로 요약하여 오계공의 주장을 비판하였다. 첫째 大夫가 바야흐로 군주를 위해 의복을 들고 있기 때문에 廟에 들어가 禮를 섭행할 수 없기 때문이다. 둘째 빙례를 받아야 할 사람은 옛 군주인데 비록 훙거하였더라도 聘君의 명을 전달하지 않을 수 없으므로 殯宮에 나아가 명을 바쳐야 한다. 使者의 입장에서는 본국 군주의 명을 폐기할 수 없기 때문이며, 主國의 입장에서는 자기 군주를 죽지 않은 것으로 여기지 않기 때문이다. 『의례정의』, 1118쪽 참조.

10_주인 : 이곳의 '主人'은 주국의 대부를 가리킨다. 아래 [經-393]의 정현 주에 "대부가 주인의 예를 섭행한다"(大夫攝主人)고 하였다.

11_주인은 ~ 않는다 : 빈은 주군에게 聘과 享의 의례를 행한 후에 주군을 개인의 자격으로 알현하는 私覿을 청하는데, 주군은 이를 허락하기 전에 먼저 醴酒 등으로 빈의 노고를 위로하는 '醴禮'를 행한다. 그런데 이제 군주가 훙거하였기 때문에 '醴禮'의 예를 행하지 못하는 것이다. [經-142]에서 [經-173] 참조.

12_정례의 ~ 것이다 : 饔과 餼는 正禮의 음식으로서 매일 필요하기 때문에 받는 것이고, 饗禮와 食禮는 주국에서 賓에게 加禮로서 보내주는 것이다. 이제 주국이 상을 당했으므로 加禮는 비록 보내주더라도 받지 않는 것이다.

13_빙의 ~ 않고 : '賄'는 聘禮가 모두 끝난 후 主君이 聘의 예에 대한 보답으로 聘君에게 束紡을 보내주는 것을 말한다. [經-334] 참조.

14_향의 ~ 않고 : '禮玉'은 聘禮가 모두 끝난 후 主君이 享의 예에 대한 보답으로 聘君에게 璧玉·束帛·乘皮(네 장의 짐승가죽)를 보내주는 것을 말한다. '賄'와 '禮玉'의 의절은 主君이 聘君에게 聘과 享의 예에 대한 보답으로 예물을 보내주는 것인데, 主君이 훙거하였으므로 이 예를 생략하는 것이다. [經-335] 참조.

15_주국의 근교에서 ~ 않는다 : '贈'은 빈 일행이 주국을 떠나는 날 近郊에 이르렀을 때, 주군이 卿 등을 보내어 빈 일행이 주군에게 私覿의 예를 행할 때 바쳤던 예물과

동일한 예물을 하사하면서 전송하게 하는 것을 말한다. 주군이 홍거하였기 때문에 빈 일행은 주군을 개인의 자격으로 알현하는 私覿의 예를 행할 수 없다. 이 때문에 주국에서도 '贈'의 예를 행하지 못하는 것이나. [經-343]에서 [經-347] 참조.

16_ 부인이나 ~ 되므로 : 『예기』「服問」에 "군주가 상주가 되는 경우는 정처, 적자, 적부가 죽었을 때이다"(君所主, 夫人妻·大子·適婦)라고 하였다.

17_ 대부를 보내어 ~ 않는다 : 상주가 되면 그 服이 무겁기 때문에 흉복을 하고서 길복을 한 사람을 접할 수 없어서 대부를 시켜서 대신 빙례를 받게 한다. 대부의 경우도 군주의 처와 장자를 위해 복을 하지만 상주에 비해 가볍기 때문에 길복을 한 사람을 접할 수 있다. 『의례정의』, 1119쪽, 호배휘의 설 참조.

18_ '그 밖의'라는 ~ 말한다 : 가공언은 [經-388]의 '醴禮'부터 [經-391]의 '贈'까지의 예를 생략하는 것으로 해석하였다. 이에 따르면 군주가 훙거하였을 경우와는 달리 '郊勞'의 예를 행하고([經-386]), 廟에서 賓을 맞이하면서 자리와 안석을 진설한다.([經-387]) 『의례주소』, 513쪽 참조.

19_ 연관 : 喪禮에서 小祥의 제사를 지낼 때 쓰는 관으로, 누인 베로 만들기 때문에 '練冠'이라고 한다. 『예기』「檀弓上」에 "練에는 누인 명주로 만든 中衣를 입는데, 황색으로 속을 대고 분홍색으로 가선을 장식한다"(練, 練衣黃裏, 縓緣)고 한 것에 대해 정현은 "小祥에는 누인 명주로 된 冠과 中衣를 입는데, 황색으로 안을 대고 옅은 진홍색으로 꾸민다"(小祥練冠·練中衣, 以黃爲內, 縓爲飾)고 하였다.

20_ 상복을 ~ 것이다 : 신하는 군주를 위해 참최의 복을 하고, 부인과 세자를 위해 자최의 복을 하는데, 이는 완전한 凶服이다. 빙례는 완전한 吉禮이다. 상복을 벗고 長衣와 練冠으로 바꾸는 것은 완전한 흉복으로 완전한 길례를 행할 수 없기 때문이다. 『예기』「雜記上」에 "시초점을 치는 경우에 筮史는 練冠을 쓰고 長衣를 입고서 점을 치고, 점괘를 살피는 자는 朝服을 입는다"(如筮, 則史練冠長衣以筮, 占者朝服)고 하였는데, 이는 '長衣練冠'의 복장을 임시로 제정하여 길례를 접하려는 것이다. 그런데 이에 대한 정현의 주에는 "長衣를 입고 練冠을 쓰는 것은 완전한 흉복이다"(長衣練冠, 純凶服也)라고 하였다. 정현은 같은 '長衣練冠'의 복장에 대해서 각기 달리 해석한 것이다. 『예기』「雜記上」에서는 다음 문장의 '점을 치는 자는 朝服을 입는다'는 것에 대응해서 '純凶服'이라고 해석한 것이고, 이곳 「聘禮」의 주에서는 신하들이 군주를 위해 입는 참최복과 자최복에 비해서 '凶服이 아니다'라고 해석한 것이다. 『의례정의』, 1120~1121쪽 참조.

해제 經-394에서 經-406까지는 출빙出聘한 후 빙군聘君이 훙거하였을 경우의 절차이다.

[聘禮08 : 經-394]

사자가 출행한 후에 빙군(빙문을 보낸 나라의 군주)이 훙거하였을 경우, 주국(빙문을 받는 나라)의 국경 안으로 들어갔다면 그대로 빙례의 일을 수행한다.

聘, 君若薨于後, 入竟則遂.

정현주 이미 주국의 군주와 접했기 때문이다.[1] 旣接於主國君也.

[聘禮08 : 經-395]

부고를 알리는 사람이 아직 도착하지 않았다면, 빈은 마을의 문에서 곡을 하고, 관사館舍 안에서만 상복을 입는다.

赴者未至, 則哭于巷, 衰于館.

정현주 '아직 도착하지 않았다'(未至)는 것은 달려와서 주국의 군주에게 빙국의 군주가 죽었음을 고하는 사람을 가리켜 말한 것이다. '마을에서 곡을 한다'(哭于巷)는 것은 마을의 문에서 곡을 한다는 뜻이니, 아직 곡위哭位가 설치되지 못했기 때문이다.[2] '관사에서만 상복을 입는다'(衰于館)는 것은 아직 흉복을 입은 채로 나가서 사람을 만날 수 없기 때문이다. 그 밖의 빙聘과 향享의 의절은 스스로 길례 때와 마찬가지로 한다. 금문본에는 '赴'가 '訃'로 되어 있다. '未至'謂赴告主國君者也. '哭于巷'者, 哭于巷門, 未可爲位也. '衰于館', 未可以凶服出見人. 其聘享之事, 自若吉也. 今文'赴'作'訃'.

[聘禮08 : 經－396]
빈은 정례正禮의 음식은 받고,
受禮,

정현주

죽은 희생과 살아 있는 희생을 받는다는 뜻이다. 受饔餼也.

[聘禮08 : 經－397]
향례饗禮와 사례食禮의 음식은 받지 않는다.
不受饗食.

정현주

또한 가례加禮의 음식은 받지 않는다는 뜻이다. 亦不受加.

[聘禮08 : 經－398]
부고를 알리는 사람이 도착하면, 빈은 상복을 입고 관사 밖으로 나갈 수 있다.[3]
赴者至, 則衰而出.

정현주 예禮에 의하면 이웃나라에 상사喪事가 있으면 음악을 정지한다고 하였으니,[4] 이에 흉복을 입고 일을 행할 수 있는 것이다. 禮爲鄰國闕, 於是可以凶服將事也.

[聘禮08 : 經 – 399]

빈은 오직 미곡 등의 음식만을 받는다.

唯稍受之.

정현주 '초稍'는 주국에서 빈에게 공급하는 미곡 등의 음식을 말한다.[5] '稍', 稟食也.

[聘禮08 : 經 – 400]

빈은 본국으로 돌아오면 규圭를 잡고 빈궁殯宮[6]에서 복명을 한다. 서쪽 계단을 통해 올라가는데, 당 위로는 오르지 않는다.[7]

歸, 執圭復命于殯. 升自西階, 不升堂.

정현주 '빈궁에서 복명을 한다'(復命于殯)는 것은 신하와 아들은 군주와 부모에 대해서 존망을 함께하기 때문이다.[8] '復命于殯'者, 臣子之於君父, 存亡同.

[聘禮08 : 經-401]

아들은 조계阼階 위쪽의 곡을 하는 자리(哭位)로 나아가지만 곡을 하지는 않는다.

子卽位, 不哭.

정현주 장차 고하고 청하는 일이 있어서 맑고 깨끗이 해야 하기 때문이다. '세자世子'라고 말하지 않은 것은 군주가 홍거하였기 때문이다.[9] 신하들이 분상을 하러 온 사람들을 맞이할 때에도 모두 아침저녁으로 곡을 하던 자리에서 곡을 하고 자리를 바꾸지 않는다. 將有告請之事, 宜淸淨也. 不言'世子'者, 君薨也. 諸臣待之, 亦皆如朝夕哭位.

[聘禮08 : 經-402]

두루 복명을 하는데, 평상시 빙례를 마치고 돌아왔을 때와 동일한 절차로 한다.[10]

辯復命, 如聘.

정현주 '주국에서 받아 온 예물을 진설하는 것'[11]에서부터 '상개가 주군에게 하사받은 예물을 군주에게 보고하는 것'[12]에 이르기까지 두루 복명을 하는데, 군주의 위로는 없다. 自'陳幣'至于'上介以公賜告', 無勞.

[聘禮08 : 經-403]

이때에 비로소 아들과 신하들이 모두 곡을 한다.

子臣皆哭.

정현주 사자(빈)가 복명을 한 후에 아들과 신하들이 모두 곡을 하는 것이다. 使者旣復命, 子與群臣皆哭.

[聘禮08 : 經 – 404]

빈은 개와 함께 빈궁 안으로 들어가서 북쪽을 향해 곡을 한다.

與介入, 北鄕哭.

정현주 '북쪽을 향해 곡을 한다'(北鄕哭)는 것은 새로 도착을 했기 때문에 아침저녁으로 곡을 하는 자리와 구별하기 위함이다.[13] '北鄕哭', 新至別於朝夕.

[聘禮08 : 經 – 405]

곡을 마치고 빈궁의 문을 나오면, 왼팔의 소매를 벗어내고 삼끈으로 머리를 묶는다.

出, 袒括髮.

정현주 슬픔이 밖에서 변하는 것은 신하이기 때문이다.[14] 悲哀變於外, 臣也.

[聘禮08 : 經 – 406]

다시 문의 오른쪽으로 들어가 조계 아래의 신하 자리로 나아가서 곡哭을 한 후 용踊[15]을 한다.

入門右, 卽位踊.

정현주 신하의 자리에서 곡哭을 하고 용踊을 하는 것까지는 분상奔喪의 예와 동일한 절차로 한다.[16] 從臣位, 自哭至踊, 如奔喪禮.

주

1_ 이미 ~ 때문이다 : '이미 주국의 군주와 접하였다'는 것은 주국의 闕人이 들어가서 빈의 도착 사실을 군주에게 고하고, 군주가 士를 보내어 무슨 일로 왔는지 묻게 하였다는 뜻이다. [經－54]에서 [經－57] 참조.

2_ '마을에서 ~ 때문이다 : 부고를 알리는 사람이 아직 주국에 도착하지 못해서 감히 마음대로 관사에 哭位를 설치하고 곡을 할 수 없기 때문에 마을의 문에서 곡을 하는 것이다. 『예기』「檀弓上」, "曾子가 빈객과 문 옆에 서 있었는데, 제자가 종종걸음으로 나갔다. 증자가 '너는 어디로 가려 하는가?'하고 묻자, '아버지가 돌아가셔서 마을로 곡하러 나갑니다'라고 하였다." (曾子與客立於門側, 其徒趨而出. 曾子曰, '爾將何之?'曰, '吾父死, 將出哭於巷.')

3_ 상복을 입고 ~ 있다 : 오정화에 따르면 '상복을 입고 나갈 수 있다'는 것은 관사에서 조정까지 상복으로 갈 수 있다는 뜻이며, 만약 관사에 들어와서 일을 볼 때에는 長衣에 練冠을 해야 한다. 『의례정의』, 1122쪽 참조.

4_ 예에 ~ 하였으니 : 이는 『춘추좌전』 襄公 23년 조의 문장이다. "23년 봄에 杞 孝公이 죽자, 晉 悼公의 夫人이 상복을 입었는데도 晉 平公은 음악을 정지하지 않았으니, 禮가 아니다. 禮에 의하면 이웃나라에 喪事가 있으면 음악을 정지하는 것이다"(二十三年, 春, 杞孝公卒, 晉悼夫人喪之, 平公不徹樂, 非禮也. 禮, 爲鄰國闕)라고 하였다. 정현이 이를 인용한 것은 이웃나라는 슬픔과 즐거움을 함께 하는 의리가 있으므로 흉복을 입고 이웃나라의 조정에 드나들 수 있음을 보이기 위한 것이다.

5_ '초'는 ~ 말한다 : '稍'는 主國에서 빈객에게 공급하는 米穀의 하사품으로서, 牲牢가 있는 것을 '飧饔餼'라고 하고, 牲牢가 없는 것을 '稍食'이라고 한다. 또한 간단히 '稍'라고도 칭한다. 『주례』「추관·掌客」에 "빈객에게 상이 있을 경우, 오직 芻와 稍만을 받는다"(賓客有喪, 惟芻稍之受)고 한 것에 대해 정현은 "'芻'는 소나 말에게 공급하는 것이다. '稍'는 사람이 받는 것이다"('芻', 給牛馬. '稍', 人稟也)라고 하였다. 『설문』에서는 "稟은 하사하는 곡식이다"(稟, 賜穀也)라고 하였다. 따라서 '稟食'은 사람에게 하사하는 米穀의 종류로, 여기에는 희생이 포함되지 않음을 알 수 있다.

6_ 빈궁 : 喪禮에서 大斂 후 시신을 棺에 안치하고 그 관을 잠시 구덩이(肂) 안에 묻어 두는데 이를 '殯'이라고 한다. 殯을 하는 장소는 堂의 서쪽 계단 위에 있는데, 이를 殯所 혹은 殯宮이라 한다. 천자는 7일 만에 殯을 하고, 제후는 5일, 대부와 사·서인은 3일 만에 殯을 한다. 매장을 하기 전에 관을 이곳에 머물러 둔다. [사상례12 : 經－144]의 정현 주에 "棺은 구덩이 속에 있고, 거기에 시신을 모시는데 이것을 殯이라고 한다"(棺在肂中, 斂尸焉, 所謂殯也)고 하였고, 『예기』「檀弓上」에 "창 아래에서 반함을 하고, 방 안에서 小斂을 하고, 阼階에서 大斂을 하고, 빈객의 자리에서 殯을 한다"(飯於牖下, 小斂於戶內, 大斂於阼, 殯於客位)고 하였다. 관을 묻어 두는 구덩이(肂)가 堂의 서쪽 계단 위쪽에 있기 때문에 '빈객의 자리에서 殯을 한다'고 한 것이다. 『삼례사전』, 1199쪽, '殯' 항목 참조.

7_ 서쪽 계단을 ~ 않는다 : 서쪽 계단을 통해 올라가는 것은 殯宮이 서쪽 계단 위쪽에

있기 때문이고, 당 위로 오르지 않는 것은 신하는 당 아래에서 군주를 알현하기 때문이다.

8_ '빈궁에서 ~ 때문이다 : 차마 군주의 죽음을 죽음으로 여길 수 없기 때문에 귀국하면 반드시 殯宮에서 복명을 한다. 이는 죽은 사람 섬기는 것을 살아 있는 사람 섬기듯이 하는 것이다.

9_ '세자'라고 ~ 때문이다 : 『예기』「雜記上」에 "군주가 훙거하면 태자는 자신을 '子'(아들)라고 칭하며, 제후를 응대할 때에는 군주와 같이 한다"(君薨, 大子號稱子, 待猶君也)고 하였고, 이에 대해 정현은 "僖公 9년 여름, 葵丘의 회맹에서 宋 襄公은 '子'라고 자신을 칭하면서도 제후와 함께 서열을 지었다"(『春秋』魯僖公九年, 夏, 葵丘之會, 宋襄公稱'子', 而與諸侯序)고 하여 군주가 훙거하면 태자는 자신을 '子'로 칭한다는 것을 예증하였다.

10_ 두루 ~ 한다 : 호배휘는 평상시 빙례를 마치고 돌아왔을 때에는 군주에게 두루 복명을 하는데, 이제는 빈궁에서 두루 복명을 한다고 하였다. 『의례정의』, 1124쪽 참조.

11_ 주국에서 ~ 진설하는 것 : [經－351] 참조.

12_ 상개가 ~ 보고하는 것 : [經－367] 참조.

13_ 새로 도착을 ~ 것이다 : 아침저녁으로 곡을 하는 자리에서는 阼階 아래에서 서쪽을 향하는데, 이제 殯宮 앞에서 북쪽을 향하는 것은 새로 도착을 했기 때문에 아침저녁으로 곡을 하는 자리와 구별하는 것이다.

14_ 슬픔이 ~ 때문이다 : 자식은 奔喪할 때 문 안으로 들어가 왼쪽으로 나아가서 서쪽 계단을 통해 당 위로 올라가서 빈궁의 동쪽에서 왼팔의 소매를 벗어내고 삼끈으로 머리를 묶는다. 이는 슬픔이 안에서 변하는 것으로 신하의 경우와 다른 것이다.

15_ 용 : '踊'이란 상례에서 애통한 마음을 표시하는 의절이다. 哭을 하는 사람이 가슴을 두드리고 발을 구르면서 극도의 슬픔을 표시한다. 한 번 踊을 할 때마다 세 번 발을 구르는데, 세 번 용을 하여 9번 발을 구르는 것으로 한 예를 삼는데, 이를 '成踊'(용을 이룸)이라고 한다.(一踊三跳, 三踊九跳, 稱'成踊') 『삼례사전』, 360쪽, '成踊' 항목 참조.

16_ 분상의 예와 ~ 한다 : 『예기』「奔喪」에 "당에서 내려와 동쪽으로 자리로 나아가 서쪽을 향해 곡을 하고 용을 한다"(降堂東卽位, 西鄕哭, 成踊)라고 하였다. 이것은 비록 아들의 禮이지만, 곡을 하고 용을 하는 의절은 신하들도 동일하게 한다는 뜻이다.

해제 經－407에서 經－408까지는 빈이 출행한 후에 부모의 상을 당한 경우의 절차이다.

[聘禮08 : 經－407]

빈이 출행한 후 부모의 상을 당하면, 관사 안에서 곡을 하고[1] 관사 안에서만 상복을 입고 거처하며,[2] 주군이 향례饗禮와 사례食禮를 베풀어 주어도 가지 않는다.[3]

若有私喪, 則哭于館, 衰而居, 不饗·食.

정현주 '사상私喪'은 그 부모가 돌아가신 것을 가리킨다. '관사 안에서 곡을 하고', '관사 안에서만 상복을 입고 거처한다'는 것은 감히 부모의 상이 주국에 알려지지 않도록 하고 흉복으로 주군의 길한 빙례의 일에 방해가 되지 않도록 하기 위함이다. 『춘추공양전』에 "대부가 군주의 명으로 출행하였다가 부모의 상을 듣게 되었더라도 천천히 사행을 수행하고 되돌아오지는 않는다"[4]고 하였다. '私喪'謂其父母也. '哭于館', '衰而居', 不敢以私喪自聞于主國, 凶服于君之吉使. 『春秋傳』曰, "大夫以君命出, 聞喪, 徐行而不反."

[聘禮08 : 經－408]

귀국할 때에는 중개衆介들을 앞세우고, 빈은 상복을 입고 그 뒤를 따른다.

歸, 使衆介先, 衰而從之.

정현주

자기는 자최나 참최의 복을 입고 있어서 차마 드러내 놓고 달려가 왕래할 수 없기 때문이다. 돌아오는 도중에는 개介로 하여금 앞서 가게 하고, 귀국해서 또 반명反命을 청할 때에도 자기는 오히려 천천히 가서 그 뒤를 따른다. 군주가 받아들이면 비로소 조복을 한 후 곡을 하고 돌아간다. 반명이 끝난 후에 공문公門을 나와 옷을 풀어놓고 곡을 한 후 돌아간다. 그 나머지는 분상의 예와 동일하게 한다. 길한 때에는 돌아오는 도중에 심의深衣를 입는다. 己有齊斬之服, 不忍顯然趨於往來. 其在道路, 使介居前, 歸又請反命, 己猶徐行隨之. 君納之, 乃朝服. 旣反命, 出公門, 釋服, 哭而歸. 其佗如奔喪之禮. 吉時道路深衣.

주

1_ 관사 안에서 곡을 하고 : 관사 안에서 곡을 하고 밖에서는 곡을 하지 않는다는 뜻이다. 이는 감히 부모의 상이 주국에 알려지지 않도록 하는 것이다.

2_ 관사 안에서만 ~ 거처하며 : 관사 안에 거처할 때에는 상복을 입지만 行禮를 할 때에는 상복을 입지 않는다는 뜻이다. 이는 감히 凶服으로 군주의 길한 빙례의 일을 방해하지 않도록 하는 것이다.

3_ 향례와 ~ 않는다 : 오계공에 의하면 비록 가지는 않지만 그 음식을 보내오면 받는다. 호배휘는 경문에 '不饗食'라고 하였지 '不受饗食'라고 하지 않은 것에 근거하여 오계공의 설이 타당하다고 하였다. 이에 따라 번역하겠다. 한편 성세좌는 經文에서 단지 '不饗食'라고 했으므로 그 밖의 牲牢와 升禽은 모두 받을 수 있다고 하였다. 『예기』「雜記下」에 "삼년상 중에 혹시 술과 고기를 보내주는 경우가 있으면, 그것을 받는데 반드시 세 번 사양을 한다. 주인은 상복을 입고 질대를 두르고 받는다. 만일 군주가 명령하였다면 사양하지 않고 받아서 사당에 올린다. 상중에 있는 사람은 다른 사람에게 음식을 보내지 않는다. 다른 사람이 음식을 보내오면 비록 술과 고기라도 받는다"(三年之喪, 如或遺之酒肉, 則受之, 必三辭. 主人衰絰而受之. 如君命, 則不敢辭, 受而薦之. 喪者不遺人. 人遺之, 雖酒肉, 受也)고 하였다. 『의례정의』, 1125쪽 참조.

4_ 대부가 ~ 않는다 : 『춘추공양전』 宣公 8년 조에 보인다.

해제 經－409에서 經－421까지는 출행한 후 빈賓이나 개介가 죽었을 경우의 절차이다.

[聘禮08 : 經－409]

빈이 주국의 국경 안으로 들어간 후 죽었다면, 그대로 빙례의 일을 수행한다. 주인主人(주군)은 죽은 빈을 위해 상례의 물품을 제공하고 빈소를 마련해 준다.

賓入竟而死, 遂也. 主人爲之具, 而殯.

정현주 '물품'(具)은 죽은 처음부터 빈소를 마련할 때까지 필요한 물품을 말한다. '具'謂始死至殯所當用.

[聘禮08 : 經－410]

상개가 빈의 사명使命을 섭행한다.

介攝其命.

정현주 빙聘과 향享의 예를 완수하기 위해서이다. 처음 상이 발생하였을 때 상개가 주군을 만나 명을 듣는다. 爲致聘·享之禮也. 初時, 上介接聞命.

[聘禮08 : 經－411]

주군이 조문을 하면 상개가 주인이 된다.

君弔, 介爲主人.

정현주 비록 죽은 빈의 신하와 자식 또는 친척과 인척이 있다고 해도 주인이 되지 못한다. 상개는 빈과 더불어 함께 군주로부터 명을 받았으니, 존귀한 것이다. 雖有臣子親因, 猶不爲主人. 以介與賓並命於君, 尊也.

[聘禮08 : 經－412]

주인(주군)은 예물을 보내주는데, 반드시 상례에 사용하는 물품으로 한다.

主人歸禮幣, 必以用.

정현주 전奠과 증贈 등 상례에 사용하는 물품에 맞추어 하고,[1] 군이 빈이 살아 있을 때 보내주는 예물과 같게 할 필요는 없다.[2] 當中奠贈諸喪具之用, 不必如賓禮.

[聘禮08 : 經－413]

상개는 빈으로 예우하여 보내주는 예물을 받고 사양하지 않는다.

介受賓禮, 無辭也.

정현주 상개는 주국에서 자신을 빈으로 예우하여 보내주는 예물을 받을 때 사양하지 않는다. 그 예물을 진설하면서 반명反命을 해야 하기 때문이다. 빈이 죽었기 때문에 예물을 사양한다는 오해를 받을 수 있기 때문에 특별히 기록한 것이다. 介受主國賓己之禮, 無所辭也. 以其當陳之以反命也. 有賓喪, 嫌其辭之.

[聘禮08 : 經 - 414]
주인(주군)이 향례饗禮와 사례食禮를 베풀어 주어도 상개는 가지 않는다.
不饗·食.

[聘禮08 : 經 - 415]
귀국을 하면 상개가 군주에게 복명을 하는데, 빈의 널(柩)[3]은 대문[4] 밖에 머물러 둔다.
歸, 介復命, 柩止于門外.

정현주

'문외門外'는 대문 밖이다. 반드시 널(柩)을 조정까지 운반해 나아가는 것은 그 빈의 충직한 마음을 군주에게 전달하려는 것이다. '門外', 大門外也. 必以柩造朝, 達其忠心.

[聘禮08 : 經 - 416]
상개는 군주에게 복명을 마치면 대문 밖으로 나와 널(柩)을 받들어

빈의 집까지 운송한다. 군주는 친히 조문을 하고, 빈殯의 예를 마친 후에 돌아온다.

介卒復命, 出, 奉柩送之. 君弔, 卒殯.

정현주 '졸빈卒殯'은 예를 완성한 후에 돌아온다[5]는 뜻이다. '卒殯', 成節乃去.

[聘禮08 : 經-417]

대부 신분의 개介가 죽은 경우에도 또한 빈이 죽었을 때와 동일한 절차로 한다.[6]

若大夫介卒, 亦如之.

정현주 '상개上介'라고 말하지 않은 것은 소빙小聘(작은 빙문)을 행할 때에 상개는 사士의 신분이기 때문이다.[7] 不言'上介'者, 小聘, 上介, 士也.

[聘禮08 : 經-418]

사개士介가 죽은 경우, 주국에서는 그를 위해서 관棺만을 제공하고, 스스로 의복을 갖추어 대렴大斂을 하도록 하며,

士介死, 爲之棺斂之,

정현주 다른 옷가지 등은 갖추어 주지 않으니, 스스로 당시 복장을 사용하여 대렴을 하도록 하는 것이다.[8] 不具佗衣物也, 自以時服也.

[聘禮08 : 經－419]

수군은 직접 조문을 가지 않는다.

君不弔焉.

정현주

주군은 사람을 시켜 조문하게 하고 자신은 직접 가지 않는다. 主國君使人弔, 不親往.

[聘禮08 : 經－420]

만일 빈이 죽었는데 미처 빙군의 명을 주군에게 전하여 바치지 못하였다면, 관사에서 대렴大斂을 한 후에 널(柩)을 주국의 조정까지 운반하여 나아가고, 상개가 대신 빙군의 명을 전하여 바친다.

若賓死, 未將命, 則旣斂于棺, 造于朝, 介將命.

정현주

'미처 빙군의 명을 전하여 바치지 못하였다'(未將命)는 것은 '잠시만 기다려 주십시오'라고 말한 후를 가리킨다.[9] 널(柩)을 조정까지 운반하여 나아가는 것은 이미 조정에 이르렀기 때문이니, 뜻이 군주의 명을 전달하는 데 있는 것이다. '未將命', 謂'俟間'之後也. 以柩造朝, 以已至朝, 志在達君命.

[聘禮08 : 經－421]

개介가 죽은 경우, 빈이 귀국하여 군주에게 복명을 할 때에 죽은 자가 상개上介인 경우만 그의 널(柩)을 조정까지 운반하여 나아간다.

개가 죽었다면, 비록 사개士介일지라도 빈은 군주에게 복명을 한 후 사개의 집까지 널(柩)을 전송하고, 빈殯의 예를 마친 후에 돌아온다. 若介死, 歸復命, 唯上介造于朝. 若介死, 雖士介, 賓旣復命, 往, 卒殯乃歸.

정현주

'왕往'은 널(柩)을 전송하는 것을 말한다. '往'謂送柩.

주

1_ 전과 ~ 하고 : '奠'은 喪祭의 명칭이고, '贈'은 送葬의 명칭이다. 『예기』 「檀弓下」에 "奠의 제사에 문식을 가하지 않은 기물을 사용하는 것은 살아 있는 이가 꾸밀 겨를이 없이 애통해하는 마음을 가지고 있기 때문이다"(奠以素器, 以生者有哀素之心也)라고 한 것에 대해 공영달은 "'奠'은 처음 죽었을 때부터 매장할 때까지의 제사 명칭이다. 이때에는 시동이 없어 제물을 땅에 내려놓고 제사를 지내기 때문에 '奠'이라고 하는 것이다"('奠'謂始死至葬之時祭名. 以其時無尸, 奠置於地, 故謂之'奠'也)고 하였다. 또 『釋名』 「釋喪訓」에는 "喪祭를 '奠'이라고 한다"(喪祭曰'奠')고 하였고, 『설문』에서는 "'奠'은 내려놓고 제사를 지내는 것이다. 『禮』에 奠祭가 있다"('奠', 置祭也. 『禮』有奠祭)고 하였다. 「사상례」와 「기석례」에서는 제사를 모두 '奠'이라고 하였는데, 매장한 이후에 비로소 '奠'을 '虞'로 바꾸었다. 또 같은 『예기』 「檀弓下」에 "下棺을 마치면 상주는 죽은 자에게 예물을 드리고(贈), 祝官은 먼저 돌아와 虞祭의 시동을 빈소로 나아가게 한다(旣封, 主人贈, 而祝宿虞尸)고 한 것에 대해 정현은 "'贈'은 예물을 가지고 죽은 이를 무덤 속으로 전송하는 것이다"('贈', 以幣送死者於壙也)라고 하였다. 앞의 [經-409]의 경우는 처음 죽었을 때 襲과 小斂·大斂 및 빈소를 차리는 데에 필요한 衣衾이나 棺槨을 보내주는 것이고, 이곳은 빈소를 차린 후에 필요한 물품을 보내주는 것이다.

2_ 빈이 살아 있을 ~ 없다 : 빈이 살아 있을 때에는 束帛과 束錦 등을 보내주어 예우한다.

3_ 널 : 大斂 이전 시신이 평상에 놓여 있을 때에는 '尸'라고 하고, 시신을 棺에 안치하면 '柩'라고 한다. 그리고 이 관을 실은 喪車를 柩車라고 한다. 『예기』의 「曲禮」, 「問喪」 등에 설명이 있다.

4_ 대문 : 호배휘는 이곳의 '大門'은 '庫門'을 가리킨다고 하였다. 제후는 3개의 문이 있는데 庫門, 雉門, 路門이다. 제후는 外朝, 治朝, 燕朝의 3개의 조정이 있는데, 外朝는 庫門 밖에 있고, 治朝는 路門 밖에 있고, 燕朝는 路門 안에 있다. 강영의 『鄕黨圖考』에 따르면 대문 밖은 곧 外朝가 있는 곳이다. 이 때문에 이곳 경문에서 '대문 밖'(門外)이라고 하였고, 정현의 주에서는 '조정까지 운반해 나아간다'(造朝)고 한 것이다. 『의례정의』, 1128쪽 참조.

5_ 예를 완성한 후에 돌아온다 : 「士喪禮」에 의하면 특별한 총애를 받은 신하가 죽으면 군주는 皮弁服을 착용하고 직접 가서 大斂을 살펴보고, 棺에 흙을 덮는 일을 마친 후 주인이 奠을 차리면, 군주는 踊을 해야 할 때마다 踊을 한 후에 묘문 밖으로 나간다. 이것이 '예를 완성한 후에 돌아온다'(成節乃去)는 뜻이다. [사상례12 : 經-154], [사상례12 : 經-168], [사상례12 : 經-170], [사상례12 : 經-171] 및 『의례정의』, 1129쪽 참조.

6_ 빈이 죽었을 ~ 한다 : [經-409]의 '상례의 물품을 제공하는 것'에서부터 [經-416]의 '군주가 친히 조문을 하고 殯의 예를 마친 후 돌아오는 것'까지 빈이 죽었을 때와 동일한 절차로 한다는 뜻이다.

7_ '상개'라고 ~ 때문이다 : 小聘에서는 大夫를 使者로 보내기 때문에 그 禮는 大聘에서의 上介와 동일하고, 小聘에서 上介는 士이기 때문에 그 예는 大聘에서의 士介와 동일하다.

8_ 다른 ~ 것이다 : 가공언은 정현의 주를 부연하여 빈이나 상개에게는 棺뿐만이 아니라 다른 의복까지 갖추어 주는 데에 반해서 士介는 신분이 비천하기 때문에 그 禮를 낮추어 棺만 제공하는 것으로 해석하였다. 그러나 호배휘는 士介가 타국에서 죽었는데 어떻게 의복을 지급하여 大斂을 할 수 있도록 해 주는 일을 빠뜨릴 수가 있겠는가라고 하여 정현과 가공언의 해석을 비판하였고, 방포도 정현은 경문을 '爲之棺'에서 구두를 끊고 '단지 그 棺만을 갖추어 주고, 大斂은 자신의 옷으로 하게 하는 것'(獨具其棺, 而斂以親身之衣)으로 잘못 해석하였다고 보고, 경문의 본래 뜻이 '그를 위해 棺을 제공하고, 의복을 갖추어 주어 대렴을 하게 하는 것'(爲之棺而具衣物以斂耳)임을 몰랐다고 비판하였다. 『의례정의』, 1129쪽 참조.

9_ '잠시만 ~ 가리킨다 : 앞의 [經-409]에서 '빈이 주국의 국경 안으로 들어간 후에 죽었다'는 아직 주국의 조정에 이르지 못하고 죽은 경우를 말한다. 이 경문에서는 '미처 빙군의 명을 전하여 바치지 못하였다'고 했으므로 주국의 조정에는 도착했지만 아직 聘과 享의 예를 행하지 못한 상태에서 죽은 것이다. 빈이 주국의 조정에 도착했을 때, 주군이 하대부를 보내어 빈을 廟 안으로 인도하여 맞이하고자 하면, 빈은 주인(주군)을 갑작스럽고 다급하게 만들지 않기 위해서, 또 자신이 목욕재계를 하기 위해서 '잠시만 기다려 주십시오'라고 말한다. 이후 하대부가 빈을 관사로 인도하고, 이어서 경을 보내어 '致館'과 '設飧'의 예를 행하고, 그 이튿날에 비로소 빈이 주군에게 聘과 享의 예를 행하여 聘君의 명을 전해 바친다. [經-87]에서 [經-89] 참조.

해제 經-422에서 經-423까지는 후侯와 백伯이 소빙小聘을 행하는 절차이다.

[聘禮08 : 經-422]

소빙小聘을 '문問'이라고 한다.[1] 향享의 예는 행하지 않고 헌獻의 예를 행하는데, 헌의 예는 주군에게만 행하고 부인에게까지는 행하지 않는다. 주인(주군)은 묘 안에 신을 위한 자리(筵)와 안석(几)을 진설하지 않으며,[2] 빙·향의 예를 마친 후 빈에게 예주를 따라 주어 노고를 위로하는 예례醴禮도 행하지 않는다.[3] 빈이 주군에게 면面의 예를 행할 때 주군은 당 위로 올라가지 않으며,[4] 빈 일행이 주국의 근교에 이르렀을 때 주국에서 경을 보내어 빈의 노고를 위로하는 교로郊勞의 예를 행하지 않는다.[5]

小聘曰'問'. 不享, 有獻, 不及夫人. 主人不筵·几, 不禮. 面不升, 不郊勞.

정현주

대빙聘大보다 낮추어 행함을 기록한 것으로, 소빙小聘이 되는 까닭이다. '헌獻'은 사적인 헌례이다.[6] '면面'은 사적으로 알현한다(覿)는 뜻과 같다. 記貶於聘, 所以爲小也. '獻', 私獻也. '面', 猶覿也.

[聘禮08 : 經-423]

소빙小聘을 행할 때 주국에서 빈을 대접하는 예는 대빙大聘을 행할 때 상개上介를 대접하는 예와 동일하게 한다. 소빙의 경우 개介는 3인이다.

其禮, 如爲介. 三介.

정현주 '개를 대접하는 예와 동일하게 한다'(如爲介)는 것은 대빙을 행할 때 상개를 대접하는 예와 동일하게 한다는 뜻이다. 如爲介, 如爲大聘上介.

주

1_소빙을 '문'이라고 한다 : '小聘'은 제후국끼리 상호 매년 예방하는 의례로서, 聘禮보다 가볍기 때문에 '小聘'이라고 한다. 지금까지 기술된 聘禮는 小聘에 비해 성대하기 때문에 '大聘'이라고 칭하는데, 단지 '聘'이라고도 한다.

2_주인은 ~ 않으며 : 정현은 아래 [記-97]의 주에서 "小聘은 예가 가볍기 때문에 비록 廟 안에서 예를 받지만 신의 자리는 마련하지 않는다"(小聘輕, 雖受於廟, 不爲神位)라고 하여 이 小聘의 禮는 廟 안에서 거행되는 것으로 해석하였다. 호배휘는 자리와 안석은 神이 의지하도록 진설하는 것인데, 신의 자리를 마련하지 않기 때문에 자리와 안석을 진설하지 않는 것이라고 하였다. 그러나 학경은 자리와 안석을 진설하지 않는다는 것은 廟 안에서 小聘의 禮를 거행하지 않기 때문이라고 하여 정현의 설을 비판하였다. 『의례정의』, 1131쪽 참조.

3_빙·향의 예를 ~ 않는다 : 빈과 주인의 예를 행한 후에 주인이 예주(醴)를 가지고 빈을 대접하는데, 이 예를 '禮'(醴)라고 한다. 능정감의 『예경석례』에는 "무릇 빈과 주인의 行禮가 끝나면 주인은 예주(醴)를 가지고 빈을 대접하는데 이를 '禮'(醴)라고 하고, 예주를 사용하지 않으면 '儐'이라고 한다"(凡賓主人行禮畢, 主人待賓用醴則謂之'禮', 不用醴則謂之'儐')고 하였다. 예주를 사용하지 않는 '儐'의 의절에는 束錦이나 乘馬 등을 사용한다. 『삼례사전』, 1098쪽, '儐' 항목 참조.

4_빈이 ~ 않으며 : 大聘의 경우 주군은 당 위로 올라가 私覿의 예를 받는데([經-182]), 小聘의 경우에는 주군이 뜰 중앙에서 私覿의 예를 받기 때문에 당 위로 올라가지 않는다. 또 경문에서 '私覿'이라고 하지 않고 '面'이라고 한 것은 大聘의 경우 '覿'이라고 칭하기 때문에 이를 피하여 '面'이라고 한 것이다. 『의례주소』, 521쪽, 가공언의 소 참조.

5_교로의 예를 행하지 않는다 : '郊勞'는 빈 일행이 주국의 近郊에 도착했을 때 주국의 군주와 부인이 경과 하대부를 보내어 빈의 노고를 위로하는 의절이다. [經-69]에서 [經-86] 참조.

6_'헌'은 사적인 헌례이다 : 정현은 이곳의 '獻'을 사적인 헌례(私獻)라고 하였지만, 성세좌는 '享'과 '獻'모두 聘君이 主君에게 예물을 보내주는 방법이라고 하여 정현의 해석을 비판하였다. 또 성세좌는 '享'과 '獻'에는 두 가지의 차이가 있다고 하였다. 첫째, '享'은 반드시 玉帛(束帛 위에 올려놓은 璧)과 庭實(짐승가죽이나 말)을 가지고 예를 행하지만, '獻'은 품목이 정해져 있지 않고 단지 그 나라에서 산출되는 것을 바친다. 둘째, '享'은 주국의 군주와 부인에게 모두 행하지만, '獻'은 주국의 군주에게만 행하고 그 부인에게는 행하지 않는다. 大聘에는 '享'의 예는 행하지만 '獻'의 예는 행하지 않고, 小聘에는 '獻'의 예는 행하지만 '享'의 예는 행하지 않는다. 『의례정의』, 1131쪽 참조.

해제 記—01에서 記—05까지는 빙국에 특별한 사정이 생겨 빈이 빙례를 마친 후 주군에게 서신으로 고하는 절차를 기록한 것이다.

[聘禮08 : 記 – 01]

기記.

오랫동안 회맹 등의 일이 없으면 서로 빙문을 한다.

記.

久無事, 則聘焉.

정현주

'일'은 회맹會盟 등을 가리킨다.[1] '事'謂盟會之屬.

[聘禮08 : 記 – 02]

만일 빙국에 주국과 상의할 시급한 일이 발생하면, 빙 · 향[2]의 예를 마친 후 속백 위에 서신을 올려 주군에게 빙군의 명을 전해 바친다. 백 글자가 넘을 경우에는 간책簡策에 쓰고, 백 글자가 안 될 경우에는 목판에 쓴다.[3]

若有故, 則卒聘, 束帛加書將命. 百名以上書於策, 不及百名書於方.

정현주

'일'(故)은 재난과 시급한 일로 서로 고하여 청하는 것을 말한다. '장將'은 바친다(致)는 뜻과 같다. '명名'은 글의 문자로서 오늘날에는 '글자'(字)라고 한다. '책策'은 간책이다. '방方'은 목판이다. '故'謂災患及時事相告請

也. '將'猶致也. '名', 書文也, 今謂之'字'. '策', 簡也. '方', 板也.

[聘禮08 : 記－03]

주인(주군)은 내사內史로 하여금 빈객과 더불어 묘문 밖에서 그 서신을 읽게 한다.

主人使人與客讀諸門外.

정현주

주군이 빙군의 뜻을 받은 것은 빙聘과 향享의 예가 끝난 이후이며, 빈은 묘문 밖으로 나가서 그 문서를 읽는다.[4] 묘문 안에서 읽게 하지 않는 것은 사람이 많은 곳은 엄중해서 내용을 자세히 파악할 수 없기 때문이다.[5] '주인'은 주국의 군주이다. '인人'은 내사內史이다.[6] 서신은 반드시 옥새를 찍어 봉인한다. 受其意, 既聘享, 賓出而讀之. 讀之不於內者, 人稠處嚴, 不得審悉. '主人', 主國君也. '人', 內史也. 書必璽之.

[聘禮08 : 記－04]

빈객이 귀국하려 하려고 할 때, 주군은 대부로 하여금 빈이 서신을 올릴 때 사용했던 속백束帛 위에 답장을 올려 빈의 관사로 가서 전하게 한다.

客將歸, 使大夫以其束帛反命于館.

정현주

서신을 작성하여 답장을 하는 것이다. 爲書報也.

[聘禮08 : 記 – 05]

이튿날 주군은 빈의 관사로 방문을 한다.

明日君館之.

정현주 답장을 한 후에 관사로 방문을 하는 것은 서신으로 주고받을 때에는 속히 전달되는 것을 중시하기 때문이다. 既報, 館之, 書問尙疾也.

주

1_ '일'은 ~ 가리킨다 : 大聘은 3년에 한 번 행하는 것이 규정이지만 만약 3년 사이에 회맹을 행하여 두 군주가 이미 相見을 하였을 경우 또다시 정해진 규정에 구애되어 사신을 보내 빙례를 행하면 너무 번잡하게 된다. 이 때문에 반드시 오래도록 회맹 등의 일이 없을 경우 서로 빙문을 하여 우호를 다진다.

2_ 빙 · 향 : 오계공은 경문의 '聘'은 '享'을 겸하여 말한 것이라고 하였다. 『의례정의』, 1133쪽 참조.

3_ 백 글자가 ~ 쓴다 : '簡'은 나무로 만드는데, 한 조각을 '簡'이라 하고, 여러 개의 簡을 엮어서 연결시킨 것을 '策'이라고 한다. 장이기는 "글자 수가 많으면 策에 쓰는데, 策은 여러 개의 簡을 엮어서 연결시킨 것이다. 글자 수가 적으로 方(목판)에 쓰는데 한 판에 다 쓸 수 있기 때문이다"(字多書于策, 策以衆簡編連也. 字少書于方, 一板可盡也)라고 하였다. 『의례정의』, 1133쪽 참조.

4_ 주군이 ~ 읽는다 : 오계공은 "주군이 서신을 받은 후에 빈객(빈)은 당에서 내려가 묘문 밖으로 나간다. 주군은 서신을 宰에게 건네준 후에 당에서 내려와 선다. 이어서 사람(내사)으로 하여금 빈객과 함께 묘문 밖에서 서신을 읽게 한다"(公旣受書, 客降出. 公以書授宰, 降立. 乃使人與客讀書於廟門外)고 하였다. 『의례정의』, 1134쪽 참조.

5_ 묘문 안에서 ~ 때문이다 : 묘문 밖에서 서신을 읽게 하는 것은 묘문 밖은 깨끗하고 조용한 곳이어서 서신을 자세하게 살펴볼 수 있고, 또 서신의 내용 가운데 비밀스러운 일이 있을 수 있기 때문에 여러 사람이 함께 들어서는 안 되기 때문이다.

6_ '인'은 내사이다 : 『주례』「춘관 · 內史」에 "무릇 사방의 제후가 일이 생겨서 서신을 보내오면, 內史가 그것을 읽는다"(凡四方之事書, 內史讀之)고 하였다. 따라서 이곳 경문의 '사람'(人)은 內史임을 알 수 있다. 『의례정의』, 1134쪽, 호배휘의 설 참조.

해제 記－06에서 記－08까지는 사자가 사행의 명을 받아 출발할 때의 절차를 기록한 것이다.

[聘禮08 : 記－06]

사자는 사행使行의 명을 받은 후 조정에서 나오고, 이어서 재宰를 만나 몇 달치의 비용을 가져가야 하는지 묻는다.

旣受行, 出, 遂見宰, 問幾月之資.

정현주

'자資'는 사행의 비용이다. 옛날에 군주와 신하가 모의하여 처음 계획을 수립할 때에는 가는 곳의 거리를 알지 못하기 때문에 사행의 비용을 물어서 그 많고 적음을 알아야 했다. 고문본에는 '資'가 '齎'로 되어 있다. '資', 行用也. 古者君臣謀密草創, 未知所之遠近, 問行用, 當知多少而已. 古文'資'作'齎'.

[聘禮08 : 記－07]

사자 일행은 출행의 날짜를 받은 후에는 조정에서 같은 방향을 향하여 선다.

使者旣受行日, 朝同位.

정현주

출행 전날 저녁 석폐夕幣의 예를 행하는 때를 말한다. '같은 방향을 향하여 선다'(同位)는 것은 사자는 북쪽을 향해 서고, 개介들은 그 왼쪽에서 약간 뒤쪽으로 물러나 서는 것이니, 국내에 머물러 있는 신하들과 구별하는 것이다.[1] 謂前夕幣之間. '同位'者, 使者北面, 介立于左少退, 別其處臣也.

[聘禮08 : 記－08]

사자 일행은 도성의 성문을 나가 사행을 시작할 때 발제軷祭를 지내는데 술과 말린 고기로 고수레를 하고, 국내에 머물러 있는 경과 대부들은 그 옆에서 술을 마시면서 사자 일행을 전별한다.

出祖, 釋軷, 祭酒脯, 乃飮酒于其側.

정현주

'조祖'는 시작한다는 뜻이다. 빙聘과 향享의 예물을 받은 후 길을 떠나서 도성의 성문을 나가면, 멈추어서 수레와 말을 진열하고, 산길에 술과 말린 고기의 제물을 풀어놓고 발제軷祭를 올림으로써 사행의 시작을 삼는다. 『모시전毛詩傳』에 "'발軷'은 길제사이다"[2]라고 하였는데, 도로의 신에게 제사를 올리는 것을 말한다. 『춘추좌씨전』에 "산과 내를 다니고 건넌다"[3]라고 하였다. 그렇다면 '발軷'은 산길의 명칭이다. 도로는 험하고 막히는 것을 어려움으로 삼는다. 이 때문에 흙을 쌓아 올려서 산 모양을 만들고, 더러 희생을 그 위에 엎어 놓고 사자가 발제를 지내는데, 술과 포로 고수레를 하여 길신에게 기도하여 고한다. 국내에 머물러 있는 경과 대부들은 이에 전별을 하면서 흙산 옆에서 술을 마신다. 의례가 끝나면 사자는 수레에 올라 흙산과 희생을 밟고 지나 곧바로 출발하는데, 주국의 근교近郊[4]에서 묵는다. 그 희생은 개나 양으로 하면 된다. 고문본에는 '軷'이 '祓'로 되어 있다. '祖', 始也. 旣受聘·享之禮, 行出國門, 止, 陳車·騎, 釋酒·脯之奠於軷, 爲行始也. 『詩傳』曰, "'軷', 道祭也", 謂

祭道路之神.『春秋傳』曰, "軷涉山川". 然則軷, 山行之名也. 道路以險阻爲難. 是以委土爲山, 或伏牲其上, 使者爲軷, 祭酒脯祈告也. 卿大夫處者, 於是餞之, 飮酒於其側. 禮畢, 乘車轢之而遂行, 舍於近郊矣. 其牲, 犬·羊可也. 古文'軷'作'祓'.

주

1_ 국내에 머물러 있는 ~ 것이다 : 채덕진은 사자 일행 가운데에는 卿도 있고, 大夫도 있고, 士도 있는데, 평상시 조정에서 서는 위치가 다르지만, 이때에는 서는 위치가 나란하여 동쪽을 윗자리로 삼아서 모두 북쪽을 향해 섬으로써 그것으로 신하 가운데 국내에 머물러 있는 신하들과 구별하는 것이라고 하였다. 『의례정의』, 1136쪽 및 [經—13] 참조.

2_ 발은 길제사이다 : 『毛詩』「大雅 · 生民」의 毛傳에 나온다.

3_ 산과 ~ 건넌다 : 『춘추좌씨전』 襄公 28년 조에 나온다. 『좌씨전』의 기사에는 "跋涉山川"으로 되어 있는데, '跋'은 '軷'과 통용된다.

4_ 근교 : 고대 행정 편제에서 도성으로부터 50리 이내의 지역을 가리킨다. 『주례』「지관 · 載師」에 "宅田, 士田, 賈田 등으로, 近郊의 지역을 맡긴다"(以宅田 · 士田 · 賈田, 任近郊之地)라고 하였고, 정현은 주에서 杜子春의 말을 인용하여 50리 이내의 지역이 近郊가 되고, 50리 밖 100리 이내의 지역이 遠郊가 된다"(五十里爲近郊, 百里爲遠郊)고 하였다.

해제 記－09에서 記－12까지는 조견朝見과 빙문聘問의 예에서 사용하는 옥玉과 폐백幣帛에 관해 기록한 것이다.

[聘禮08 : 記－09]

천자를 조회할 때 사용하는 규圭와 옥 받침대(繅)는 모두 길이가 9촌이다. 규는 위쪽의 좌우를 1촌 반씩 깎아서 예리하게 만드는데, 두께는 1/2촌이고 너비는 3촌이다.[1] 옥 받침대 위에 3가지 채색의 비단실로 6개의 동그란 문양을 장식하는데, 붉은색·흰색·파랑색, 붉은색·흰색·파랑색의 순으로 배열한다.

所以朝天子, 圭與繅皆九寸. 剡上寸半, 厚半寸, 博三寸. 繅三采六等, 朱白倉.[2]

정현주

'규圭'는 그것을 잡아서 서절瑞節[3]로 삼는 것이다. '위쪽의 좌우를 깎아서 예리하게 한다'(剡上)는 것은 하늘이 둥글고 땅이 네모난 것을 상징하는 것이다. 여러 가지 채색을 '조繅'라고 한다. 가죽을 나무판에 입히고, 3가지 채색의 비단실로 장식을 하는데 각각 2개의 동그란 문양을 만드는 것이니, 옥을 올려놓는 데에 거듭 신중히 하는 까닭이다. '9촌寸'은 상공이 잡는 규圭이다. 고문본에는 '繅'가 더러 '藻'로 되어 있고, 금문본에는 '璪'로 되어 있다. '圭', 所執以爲瑞節也. '剡上', 象天圜地方也. 雜采曰'繅'. 以韋衣木板, 飾以三色, 再就, 所以薦玉重愼也. '九寸', 上公之圭也. 古文'繅'或作'藻', 今文作'璪'.

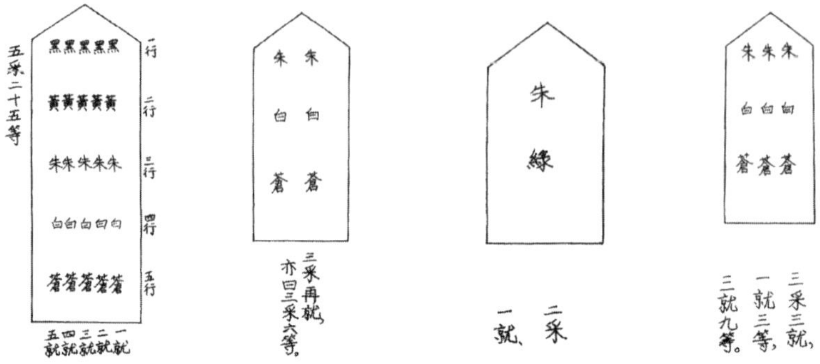

"天子鎭圭繅" "上公使卿大夫朝天子圭繅" "侯國卿大夫聘諸侯圭繅" "公侯伯桓信躬三圭繅"

조繅

황이주(淸),『예서통고』

[聘禮08 : 記－10]

제후를 빙문할 때에는 붉은색과 초록색의 비단실로 2개의 동그란 문양을 장식한 옥 받침대를 사용하는데, 규와 옥 받침대의 길이는 모두 8촌이다.[4]

問諸侯, 朱綠繅, 八寸.

정현주

2가지 채색의 비단실로 2개의 동그란 문양을 장식하는 것은 천자를 조회할 때보다 낮추는 것이다.[5] 천자를 언급할 때에는 '조朝'라고 하였고, 제후를 언급할 때에는 '문問'이라고 하였으니, 빙례에 이를 기록한 것은 문장이 서로 보완되어 갖추어지기 때문이다.[6] 二采再就, 降於天子也. 於天子曰朝, 於諸侯曰問, 記之於聘, 文互相備.

[聘禮08 : 記 – 11]

천자를 조회할 때와 제후를 빙문할 때 사용하는 옥 받침대는 모두 위쪽 끄트머리에는 검은색, 아래쪽 끄트머리에는 옅은 진홍색의 끈이 달려 있는데, 길이는 1척이며, 끈은 채색으로 무늬를 낸다.

皆玄纁繫, 長尺, 絢組.

정현주

채색으로 무늬를 이룬 것을 '현絢'이라고 한다. '끈'(繫)은 일이 없을 때에는 그것으로 옥을 매달고 이것으로 인해 장식을 삼는데,[7] 모두 오색실의 끈을 사용하며,[8] 위쪽은 검은색(玄)으로 하여 바탕을 삼고, 아래쪽은 진홍색으로 하여 바탕을 삼는다.[9] 금문본에는 '絢'이 '約'으로 되어 있다. 采成文曰'絢'. '繫', 無事則以繫玉, 因以爲飾, 皆用五采組, 上以玄, 下以絳爲地. 今文'絢'作'約'.

[聘禮08 : 記 – 12]

주국의 대부를 예방할 때 사용할 비단(속백)은 재부宰夫가 먼저 근교로 가지고 가서 사자를 기다리며 진열해 놓고 있다가, 사자가 도착하면 짐승가죽이나 말과 함께 지급한다.[10]

問大夫之幣, 俟于郊, 爲肆, 又齎皮馬.

정현주

'사肆'는 진열한다는 뜻과 같다. '재齎'는 지급한다는 뜻과 같다. 사자가 빙문의 명을 받으면 재부宰夫가 대부를 예방할 때 사용할 예물을 싣고 가서 근교에서 기다리며 진열하여 행렬을 이루어 놓았다가 사자가 도착하면 그에게 지급한다. 사자는 처음 사행을 떠날 때 근교에서 묵는다. 비단은 '진열한다'(肆)라고 표현하고, 말은 '지급한다'(齎)라고 표현한 것은 그 마땅한 바에 따르는 것이니 또한 호문互文이다.[11] 조정에서 지급하지 않는 것은 군주의 예를 피하는 것이다.[12] 반드시 이 비단과 징실을 진열하는 것은 석폐夕幣의 예를 행할 때에는 진열하지 않았기 때문이다.[13] 고문본에는 '肆'가 '肄'로 되어 있다. '肆', 猶陳列也. '賫', 猶付也. 使者既受命, 宰夫載問大夫之禮待於郊, 陳之爲行列, 至則以付之也. 使者初行, 舍于近郊. 幣云'肆', 馬云'賫', 因其宜, 亦互文也. 不於朝付之者, 辟君禮也. 必陳列之者, 不夕也. 古文'肆'爲'肄'.

주

1_ 규는 ~ 3촌이다 : 『예기』「雜記下」에도 "圭의 길이는 公의 경우 9촌, 侯·伯의 경우 7촌, 子·男의 경우 5촌인데, 너비는 3촌, 두께는 1/2촌이며, 위쪽의 좌우를 각각 1촌 반씩 깎아내어 예리하게 한다"(圭, 公九寸, 侯·伯七寸, 子·男五寸, 博三寸, 厚半寸, 上左右各寸半)고 하였다. 『설문』에 "'剡'은 예리하다는 뜻이다"(剡, 銳利)라고 하였다. 圭의 형태는 위쪽이 날카롭다. 『예기』「雜記下」의 공영달의 소에는 "'剡'은 줄인다는 뜻이니, 위쪽의 좌우 모서리를 각각 1/2촌씩 줄이는 것이다"(剡, 殺也, 上左右角各寸半也)라고 하였다. 규의 너비는 3촌이니, 위쪽의 좌우를 각각 1/2촌씩 줄이면, 위쪽이 예리한 형태를 이루게 된다. 가공언은 이곳의 [記-09]에서 '剡上寸半'이라고 하고 '左右'를 말하지 않은 것은 문장을 생략한 것이라고 하였다. 『의례정의』, 1139쪽 참조.

2_ 朱白倉 : 『예기』「雜記」의 공영달 소에는 이곳의 記文을 인용하면서 "繅三采六等朱白倉朱白倉"이라고 하였다. 주희는 "이곳의 記文에는 단지 '朱白蒼'의 3글자만 있는데, 『예기』「잡기」의 공영달의 소에서 인용할 때에는 '朱白蒼'의 글자가 두 번 있다. 언제부터 잘못 옮겨 적어서 이 3글자가 없어졌는지 알 수 없다"고 하였고, 호배휘도 朱·白·蒼의 3가지 채색의 비단실로 6개의 동그란 문양을 만드는 것이므로 '朱·白·蒼'을 두 번 말해야 뜻이 분명해진다고 하였다. 주희와 호배휘의 설에 따라 번역하겠다. 『의례정의』, 1139쪽 참조.

3_ 서절 : 朝·聘 등의 예에서 신표로서 옥을 받드는 것을 말한다. 『주례』「춘관·大宗白」에 "玉으로 6가지 符瑞를 만들어 그것으로 邦國을 유형화한다. 王은 鎭圭를, 公은 桓圭를, 侯는 信圭를, 伯은 躬圭를, 子는 穀璧을, 男은 蒲璧을 잡는다"(以玉作六瑞, 以等邦國. 王執鎭圭, 公執桓圭, 侯執信圭, 伯執躬圭, 子執穀璧, 男執蒲璧)라고 하였다.

4_ 붉은색과 초록색의 ~ 8촌이다 : 오계공은 천자를 조회할 때에 사용하는 옥 받침대의 붉은색·흰색·파랑색 문양 가운데 붉은 색을 남겨두고 초록색을 추가한 것은 문식(文)을 숭상하는 뜻이라고 하였다. 호배휘는 앞의 [記-09]에서 규와 옥 받침대는 모두 9촌이라 한 것으로 추론한다면 이곳에서 옥 받침대의 길이가 8촌이라고 하였으므로 玉(圭) 역시 8촌임을 알 수 있다고 하였다. 圭玉과 옥 받침대의 길이는 같은 것이기 때문이다. 『의례정의』, 1140쪽 참조.

5_ 2가지 채색의 ~ 것이다 : 정현은 "2가지 채색의 비단실로 2개의 문양을 장식한다"(二采再就)고 하였지만, 이여규는 聘圭의 옥 받침대는 한 가지 채색의 비단실로 한 줄의 문양을 장식하는데, 두 가지 채색을 사용하므로 모두 두 줄이 되어 朝圭의 옥 받침대와 다르다"(『儀禮集釋』, 권14, 此聘圭之繅, 采爲一行, 二采共爲再行, 與朝圭繅異)고 하였다. 정현이 두 가지 채색으로 이루어지는 세로줄이 두 줄이라고 한 반면, 이여규는 동일한 채색으로 이루어지는 가로줄이 두 줄이라고 해석한 것이다. 또 성세좌는 정현 주의 '二采再就'에서의 '再'는 『주례』「춘관·典瑞」에 의거하여 '一'이 되어야 한다고 하였다.(『儀禮集編』, 권18, 二采再就再字誤當依典瑞作一也) 『주례』「춘관·典瑞」에는 "문식을 새겨 넣은 圭·璋·璧·琮은 모두 2가지 채색의 비단실로 각각 한

개의 동그란 문양을 장식하여 만든 옥 받침대(繅)위에 올려서 覜·聘을 행할 때 사용한다"(瑑圭·璋·璧·琮, 繅皆二采一就, 以覜聘)고 하였다. 호배휘는 성세좌의 설이 타당하다고 하면서, 사자(경·대부)는 제후와 동일하게 할 수 없으므로 만약 '再就'라고 한다면 子·男이 천자를 조회할 때의 朝圭의 옥 받침대와 같게 된다고 하였다. 『의례정의』, 1141쪽 참조.

6_ 천자를 ~ 때문이다 : 호배휘는 "조회하는 경우에는 천자를 예로 들었으므로 제후들이 서로 조회할 때에도 마찬가지로 하는 것이며, 빙문하는 경우에는 제후를 예로 들었으므로 제후가 천자를 빙문할 때에도 그렇게 한다는 것을 알 수 있다"(於朝擧天子, 則自相朝亦然, 於問擧諸侯, 則聘天子可知)고 하였다. 『의례정의』, 1141쪽 참조.

7_ '끈'은 ~ 삼는데 : 호배휘의 설명에 따르면, 경문의 '繫'와 '組'는 동일한 물건으로 '끈'의 뜻으로, 끈은 매다는 본질적인 기능을 가지고 말할 때에는 '繫'라고 하고, 그 장식의 측면에서 말할 때에는 '組'라고 한다. 즉 끈(繫)은 옥 받침대(繅)와 연결되어 있는데, 朝聘 등의 예를 행할 때가 아니면 끈으로 옥을 옥 받침대에 매달아 옥함에 넣어 두었다가, 예를 행할 때에는 혹 그 끈을 아래로 늘어뜨려 잡기도 하고 혹은 그 끈을 거두어 합해서 잡기도 하여 장식을 삼는다. 이에 반하여 가공언은 끈으로 옥 받침대에 옥을 매다는 것 자체를 장식으로 해석한다. "'일이 없을 때'란 옥을 옥함에 넣어둘 때를 가리키니, 또한 끈으로 옥을 매달고 이것으로 인해 장식을 삼는다"('無事'謂在櫝之時, 亦以繫玉, 因以爲飾)라고 하였다. 『의례정의』, 1141쪽 및 『의례주소』, 527쪽 참조.

8_ 모두 ~ 사용하며 : 신분의 존비에 상관없이 모두 오색실의 끈을 사용한다는 뜻이다.

9_ 위쪽은 ~ 삼는다 : 섭숭의의 『三禮圖』에는 '玄' 아래에 '爲天' 두 글자가 더 있다. 이에 따르면 "위쪽은 검은색으로 하여 하늘을 상징하고, 아래쪽은 진홍색으로 하여 땅을 상징한다"는 뜻이 된다. 그러나 호배휘는 정현 주에 '上以玄' 다음에 또 '下以絳爲地'라고 한 것에 근거하여 이곳의 '地'는 '바탕'이라는 뜻이지 '天地'라고 할 때의 '地'(땅)의 뜻이 아니라고 하여 섭숭의의 『三禮圖』는 잘못된 것이라고 하였다. 호배휘에 따르면 정현 주의 '上以玄' 다음에는 '爲地' 두 글자가 생략된 것이다. 일단 호배휘의 설에 따라 번역하겠다. 『의례주소』, 527쪽 교감 및 『의례정의』, 1141쪽 참조.

10_ 짐승가죽이나 ~ 지급한다 : 庭實로는 짐승가죽이 아니면 말이기 때문에 두 가지를 함께 말한 것으로 짐승가죽이나 말 가운데 하나를 지급하는 것이다.

11_ 비단은 ~ 호문이다 : 비단은 진열해 놓는 것인데 또한 사자가 근교에 도착하기를 기다렸다가 지급하고, 짐승가죽이나 말은 지급해 주는 것인데 또한 먼저 근교에서 기다렸다가 진열하는 것이다. 이 때문에 '호문'이라고 한 것이다. 『의례정의』, 1142쪽 참조.

12_ 조정에서 ~ 것이다 : 主君과 夫人에게 聘의 예를 행할 때 사용할 예물은 모두 조정에서 지급하는데, 주국의 대부를 예방할 때 사용할 예물을 근교에서 지급하는 것

은 군주의 예를 피하는 것이다.

13_ 반드시 ~ 때문이다 : 사행을 떠나기 전날 저녁 釋幣의 예를 행할 때에는 이들 비단과 정실을 진열하지 않았기 때문에 근교에서 진열하여 여러 사람들과 함께 살피고자 하는 것이다. 『의례정의』, 1142쪽 참조.

해제 記—13에서 記—16까지는 사자使者가 빙문聘問의 예를 행할 때 말하는 의절과 사양하고 대답하는 말에 관해 기록한 것이다.

[聘禮08 : 記 – 13]

빙문의 예를 행할 때에 응대하는 말에는 정해진 규정은 없지만, 공순하고 기뻐하는 모습으로 해야 한다.

辭無常, 孫而說.

정현주

'손孫'은 공순하다(順)는 뜻이다. 대부가 사자로 갈 때 빙문聘問의 사명을 받을 뿐 가서 응대하는 말은 받지 않는다. 말을 할 때에는 반드시 '공순하고 기쁜 모습'으로 해야 한다. '孫', 順也. 大夫使, 受命不受辭. 辭必'順且說'.

[聘禮08 : 記 – 14]

응대하는 말을 지나치게 많이 하면 사관의 말이 되고, 너무 적게 하면 뜻이 전달되지 않는다.

辭多則史, 少則不達.

정현주

'사史'는 간책簡策으로 귀신에게 고하여 비는 것을 말한다.[1] '史', 謂策祝.

[聘禮08 : 記 – 15]

응대하는 말은 뜻을 전달할 수만 있다면, 응대하는 의리에 지극한 것이다.

辭苟足以達, 義之至也.

정현주

'지至'는 지극하다(極)는 뜻이다. 금문본에는 '至'가 '砥'로 되어 있다. '至', 極也. 今文'至'爲'砥'.

[聘禮08 : 記 – 16]

주군이 규정보다 많은 하사품을 내려주면, 빈은 사양하면서 "예禮가 아닙니다. 감히 사양하지 않을 수 있겠습니까?"라고 말하고, 주군이 예에 맞지 않는 것을 질문하면, 빈은 대답하면서 "예가 아닙니다. 감히 대답드릴 수 있겠습니까?"라고 말한다.

辭曰, "非禮也, 敢?" 對曰, "非禮也, 敢? 辭[2]."

정현주

'사양한다'(辭)는 것은 받지 않는다는 뜻이다. '대답한다'(對)는 것은 질문에 답한다는 뜻이다. 두 가지 경우 모두 말하는 끝에 '감히'(敢)라고 하였는데, 감히 하지 못하겠다는 말이다. '辭[3]', 不受也. '對', 答問也. 二者皆卒曰'敢', 言不敢.

주

1_ '사'는 ~ 말한다 : 『주례』에 의하면 大史와 內史는 策書를 담당한다. 簡策으로 귀신에게 고하여 빌 때에는 매우 길게 문식을 갖추어 행하는 것으로, 史가 담당한다.

2_ 辭 : 『集釋』, 『通解』, 楊復本, 樊繼公本에는 모두 '辭'가 없다. 장순기도 이 '辭'는 衍文으로, 정현 주 앞머리의 '辭'를 記文에 넣은 것으로 해석하였다. 이에 따라 번역한다. 『의례주소』, 528쪽 교감 및 『의례정의』, 1143~1144쪽 참조.

3_ 辭 : 毛本, 『集釋』, 『通解』, 楊復本에는 모두 '辭'가 '辭辭'로 되어 있는데, 완원은 經文 말미의 '辭'는 정현 주 앞머리의 '辭'로 인해서 잘못 들어간 것으로 경문의 '辭'는 빼야 하고, 정현 주에서는 '辭'가 두 번 중복될 필요가 없다고 하였다. 『의례주소』, 529쪽, 교감 참조.

해제 記－17에서 記－18까지는 빈 일행의 관사를 정하는 것과 관인管人이 이들에게 물을 제공하는 것에 관해 기록한 것이다.

[聘禮08 : 記－17]

경은 대부의 묘廟에 관사를 정하고, 대부는 사의 묘에 관사를 정하고, 사는 공工·상商의 침寢에 관사를 정한다.

卿館於大夫, 大夫館於士, 士館於工商.

정현주

관사를 정할 때에는 반드시 묘廟에서 하는데, 대등한 신분의 묘에 관사를 정하지 않는 것은 너무 높이는 것이 되기 때문이다. 관사官師 이상은 묘廟가 있고 침寢이 있는데, 공工·상商은 침寢만 있다.[1] 館者必於廟, 不館於敵者之廟, 爲大尊也. 自官師以上, 有廟有寢, 工商則寢而已.

[聘禮08 : 記－18]

관인管人은 빈객을 위하여 3일마다 머리 감을 물을 갖추어 주고, 5일마다 몸 씻을 물을 갖추어 준다.

管人爲客, 三日具沐, 五日具浴.

정현주

'관인管人'은 빈객의 관사를 담당하는 관리이다. '객客'은 사자와 아래로 사개士介까지를 가리킨다. '管人', 掌客館者也. '客'謂使者下及士介也.

주

1_관사 이상은 ~ 침만 있다 : 官師는 士이고 工·商은 곧 공인과 상인 등 庶人을 말한다. 『예기』「祭法」에 "관사는 하나의 廟를 세우는데, 考廟라고 한다"(官師一廟, 曰考廟)라고 하였고, 이에 대한 정현의 주에 "官師는 中士와 下士를 가리킨다"(官師, 中士·下士)라고 하였다.

해제 記-19에서 記-21까지는 처음 도착한 사자에게 주국의 군주가 내리는 간단한 음식(飧)에 대하여 기록한 것이다.

[聘禮08 : 記-19]

주국에서 막 도착한 빈에게 간단한 음식을 보내주는 손飧의 예를 행할 때에는 사람을 시켜서 속백束帛을 받들고 가서 빈에게 주군의 명을 전해 바치게 하지 않는다.[1]

飧不致.

정현주 속백을 받들고 가서 주군의 명을 전해 바치게 하지 않는 것은 잠시 사이에 음식을 차린 것으로 간단한 음식을 보내주는 손飧의 의절은 예를 갖추는 것이 가볍기 때문이다.[2] 不以束帛致命, 草次饌, 飧具輕.

[聘禮08 : 記-20]

빈은 간단한 음식을 보내준 것에 배례를 하지 않는다.

賓不拜.

정현주 속백을 받들고 와서 주군의 명을 전해 바치지 않았기 때문이다. 以不致命.

[聘禮08 : 記 – 21]

빈은 먼저 목욕을 한 후에 음식을 먹는다.

沐浴而食之.

정현주 자신을 청결하게 하는 것은 주국의 군주가 하사한 것을 존중하는 것이다. 이것을 기록하였으니 중시하는 바가 목욕하는 것임을 알 수 있다. 自絜淸, 尊主國君賜也. 記此, 重者沐浴可知.

주

1_ 주국에서 ~ 않는다 : 앞의 [經-91]에서 "宰夫는 조복을 착용하고 빈을 위해 간단한 음식을 진설한다"(宰夫朝服設飧)고 하여 '간단한 음식을 진설한다'(設飧)고 말했을 뿐 '속백을 받들고 가서 주군의 명을 전해 바친다'(以束帛致命)고 말하지는 않았다.

2_ 속백을 ~ 때문이다 : 죽은 희생(饔)과 살아 있는 희생(餼)을 보내주는 '歸饔餼'의 의절에서는 대부가 속백을 받들고 가서 주군의 명을 전해 바친다.([經-251], [經-255]) 간단한 음식을 보내주는 이곳의 '飧'의 의절은 빈이 막 도착했을 때 보내주는 것이므로 음식을 잠시 사이에 차리게 되어 그 예가 가벼운 것이다.

해제 記-22에서 記-25까지는 빈객과 접빈관이 방문하고 답방하는 절차에 관해 기록한 것이다.

[聘禮08 : 記-22]

경(사자)에게는 주국의 대부를 접빈관(訝)으로 삼고, 대부(상개)에게는 사를 접빈관으로 삼는데, 사(중개)들에게도 모두 접빈관을 둔다.

卿, 大夫訝, 大夫, 士訝, 士皆有訝.

정현주 '경卿'은 사자이다. '대부大夫'는 상개이다. '사士'는 중개이다. '아訝'는 주국의 군주가 빈객을 영접하도록 보낸 관리로서, 오늘날의 '사자호객使者護客'과 같다. '卿', 使者. '大夫', 上介也. '士', 衆介也. '訝', 主國君所使迎待賓者, 如今使者護客.

[聘禮08 : 記-23]

빈이 관사로 나아가면, 접빈관은 주군의 명을 전해 바친다.

賓卽館, 訝將公命.

정현주 자신에게 빈을 영접하라고 시킨 명이다. 使已迎待之命.

[聘禮08：記－24]

접빈관(訝)은 다시 개인적으로 자신의 신분을 나타내는 예물을 가지고 빈을 만난다.

又見之以其摯.

정현주

'우又'는 다시(復)라는 뜻이다. 다시 개인적인 예로 만나는 것은 접빈관은 장차 빈의 관사 밖에 머물 것이므로 서로 친해야 하기 때문이다. 대부 신분의 접빈관은 기러기를 예물로 가져가고, 사 신분의 접빈관은 꿩을 예물로 가져간다. '又', 復也. 復以私禮見者, 訝將舍於賓館之外, 宜相親也. 大夫訝者執雁, 士訝者執雉.

[聘禮08：記－25]

빈은 공적인 일을 마친 후 다시 자신의 신분을 나타내는 예물을 가지고 접빈관을 만난다.

賓旣將公事, 復見之以其摯.

정현주

'기旣'는 마친다(已)는 뜻이다. '공적인 일'(公事)은 주군과 부인에게 빙聘과 향享의 예를 행하는 것과 대부를 예방하는 일이다. '다시'(復) 만나는 것은 보답하는 의리이다. 사자와 상개는 기러기를 예물로 가져가고, 중개들은 꿩을 예물로 가져가서 각자 자신들의 접빈관을 만난다. '旣', 已也. '公事', 聘享問大夫. '復', 報也. 使者及上介執雁, 群介執雉, 各以見其訝.

해제

記-26은 빙례에 사용하는 옥에 대하여 기록한 것이다.

[聘禮08 : 記-26]

무릇 규圭, 장璋, 벽璧, 종琮[1]의 네 가지 옥기玉器는 그 나라마다 가장 보물로 여기는 것이니, 그것을 가지고 빙례를 행하면 된다.[2]

凡四器者, 唯其所寶, 以聘可也.

정현주

나라에서 단지 이것만 보물로 여긴다는 뜻이다. '네 가지 옥기'는 규圭, 장璋, 벽璧, 종琮을 가리킨다. 言國獨以此爲寶也. '四器', 謂圭・璋・璧・琮.

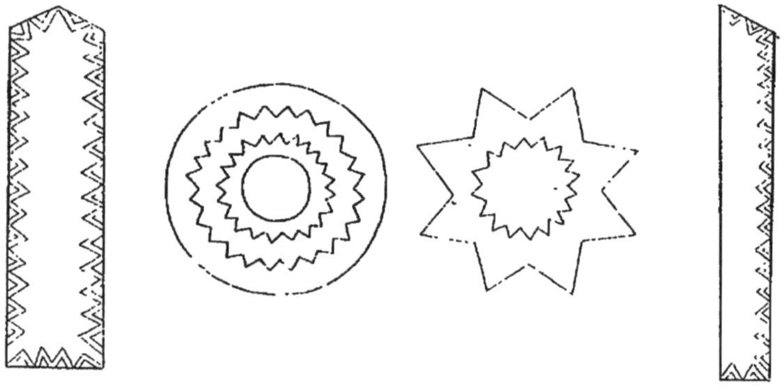

전규瑑圭 전벽瑑璧 전종瑑琮 전장瑑璋

(淸),『흠정의례의소』

주

1_ 규, 장, 벽, 종 : 이곳의 圭, 璋, 璧, 琮은 瑑圭, 瑑璋, 瑑璧, 瑑琮을 가리킨다. 『주례』「춘관·典瑞」에 "문식을 새겨 넣은 瑑圭·瑑璋·瑑璧·瑑琮은 모두 2가지 채색의 비단실로 각각 한 개의 동그란 문양을 장식하여 만든 옥 받침대(繅)위에 올려서 覜·聘을 행할 때 사용한다"(瑑圭·璋·璧·琮, 繅皆二采一就, 以覜聘)고 하였다.

2_ 무릇 ~ 된다 : 성세좌는 "5등급의 제후는 보물로 여기는 것이 동일하지 않으므로 聘의 예를 행할 때 사용하는 옥기도 다르다. 公·侯·伯은 圭와 璋을 보물로 여기고, 子·男은 璧과 琮을 보물로 여기니, 상등급의 옥을 사용하면 너무 참람된 것이고 하등급의 옥을 사용하면 너무 낮추는 것이니, 모두 불가하다. 經文에서는 공·후·백이 聘의 예를 행할 때 사용하는 聘玉만을 보여 주었기 때문에 璧과 琮은 享의 예를 행할 때에만 사용하고 聘의 예를 행할 때에는 사용할 수 없다는 혐의를 받을 수 있기 때문에 記文에서 이를 밝혀 둔 것이다"라고 하였다. 『의례정의』, 1149쪽 참조.

해제 記－27은 빈에게 임시 장막(次)을 제공하는 의절에 관해 기록한 것이다.

[聘禮08 : 記－27]

종인宗人은 빈 일행의 임시 장막(次)을 제공하는데,[1] 임시 장막은 휘장으로 만든다. 빈 일행의 임시 장막은 조회하러 온 군주의 임시 장막보다 약간 뒤쪽으로 설치한다.

宗人授次, 次以帷. 少退于君之次.

정현주

주국의 대문 밖에 제후 및 경·대부로서 사자로 온 사람의 임시 장막을 설치하는데, 임시 장막의 위치는 모두 정해진 곳이 있다. 主國之門外, 諸侯及卿大夫之所使者, 次位皆有常處.

주

1_종인은 ~ 제공하는데 : '次'는 주국의 조정 대문 밖에 설치한 장막으로, 이곳에서 옷을 갈아입거나 잠시 휴식을 취하면서 일을 기다린다. 오계공은 宗人은 빈의 임시 장막을 掌次에게 제공할 뿐, 그것을 설치하는 것은 掌次라고 한다. 『의례정의』, 1149쪽 참조.

해제

記－28에서 記－38까지는 빈賓과 개介가 빙聘과 향享의 예를 행할 때의 용모에 대하여 기록한 것이다.

[聘禮08 : 記－28]

상개는 규圭를 잡을 때 무거운 듯이 하여 빈에게 건네준다.

上介執圭, 如重, 授賓.

정현주

삼가는 것이다. 『예기』「곡례하」에 "무릇 군주의 옥기玉器를 잡을 때에는 가벼운 것을 잡더라도 마치 이겨 내지 못하듯이 한다"고 하였다. 愼之也. 「曲禮」曰, "凡執主器, 執輕如不克."

[聘禮08 : 記－29]

빈은 빙聘의 예를 행하기 위해 규圭를 잡고 묘문 안으로 들어갈 때 장중한 태도를 하고, 당 위로 올라갈 때에는 손을 들어 가슴과 나란히 하고, 주군에게 건네주고자 할 때에는 발걸음을 살핀다.

賓入門, 皇, 升堂, 讓, 將授, 志趨.

정현주

'황皇'은 스스로 장중하고 성대하게 한다는 뜻이다. '양讓'은 손을 들어 가슴과 나란히 한다는 뜻이다.[1] '지志'는 염念(생각하다)의 뜻과 같으니 '염추念趨'는 발걸음을 살핀다는 뜻이다. 공자는 규圭를 잡을 때, 몸을 굽히고 감당하지 못할 듯이 하였다. 위로는 읍揖을 할 때의 위치와 같게 하고 아래로는 물건을 건네줄 때의 위치와 같게 하며, 낯빛을 변하여 두려워하는 빛을 띠고, 발걸음을 앞발과 뒷발이 이어지도록 좁고 낮게 하였다.[2] 고문본에는 '皇'이 모두 '王'으로 되어 있다. '皇', 自莊盛也. '讓'謂舉手平衡也. '志', 猶念也, '念趨'謂審行步也. 孔子之執圭, 鞠躬如也, 如不勝. 上如揖, 下如授, 勃如戰色, 足蹜蹜如有循. 古文'皇'皆作'王'.

[聘禮08 : 記 – 30]

빈은 주군에게 규를 건네줄 때에는 얼른 받들 듯이 하고, 당에서 내려올 때에도 건네줄 때와 같이 공경스런 모습을 하며, 주군이 몸을 돌려 재宰에게 규를 건네준 후에 비로소 물러나온다.

授如爭承, 下如送, 君還, 而后退.

정현주

떨어뜨리는 것을 중시하기 때문이다. '이후而后'는 그렇게 한 후(然後)라는 뜻과 같다. 重失隊也. '而后', 猶然後也.

[聘禮08 : 記 – 31]

계단을 내려와서는 숨을 내쉬고, 낯빛을 편다. 두세 번 발을 들고 다시 빨리 걷는다.

下階, 發氣, 怡焉. 再三舉足, 又趨.

정현주

'발기發氣'는 숨을 내쉬는 것이다. '두세 번 발을 든다'는 것은 자신을 안정시킨 뒤에 다시 걷는 것이다. 이때 이르러 '발을 든다'고 말한 것은 발걸음을 거두어 빨리 가려고 생각하는 것이다. 공자는 당 위로 올라갈 때에 몸을 굽히고, 숨을 죽이어 숨을 쉬지 않는 것처럼 하였다. 당에서 내려올 때에는 한 계단을 내려와서는 낯빛을 펴서 화평하게 하였고, 계단을 다 내려와서는 빨리 걸으며 새가 나래를 펴는 듯이 하였다.[3] '發氣', 舍息也. '再三擧足', 自安定, 乃復趨也. 至此云'擧足', 則志趨卷遯而行也. 孔子之升堂, 鞠躬如也, 屛氣似不息者. 出降一等, 逞顏色, 怡怡如也, 沒階, 趨進, 翼如也.

[聘禮08 : 記－32]

묘문 앞에 이르면 처음 문 안으로 들어올 때처럼 장중한 태도를 회복하여 바로잡는다.

及門, 正焉.

정현주 용모와 안색을 예전처럼 회복하는 것이다. 이러한 것들은 모두 마음의 변화가 위의威儀에 나타난 것이다. 容色復故. 此皆心變見於威儀.

[聘禮08 : 記－33]

빈은 규圭를 잡고 묘문 안으로 들어갈 때 몸을 굽히며 마치 놓칠 듯이 조심한다.

執圭, 入門, 鞠躬焉, 如恐失之.

정현주 다른 설을 기록한 것이다. 記異說也.

[聘禮08 : 記 – 34]

빈은 향享의 예를 행할 때에 기운을 펴고 화평한 모습을 가득하게 한다.

及享, 發氣焉, 盈容.

정현주

'발發'은 기운을 편다(舍氣)는 뜻이다. 공자는 향享의 예를 행할 때 화평한 안색을 하였다.[4] '發', 舍氣也. 孔子之於享禮, 有容色.

[聘禮08 : 記 – 35]

중개衆介들은 북쪽을 향해 서는데, 용모를 펴고 밝게 한다.

衆介北面, 蹌焉.

정현주

용모를 펴고 밝게 하는 것이다. 容貌舒揚.

[聘禮08 : 記 – 36]

빈은 주군에게 사적私覿의 예를 행할 때에 용모를 화평하고 공경스럽게 한다.

私覿, 愉愉焉.

정현주

용모를 화평하고 공경스럽게 하는 것이다. 容貌和敬.

[聘禮08 : 記 – 37]

빈과 개들은 빙과 향의 예를 마치고 묘문 밖으로 나갈 때에 기러기가 날개를 펴듯이 거동이 저절로 행렬을 이룬다.[5]

出, 如舒雁.

정현주

거동이 저절로 행렬을 이루게 되는 것이다. '서안舒雁'은 기러기이다. 威儀自然而有行列. '舒雁', 鵝.

[聘禮08 : 記 – 38]

빈은 규圭를 잡을 때에는 장중하게 걸어가고, 묘문 안으로 들어갈 때에는 공경스러움을 위주로 하고, 당 위로 올라갈 때에는 신중함을 위주로 한다.

皇且行, 入門主敬, 升堂主愼.

정현주

다시 옥을 잡는 것에 대한 다른 설을 기록한 것이다. 復記執玉異說.

주

1_ '양'은 ~ 뜻이다 : 『예기』「곡례하」에 "천자의 기물을 잡을 때에는 가슴보다 높게 하여 잡고, 제후의 기물을 잡을 때에는 가슴과 나란하게 하여 잡는다."(執天子之器則上衡, 國君則平衡)고 한 것에 대해 정현은 "가슴보다 높음을 말하는 것으로, 더욱 공경한다는 뜻이다. 이곳의 '衡'은 가슴과 나란하다는 뜻이다"(謂高于心, 彌敬也. 此衡謂與心平)라고 하였다.

2_ 공자는 규를 ~ 하였다 : 『논어』「鄕黨」에 보인다.

3_ 공자는 당 위로 ~ 하였다 : 『논어』「鄕黨」에 보인다.

4_ 공자는 향의 ~ 하였다 : 『논어』「鄕黨」에 보인다.

5_ 빈과 ~ 이룬다 : 장이기는 이 기문은 賓과 介를 겸하여 말한 것으로, 賓과 介들이 함께 묘문 밖으로 나가는데 차서가 있는 것이 마치 기러기가 날갯짓을 하는 것과 같음을 말한 것이라고 하였다. 『의례정의』, 1154쪽 참조.

해제 記—39에서 記—43까지는 정실庭實과 옥백玉帛의 합당한 바에 관해 기록한 것이다.

[聘禮08 : 記 – 39]

모든 정실庭實은 순서에 따라서 묘문 안으로 들이는데, 먼저 들인 것을 왼쪽에 놓으며,[1] 짐승가죽과 말은 서로 대체해도 괜찮다.

凡庭實, 隨入, 左先, 皮·馬相間可也.

정현주 '순서에 따라서 들인다'(隨入)는 것은 한꺼번에 들이지 않는다는 뜻이다. '간間'은 대체한다(代)는 뜻과 같다. 지역의 산물은 지역에 따른 합당함이 있으니, 군자는 없는 것을 예물로 삼지 않는다. 가축과 짐승은 같은 종류면 서로 대신할 수 있다. 고문본에는 '間'이 '干'으로 되어 있다. '隨入', 不並行也. '間', 猶代也. 土物有宜, 君子不以所無爲禮. 畜獸同類可以相代. 古文'間'作'干'.

[聘禮08 : 記 – 40]

빈의 예물 가운데 오직 말만 끌고 묘문 밖으로 나가고, 그 나머지 예물은 동쪽으로 가지고 가서 내부內府에 보관한다.

賓之幣, 唯馬出, 其餘皆東.

정현주 '오직 말만 끌고 묘문 밖으로 나간다'(馬出)는 것은 마구간으로 가야 하기 때문이다. '나머지 예물은 모두 동쪽으로 가지고 간다'(餘物皆東)는 것은 내부에 보관한다는 뜻이다. '馬出', 當從廄也. '餘物皆東', 藏之內府.

[聘禮08 : 記 - 41]

옥을 너무 많이 바치면 덕을 손상시키게 된다.

多貨, 則傷于德.

정현주

'재화'(貨)는 천지가 변화하여 낳은 것으로 옥玉을 가리킨다. 군자는 옥에서 덕을 비유한다. 조회를 하고 빙문을 할 때에는 옥을 가지고 서절瑞節을 삼는데, 예禮를 중시하는 것이다. 옥을 너무 많이 바치면 이는 재화를 위주로 하여 그 덕을 손상시키는 것이다. '貨', 天地所化生, 謂玉也. 君子於玉比德焉. 朝聘之禮, 以爲瑞節, 重禮也. 多之則是主於貨, 傷敗其爲德.

[聘禮08 : 記 - 42]

비단이 너무 화려하면 예의 본래 취지를 드러내지 못하게 된다.

幣美, 則沒禮.

정현주

비단은 사람이 만들어 이룬 것으로, 이것으로 옷을 만들어 자신의 몸을 덮을 수 있으니, 속백束帛을 가리킨다. 소중히 여긴다면 옷을 해 입히고 음식을 먹이고자 하는 것이 군자의 마음이다. 그러므로 '향'의 예를 행할 때 비단을 사용하니, 충신忠信의 의리에 부응하기 위함이다. 비단을 너무 화려하게 하면 이는 비단을 위주로 하여 예의 본래 취지는 드러나지 않게 된다. '幣', 人所造成, 以自覆幣[2], 謂束帛也. 愛之斯欲衣食之, 君子之情也. 是以享用幣, 所以副忠信. 美之, 則是主於幣, 而禮之本意不見也.

[聘禮08 : 記-43]

주군이 빙의 예에 대한 보답으로 빙군에게 예물을 보내줄 때에는 빙군이 보내준 예물의 정도를 살펴서 그에 걸맞게 보내준다.

賄, 在聘于賄.

정현주

'회賄'는 재물이다. '우于'는 위爲(하다)의 뜻으로 읽는다. 주국에서 빈에게 보내주는 예물은 빈의 빙례에 맞추어 그 재물을 준비한다는 뜻이다. 빈객은 주인이 성대하게 예우해 주고자 하는 대상이지만 구차하게 성대하게 해 주면 이 또한 재물을 손상시키는 것이다. 『주례』「추관·사의司儀」에 "무릇 제후가 교류할 때 각각 그 나라의 사정에 걸맞게 예물을 준비하며, 그 예물로 예를 삼는다"라고 하였다. 고문본에는 '賄'가 모두 '悔'로 되어 있다. '賄', 財也. '于', 讀曰'爲'. 言主國禮賓, 當視賓之聘禮, 而爲之財也. 賓客者, 主人所欲豐也, 若苟豐之, 是又傷財也. 『周禮』曰, "凡諸侯之交, 各稱其邦而爲之幣, 以其幣爲之禮." 古文'賄'皆作'悔'.

주

1_ 먼저 ~ 놓으며 : 호배휘는 이는 짐승가죽과 말을 겸해서 말한 것으로, 묘문 안으로 들어가면 서쪽이 왼쪽이 되는데, 서쪽을 윗자리로 삼기 때문에 왼쪽에 있는 것이 먼저 들어오는 것이라고 해석하였다. 『의례정의』, 1155쪽 참조.

2_ 幣 : 장이기는 '幣'는 아마도 '蔽'의 잘못으로 '自覆蔽'란 '그것으로 옷을 만들 수 있다'(謂其可爲衣也)는 뜻으로 해석하였고, 저인량은 '蔽人所造成以自覆, 幣謂束帛也'로 구두를 끊어서 읽어야 한다고 하였다. 호배휘는 장이기의 설이 타당하다고 하였다. 『의례정의』, 1157쪽 참조.

해제 記－44는 석裼과 습襲을 하는 절차에 관해 기록한 것이다.

[聘禮08 : 記－44]

무릇 옥을 잡을 때 옥 받침대가 없는 경우, 옥을 잡는 사람은 습襲을 한다.[1]

凡執玉, 無藉者襲.

정현주

'자藉'는 옥 받침대(繅)를 가리킨다. 옥 받침대는 옥을 감싸서 바치는 도구이다. '藉', 謂繅也. 繅所以縕藉玉.

주

1_무릇 ~ 한다 : 『예기』「곡례하」에 "옥을 잡을 때 옥 받침대가 있으면 裼을 하고, 옥 받침대가 없으면 襲을 한다"(執玉, 其有藉者則裼, 無藉者則襲)고 한 것에 대해 정현은 "'藉'는 옥 받침대이다. '裼'과 '襲'은 文(문식)과 質(질박함)이 서로 변하는 것이다. 옥 받침대가 있으면 文이 된다. 裼은 비단옷의 아름다움을 밖으로 드러내는 것이니, 이 또한 文이다. 옥 받침대가 없으면 質이 된다. 襲은 비단옷의 아름다움을 가리는 것이니, 이 또한 質이 된다. 圭와 璋은 그것만 단독으로 바치는데 襲을 하며, 璧과 琮은 속백 위에 올려서 함께 바치는데 裼을 하는 것 또한 이러한 의미이다"(藉, 藻也. 裼·襲, 文質相變耳. 有藻爲文. 裼見美亦文. 無藻爲質. 襲充美亦質. 圭璋特而襲, 璧琮加束帛而裼, 亦是也)라고 하였다. '裼'은 겉옷의 왼쪽 소매를 벗어서 中衣(裼)의 아름다움을 드러내게 하는 것이고, '襲'은 中衣의 아름다움을 드러나지 않게 가리는 것을 말한다.

해제 記—45에서 記—49까지는 주군이 빈에게 예주를 따라 주어 예례醴禮를 행하는 절차와 예물에 대하여 기록한 것이다.

[聘禮08 : 記 - 45]

주군이 빈에게 예주를 따라 주어 노고를 위로하는 예례醴禮를 행할 때,[1] 주군은 빈에게 이르게 된 것에 배례를 하지 않는다.

禮, 不拜至.

정현주 빈이 이때 처음 도착한 것이 아니기 때문이다. 금문본에는 '禮'가 '醴'로 되어 있다. 以賓不於是始至. 今文'禮'爲'醴'.

[聘禮08 : 記 - 46]

예주는 동상東箱[2]에 진설하는데, 질그릇 술동이(瓦大)[3] 한 통에 넣어 두고, 술동이는 술동이 받침대(豐)[4]로 받쳐 놓는다.

醴尊于東箱, 瓦大一, 有豐.

정현주 '와대瓦大'는 질그릇으로 만든 술동이이다. '풍豐'은 술동이를 받치는 기물로 두豆 모양으로 되어 있는데 낮다. '瓦大', 瓦尊. '豐', 承尊器, 如豆而卑.

황이주(淸), 『예서통고』

[聘禮08 : 記 – 47]

빈에게 곧은 모양의 말린 고기 다섯 조각을 올리는데, 고수레할 때 사용할 반 조각을 그 위에 가로 방향으로 얹어 놓는다.

薦脯五膱, 祭半膱, 橫之.

정현주

'직膱'은 말린 고기가 판 모양으로 된 것인데 '정脡'이라고도 하며, 모두 곧은 모양을 취한 것이다. '膱', 脯如版然者, 或謂之'脡', 皆取直貌焉.

[聘禮08 : 記 – 48]

예주로 고수레를 할 때에는 술동이에서 두 번 술을 뜨는데, 처음에 한 숟가락 떠서 한 번 고수레를 하고 뒤에 다시 한 숟가락 떠서 고수레를 한다.

祭醴, 再扱, 始扱一祭, 卒再祭.

정현주

'졸卒'은 뒤에 뜨는 것을 말한다. '卒'謂後扱.

[聘禮08 : 記 – 49]

주인(주군)이 빈에게 정실庭實로 보내준 네 마리의 말 가운데 세 마리는 말을 끄는 주인 쪽의 사람이 그대로 잡고서 묘문 밖으로 나가는데, 빈의 사개士介가 이를 맞이하여 건네받는다.[5]

主人之庭實, 則主人遂以出, 賓之士訝受之.

정현주 이것은 나머지 세 마리의 말을 가리켜 말한 것이다. 네 마리의 말 가운데 왼쪽 말은 빈이 잡고서 묘문 밖으로 나갔기 때문이다. '사士'는 사개로서 빈을 수종하는 종자이다. 此謂餘三馬也. 左馬, 賓執以出矣. '士', 士介從者.

주

1_ 예례를 행할 때 : 빈은 주군에게 聘과 享의 의례를 행한 후에 주군을 개인의 자격으로 알현하는 私覿을 청하는데, 주군은 이를 허락하기 전에 먼저 醴酒 등으로 빈의 노고를 위로하는 '醴禮'를 행한다. [經－142]에서 [經－173] 참조.

2_ 동상 : 정현은 '東箱'을 '東夾의 앞'으로 해석한다. [經－93]의 주석 19 참조.

3_ 질그릇 술동이 : 태고시대의 질그릇으로 만든 술동이로서 예주(醴)를 담는다. '泰', '瓦甒'혹은 '大尊'이라고도 한다. 『주례』「춘관·司尊彝」의 정현 주에서 鄭司農의 말을 인용하여 "大尊은 태고시대의 瓦尊이었다"고 하였고, 『예기』「明堂位」에 "泰는 有虞氏의 술동이다"라고 한 것에 대해 정현은 "泰는 질그릇으로 만들며, 땅에 붙어 있고 다리가 없다"고 하였다. 섭숭의의 『삼례도』에는 『舊圖』를 인용하여 "瓦大는 용량이 5斗이며, 입구의 직경은 1척, 목의 높이는 2촌이며, 아랫부분이 중앙부에 비해 좁으며, 밑바닥은 평평하다"고 하였다.

4_ 술동이 받침대 : '豐'은 술동이나 술잔을 받쳐 놓는 그릇으로, 형태는 豆와 비슷한데 높이가 낮다.

5_ 주인이 ~ 건네받는다 : 주군이 빈에게 예주를 따라 주어 노고를 위로하는 '醴禮'를 행할 때, 주군이 庭實로 보내준 네 마리의 말(乘馬)가운데 빈이 왼쪽에 있는 말을 잡고서 끌고 나가면, 나머지 세 마리의 말은 말을 끄는 주인 쪽의 사람이 잡고서 빈의 뒤를 따라서 끌고 묘문 밖으로 나가고, 빈을 수종하는 從者(士介)가 이를 맞이하여 건네받는다. [經－172], [經－173] 참조.

해제

記-50에서 記-57까지는 빈이 주군에게 사적私覿의 예를 행한 후에 또다시 빈이 주군에게 개인의 자격으로 진귀한 물건을 올리는 '사헌私獻'의 예를 행하는 절차에 관해 기록한 것이다.

[聘禮08 : 記-50]

빈이 개인의 자격으로 주군을 알현한(私覿) 후에 만약 개인의 자격으로 진귀한 물건을 헌상하고자 한다면(私獻),[1] 군주(빙군)의 명이라 칭하면서 헌상하는 물건을 받들어 바친다.

旣覿, 賓若私獻, 奉獻將命.

정현주

때때로 진귀한 물건이 있어서 혹 빈이 그것을 헌상하기도 하는 것은 주군을 높이고 존경하는 마음을 스스로 전달하고자 하는 것이지만, 오히려 군주(빙군)의 명이라 칭하면서 바친다.[2] 時有珍異之物, 或賓奉之, 所以自序尊敬也, 猶以君命致之.

[聘禮08 : 記-51]

빈자擯者는 묘문 안으로 들어가 주군에게 보고하고, 다시 묘문 밖으로 나와서 한 번 사양한 후에 받는다.

擯者入告, 出禮辭.

정현주

빈이 개인의 자격으로 진귀한 물건을 헌상하는 것을 사양하는 것이다. 辭其獻也.

[聘禮08：記－52]

빈은 묘문 밖에서 동쪽을 향해 앉아 헌상하는 물건을 내려놓고, 다시 북쪽을 향해 머리를 바닥에 대면서 재배를 한다.[3]

賓東面坐奠獻, 再拜稽首.

정현주

헌상하는 물건을 보내주는 것인데 묘문 안으로 들어가지 않는 것은 물건을 바치는 예가 가볍기 때문이다.[4] 送獻不入者, 奉物禮輕.

[聘禮08：記－53]

빈자擯者는 동쪽을 향해 앉아서 빈이 내려놓은 물건을 집고, 두 손으로 들고서 묘문 안으로 들어가 주군에게 보고한 후, 다시 묘문 밖으로 나와서 한 번 빈객의 예로 받겠다고 청한다.[5]

擯者東面坐取獻, 擧以入告, 出, 禮請受.

정현주

'동쪽을 향해 앉아서 빈이 내려놓은 물건을 집는다'는 것은 마땅히 나란히 하여 받아야 하기 때문이다.[6] 헌상한 물건을 집을 때에는 빈의 남쪽으로 가서 빈의 뒤쪽을 경유하여 빈을 오른쪽에 두는 위치에서 집는다.[7] '東面坐取獻'者, 以宜並受也. 其取之, 由賓南而自後右客也.

[聘禮08：記－54]

빈은 빈객의 예로 받겠다는 청을 사양한다. 주군은 답례로 재배를 한다.

賓固辭. 公答再拜.

정현주 빈에게 배례를 하고 헌상한 물건을 받는 것이다.[8] '고固'는 여기서도 불필요하게 들어간 글자이다.[9] 拜受於賓也. '固'亦衍字.

[聘禮08 : 記-55]

빈자는 묘문 문지방 밖에 서서 주군이 배례하는 것을 돕는다.[10] 빈은 뒷걸음질을 하면서 물러나 주군의 배례를 피한다.

擯者立于閾外以相拜. 賓辟.

정현주 '상相'은 돕는다는 뜻이다. 고문본에는 '閾'이 '蹙'으로 되어 있다. '相', 贊也. 古文'閾'爲'蹙'.

[聘禮08 : 記-56]

빈자는 뜰 중앙에서 빈이 헌상한 물건을 재부宰夫에게 건네준다.

擯者授宰夫于中庭.

정현주 빈이 헌상한 물건을 동쪽으로 가져가서 내부內府에 보관해 두면, 이어서 개介의 사적私覿이 시작된다.[11] 東藏之, 旣乃介覿.

[聘禮08 : 記-57]

주국이 만일 형제兄弟의 나라라면 주군의 부인에게도 진귀한 물건을 보내준다.

若兄弟之國, 則問夫人.

정현주 ‘형제兄弟’는 동성同姓의 나라이거나 또는 혼인관계로 사위나 장인 등 친함이 있는 경우이다. ‘문問’은 보내준다는 뜻과 같으니, ‘진귀한 물건을 헌상한다’(獻)는 것을 말한다. ‘헌상한다’(獻)라고 하지 않은 것은 군주의 경우와 달리 표현한 것이다. 형제의 나라가 아니면, 진귀한 물건을 헌상하는 것은 주군의 부인에게까지는 미치지 않는다. ‘兄弟’, 謂同姓若昏姻甥舅有親者. ‘問’猶遺也, 謂‘獻’也. 不言‘獻’者, 變於君也. 非兄弟, 獻不及夫人.

주

1_ 빈이 ~ 한다면 : 개인의 자격으로 주군을 알현하는 '覿'과 주군에게 개인의 자격으로 진기한 물건을 헌상하는 '獻'은 모두 私禮이지만, 覿은 정해진 규정이 있는 반면에, 獻은 행하기도 하고 행하지 않기도 한다. 이 때문에 '만약'(若)이라고 한 것이다.

2_ 오히려 군주의 ~ 바친다 : 헌상하는 물건은 비록 자기의 물건이지만 반드시 군주(빙군)의 명이라 칭하면서 바친다. 이는 감히 스스로 사사로이 하지 않음을 밝히는 것이다. 신하가 군주를 섬기는 것은 자식이 부모를 섬기는 것과 마찬가지이다. 『예기』「玉藻」에 "부모가 계시다면 다른 사람에게 예를 행할 때 아버지를 칭한다. 다른 사람이 혹 선물을 하사하면 아버지를 칭하면서 그에게 배례를 한다"(親在, 行禮於人稱父. 人或賜之, 則稱父拜之)고 한 것은 그러한 의미이다. 『의례정의』, 1161쪽 참조.

3_ 다시 북쪽을 ~ 한다 : 『주례』「司儀」에 따르면 私面과 私覿의 예를 행할 때에는 빈이 머리를 바닥에 대면서 재배를 하면, 주군은 이에 답배를 한다.(及禮 · 私面 · 私覿, 皆再拜稽首, 君答拜) 오정화는 묘문 밖에서 동쪽을 향해 물건을 내려놓은 후 다시 북쪽을 향해 배례를 하는 것이라고 하였다. 『의례정의』, 1161쪽 참조.

4_ 헌상하는 ~ 때문이다 : 빈이 주군에게 私覿의 예를 행할 때에는 묘문 안으로 들어가서 북쪽을 향해 비단(속금)을 내려놓고, 머리를 바닥에 대면서 재배를 한다. [經-174] 참조.

5_ 한 번 빈객의 ~ 청한다 : 한 번 빈객의 예로 받겠다고 청한 후에 곧바로 신하의 예로 받는다는 뜻이다. [經-209] 참조.

6_ 마땅히 나란히 ~ 때문이다 : 賓이 동쪽을 향해 앉아서 헌상하는 물건을 내려놓았는데, 擯者가 동쪽을 향해 앉아서 헌상하는 물건을 집는 것은 같은 방향을 하고서 나란히 하여 받는 것이다. 서로 마주보고서 주고받는 것을 '訝授受'라고 하고, 같은 방향을 하고서 주고받는 것을 '並授受'라고 한다.

7_ 빈의 남쪽으로 ~ 집는다 : 이여규는 "擯者는 묘문의 동쪽으로부터 빈의 남쪽으로 가서 빈의 뒤쪽을 경유하여 빈의 북쪽에서 물건을 집는다"고 하였다. 『의례정의』, 1162쪽 참조.

8_ 빈에게 ~ 것이다 : 오계공에 따르면 주군이 배례를 하는 것은 빈의 물건을 받기 위한 것이 아니라, 빈이 헌상하는 물건을 내려놓고 머리를 바닥에 대면서 재배한 것([記-52])에 답례를 하는 것이다. 주군은 묘문 안의 뜰 중앙에서 묘문 밖에 있는 빈을 멀리 바라보면서 재배를 한다. 이때 빈이 빈객의 예로 받겠다는 주군의 청을 사양하였기 때문에 곧바로 신하의 예로 헌상한 물건을 받는다.

9_ '고'는 ~ 글자이다 : [經-209]의 '禮請受, 賓固辭'에 대해 정현은 '固'는 불필요한 글자라고 하였는데, 이곳에서도 마찬가지로 불필요하게 들어갔다는 뜻이다. [經-209] 참조.

10_ 빈자는 ~ 돕는다 : 묘문의 문지방 밖에 서 있으면 안으로는 주군을 도울 수 있고, 밖으로는 빈을 살펴볼 수 있다. 『의례정의』, 1162쪽, 호배휘의 설 참조.

11_ 빈이 ~ 시작된다 : 정현은 빈의 私覿 → 賓의 私獻 → 介의 私覿의 순서로 의절이

진행된다고 본 것이다. 그러나 오정화는 私獻은 우연히 행해지는 일로서 반드시 私覿의 예를 행할 때에 이루어지는 것은 아니라고 하였다. 『의례정의』, 1162쪽 참조.

해제 記—58에서 記—61까지는 주군이 직접 빙聘과 향享의 예禮를 받지 못하는 경우의 의절에 관해 기록한 것이다.

[聘禮08 : 記－58]

주군이 일이 생겨서 직접 사자를 만날 수 없게 되었을 경우,

若君不見,

정현주

주군에게 병이나 다른 일이 생겨서 직접 사자를 만나지 못하는 경우이다. 君有疾若他故, 不見使者.

[聘禮08 : 記－59]

대부(경)로 하여금 주군을 대신해서 빙聘과 향享의 예를 받게 한다.

使大夫受.

정현주

빙과 향의 예를 받는 것이다. '대부大夫'는 상경上卿이다.[1]

受聘·享也. '大夫', 上卿也.

[聘禮08 : 記－60]

대부는 당 아래 비碑의 안쪽(북쪽)에서 빈이 전해 바치는 빙군의 명을 듣고, 서쪽 계단을 통해 당 위로 올라가서 예물을 받은 후 물러나

우방右房(西房)을 등지고 선다. 빈이 당에서 내려오면, 대부도 당에서 내려온다.
自下聽命, 自西階升受, 負右房而立. 賓降亦降.

정현주 이 의절은 규圭를 돌려줄 때와 동일한데,[2] 빈과 대부가 자리만 바꾼 것이다. 금문본에는 '而'가 없다. 此儀如還圭然, 而賓·大夫易處耳. 今文無'而'.

[聘禮08 : 記-61]
대부는 빙·향의 예를 마친 후 빈에게 예주를 따라 주어 노고를 위로하는 예례醴禮를 행하지 않는다.
不禮.

정현주 정식 군주의 예를 피하는 것이다. 고문본에는 '禮'가 '醴'로 되어 있다. 辟正主也. 古文'禮'作'醴'.

주

1_ '대부'는 상경이다 : 호배휘는 卿도 大夫라고 칭하는데 정현이 '上卿'으로 해석한 것은 주군을 대신해서 빙·향의 예를 받는 것이므로 관직이 높은 사람에게 시키고 下卿에게는 시키지 않기 때문이라고 하였다. 『의례정의』, 1163쪽 참조.

2_ 이 의절은 ~ 동일한데 : [經-331], [經-332] 참조.

해제 記-62는 주국의 경·대부가 빈을 위로하는 절차에 관해 기록한 것이다.

[聘禮08 : 記-62]

비단을 받게 될 주국의 모든 경·대부들은 먼저 빈의 관사로 가서 위로를 하는데, 피변복皮弁服을 벗지 않는다.[1]

幣之所及, 皆勞, 不釋服.

정현주 빈과 함께 군주가 있는 조정에서 만났고, 빈이 또 자신들을 예방하고 싶다고 청했기 때문에 서두르지 않을 수 없는 것이다. 비단을 받지 못하는 사람들은 하대부 가운데 빈의 나라에 사신으로 온 적이 없는 자들이다. 이들이 빈의 관사로 가서 위로하지 않는 것은 이에 앞서 빈이 자신들의 동료들에게 예방하고 싶다고 청하였으므로 이미 동료들이 예물(비단)을 받게 될 대상임을 들어서 알고 있는데, 자신들이 가게 되면 혐의를 사기 때문이다. 비단을 받게 될 대상인지 아닌지를 알 수 있는 것은 빈이 예방하고 싶다고 청할 때 본래 '아무개 분', '아무개 분' 등으로 말을 하기 때문이다. 以與賓接於君所, 賓又請有事于己, 不可以不速也. 所不及者, 下大夫未嘗使者也. 不勞者, 以先是賓請有事於己同類, 既聞彼爲禮所及, 則己往有嫌也. 所以知及不及者, 賓請有事, 固曰'某子''某子'.

주

1_ 피변복을 벗지 않는다 : 위로하러 갈 때 입는 복장에 대해 오계공은 皮弁服이라고 하였고, 학경은 朝服이라고 하였다. 호배휘는 빙례를 행할 때 군주와 신하는 똑같이 피변복을 착용하기 때문에 오계공의 주장이 옳다고 하였다. 『의례정의』, 1164쪽 참조.

해제 記—63에서 記—67까지는 빈이 죽은 희생(饔)과 살아 있는 희생(餼)을 하사 받은 후 제사를 지내는 절차에 관해 기록한 것이다.

[聘禮08 : 記－63]

주군이 빈에게 죽은 희생(饔)과 살아 있는 희생(餼)을 하사하면,[1] 빈은 오직 익힌 고기를 넣어 끓인 고깃국만을 가지고 조상에게 제사를 올린다. 시동 한 사람을 점쳐서 택하고, 소昭 또는 목穆의 조상에 대한 시동으로 삼는다.

賜饔, 唯羹飪. 筮一尸, 若昭若穆.

정현주 '갱임羹飪'은 소·양·돼지의 익힌 고기를 넣어 끓인 고깃국이다. 고기를 넣고 끓인 국을 '갱羹'이라고 한다. 오직 이 익힌 고기만으로 조상에게 제사를 올리는 것은 익힌 고기는 대례大禮 가운데서도 성대한 것이기 때문이다.[2] 점을 쳐서 시동을 택하고, 소昭 또는 목穆의 조상에 대한 시동으로 삼는 것은 아버지가 살아 계실 수 있기 때문이니, 아버지가 살아 계시면 할아버지에게 제사를 올리고 아버지가 돌아가셨으면 아버지에게 제사를 올린다. 익히지 않은 죽은 고기로는 제사를 올리지 않으므로, 사개士介는 제사를 올리지 않는다.[3] 사는 처음 사행을 떠날 때 돌아가신 아버지의 사당(禰廟)에서 석폐釋幣의 예를 올리지 않았으므로 제사를 올리지 않아도 괜찮다. 고문본에는 '羹'은 '羔'로 되어 있고, '飪'은 '腍'으로 되어 있다. '羹飪'謂飪一牢也. 肉謂之羹. 唯是祭其先, 大禮之盛者也. 筮尸若昭若穆, 容父在, 父在則祭祖, 父卒則祭禰. 腥饙不祭, 則士介不祭也. 士之初行, 不釋幣于禰, 不祭可也. 古文'羹'爲'羔', '飪'作'腍'.

[聘禮08 : 記 – 64]

대부의 가신이 축祝이 된다. 축사祝辭에 "효손 아무개 또는 효자 아무개는 황조皇祖 아무개보(甫) 또는 황고皇考 아무개자(子)에게 가례嘉禮를 올립니다"라고 말한다.

僕爲祝. 祝曰, "孝孫某, 孝子某, 薦嘉禮于皇祖某甫, 皇考某子."

정현주 '대부의 가신이 축祝이 된다'는 것은 대부의 신하로 축관의 일을 섭행하게 한다는 뜻이다. '僕爲祝'者, 大夫之臣攝官也.

[聘禮08 : 記 – 65]

제사는 궤사饋食의 예와 동일한 절차로 한다.

如饋食之禮.

정현주 소뢰궤사의 예와 동일한 절차로 한다는 뜻인데, 기문에서 '소뢰少牢'를 언급하지 않은 것은 이곳에서는 태뢰大牢(牛·羊·豕)를 쓰기 때문이다. 금문본에는 '之'가 없다. 如少牢饋食之禮, 不言少牢, 今以大牢也. 今文無'之'.

[聘禮08 : 記 – 66]

제기는 주국의 대부에게 빌린다.

假器於大夫.

정현주 감히 군주의 기물을 제기로 쓰지 못한다. 不敢以君之器爲

祭器.

[聘禮08 : 記－67]

제사를 마치면 고기를 아랫사람들에게 나누어 주는데, 수인廋人과 건거巾車에게까지 나누어준다.

肦肉及廋·車.

정현주

'반肦'은 나누어준다는 뜻과 같다. '수廋'는 수인廋人이다. '거車'는 건거巾車이다. 두 사람은 수레와 말을 담당하는 관리이다. 이들에게까지 나누어 주는 것은 두루 은혜를 나누어 주는 뜻을 밝히는 것이다. 고문본에는 '肦'이 '紛'으로 되어 있다. '肦', 猶賦也. '廋', 廋人也. '車', 巾車也. 二人掌視車馬之官也. 賦及之, 明徧也. 古文'肦'作'紛'.

주

1_ 주군이 ~ 하사하면 : 경문에는 '饔'(죽은 희생)만을 말했지만 '餼'(살아 있는 희생)가 생략된 것이다. 주군은 빈에게 5태뢰의 죽은 희생과 살아 있는 희생을 보내주는데, 익힌 고기(飪) 1태뢰와 익히지 않은 고기(腥) 2태뢰로 이루어진 3대뢰의 죽은 희생(饔)과 2太牢의 살아 있는 희생(餼)이다. [經—228]에서 [經—266]까지 '歸饔餼'의 절차 참조.

2_ 오직 ~ 때문이다 : 이곳의 '大禮'는 '성대한 예물' 즉 죽은 희생(饔)과 살아 있는 희생(餼)을 가리킨다. 이 大禮 가운데에서도 익힌 고기(飪)는 또 주군이 깨끗이 익혀서 하사해 준 것이므로, 반드시 이것으로 조상에게 제사를 올리는 것이다.

3_ 익히지 않은 ~ 않는다 : 士介 4인은 모두 살아 있는 희생(餼)만 하사받고, 죽은 희생(饔)을 받지 못하므로 제사를 지내지 않는다. [經—273] 참조.

해제 記—68에서 記—74까지는 주군과 빈이 예를 행하는 시간과 승금乘禽 등을 보내주는 절차에 대해 기록한 것이다.

[聘禮08 : 記 – 68]

빙聘의 예를 행하는 날에, 주군은 빈과 개에게 죽은 희생(饔)과 살아 있는 희생(餼)을 보내준다.

聘日致饔.

정현주 서둘러 대례大禮를 보내주는 것이다.[1] 急歸大禮.

[聘禮08 : 記 – 69]

빙聘의 예를 행한 이튿날에 빈은 주국의 대부(경)를 예방한다.

明日, 問大夫.

정현주 빙의 예를 행한 날 나머지 시간에 사람을 예방하지 않는 것은 공경함을 숭상하는 것이다.[2] 고문본에는 '問夫人也'(부인을 예방한다)라고 하였다. 不以殘日問人, 崇敬也. 古文曰'問夫人也'.

[聘禮08 : 記 – 70]

대부를 예방한 날 저녁에 주군의 부인은 빈과 개에게 예물을 보내준다.
夕, 夫人歸禮.

정현주

군주와 날을 달리하는 것은 자신을 낮추는 것이다. 금문본에는 '歸'가 '饋'로 되어 있다. 與君異日, 下之也. 今文'歸'作'饋'.

[聘禮08 : 記 – 71]

죽은 희생(饔)과 살아 있는 희생(餼)을 보내준 후 10일이 지나면 미곡 등을 공급하고, 재부宰夫는 처음으로 빈과 상개에게 승금乘禽(쌍을 이루며 날아다니는 날짐승)[3]을 보내주는데, 죽은 희생과 살아 있는 희생의 수에 맞추어서 매일 보내준다.[4]

旣致饔, 旬而稍, 宰夫始歸乘禽, 日如其饔·餼之數.

정현주

'초稍'는 주국에서 빈에게 공급하는 미곡 등을 말한다. '승금乘禽'은 쌍을 이루며 다니는 날짐승으로, 기러기나 오리 종류를 말한다. 이것을 보낼 때에는 쌍을 단위로 수를 헤아린다. '기其'는 빈과 상개를 가리킨다. 고문본에는 '旣'가 '餼'로 되어 있다. '稍', 稟食也. '乘禽', 乘行之禽也, 謂雁·鶩之屬. 其歸之, 以雙爲數. '其', 賓與上介也. 古文'旣'爲'餼'.

[聘禮08 : 記 – 72]

사개士介에게는 격일로 승금乘禽 2쌍을 보내준다.

士中日則二雙.

정현주 '중中'은 사이를 둔다는 뜻과 같다. 하루에 1쌍을 보내주지 않는 것은 너무 적으면 공경스럽지 못하기 때문이다. '中', 猶間也. 不一日一雙, 大寡, 不敬也.

[聘禮08 : 記 – 73]

무릇 재부宰夫가 빈과 상개에게 승금을 올릴 때에는 한 쌍만을 잡고서 주군의 명을 전해 바치고, 그 나머지는 빈과 상개의 앞에 내려놓는다.

凡獻, 執一雙, 委其餘于面.

정현주 한 쌍만을 잡고서 그것으로 주군의 명을 전해 바치는 것이다.[5] '면面'은 앞(前)이라는 뜻이다. 빈이 승금을 받을 때에는 상개가 받아서 들고 묘문 안으로 들어가 빈에게 고하는데, 사개는 나머지를 들고 상개의 뒤를 따른다. 빈은 사양하지 않고 뜰에서 배례를 한 후 받는다.[6] 상개는 승금을 잡고서 묘문 가운데에서 배례하는 것을 돕고, 이어서 묘문 안으로 들어가 다른 사람에게 건네준다. 상개가 승금을 받을 때에도 이와 동일한 절차로 한다. 사개는 묘문 밖에서 배례를 한 후 받는다. 執一雙, 以將命也. '面', 前也. 其受之也, 上介受以入告之, 士擧其餘從之. 賓不辭, 拜受于庭. 上介執之, 以相拜于門中, 乃入授人. 上介受, 亦如之. 士介拜受于門外.

[聘禮08 : 記 – 74]

삶아 익혀서 요리한 새고기 음식 및 계절음식을 보내줄 때에도 승금乘禽을 보내줄 때와 동일한 절차로 한다.

禽羞·俶獻比.

정현주

'비比'는 본뜬다(方)는 뜻이다. 이들 음식을 보내줄 때에도 그 절차는 승금을 보내줄 때와 마찬가지로 한다. '금수禽羞'는 익히고 삶아서 요리한 것을 가리킨다. '숙헌俶獻'은 네 계절의 진귀하고 맛난 새로 나온 음식이다. '숙俶'은 처음(始)이라는 뜻이니, 처음 나와서 올릴 만한 것임을 말한다. 『예기』「빙의」에서는 이를 '시사時賜'(진귀한 계절음식을 하사하는 것)라고 하였다.

'比', 放也. 其致之, 禮如乘禽也. '禽羞'謂成孰有齊和者. '俶獻', 四時珍美新物也. '俶', 始也, 言其始可獻也. 「聘義」謂之'時賜'.

주

1_ 서둘러 ~ 것이다 : '聘·享', '禮賓', '私覿', 卿·大夫가 賓의 노고를 위로하는 등의 의절이 이어져서 빈은 그 일이 매우 번잡하다. 이 때문에 '聘'의 예를 행하는 날에 곧바로 饔·餼를 보내준다. 이것이 서둘러 大禮를 보내준다는 뜻이다. 이곳의 '大禮'는 죽은 희생(饔)과 살아 있는 희생(餼)을 가리킨다. 『의례정의』, 1167쪽 참조.

2_ 빙의 ~ 것이다 : 빙의 예를 행하고 그 날 나머지 자투리 시간을 이용해서 사람을 방문하는 것은 실례이기 때문에 그 이튿날에 대부를 예방하는 것이다.

3_ 승금 : 『주례』「추관·掌客」의 정현 주에 "乘禽은 쌍을 이루어 날아다니고 한 곳에 무리지어 사는 날짐승으로, 꿩이나 기러기 등을 가리키는데, 예에서는 쌍으로 수를 헤아린다"(乘禽, 乘行群處之禽, 謂雉·鴈之屬, 於禮以雙爲數)고 하였다.

4_ 죽은 희생과 살아 있는 희생의 ~ 보내준다 : 乘禽은 쌍을 단위로 수를 헤아려 보내주는데, 빈에게는 죽은 희생(饔)과 살아 있는 희생(餼) 5태뢰를 보내주므로 乘禽도 5쌍을 보내주고, 上介에게는 3태뢰를 보내주므로 乘禽도 3쌍을 보내준다. 『의례정의』, 1168쪽, 호배휘의 설 참조.

5_ 한 쌍만을 ~ 것이다 : 『禮記』「소의」에 "날짐승의 경우 한 쌍보다 많을 때에는 한 쌍만을 들고 가서 명을 전해 바치고, 나머지는 묘문 밖에 내려놓는다"(其禽加於一雙, 則執一雙以將命, 委其餘)고 하였다.

6_ 빈은 ~ 받는다 : 호배휘는 앞의 [經—343]에서 귀국길에 오를 때, 빈이 外朝로 가서 주군이 乘禽을 보내준 것에 삼배를 하여 감사를 표한다(賓三拜乘禽於朝)고 한 것에 근거해서 이때에는 배례를 하지 않고 받는 것이라고 하여 정현의 해석을 비판하였다. 乘禽은 미물일 뿐이므로 매일마다 배례를 올릴 수는 없다는 것이다. 『의례정의』, 1169쪽 참조.

해제 記-75에서 記-76까지는 빈이 주국의 종묘궁실을 관람하는 의절에 관해 기록한 것이다.

[聘禮08 : 記-75]

주군이 대례大禮[1]를 보내주는 날에, 빈은 죽은 희생(饔)과 살아 있는 희생(餼)을 받은 후에 종묘와 궁실을 관람하고자 한다고 청한다.[2]

歸大禮之日, 旣受饔餼, 請觀.

정현주

이 나라에 빙문을 와서 그 종묘의 아름다움과 백관의 풍부함을 보고자 하는 것은 더욱 존대하는 듯이 하는 것이다. 聘於是國, 欲見其宗廟之好, 百官之富, 若尤尊大之焉.

[聘禮08 : 記-76]

주군이 이를 허락하면, 접빈관(訝)이 빈을 인도하여 하문下門 밖으로 들어가서 관람하게 한다.

訝帥之, 自下門入.

정현주

'솔帥'은 인도한다는 뜻이다. 하문下門 밖으로 들어가는 것은 관람하는 것이 정례가 아니기 때문이다.[3] '帥'猶道也. 從下門外入, 游觀, 非正也.

주

1_ 대례 : '大禮'는 죽은 희생(饔)과 살아 있는 희생(餼)을 가리킨다.

2_ 빈은 ~ 청한다 : 왕사양은 죽은 희생(饔)과 살아 있는 희생(餼)을 보내주러 찾아온 주국의 경에게 청하여 주군에게 그 뜻이 전달되게 하는 것이라고 하였다. 『의례정의』, 1170쪽 참조.

3_ 하문 밖으로 ~ 때문이다 : 聘·享 등의 예는 正禮이기 때문에 大門 안으로 들어가는데, 관람하는 것은 正禮가 아니기 때문에 下門으로 들어간다. '下門'에 대해서 호배휘는 便門의 일종일 것이라고 하였고, 오정화는 궁의 한쪽 구석에 작은 문이 있는데 闈門이 아닐까 추측하였다. '闈門'은 宮室이나 宗廟 옆의 작은 문, 즉 쪽문이다. 『의례정의』, 1171쪽 참조.

해제 記－77은 대신하여 예를 올리는 자의 작위와 복상에 관해 기록한 것이다.

[聘禮08 : 記－77]

각각 빈과 작위가 동등한 대부(경)를 보내는데, 조복을 착용하도록 한다.[1]

各以其爵, 朝服.

정현주 이 구절은 제자리가 아닌 듯하다. 마땅히 '무릇 주군이 빈과 상개에게 직접 향례를 베풀어 주지 못하여 대부로 하여금 대신 예를 바치게 할 경우'(凡致禮)[2]의 아래에 있어야 하는데 잘려서 잘못 여기에 놓인 것이다. 此句似非其次. 宜在'凡致禮'下, 絶爛在此.

주

1_ 각각 ~ 한다 : 주군이 직접 빈과 상개에 饗禮를 베풀어 줄 수 없을 경우 빈과 상개의 작위에 대응하여 주국에서 경이나 대부를 대신 보내는데 朝服을 착용하고 酬幣를 바치게 한다. [經-325], [經-326] 참조.

2_ 무릇 ~ 할 경우 : [記-80] 참조.

해제 記－78은 사개士介의 경우 예를 낮추는 것에 관해 기록한 것이다.

[聘禮08 : 記－78]

사개士介에게는 살아 있는 희생(餼)만 보내주고 죽은 희생(饔)은 보내주지 않는다. 사개도 희생을 보내준 재부宰夫에게 빈례儐禮를 행하여 대접하지는 않는다.[1]

士無饔. 無饔者無擯.

정현주

살아 있는 희생을 보내주는 것을 말한다. 謂歸餼也.

주

1_ 사개에게는 ~ 않는다 : 士介 4인에게는 모두 1태뢰의 살아 있는 희생만 보내주고 죽은 희생은 보내주지 않는다. 죽은 희생을 보내오지 않기 때문에 사개는 宰夫에게 束帛 등의 예물로 접대하는 儐禮를 행하지 않는다. [經-273]에서 [經-276] 참조.

해제 記-79는 빈賓이 대부大夫를 예방하면 대부는 이를 사양하지 않는 것에 관한 기록이다.

[聘禮08 : 記-79]

빈이 대부를 예방하고자 청할 때 대부(경)가 감히 사양을 하지 않는 것은 주군이 이전에 이미 대부(경)를 위해서 사양을 하였기 때문이다.[1]

大夫不敢辭, 君初爲之辭矣.

정현주 이 구절 역시 제자리가 아니다. 마땅히 '빙의 예를 행한 이튿날에 빈은 주국의 대부(경)를 예방한다'(明日, 問大夫)[2]의 아래에 있어야 한다. 此句亦非其次. 宜在'明日, 問大夫'之下.

주

1_ 빈이 ~ 때문이다 : 빈이 대부를 예방할 경우, 먼저 擯者가 묘문 밖으로 나와서 무슨 일로 왔는지 묻고, 다시 묘문 안으로 들어가서 대부(경)에게 고하면, 대부는 감히 빈의 청을 사양하지 않는다. 이는 빈이 주군에게 私覿의 禮를 마친 후 대부(경)를 예방하고 싶다고 청했을 때, 주군이 대부(경)를 위해 한 번 사양을 한 후 그것을 허락했기 때문이다. [經－222], [經－223] 참조.

2_ 빙의 예를 ~ 예방한다 : [記－69] 참조.

해제 記–80에서 記–81까지는 주군이 대부를 보내어 향례饗禮의 예물을 대신 바치는 경우와 바치지 않는 경우에 관해 기록한 것이다.

[聘禮08 : 記 – 80]

무릇 주군이 빈과 상개에게 직접 향례를 베풀어 주지 못하여 대부로 하여금 대신 예를 바치게 할 경우, 빈과 상개 모두에게 향례饗禮를 베풀어 줄 때 써야 할 음식물을 대나무제기(籩)와 나무제기(豆)에 담아서 보내준다.[1]

凡致禮, 皆用其饗之加籩豆.

정현주 '무릇 예를 바친다'(凡致禮)는 것은 군주가 직접 빈과 상개에게 향례를 베풀어 주지 못하여 사람을 시켜서 수폐酬幣[2]를 들고 가서 예를 바치게 하는 것을 말한다. '기其'는 빈과 상개를 가리킨다. '대나무제기와 나무제기에 담는다'(加籩豆)는 것은 그 제기에 담는 음식물을 가리켜 말한 것인데, 또한 독(甕)과 네모진 대광주리(筐)에 담아서 보내준다. 향례는 오늘날 망실되었다. '凡致禮'謂君不親饗賓及上介, 以酬幣致其禮也. '其', 其賓與上介也. '加籩豆', 謂其實也, 亦實於甕筐. 饗禮今亡.

[聘禮08 : 記 – 81]

죽은 희생(餼)을 받지 못하는 사개士介들에게는 향례饗禮를 베풀어 주지 않는다.

無賓者無饗禮.

정현주

사개에게는 향례가 없다. 士介無饗禮.

주

1_ 빈과 상개 모두에게 ~ 보내준다 : '籩'과 '豆'는 형태가 동일한 제기로서 '籩'은 대나무로 만들고 '豆'는 나무로 만든다. 따라서 '籩'에는 말린 고기(脯), 미숫가루(糗), 밤(栗), 대추(棗) 등 마른 음식을 담고, '豆'에는 재소절임(菹), 젓갈(醢) 종류 등 젖은 음식을 담는다. 가공언은 籩과 豆에 담는 음식을 보내주는 것은 두터운 情意를 보이는 의리라고 하였다. 『의례주소』, 544쪽 참조.

2_ 수폐 : '酬幣'는 饗禮에서 酬의 예를 행하여 술을 권할 때 사용하는 예물인데, 정현은 사용되는 예물이 무엇인지는 들어 보지 못하였다고 하였고, 오계공은 酬幣나 侑幣에는 모두 束錦을 사용하고 또 庭實이 있다고 하였다. [經-326] 참조.

해제 記−82는 대부가 빈과 상개에게 살아 있는 희생(餼)을 보내줄 때의 음식과 기물에 관해 기록한 것이다.

[聘禮08 : 記−82]

무릇 대부가 빈과 상개에게 살아 있는 희생(餼)을 보내줄 때에, 함께 보내주는 곡물은 찰기장(黍)·수수(粱)·메기장(稷)인데 네모진 대광주리마다 5곡斛씩 담는다.[1]

凡餼, 大夫黍·粱·稷, 筐五斛.

정현주 대부가 빈과 상개에게 살아 있는 희생을 보내주는 경우를 가리켜 말한 것이다. 대광주리의 수는 적지만 용량이 크니, 예를 간략히 하는 것이다.[2] 謂大夫餼賓·上介也. 器寡而大, 略.

주

1_ 무릇 ~ 담는다 : 經文에서는 '대부가 빈에게 살아 있는 희생을 보내줄 때 곡물을 담은 8개의 네모진 대광주리를 보내주고, 상개에게도 이와 동일하게 한다'([經-319]에서 [經-321])고만 발하여 어떠한 종류의 곡물인지, 대광주리의 용량은 얼마인지 설명이 없었기 때문에 이곳의 記文에서 그것을 밝힌 것이다.

2_ 대광주리의 ~ 것이다 : 군주가 빈에게 살아 있는 희생을 보내줄 때에는 곡물을 담은 100개의 둥근 대광주리(筥)를 함께 보내주는데, 대광주리마다 1/2斛 즉 5斗를 담는다.([經-245]) 이에 비해 대부가 곡물을 보내줄 때에는 8개의 네모진 대광주리(筐)에 5斛 50두를 담는다. 광주리의 수는 적지만 용량은 큰 것이다.

해제 記−83에서 記−84까지는 빈이 귀국을 요청하고, 주국에서 베풀어 준 것에 대하여 배사拜謝하는 절차에 관해 기록한 것이다.

[聘禮08 : 記 − 83]

공적인 일을 마친 이후, 빈은 주군에게 귀국할 시기를 정해줄 것을 청한다.

旣將公事, 賓請歸.

정현주 대부를 예방한 이후를 가리켜 말한 것이니, 일이 끝나고 귀국할 시기를 청하여 감히 스스로 마음대로 정하지 않는 것은 겸손히 하는 것이다. 주국에서는 머물러 있게 하여 향례饗禮, 사례食禮, 연례燕禮, 헌례獻禮 등을 여러 날에 걸쳐 베풀어 주어 두터운 정의情意를 다한다. 謂已問大夫, 事畢請歸, 不敢自專, 謙也. 主國留之, 饗·食·燕·獻無日數, 盡殷勤也.

[聘禮08 : 記 − 84]

무릇 빈은 조정으로 가서 주군이 베풀어 준 것에 배례를 하는데, 접빈관(訝)이 안으로 들어가서 주군에게 이를 보고하고 다시 나와서 빈에게 주군의 명으로 배례를 허락한다.

凡賓拜于朝, 訝聽之.

정현주 '배례를 한다'(拜)는 것은 베풀어 준 것에 대하여 배례하는 것이다. 다만 미곡(稍)을 보내준 것에 대해서는 배례를 하지 않는다. '拜', 拜賜也. 唯稍不拜.

해제 記—85에서 記—86까지는 주군이 빈에게 연례燕禮를 베풀어 주는 것에 관해 기록한 것이다.

[聘禮08 : 記－85]

빈에게 연례燕禮를 베풀어 줄 때에는 빈의 상개가 빈이 되고, 빈은 구경苟敬[1]의 신분이 된다.

燕則上介爲賓, 賓爲苟敬.

정현주 향례饗禮와 사례食禮에서는 군주가 직접 주인이 되니, 빈을 존중하는 것이다. 연례는 사적으로 즐기는 예禮이니, 은恩(친밀함)을 높이고 경敬(공경함)을 줄인다. 빈은 주군이 다시 의례적 절차를 거행하여 자신을 예우하기를 바라지 않는다. 이에 빈賓이 되는 것을 사양하면, 주군은 그 청을 받아들이고, 여러 공公의 자리를 따르게 하고 일정 정도의 공경(苟敬)만 하도록 명한다. '일정 정도의 공경'(苟敬)이란 주인이 공경함을 작게 하는 것이다. 다시 내려와 빈의 상개上介를 빈으로 맞이한다. 개介는 대부이다. 비록 그가 빈이 되었지만 여전히 주군에 비하여 지위가 낮기 때문에 주군은 그와 더불어 대등한 예를 주고받지 않는다. 주인이 공경하는 예를 바치는 것은 자신과 대등한 위상에 있는 사람 이상에 대해서이다. 饗·食, 君親爲主, 尊賓也. 燕, 私樂之禮, 崇恩殺敬也. 賓不欲主君復擧禮事禮己. 于是辭爲賓, 君聽之, 從諸公之席, 命爲苟敬. '苟敬'者, 主人所以小敬也. 更降迎其介以爲賓. 介, 大夫也. 雖爲賓, 猶卑於君, 君則不與亢禮也. 主人所以致敬者, 自敵以上.

[聘禮08 : 記－86]

재부宰夫가 주군을 대신해서 빈객에게 술을 따라 헌獻의 예를 행한다.

宰夫獻.

정현주 재부가 주인이 되어 주군을 대신해서 술을 따라 헌의 예를 행하는 것이다. 爲主人代公獻.

주

1_ 구경 : '苟敬'에 대한 해석은 매우 다양하여 정론이 없다. ① '진실로 혹은 실질적으로 빈을 공경한다'는 뜻으로 해석하는 오계공, 성세좌의 설, ② '스스로 급히 경계를 하여 빈을 공경한다는 대진, 옹방강, 진수기 등의 설, ③ '공경함(敬: 엄숙함)을 줄이고 은혜로움(恩: 친밀함)을 높인다는 뜻'으로 해석하는 이여규, 왕인지, 호조흔 등의 설이 있다. 왕인지는 『經義術聞』에서 주인은 외국의 빈에게 전적으로 공경함만을 위주로 해서도 안 되지만 완전히 공경하지 않아서도 안 되는데, 이것이 '苟敬'이라고 하였다. "연례의 목적은 기쁜 마음을 펼치기 위한 것인데, 賓은 공경함을 위주로 한다. 이 때문에 주인은 빈에 대해서 단지 공경함만을 위주로 하여 기쁜 마음이 적어진다. 이제 빈이 이미 정빈이 되는 것을 사양하고 諸公의 위치로 나아갔으니, 기쁜 마음은 많아졌고, 공경하는 마음은 적어졌다. 이미 전적으로 공경함만을 일삼을 수도 없게 되었고, 또 완전히 공경하지 않을 수도 없게 되었다. 그러므로 '苟敬'이라고 한 것이다." '苟敬'의 제설에 대해서는 [연례06 : 記—05]의 주석 10 참조.

해제 記-87은 한 나라에만 빙문聘問을 온 경우, 주국에서 빈에게 예를 더 융숭하게 하는 의절에 관해 기록한 것이다.

[聘禮08 : 記-87]

이 나라에만 빙문을 오고 다시 다른 나라로 가지 않을 경우, 주군은 빙의 예에 대한 보답으로 빙군에게 보내주는 예물을 더욱 두터이 해 주고, 향의 예를 행할 때 바쳤던 예물도 되돌려준다.

無行, 則重賄反幣.

정현주

'무행無行'은 이 나라에만 빙문을 오고 다시 다른 나라로 가는 일이 없다는 뜻이다. 반드시 주군이 빙의 예에 대한 보답으로 빙군에게 보내주는 예물을 더욱 두터이 해 주고, 향의 예를 행할 때 바쳤던 예물도 되돌려주는 것은 사자가 귀국하면 예를 얻은 것이 많을수록 영광으로 삼기 때문에 빙문을 보낸 나라의 뜻을 채워주는 것이다. '예물도 되돌려준다'(反幣)는 것은 예옥禮玉, 속백束帛, 승피乘皮 등을 말하는 것으로, 빙군聘君이 보내준 향례享禮에 대하여 보답하는 것이다. 옛날 진秦나라 강공康公은 서걸술西乞術을 시켜 노魯나라를 빙문하게 하였는데, 말을 겸손하면서도 기쁜 모습으로 하였다. 양중襄仲이 "군자가 있지 않다면, 나라를 잘 다스릴 수 있겠는가?"라고 말하고 증여하는 선물을 두터이 해 주었다.[1] 이것이 '주군이 빙의 예에 대한 보답으로 빙군에게 보내주는 예물을 더욱 두터이 해 주고, 향의 예를 행할 때 바쳤던 예물도 되돌려준다'는 것이다. 금문본에는 '賄反幣'로 되어 있다. '無行', 謂獨來, 復無所之也. 必重其賄與反幣者, 使者歸, 以得禮多爲榮, 所以盈聘君之意也.

‘反幣’, 謂禮玉·束帛·乘皮, 所以報聘君之享禮也. 昔秦康公使西乞術聘于魯, 辭孫而說. 襄仲曰, “不有君子, 其能國乎?”厚賄之. 此謂‘重賄反幣’者也. 今文曰‘賄反幣’.

주

1_ 옛날 ~ 해 주었다 : 관련 사실과 襄仲의 말은 『춘추좌씨전』 文公 12년 조에 보인다.

해제 記－88에서 記－91까지는 주군의 빈자擯者가 주군의 배례를 도울 때 하는 말을 기록한 것이다.

[聘禮08 : 記－88]

주군이 자기에게 빙·향의 예를 행한 빈에게 배례를 할 때, 빈자擯者는 주군의 배례를 도우면서 빈에게 "당신께서 군주의 명으로 과군寡君(主君)을 빙문하러 오셨으니, 과군께서는 존귀함을 낮추시어 빙문을 보내신 빙군의 명에 배례를 올립니다"라고 말한다.[1]

曰, "子以君命在寡君, 寡君拜君命之辱."

정현주 이는 주군이 빙과 향의 예를 행한 것에 배례하는 것을 도울 때에 하는 말이다. '재在'는 존문存問의 뜻이다.[2] 此贊君拜聘享辭也. '在', 存也.

[聘禮08 : 記－89]

주군이 부인에게 빙·향의 예를 행한 빈에게 배례를 할 때, 빈자擯者는 주군의 배례를 도우면서 빈에게 "빙군께서 (부인은) 사직의 주인이라는 이유로 과소군寡小君(夫人)을 빙문하도록 하셨으니, 과군께서는 존귀함을 낮추시어 빙문을 보내신 빙군의 명에 배례를 합니다[3]"라고 말한다.

"君以社稷故, 在寡小君, 拜."

정현주

이는 부인에게 빙과 향의 예를 행한 것에 배례하는 것을 도울 때에 하는 말이다. '빙군께서 사직의 주인이라는 이유로'라고 말한 것은 부인은 군주와 지위가 대등하지만 감히 빙군의 은혜를 감당하지 못하겠다는 뜻이다. 그 말의 끝에는 또한 "과군께서는 존귀함을 낮추시어 빙문을 보내신 빙군의 명에 배례를 합니다"라고 말한다. 此贊拜夫人聘享辭也. 言'君以社稷故'者, 夫人與君體敵, 不敢當其惠也. 其卒亦曰, "寡君拜命之辱."

[聘禮08 : 記-90]

주군이 대부를 예방한 빈에게 배례를 할 때, 빈자擯者는 주군의 배례를 도우면서 빈에게 "빙군께서 과군에게 예물을 보내주시고, 또 여러 대부들에게까지 예방하게 하셨으니, 과군께서 존귀함을 낮추시어 빙문을 보내신 빙군의 명에 배례를 합니다"라고 말한다.

"君貺寡君, 延及二三老, 拜."

정현주

이는 대부를 예방한 것에 배례하는 것을 도울 때에 하는 말이다. '황貺'은 예물을 보내준다는 뜻이다. 대부를 '노老'라고 한다. 此贊拜問大夫之辭. '貺', 賜也. 大夫曰'老'.

[聘禮08 : 記-91]

또한 주군이 빈을 전송하면서 배례를 할 때, 빈자擯者는 주군의 배례를 도우면서 빈에게 말을 한다.

又拜送.

정현주 주군이 빈을 전송하면서 배례를 하는 것이다. 빈자가 주군의 배례를 도우면서 빈에게 하는 말은 대체로 "당신께서 장차 귀국길에 오르려 하시니, 과군께서 감히 배례를 하면서 전송을 합니다"일 것이다. '빙·향의 예를 행한 빈에게 배례를 한다'[4]는 것에서 이곳의 기문에 이르기까지 역시 제자리가 아니다. 마땅히 위의 '주군은 빈의 관사로 방문을 한다'[5] 아래에 있어야 한다. 拜送賓也. 其辭蓋云, "子將有行, 寡君敢拜送." 自拜聘享至此, 亦非其次. 宜承上'君館之'下.

주

1_주군이 ~ 말한다 : 빈이 귀국하기 이틀 전 주군은 빈을 전송하기 위해 빈의 관사를 방문하여, 빙군이 빈을 보내어 ① 주군에게 빙·향의 예를 행하고, ② 부인에게 빙·향의 예를 행하고, ③ 대부를 예방하게 한 것과, ④ 빈을 전송할 때 모두 일일이 배례를 한다. 이때 擯者가 주군이 배례하는 것을 돕는다.([經－337]에서 [經－340] 참조) 經文에서는 빈자가 주군이 배례하는 것을 도울 때 하는 말을 언급하지 않았기 때문에 記文에서 이를 보충한 것이다.

2_'재'는 존문의 뜻이다 : 『주례』「추관·大行人」에 "왕이 방국·제후를 위무할 때에는 1년째에는 徧存의 예를 행하고, 3년째에는 徧覜의 예를 행하고, 5년째에는 徧省의 예를 행한다"(王之所以撫邦國諸侯者, 歲, 徧存, 三歲, 徧覜, 五歲, 徧省)고 한 것에 대해 정현은 "'存'·'覜'·'省'은 왕이 제후에게 사신을 보내는 예이니, 이른바 '間問'이다"(存·覜·省者, 王使臣於諸侯之禮, 所謂間問也)라고 하였다.

3_과군께서는 존귀함을 ~ 합니다 : 경문은 '拜'로 되어 있지만, 정현 주의 '寡君拜命之辱'에 따라 번역한다.

4_빙·향의 ~ 한다 : [記－88] 참조.

5_주군은 ~ 한다 : [記－05] 참조.

해제 記—92는 빈이 관사를 떠날 때 관사의 주인에게 감사를 표하는 절차를 기록한 것이다.

[聘禮08 : 記 – 92]

빈은 관사를 떠날 때, 관사의 당 위 동쪽 기둥과 서쪽 기둥 사이에 네 장의 짐승가죽과 속백束帛을 놓아둔다. 빈은 감사의 말을 바치지 않고, 주인도 배례를 하지 않는다.

賓於館堂楹間, 釋四皮·束帛. 賓不致, 主人不拜.

정현주 빈이 장차 관사를 떠날 때 예물을 남겨 두어 주인에게 답례하니, 감사를 표하는 것이다. 빈이 감사의 말을 바치지 않고 관사의 주인도 배례를 하지 않는 것은 장차 이별할 것이므로 새롭게 공경함을 높이지 않기 때문이다. 賓將遂去是館, 留禮以禮主人, 所以謝之也. '不致', '不拜', 不以將別崇新敬也.

해제 記-93에서 記-96까지는 주군이 빈에게 향례를 베풀어 주는 경우와 베풀어 주지 않는 경우에 관해 기록한 것이다.

[聘禮08 : 記-93]

대부(경)가 사신으로 와서 주국에서 죄를 저지르지 않으면, 주군은 직접 그에게 향례饗禮를 베풀어 준다.

大夫來使, 無罪, 饗之.

정현주

훌륭한 빈과 더불어 예를 행하게 된 것을 즐거워하는 것이다. 樂與嘉賓爲禮.

[聘禮08 : 記-94]

과실이 있다면 살아 있는 희생(餼)만 보내주고 향례는 직접 베풀어 주지 않는다.

過則餼之.

정현주

'살아 있는 희생만 보내준다'(餼之)는 것은 익히지 않은 고기를 그 태뢰의 예물로 보내준다는 뜻이다. 직접 향례를 베풀어 주지 못할 때, 주군의 명을 전해 바치는 말에 "군주에게 일이 생겼기 때문에 못한다"라고 말하지 않을 뿐이다. 『예기』「빙의」에 "사신으로 온 사람이 빙례를 행하다가 잘못을 저지르면 주군은 향례와 사례를 직접 베풀어 주지 않는다. 이것은 그가 부끄러움을 느끼고 바로잡게 하려는 것이다"라고 하였다. '죄罪'라고 말하지 않은 것은 죄를 지었을 경우는 장차 체포할 것이기 때문이다. '餼之', 腥致其牢禮也. 其致之辭, 不云"君之有故"耳. 「聘義」曰, "使者聘而誤, 主君不親饗食. 所以愧厲之也." 不言'罪'者, 罪將執之.

[聘禮08 : 記－95]

주군은 빈의 상개를 개로 삼는다.

其介爲介.

정현주

빈에게 향례를 베풀 때 개介를 두는 것은 빈이 존귀하여 대등한 예를 행하기 때문이다. 饗賓有介者, 賓尊, 行敵禮也.

[聘禮08 : 記－96]

지위가 더 높은 빈객이 뒤에 도착하면, 먼저 온 지위가 낮은 빈객에게 직접 향례와 사례를 베풀어 주지 않고 살아 있는 희생을 보내줄 뿐이다.

有大客後至, 則先客不饗食, 致之.

정현주

지위가 낮아 지위가 높은 사람과 예를 대등하게 하지 못하기 때문이다. 卑不與尊者齊禮.

해제 記—97은 대빙大聘과 소빙小聘의 차이를 기록한 것이다.

[聘禮08 : 記－97]

오직 대빙大聘의 경우에만 안석(几)과 자리(筵)를 진설한다.

唯大聘有几筵.

정현주 빙과 향의 예를 받을 때를 가리켜 말한 것이다. 소빙小聘은 예가 가볍기 때문에 비록 묘廟 안에서 예를 받지만 신의 자리는 마련하지 않는다. 謂受聘享時也. 小聘輕, 雖受于廟, 不爲神位.

해제

記-98에서 記-103까지는 주군이 빈에게 죽은 희생(饔)과 살아 있는 희생(餼饔)을 보내줄 때 함께 보내주는 곡물의 수량을 계산하는 단위를 기록한 것이다.

[聘禮08 : 記-98]

10말을 1곡斛이라고 하고, 16말을 1수籔라고 하고, 10수籔를 1병秉(160말)이라고 한다.

十斗曰斛, 十六斗曰籔, 十籔曰秉.

정현주

'1병秉'은 16곡斛(160말)이다. 오늘날 양자강과 회수淮水 사이에 도량형의 명칭에 수籔가 있다. 금문본에는 '籔'가 '逾'로 되어 있다. '秉', 十六斛. 今江·淮之間, 量名有爲籔者. 今文'籔'爲'逾'.

[聘禮08 : 記-99]

한 수레에 싣는 곡물은 240말이다.

二百四十斗.

정현주

한 수레에 싣는 곡물의 양을 말한 것이니, 1병秉(160말) 5수籔(80말)이다. 謂一車之米, 秉有五籔.

[聘禮08 : 記－102]

볏짚 4병秉을 1거筥라고 한다.

四秉曰筥.

정현주

이곳의 '병秉'은 벼를 베어 손에 가득 쥔 양으로서의 병秉(한 움큼)이다.[1] '거筥'는 볏짚의 이름이다. 오늘날 래萊와 양陽 사이 지역에 벼를 베서 묶음을 취하는데 거筥라는 이름이 있다. 『시』「소아小雅·대전大田」에 "저기에 버려진 볏단(秉)이 있네"라고 하였고, 또 "여기에는 거두지 않은 볏단이 있네"라고 하였다. 此'秉'謂刈禾盈手之秉也. '筥', 穧名也, 若今萊·陽之間, 刈稻聚把, 有名爲筥者. 『詩』云, "彼有遺秉", 又云, "此有不斂穧."

[聘禮08 : 記－103]

10거筥를 1종稯이라 하고, 10종稯을 1타秅라고 한다. 따라서 400병秉이 1타秅가 된다.

十筥曰稯, 十稯曰秅. 四百秉爲一秅.

정현주

한 수레에 싣는 벼의 양은 3타秅로, 1200병秉이요, 300거筥이며, 30종稯이다. 고문본에는 '稯'은 '緵'으로 되어 있다. 一車之禾三秅, 爲千二百秉, 三百筥, 三十稯也. 古文'稯'作'緵'.

주

1_ 이곳의 ~ 병이다 : 따라서 이곳의 '秉'(한 움큼)과 '筥'(네 움큼)는 볏짚(禾)을 계산하는 수량으로, 앞의 곡물(米)을 계산하는 수량으로서의 秉(160말)이나 筥(5말)와 다른 것이다.

색인

ㅇ

ㅈ